JN101507

報道記録

東京2020 オリンピック・パラリンピック

読売新聞取材班編

読売新聞社

讀賣新聞　9月8日 日曜日　2013年(平成25年)　**特別号外**

東京五輪決定

2020年開催　56年ぶり

東京五輪・パラリンピックの開催が決まり、喜ぶ（右から）太田雄貴選手、滝川クリステルさんら招致関係者（7日、ブエノスアイレスで）＝ロイター

【ブエノスアイレス＝読売取材団】2020年夏季五輪・パラリンピックの開催都市を選ぶ国際オリンピック委員会（IOC）総会が7日（日本時間8日）、ブエノスアイレスで開かれ、IOC委員による投票の結果、東京に決まった。

20年大会の招致レースは、東京とイスタンブール（トルコ）、マドリード（スペイン）の3都市が横一線のまま最終選考に突入。「安全、安心」「確実な運営」を訴えた東京が、イスタンブールとの決選投票を60対36の大差で制し、16年招致に続く挑戦で、1964年以来、56年ぶりとなる夏季五輪の開催を勝ち取った。日本での五輪開催は、72年札幌、98年長野の冬季五輪と合わせて、4回目。

東京は競技会場が集中するコンパクトな開催計画や高い輸送能力、4000億円の積み立てなど高い開催能力をアピールし、「イスラム圏初の五輪」を目指したイスタンブールを退けた。

◆IOC総会投票結果

候補都市	1回目	2回目
東　京（日　本）	42	60
イスタンブール（トルコ）	※26	36
マドリード（スペイン）	※26	—

投票は過半数を得る都市が出るまで、最下位を外す方式で行った。※は同数のため再投票。

◎2013年9月8日付号外

◂セリーナ 全米連覇 5
■経常収支 6か月黒字 5
■男子バレー「世界」逃す 6
■坂木司「和菓子のアン」8

小説 4　総合 5
スポーツ 5 6 7
本よみうり堂 8
伝統芸／文化 9
TV・ラジオ 11　社説 13
＊「やくだつ」「ズームアップ」休みました。

夕刊　讀賣新聞　2013年(平成25年)　9月9日 月曜日

発行所　読売新聞東京本社　〒104-8243 東京都中央区銀座6-17-1　電話(03)3242-1111(代)　www.yomiuri.co.jp

2020年 東京五輪

56年ぶり開催

「東京」と発表された瞬間、大喜びする招致関係者（7日、ブエノスアイレスで）＝AP。（右から）佐藤真海さん、森元首相、安倍首相、猪瀬知事ら、岸田外相（左から3人目）、滝川クリステルさん（同2人目）ら

【ブエノスアイレス＝読売取材団】2020年夏季五輪・パラリンピックの開催都市を選ぶ国際オリンピック委員会（IOC）総会が7日（日本時間7～8日）、ブエノスアイレスで開かれ、IOC委員による投票の結果、東京に決まった。東京で夏季五輪が開催されるのは1964年以来、56年ぶり。72年札幌、98年長野の冬季五輪と合わせ、日本開催は4回目となる。

総会では、東京、イスタンブール（トルコ）、マドリード（スペイン）の3都市による招致説明（プレゼンテーション）の後、ジャック・ロゲIOC会長と日本、トルコ、スペインの委員を除いて投票が行われた。

1回目の投票は、東京が42票、イスタンブールとマドリードが同数の26票。最下位を決める投票でマドリードが脱落し、続く東京とイスタンブールの決選投票は、東京が60対36の大差でイスタンブールを破った。

東京は招致説明で、選手村から半径8キロ以内に85％の競技会場を配置した「コ

2020年夏季五輪・パラリンピックの開催都市を「東京」と発表するIOCのロゲ会長（ロイター）

◆五輪開催都市投票結果

	1回目	1回目再投票
東京（日本）	42	→
イスタンブール（トルコ）	26	49
マドリード（スペイン）	26	45

◆投票方法　投票は過半数を…出

◎2013年9月9日付

讀賣新聞

2020年（令和2年）3月25日水曜日

発行所 読売新聞東京本社 〒100-8055 東京都千代田区大手町1-7-1 電話(03)3242-1111(代) www.yomiuri.co.jp

東京五輪1年延期

来夏までに開催

首相・IOC会長合意

電話会談

安倍首相は24日夜、国際オリンピック委員会（IOC）のトーマス・バッハ会長と電話で会談し、新型コロナウイルスの感染拡大を受けて、今夏の東京五輪・パラリンピックを1年程度延期するよう提案した。バッハ氏はこれを受け入れ、両氏は2021年夏までに東京大会を開催することで合意した。IOCは引き続き開いた臨時理事会で延期を承認した。

IOC臨時理事会承認

バッハ IOC会長

現状の大会日程は、五輪が7月24日～8月9日、パラリンピックが8月25日～9月6日。五輪の延期は史上初めて。

電話会談は24日午後8時から約45分間、首相公邸で行われた。政府から打診したもので、大会組織委員会の森喜朗会長と東京都の小池百合子知事のほか、菅官房長官、橋本五輪相らが同席した。

首相は会談後、記者団に「中止はないと確認した」と述べた上で、「世界のアスリートが最高のコンディションでプレーでき、観客

▲IOCのバッハ会長との電話会談を終え、記者団の質問に答える安倍首相（24日午後9時10分、首相公邸で）＝源幸正倫撮影

会談のポイント
- ▷東京五輪・パラリンピックの中止はないと改めて確認
- ▷首相が1年程度の延期を提案。バッハ氏は「100%同意する」と回答
- ▷2021年夏までに開催することで合意
- ▷「2020年」の大会名は引き継ぐ

聖火リレーも延期

東京五輪・パラリンピック大会組織委員会は24日、福島県で26日に始まる予定だった五輪の国内聖火リレーを延期することを明らかにした。大会日程の決定後、新たなスタート日を設定。当初の計画通りに福島県のサッカー施設「Jヴィレッジ」を出発し、121日かけて全国を回る見通しだ。

決定していた聖火ランナーには走る権利を残す。森喜朗会長は「聖火は希望の道しるべになる願いを込めて日本にとどまる」と述べ、再び採火式を行わず、当面は福島県に置く考えを示した。組織委は、26日スタートの場合は走者によるトーチリレーを行わず、聖火を入れたランタンを車に載せ巡回する計画を立てていた。

IOCは24日、声明で大会名を「2020年東京五輪・パラリンピック」のままとすることを発表した。

◎2020年3月25日付

讀賣新聞

2021年（令和3年）7月9日金曜日

発行所 読売新聞西部本社 〒810-8581 福岡市中央区赤坂1-16-5 電話(092)715-4311(代) www.yomiuri.co.jp

五輪 1都3県無観客

東京に緊急事態 決定

東京五輪・パラリンピック大会組織委員会は8日、東京と埼玉、千葉、神奈川の1都3県で行われる五輪競技は無観客で開催すると発表した。同日行われた国際オリンピック委員会（IOC）などとの5者会談と、関係自治体を交えた協議会で決定した。東京に対する新型コロナウイルス感染対策の緊急事態宣言の発令決定を踏まえ、感染拡大への国民の不満に配慮する必要があると判断した。

〈関連記事2・3・23・31面〉

5者会談 宮城・福島・静岡 上限設定

協議会後に記者会見した組織委の橋本聖子会長によると、宮城、福島、静岡の3県は観客上限を収容定員の50%以内で1万人まで認め、茨城県は「学校連携観戦プログラム」で観戦する児童生徒に観客を限定する。北海道は「検討中」とした。橋本氏は、開会式も無観客になると述べた。

5者会談はオンライン形式で行われ、政府と組織委、東京都、IOC、国際パラリンピック委員会（IPC）が参加した。会談では都内

5者…の組織委員会の橋本会長（左）とIOCのバ…（8日夜、東京都中央区で）＝代表撮影

東京五輪の観客の取り扱い
- 東京、埼玉、千葉、神奈川の会場は無観客
- 茨城の会場は「学校連携」のみ。夜は無観客
- 宮城、福島、静岡の会場は有観客 ※収容定員の50%以内で1万人まで
- 北海道の会場は検討中
- パラリンピック観客数は五輪閉幕後に協議

飲食店へ協力金

政府は8日の新型コロナウイルス感染症対策本部で、東京都に4度目の緊急事態宣言を発令することを決めた。沖縄県への宣言と、大阪と埼玉、千葉、神奈川の4府県に適用中の「まん延防止等重点措置」は延長する。期間は7月12日から8月22日まで。ワクチン接種や飲食店による酒の提供停止で感染状況が改善すれば、前倒しで解除したい考えだ。

菅首相は8日の記者会見で「東京を起点とする感染拡大を起こすことは絶対に避けなければならない」として、宣言発令に理解を求めた。

8日の東京の新規感染者数は896人となり、19日

◎2021 月9日付

讀賣新聞

7月23日 金曜日
2021年（令和3年）
発行所
読売新聞東京本社
〒100-8055
東京都千代田区大手町1-7-1
電話（03）3242-1111（代）
www.yomiuri.co.jp/

号外

東京五輪開幕

旗手の八村塁に続いて入場する日本選手団（23日午後10時33分、国立競技場で）＝上甲鉄撮影

Tokyo 2020+

57年ぶり2回目

コロナ厳戒下

新型コロナウイルスの影響で史上初の1年延期となった第32回夏季五輪東京大会は23日、開幕した。午後8時に東京・国立競技場で始まった開会式で、天皇陛下が開会を宣言された。日本選手団は開催国として最後に入場行進。今年3月から日本全国を巡った聖火は、テニス女子で四大大会を4度制した大坂なおみ（日清食品）の手で、聖火台に点火された。

国際オリンピック委員会（IOC）によると、大会には205か国・地域と難民選手団から選手約1万1000人が参加し、過去最多の33競技339種目に臨む。国内での夏季五輪は1964年東京大会以来、2度目。入場行進は、五輪発祥の国としてギリシャが先頭に立ち、日本選手団は、選手やチーム幹部ら計1060人のうち155人が参加した。宣誓は陸上男子の山県亮太（セイコー）らが務めた。

◎2021年7月23日付号外

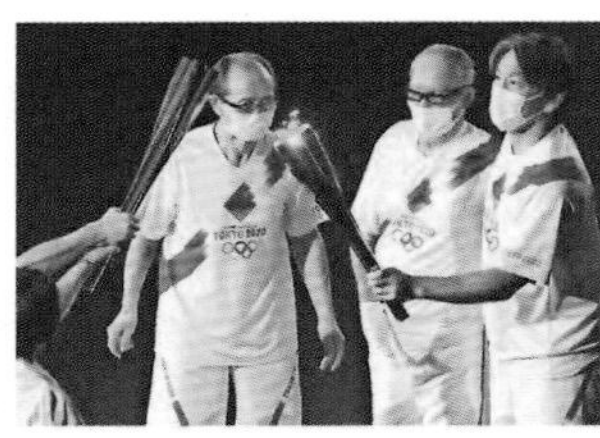

聖火をつなぐ（左から）王貞治さん、長嶋茂雄さん、松井秀喜さん

ミスター 聖火つなぐ

王、松井さんと一歩一歩前に

競技場内の聖火リレーでは、プロ野球・読売巨人軍終身名誉監督の長嶋茂雄さん(85)、世界記録の通算868本塁打を放った王貞治さん(81)（現ソフトバンク球団会長）、巨人や米大リーグ・ヤンキースなどで活躍した松井秀喜さん(47)が登場。国民栄誉賞を受賞した3人で歩き、大役を果たした。

1964年東京五輪で

決戦 和の舞台

伝統文化でお出迎え

木製のリング

ピクトグラムのパフォーマンス

大坂「経験のない名誉」

聖火最終走者

開会式でトーチキスをする最終走者の大坂なおみ（23日午後11時45分、国立競技場で）＝上甲鉄撮影

聖火リレーの最終走者はテニスの四大大会女子シングルスを4度制した大坂なおみ（日清食品）が務めた。開会式終了後の24日、自身のツイッターを更新。「人生で経験することができないくらいの名誉。言葉が見つからない。今は感謝の気持ちでいっぱい」と喜びを表現した。

開閉会式の演出を担当するチームでエグゼクティブプロデューサーを務めた日置貴之氏は記者会見で「いろいろなメッセージを出しているし、最もふさわしい最終走者の方だと思った」と述べ、実績とともに強い発信力に期待して起用したことを明らかにした。

陛下開会宣言「祝い」用いず

「記念」に 組織委案通り

コロナ下踏まえ

東京五輪の開会を宣言される天皇陛下（23日午後11時13分、国立競技場で）＝岩杉和希撮影

東京五輪の名誉総裁を務める天皇陛下は23日夜、開会式で「第32回近代オリンピアードを記念する、東京大会の開会を宣言します」と、開会のお言葉を述べられた。1964年の前回大会の時は、宣言に「祝い」という言葉が使われたが、今回は新型コロナウイルスが流行する状況を踏まえ、祝祭感を抑えるため「記念する」と言い換えられた。

開会宣言は、五輪憲章で開催国の国家元首が行うと規定され、文言も英語で定められている。定型文にある英語の「celebrating」について、これまで「祝い」と訳され、64年大会では昭和天皇が「近代オリンピアードを祝い……」と開会を宣言した。

宮内庁によると、今回、英文は定型通りだが、日本語では、大会組織委員会がコロナ禍で多くの人が苦しんでいる状況に配慮し、「記念する」と訳した。

お言葉の原案は組織委が作り、陛下は手を加えずに原案のまま読み上げられた。

過去の五輪でも、2008年の北京五輪で、胡錦濤国家主席が「第29回オリンピックがここに開幕する」とし、「祝い」の言葉を使

開会宣言の全文

◆天皇陛下（今回の東京五輪）

私は、ここに、第32回近代オリンピアードを記念する、東京大会の開会を宣言します。

◆昭和天皇（1964年東京五輪）

第18回近代オリンピアードを祝い、ここにオリンピック東京大会の開会を宣言します。

◎すべて2021年7月24日付

東京五輪閉幕

コロナ禍 延期・無観客

メダル最多58個

全ての人に「ARIGATO」

■雨上がる

8日午後8時から国立競技場（東京都新宿区）で行われた閉会式は、17日間の熱戦を振り返る映像で始まった。昼過ぎまで降っていた雨は上がっていた。

各国・地域の旗手の入場時に流れたのは、1964年東京五輪開会式の入場行進に使われた古関裕而作曲の「オリンピック・マーチ」。日本は空手男子形の喜友名諒選手(31)が務め、ギリシャとともに先頭で歩いた。

（選手写真は敬称略）

■マスク姿で

前回の東京五輪では日本の旗手が海外の選手らに、みこしのように担がれて入場。国内外の選手が入り交

聖火が消え、閉会式の最後に表示された「ARIGATO」の文字（8日午後10時27分、国立競技場で）＝吉野拓也撮影

◎上下とも2021年8月9日付

讀賣新聞　8月24日 火曜日　2021年（令和3年）　号外

東京パラ開幕

史上最多4403人参加

旗手の岩渕幸洋、谷真海を先頭に入場行進する日本選手団（24日午後8時34分、国立競技場で）＝川崎公太撮影

新型コロナウイルスの影響で、史上初めて1年延期となった第16回夏季パラリンピック東京大会が24日、開幕した。障害のある選手による国際スポーツ大会で、東京・国立競技場での開会式で、天皇陛下が開会を宣言された。国際パラリンピック委員会によると過去2番目に多い161か国・地域と難民選手団が参加。選手4403人、女子1853人は史上最多。9月5日まで22競技539種目で争う。

日本での夏季パラは1964年大会以来2度目で、東京は夏季パラを2度開催する初の都市となる。開会式の入場行進は難民選手団を先頭に原則、各国・地域の日本語表記の50音順で日本選手団194人は最後に登場。宣誓は日本の主将で車いすテニス男子の国枝慎吾（37）（ユニクロ）ら、聖火点火は車いすテニス女子代表の上地結衣（27）（三井住友銀行）らが務めた。日本選手は過去最多で、今回の参加国・地域で最も多い254人が全競技に出場予定だ。

全21会場が原則無観客となり、選手は毎日検査を受けるなど厳格な感染対策を講じる。

◎2021年8月24日付号外

挑戦　限りなく

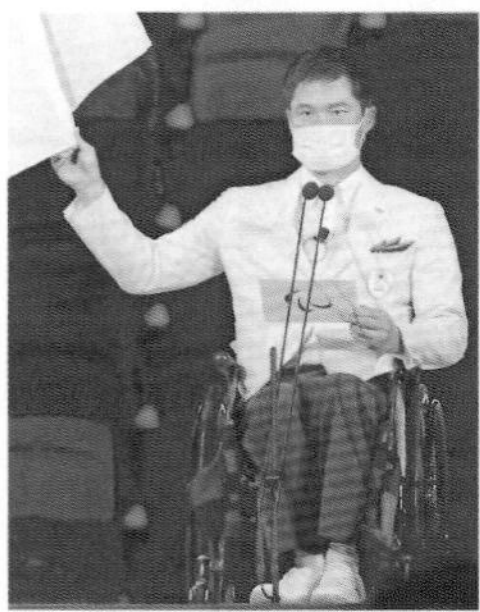

選手宣誓する日本選手団の国枝慎吾主将（24日午後10時20分、国立競技場で）＝泉祥平撮影

57年ぶりにパラリンピックが東京に戻ってきた。24日に国立競技場で開かれた開会式では、「共生社会の実現」の願いを込めたパフォーマンスが繰り広げられた。新型コロナウイルス禍という困難な状況下で開催される大会で、どんなレガシー（遺産）を残せるのか。パラアスリートたちの熱戦が始まる。

選手団主将

国枝「想像を超えたい」

日本選手団の「顔」となる主将を務めるのは、5大会連続出場となる車いすテニス男子の国枝慎吾選手（37）（ユニクロ）だ。これまで金3個を含む5個のメダルを獲得したエースは開会式の選手宣誓も担当した。初めて任された主将を「自分自身が良い結果を出すこと。それが選手団に良い流れを持ってくることにつながる」と捉えている。

9歳の時に脊髄腫瘍で下半身が不自由となり、11歳で車いすテニスを始めた。パラリンピックは2004年アテネ大会のダブルスで金メダルを獲得し、06年に初めて世界ランキング1位に。08年北京大会ではシングルスで金、ダブルスでも銅メダルに輝いた。

翌年、車いすテニス選手として日本初のプロに転向。巧みなチェアワークと鋭いバックハンドを武器に世界のトップに君臨し、12年ロンドン大会は再びシングルスで優勝を果たした。

しかし、16年のリオデジャ

◎2021年8月25日付

ダンサーたちの踊りに合わせてせり上げられるパラリンピックのシンボル「スリー・アギトス」＝山崎公太撮影

個性の花 咲く

障害者パフォーマー躍

開会式のオープニングを彩るダンスパフォーマンス

式典の冒頭では全盲の国際的ピアニスト、辻井伸行さんが作曲したオリジナル曲をバックに、日本国旗が入場。今大会の日本選手団副団長で1998年長野冬季パラ金メダリストのマセソン美季さん、パラ陸上4大会で金メダルの尾崎峰穂さん、陸上で今大会非実施種目の世界記録保持者・湯口英理菜さん、今大会バドミントン男子代表の今井大湧（ダイハツ）、五輪女子レスリング4連覇の伊調馨、コロナ禍の医療従事者を代表する救急拓海さんの6人げて運んだ。

生まれつき余ー・ソングライひらりさんが若する鮮やかな舞踊衛隊員の手によがステージ上にた。

続いて、日本らくり」をモチ「風」を起こすンスがスタートピアンや障害者オーマーとしてンマイなどの機衣装で登場した

国枝、

日本選手団でる車いすテニス慎吾（ユニクロでゴールボール理恵（総合メデ指導者代表の谷水泳コーチ、審計4人による宣以下の通り。

◇

私たちは全てにおいて、私は操の名においてのコーチ及び役いて、多様性の

聖火がともった国立競技場で打ち上げられた花火

入場行進する韓国選手団

◎2021年8月25日付

道下 女子マラソン

陸上女子マラソンでゴールテープを切る道下美里（5日、国立競技場で）

ガッツポーズをするバドミントン男子シングルスの梶原大暉（5日、国立代々木競技場で）

梶原 バド男子単

閉会式のパフォーマンスを楽しむ日本の選手ら（5日午後9時25分、国立競技場で）＝杉本昌大撮影

東京パラ閉幕

コロナ 異例の大会完結

第16回夏季パラリンピック東京大会が5日、13日間の日程を終了し、新型コロナウイルスの影響で史上初めて1年延期され、原則無観客となった「東京五輪・パラリンピック2020大会」が閉幕した。東京・国立競技場での閉会式では、五輪・パラ共通の理念「多様性と調和」をテーマに、障害の有無にかかわらず互いを認め合う共生社会の実現を訴えた。次回2024年大会はパリで開催される。

メダル51個

最終日

閉会式では、国際パラリンピック委員会（IPC）のアンドルー・パーソンズ会長が「今夜は閉会式というより全ての人が共生できる未来への始まり」と述べた。聖火が消え、閉会した。

里見・山崎組
バド女子複

日の丸を掲げ笑顔を見せるバドミントン女子ダブルスの里見紗李奈（左）、山崎悠麻組（5日、国立代々木競技場で）

◎2021年9月6日付

上：メインプレスセンターに張り出されたオリンピックの号外（2021年8月8日撮影）
下：パラリンピックの号外（2021年9月5日撮影）

はじめに

2021年9月5日夜、国立競技場の聖火が消えた。「東京2020オリンピック・パラリンピック」が幕を閉じたその時、人々は何を思っただろうか。少なからぬ日本人の心境を一語にすれば「安堵」だったかもしれない。

新型コロナウイルスによるパンデミックが世界を襲うなか、史上初めて1年延期となり、ぎりぎりまで開催への懸念が絶えない大会だった。コロナ禍の拡大から1年半。開催決定からは8年。さらに東京都が2度目の五輪開催を目指して名乗りを上げた2005年9月から数えれば、16年に及ぶ困難な道のりであった。

ともかく開催国・日本と、開催都市・東京は、何とか完走したのである。

だが、安堵して終わりというわけにはいかない。この道のりを冷静に振り返り、客観的に検証する作業が必要だろう。東京2020大会をめぐる様々な動きは、スポーツの世界にとどまらず、日本が直面する状況を広く映し出している。それを省みることは、日本の社会や政治のあり方を問うことにもなる。私たち読売新聞の「東京2020オリンピック・パラリンピック取材班」は、アスリートの活躍がもたらした興奮や感動の余韻がまだ残る中、ただちに取材の記録と記憶を残す作業に着手した。

時間軸を長期・中期・短期に分けて考えれば、やはり「東京が名乗りを上げてからの16年」、「開催決定からの8年」、「コロナ禍拡大からの1年半」ということになる。

まず、16年間の長期的時間軸では、東日本大震災という未曽有の災害をはさんで、日本が大会招致に込める思いや姿勢の変化をたどる。それは日本が大震災の前後でそれぞれどんな社会をめざしていたのかを浮き彫りにするだろう。

中期的時間軸の起点となる8年前は、東京招致が成功すると同時に、国際オリンピック委員会（ＩＯＣ）のトーマス・バッハ会長が就任した時だ。ＩＯＣの五輪に対する方針が転換し、東京大会に大きな影響を与える。大会準備をめぐって繰り広げられるＩＯＣと大会組織委員会、国と都、地方の動きをたどりながら、この間の政治と社会の状況と変化を記していきたい。

そしてコロナ禍の1年半は、日本の危機管理という面で、計り知れないほどの教訓を残した。その多くは苦いものだ。国も都も大会組織委も混乱が絶えず、開催の是非をめぐって世論は割れた。しかし「日本でなければ開催は不可能だった」という海外メディアなどの賛辞は額面通りに受け止めてもいいだろう。コロナ禍の中の大会を完遂する過程で見せた日本の強みと弱みについても記していきたい。

もちろん、時間軸で東京２０２０大会を振り返るだけでは不十分だ。スポーツが社会や人々に与える力、多様性を尊重することの重要性といった普遍的なテーマについて、東京２０２０大会が何を示し、何を残したのかという視点からも振り返るべきだろう。

本書を構成するにあたっては、まず重要な節目で読売新聞が報じた記事を再録し、紙面画像も紹介することで、その出来事が生じた時の臨場感を再現してみた。大会の主役であるアスリートたち、それを支える周囲の人たちや関係者のエピソードを盛り込み、ヒューマン・ストーリーを紹介することも心がけた。

激動する国際情勢、今後も予想される感染症、深刻化する環境問題など、オリンピック・パラリンピックを取り巻く状況は厳しい。また、ＩＯＣや五輪のあり方自体にも疑問の声が少なくない。その中で、日本から札幌市が2度目の冬季大会招致に名乗りを上げる動きを見せてもいる。私たちは今回の東京２０２０大会から何を学び、将来にどう生かしていくのか。本書がそれを考える素材の一つとなれば幸いである。

２０２２年4月25日

読売新聞東京本社編集委員　保高芳昭

報道記録　東京２０２０オリンピック・パラリンピック　◉目次

第二章　変　更

第三章 鼓動 …… 157

第六章　世　論……299

第七章 開 催 …… 349

報道記録　東京２０２０オリンピック・パラリンピック

・本書に登場する人物の肩書や年齢は当時のものである。

第一章　招　致

1　国内レース

なぜ再び東京でオリンピックを開くのか

２００５年9月20日、午後1時。東京都議会の本会議は、石原慎太郎知事の所信表明から始まった。災害対策、治安、教育など都政の諸課題について一通り方針を述べる演説の締めくくりに、石原知事が一呼吸おいて、こう切り出した。

「最後に、オリンピックの招致について申し上げます」

夏季五輪の開催都市に名乗りを上げる、という公式宣言だった。この時から２０２１年まで、16年に及ぶ長いマラソンが始まったのである。

なぜ、再び東京でオリンピックを開こうというのか。都知事の演説を正確に記しておこう。

最後に、オリンピックの招致について申し上げます。

快晴の空のもと、神宮の森の国立競技場に聖火がともされたあの日から40年余り、東京は、政治、行政、経済、そして、文化の諸機能が高密度に集積する世界に類を見ない大都市に発展いたしました。

今日、再び日本でオリンピックを開くとすれば、都市のキャパシティーや都市機能の充足度、さらには国際イベントの開催実績などから考えて、この東京をおいて他にはあり得ません。成長を遂げ成熟期に入った都市での開催は、発展の途上にある国での大会とは異なる意義を持っており、成熟した都市の姿を世界に示し、改めて日本の存在をアピールする絶好の機会になると思います。

21世紀の東京五輪では、単なる国際的なスポーツ大会の枠を超えて、膨大な都市施設のストックを有効に活用するとともに、我が国の高度な技術力や多様な歴史文化の蓄積とスポーツとを組み合わせ、日本ならではの全く新しい価値観を提示することができるはずであります。

招致を実現するには、国際的な都市間競争に国家の総力を傾けて

2005年9月21日付

東京五輪招致表明

2016年以降 「国立競技場建て替え」

石原知事

東京都の石原慎太郎知事は20日、都議会定例会の所信表明で、「日本を覆う閉塞感を打破するため、ぜひ東京にオリンピックを招致したい」と述べ、改めて夏季五輪招致の決意を表明した。そのうえで、五輪招致のためには、国立競技場（新宿区）の建て替えや神宮外苑（新宿区、港区）の再開発など、大がかりなインフラ整備が必要だとの考えを示した。都は「ロンドン五輪」後の2016年と20[illegible]の夏季五輪の両にらみで招致を推進する方針。来月、庁内に副知事らをメンバーとする準備組織を発足させ、立候補に向けた活動を本格化させる。

2005年9月28日付

石原知事

五輪招致の意義強調

都議会代表質問 来月、専門部署を設置

都議会は27日、主要会派による代表質問を行った。石原知事は2016年の東京五輪招致に改めて強い期待を表明するとともに、都市部の「水の守り」など災害対策にも言及した。議会側は野村有信（自民）、中村明彦（民主）、藤井一（公明）、吉田信夫（共産）の各議員が質問した。

◆五輪招致

来月から庁内に専門部署を正式に発足させる「東京五輪」招致。石原知事は「産業界や競技団体など幅広い分野からの支援、協力を得 [illegible]

勝ち抜かなければなりません。東京都だけでの努力にはおのずと限界があり、国を挙げてのバックアップと周到な招致戦略が不可欠であります。

　オリンピック開催を起爆剤として日本を覆う閉塞感を打破するためにも、ぜひ日本の首都である東京に招致したいと思っております。

（東京都議会会議録より）

「招致演説」から、いくつかのキーフレーズが読み取れる。まず、「再び日本で（夏季）オリンピックを開くとすれば東京の他にはあり得ない」。これは、先んじて五輪招致の意欲をアピールしていた福岡市を意識したものだ。

　この年の4月1日、日本オリンピック委員会（JOC）の理事会で竹田恒和（つねかず）会長が「夏季五輪を日本に招致したい」との意向を公式に表明するや、即座に反応したのが福岡市の山崎広太郎市長だった。早くも同月15日、山崎市長はJOCと「パートナー都市協定」を締結、その発表会見で「立候補要請があれば対応していく」と前のめりに語っている。その後も精力的に関係者を説いて回り、石原演説の直前（9

2020年の夏季五輪
日本招致準備へ

日本オリンピック委員会（JOC）の竹田恒和会長は1日の理事会で、「2020年の夏季五輪を招致したい」と話し、政令指定都市を中心に立候補を働きかける意向を明らかにした。竹田会長は「五輪を開催することが最大の五輪運動推進になる」としており、JOCはすでに候補都市向けに、招致の手引の作成に着手。五輪以外にも2014年か2018年の夏季アジア大会など、総合大会の招致に積極的に取り組むという。

２００５年４月２日付

福岡市、五輪招致前向き
市長発言　JOCとパートナー協定

２００５年４月１６日付

月15日）には、市役所に「五輪招致準備事務局」を発足させていた。

こうした動きに対して石原知事は「東京以外の都市に夏季五輪の開催は無理だ」と、まず一刀両断したのである。

石原演説でさらに目に留まるフレーズは「日本の存在をアピールする」「日本ならではの全く新しい価値観を提示する」「日本を覆う閉塞感を打破する」。つまり、招致するのは一都市としての東京ではなく、「日本の首都東京」ということだ。

「東京から日本を変える」をキャッチフレーズとして都知事に就いた石原氏にとって、都政は地方行政ではなく、国政の重要な一部である。東京の存在感＝日本の存在感、というのが信条であり、首都機能の移転や分散の議論を「笑止千万」と一蹴してきた。オリンピック招致はこれと軌を一にしている。

このため、のちに実現する東京２０２０大会が「安倍五輪」の色合いを帯びたように、東京都の招致活動スタート時は「石原五輪」のイメージをまとい、賛否の分かれる政治テーマとして浮上することにもなった。

２００５年９月21日付

夏季五輪に東京が名乗り

「首都参戦　心強い」　JOC会長

東京都の石原知事が20日の都議会で、２０１６年以降の夏季五輪招致に乗り出すことを表明したことに、日本オリンピック委員会（ＪＯＣ）の竹田恒和会長は「首都が招致に取りかかろうとすることは心強い。世界を勝ち抜ける素晴らしい計画を期待したい」と歓迎の意を表した。五輪招致には、福岡市、札幌市が立候補の動きを見せており、「それぞれの招致計画を見ながら、最高の都市を選びたい」と語った。

ＪＯＣでは「オリンピック招致推進プロジェクト」をスタートさせ、２０１２年五輪招致を行った各都市の調査を進めている。竹田会長は「日本がオリンピックを招致して勝つにはどうしたら良いのかの、モデルケースを作っていきたい」としている。

＜本文記事34面＞

２００５年９月23日付

実現するか 東京五輪

巨大都市再生の契機に

スキャナー SCANNER

ライバルは首都ぞろい

2016年五輪招致には東京のほか、福岡市が競技を九州各地で行う「福岡・九州五輪」を構想、22日、山崎福岡市長が市議会で立候補を正式表明した。札幌市議会と北海道議会も3月、夏季五輪招致を決議しており、来年12月にJOCが一本化する。国外で検討中とされる都市は、欧州勢がローマとミラノ、2012年招致の雪辱を期すマドリード、アジアではニューデリー、バンコクと首都ぞろい。米国ではニューヨークの再挑戦に加え、シカゴ、ロサンゼルス、ワシントンなど。

1964年の東京五輪開会式で、聖火を掲げる坂井義則さん（国立競技場）

開催意義　明確に

政府の全面

アクセルを踏んだＪＯＣ

東京都は唐突に立候補宣言したわけではない。石原知事は断言を避けつつアドバルーンを上げ、世論の反応を見ていた。この間の動きをまず振り返っておこう。

すでに触れた通り、05年の年度初めにＪＯＣの竹田会長が理事会の席上、夏季五輪の招致方針を打ち上げた。それは「２０２０年大会の実現をめざす」というものだったが、竹田会長は「１回の立候補で開催地に決まる可能性は低い」とみて、まず２０１６年大会の招致レースから参戦する方針を掲げた。翌５月の理事会で「16年夏季五輪について国内立候補都市を募り、来年（06年）中に一本化する」というスケジュールを示す。早急に「日本代表都市」を決める、ということだ。

ＪＯＣが踏んだアクセルに機敏に反応したのが福岡市だった。しかし、さらに早く動きを見せていた都市がある。札幌市だ。05年２月11日の読売新聞社会面（北海道版）に「札幌夏の五輪　首相が興味津々」という囲み記事が載っている。

２００５年５月20日付

五輪立候補都市
来年中に一本化
２０１６年夏季

日本オリンピック委員会（ＪＯＣ）の竹田恒和会長は19日の理事会で、２０１６年夏季五輪招致について、来年夏までに国内立候補都市を募り、来年中には一本化する方針を示した。16年五輪は、07年に立候補都市の募集が行われ、09年に開催地が決まる。竹田会長は「1回の立候補で開催都市となる可能性は少ない」とし、16年夏季五輪への立候補が必要としている。

２００５年２月11日付

札幌夏の五輪
首相が興味津々

「さっぽろ雪まつり」の視察に訪れた首相は十日夜、ススキノの料理店で高橋はるみ知事や道内選出の国会議員らと懇談した。この中で首相が、自民党道連などが進める二〇二〇年の夏五輪の札幌誘致に興味を示す一幕があった。

小泉純一郎首相が「さっぽろ雪まつり」を訪れた後で、北海道の高橋はるみ知事や道内選出の国会議員らと会食した際のやりとりを紹介した記事だ。地元議員が「札幌に五輪を誘致したい」と切り出すと、小泉首相は冬季大会をもう一度やるものと思い込み、最初はあまり興味あるそぶりをみせなかったものの、狙いが夏季大会だと知るや、「おもしろいな」と応じた、という。

実は、自民党北海道連はその2年前から「夏季五輪開催」を公約に掲げていたのだが、顕著な動きには至っていなかった。それが小泉首相の好反応で一気に弾みが付く。

そして札幌市議会が3月30日、夏季五輪の招致をめざす決議案を賛成多数で可決した。これはＪＯＣが理事会で招致方針を公式に打ち出す2日前だ。北海道の国会議員には夏冬のオリンピックで活躍した橋本聖子参院議員がいた。当然、ＪＯＣの動向は水面下も含めて承知していたに違いない。

福岡も山崎市長が着々と動いていた。ＪＯＣと「パートナー都市協定」を結んだ後、さっそく4月下旬に北九州市の末吉興一（すえよしこういち）市長と会談している。

2005年3月31日付

20年夏季五輪招致目指す決議案可決

札幌市議会が閉会

定例札幌市議会は30日、新年度予算案や特別職人事案など議案43件を可決、閉会した。

建設局と下水道局の統合などを定める事務分掌条例の一部改正案には、自民などが反対したが、賛成多数で可決した。また、2020年の夏季五輪招致を目指す決議案を自民、公明などが提出し、賛成多数で可決。

「五輪を招致する構想を持っているが、どうでしょうか」

「いいですね。それはおもしろい」

山崎市長から相談を受けた末吉市長はその場で賛同した。6月になると山崎市長は、福岡単独ではなく九州全域を開催地とする「九州オリンピック」としての招致構想を語り始める。近県の首長たちもおおむね好意的だった。読売新聞が北九州市と九州、山口、沖縄の各県庁所在地（福岡市は除く）の市長計9人に対し、九州五輪構想への賛否を聞いたところ、5人が「賛成」、2人が「どちらかといえば賛成」と答えている。

国内招致レースは急速に熱くなり始めた。

石原都知事が動く

東京もいずれ手を挙げるだろう――都庁の担当記者たちは誰もがそう思っていた。

石原都知事は前年04年の9月に「東京大都市マラソンを創設し、開催する」と発表している。それまで男女別に行われていた都心マラソンを統合し、一般ランナーや車いすランナーも走る大規模マラソンと

2016年以降

「九州五輪」招致に意欲

山崎市長　各県と連携前提に

福岡市の山崎広太郎市長は7日、定例会見で、2016年以降の夏季オリンピックについて「チャンスがあれば福岡も手を挙げたい。途方もないことという感じは持っていない」と改めて招致に意欲を表明。競技場などを九州各県に分散した広域開催を前提とした考えを示した。

山崎市長は、福岡市単独での全競技実施は難しいとの認識を示したうえで、「九州で広範囲に開催するという考え方が受け入れられるかが問題」と説明。1995年のユニバーシアード大会などの国際スポーツ大会を開催してきた実績を強調し、「競技団体の支持が得られれば、招致の可能性が出てくる」と語った。

同市は4月、日本オリンピック委員会（JOC）とパートナー都市協定を締結。山崎市長は「JOCの竹田恒和会長からも『世界と戦えることが前提』と言われた。国内で候補になるだけでは意味がない。まず環境整備や基本理念をつくらなければならない」とした。

同市などによると、五輪招致のためには、開閉会式や陸上競技を行う7万人規模のメーン会場や1万6000人規模の選手村などの新たな整備が必要になる。

また、オリンピック憲章では開催地を「1都市」と規定し、国際オリンピック

2005年6月7日付

〝九州五輪〟実現は？

都市間連携　多額の負担軽減

世界の潮流「コンパクト開催」

各市長から賛同の声も

2016年五輪開催都市決定スケジュール

2006年6月末	JOCに立候補意思表明書を提出
11月末	JOCが国内候補都市を決定
07年	IOCが開催都市を公募
08年	IOC理事会で5都市程度を「立候補都市」として選出
09年	IOC委員による投票で開催都市を決定

連携許されるのでは

相反する条件　満たすウルトラC必要

2005年7月4日付

して新生させる構想（これが今日の「東京マラソン」として成功している）だ。

それはスポーツイベントで東京の存在感を世界にアピールしようというものであり、目指す先にオリンピックがあると考えるのが自然だろう。そもそも、石原知事が「東京大都市マラソン」を打ち上げた半年後に、ＪＯＣの竹田会長が日本への五輪招致を表明するという流れ自体が、どこか出来レースの雰囲気を醸し出してもいた。

都知事はしばらく鷹揚に構えていたが、真夏に動き出す。

05年8月5日、産経新聞が朝刊で「２０１６年夏季五輪　東京、立候補表明へ」とスクープした。記事によれば、石原知事が産経記者の直撃取材に答える形で、五輪誘致について「いいんじゃないですか、東京でやったら。（要請があった場合に）やるんならやりますよと言ってある。どんどんやったらいい」と明言したという。報じられた日は午後に定例知事会見が予定されており、産経新聞の記事は露払いとなった。

記者会見で、石原知事は改めて「日本に五輪を招致するなら、キャパシティーから東京しかありえない」と語る。まだ確定的な立候補表

２００４年９月４日付

景観重視の大規模マラソン

都と陸連　来秋以降　既存の3大会統合構想

東京都の石原慎太郎知事は三日の定例会見で、世界の有名ランナーと一般ランナーの男女計三万人以上が参加する「東京大都市マラソン」（仮称）の開催構想を、日本陸上競技連盟と共同でまとめたと発表した。都は、既存の三大会を統合したうえで、来年秋から冬にかけての開催を目指す。今後、各大会主催者らと協議を進める方針。

都が統合を目指すのは、「東京国際マラソン」「東京国際女子マラソン」「東京シティロードレース」。都や日本陸連によると、

２００５年８月６日付

「2016年に東京五輪」

立候補に意欲

催地は09年に決定するが、国内候補地については、日本オリンピック委員会（ＪＯＣ）が来年中に1か所へ絞り込む方針が決まってい

明ではなかったが、報道各社はそれに近いニュアンスで報じた。

札幌は招致断念

先行していた札幌と福岡の、その後はどうだったか。

札幌市は自民党を中心とした北海道選出国会議員や、道議会、市議会の議員たちは熱心だったものの、上田文雄市長が慎重だった。

市の財政状況では五輪は難しいと考えていた上田市長は05年9月、「市民1万人を対象にアンケート調査する」と表明。「開催総経費1兆8千億円、市の負担2500億円」との試算を示して年末に行ったアンケートの結果は、「賛成」が33％、「反対」が35％、「どちらともいえない」が27％と出た。市民大多数からの賛同は得られないと見た上田市長は、招致を見送る方針を明らかにした。

福岡市が打ち上げた「九州オリンピック」は、近隣の首長から賛意を得たとはいえ、実現可能性については懐疑的な反応が多かった。当時、国際オリンピック委員会（IOC）は五輪の広域開催に否定的であり、都市より広い地域名を冠した前例もなかったからだ。

加えて、05年の7月にシンガポールで開かれたIOC総会において

札幌市の夏季五輪招致
反対35％、賛成上回る
市民アンケート

2006年1月31日付

札幌
五輪招致は見送り
市議会で表明　上田市長「市民合意ない」

2006年2月21日付

２０１２年夏季五輪の開催地がロンドンに決定した状況も、福岡には逆風を感じさせた。パリ、ニューヨーク、モスクワ、マドリードという主要国の首都クラスが争った末のロンドン当選である。日本で開催したいなら東京が立候補するしか勝ち目はない、という雰囲気が一段と強まっていた。

福岡市が「招致準備事務局」を発足させた翌日、そして石原知事が招致演説する都議会が近づいた9月16日、日本体育協会会長の森喜朗元首相が都庁を訪ねて都知事と「意見交換」している。会談の後、森氏は取り囲む記者団にこう語った。

「国際社会にアピールするのは東京。福岡の場合は九州全域（開催）で、（通例一つの）都市に（五輪）開催権を与えるのだから、あちこちにまたがってやるのは難しい。札幌もこれだけの大変な（夏季五輪の）施設から言って、全部やれるのか。やっぱり今の力だと東京でしょう。東京都が立候補の意思を出していただければ大変ありがたい」

森元首相と石原知事は、自民党の国会議員として同じ派閥「清和会」に属した間柄である。この時点で国内招致レースはほぼ行方が見えていたと言えるだろう。

64年ぶりロンドン五輪

2012年

史上最多3度目

「本命」パリ破る

功労者はコー英招致

２００５年７月７日付（写真ＡＰ）

東京立候補に期待

森体協会長が表明

五輪招致で知事と会談

日本体育協会の森喜朗会長（日本オリンピック委員会理事）は16日、石原慎太郎東京都知事と会談し、都

その後記者団に対し、現在3都市が招致の意向を示している国内候補地のうち最右翼は東京だと言明した。

森会長は「国際社会にアピールするのは東京。福岡の場合は九州全域（開催）で、（通例一つの）都市に

２００５年９月１７日付

福岡の方針転換

しかしながら「日本代表都市」を決める争いは、東京都が本命と見られつつも、予断を許さなかった。

福岡の山崎市長も石原演説の2日後、9月22日に市議会で招致演説を行い、真っ向勝負の様相になる。さらに山崎市長は11月、広域開催の「九州五輪案」を捨てて、競技場の半数以上を選手村から10キロ圏内に収める「コンパクトな開催案」を公表した。ＩＯＣの意向に合わせて大胆に方針転換したのだから、本気である。

ＪＯＣも「東京で決まり」といったムードになることを避けようとしていた。招致プランを競わせた方が内容に磨きがかかるし、白熱の招致合戦を国民の前で見せることで、オリンピックへの関心を高め、日本開催を期待するムードにもつながる。また、東京都があまり楽勝してしまうと、その後の国際招致レースや招致成功後の開催準備も完全に都に仕切られ、ＪＯＣの影響力が低下するからだ。

果たして、国内レースはＪＯＣの狙い通りに進む。東京都がメインスタジアムの設計をはじめとする基本デザインを著名建築家の安藤忠

2005年11月22日付

２０１６年の夏季五輪招致を表明している福岡市の山崎広太郎市長は21日、選手村から10キロ圏内に競技会場（サッカーを除く）の半数以上を集中させるなどの「コンパクト開催」を目指す新たな方針を、日本オリンピック委員会（ＪＯＣ）の竹田恒和会長に説明した。

福岡・五輪招致 方針転換

競技場半数以上を10キロ圏内に

「コンパクト開催」目指す

山崎市長 ＪＯＣ会長に説明

この日、竹田会長が山崎市長を表敬訪問し、約30分間、非公開で会談した。

福岡市は当初、九州各地に競技会場を配置する広域・分散開催を検討していたが、方針を転換。競技会場を可能な限り市内数か所のエリアに集約▽サッカーは九州を含めた国内の主要競技場で開催▽選手村は人工島（アイランドシティ）で検討する――との配置方針を示した。

12年大会の開催都市・ロンドンは選手村から10キロ圏内にサッカー以外の競技会場の46％を集める計画で、それを上回るコンパクトな開催を打ち出すことで、招致レースを勝ち抜くことを目指している。

また、「150万人規模の都市でも可能な新たな五輪を提案する」とし、既存施設や特設（仮設）施設の積極活用を強調。大会の基本理念の策定に向け、国内外の競技関係者や学識経験者ら50人から意見を聞くとともに、専門的立場のアドバイザーを置くとしている。

会談終了後、竹田会長は「福岡市は水泳の世界選手権などを開催し、能力は持っている。いい計画を作れば非常に可能性は高い」と話した。

山崎市長は「東京に勝つかどうかではなく、世界に通用する新しい五輪の提案ができるかどうかだということを、改めて確認した。十分に良い提案をし、選択を仰ぎたい」と語った。

雄氏に依頼すれば、福岡市はやはり建築界の重鎮・磯崎新（あらた）氏を「制作総指揮者」に据えるなど、招致に絡む動きはそのつど話題を集めた。06年6月30日、両都市はＪＯＣに対し、「開催概要計画書」を提出した。かたや東京湾、かたや博多湾に、緑と調和した斬新な主会場を作る計画だ。

国内招致レースは大詰めを迎え、いよいよ2か月後、ＪＯＣ役員と競技団体代表らによる投票に委ねられることになった。

東京が辛勝

8月30日の夕方に開かれた「国内選定委員会」の場所は、東京・新高輪プリンスホテルの大宴会場。５００人近い報道陣が詰めかけ、ＮＨＫをはじめテレビ各局が生中継するという大々的なイベントになった。

両都市が著名人を動員して45分ずつプレゼンテーションを行う光景は、本番となる国際招致レースの予行演習さながらである。当時の読売新聞の記事だ。

２００６年５月12日付

五輪招致 建築家対決

東京都 安藤忠雄氏にデザイン依頼

福岡市 磯崎新氏が制作総指揮

アムなどの基本デザインを建築家の安藤忠雄氏(64)に依頼したことがわかった。ライバルの福岡市は磯崎新氏(74)が制作総指揮者として開催計画をまとめており、五輪招致は国内を代表する大物建築家対決の様相になった。

国内候補地は8月末に日本オリンピック委員会（JOC）理事らの投票で決定する。関係者によると、石原慎太郎都知事が面識のある安藤氏と会って基本デザイン作りを依頼、安藤氏から快諾を受けたという。

都は既にメーンスタジアムを中央区の晴海ふ頭、メディアセンターを築地市場跡地（12年度に移転予定）、選手村を江東区の有明地区に建設し、残りは既存施設を最大限活用する計画を発表している。安藤氏には8月末の開催概要計画書提出に向けて、主要施設などのデザインを手がけてもらう考えで、近く基本構想や都側の要望を安藤氏側に伝えるという。

安藤氏と磯崎氏はともに国際的に高い評価を得ている建築家だが、安藤氏が高卒後、欧米を放浪しながら独学で建築設計学を習得したのに対し、磯崎氏は東大大学院を修了し、建築界の重鎮・丹下健三（２００５年死去）に師事して本流を歩み続けるなど、その経歴は対照的だ。

福岡市は磯崎氏が中心となり、博多湾岸の3か所に競技施設を集中させ、イタリア・ベネチアのような水上都市をイメージした五輪後の再開発理念も盛り込んだ計画を決めている。「表参道ヒルズ」（渋谷区）などを設計した安藤氏が、五輪でどんな斬新なプランを示すかが注目される。

切り札は欽ちゃん

東京都の切り札には、タレントで茨城ゴールデンゴールズ監督の萩本欽一さんが登場、「東京でやりましょ〜よ。ねぇ」と人なつっこい声で語りかけた。また、プロ野球・ヤクルトの古田敦也選手兼監督は、ソウル五輪の経験を引き合いに出し、「本物のトップアスリートを目の前で見られて、大きな刺激を受けた。次代を担う若者たちに、できるだけ生で（競技を）見てもらいたい」と、野球の五輪競技復活と併せて訴えた。妻の中井美穂アナウンサーが司会を務め、夫婦で東京のために一肌脱ぐ形になった。

福岡市は、アジアとのつながりを強調し、国際色あふれるプレゼンターを起用。さらに、福岡県がＪＯＣと協力して取り組む有望選手発掘事業で選ばれた中学生が「五輪が開かれれば、僕たちの夢は１００倍にもふくらむ」と訴えた。また、招致アドバイザーを務めるソフトバンクの王貞治監督は、「がんばれ！福岡」と記した色紙を寄せた。

（２００６年８月31日付朝刊）

投票する「選定委員」はＪＯＣ理事25人、夏季五輪競

２００６年７月１日付

2016年五輪招致へアピール

２０１６年夏季五輪招致を争う東京都と福岡市が30日、日本オリンピック委員会（ＪＯＣ）に対して開催概要計画書を提出し、五輪の国内候補選考レースが本格スタートした。

石原慎太郎東京都知事と、

東京・福岡が計画書

山崎広太郎福岡市長が、東京・渋谷の岸記念体育会館をそれぞれ訪れ、ＪＯＣの竹田恒和会長に計画書を手渡した。

それによると東京都は、半径約10㌔圏内に26競技の会場を配置。福岡市は博多湾周辺に三つの施設集中エリアを設定

来月末に候補一本化

するコンパクトな計画だ。施設・インフラ整備費は、東京が４９５６億円、福岡が４８６４億円と算定している。８月30日、ＪＯＣ役員と競技団体代表ら55人の投票で、国内候補が一本化される。

〈関連記事３・23・38面〉

㊤東京都が計画している、古墳をイメージしたスタジアムのイメージ図㊦福岡市の五輪主会場のイメージCG

技団体代表29人、日本障害者スポーツ協会の代表1人、計55人。一人ずつ壇上に進んで投票用紙を投票箱に入れた。開会前に委員の中から「こそこそ投票したくない」との意見が出され、急遽(きゅうきょ)投票用紙の記入所をしつらえて、全国注視の中で票を投じたのだ。

結果は東京都33票、福岡市22票。日本代表都市は東京に決まった。

選定委員の多くが投票の決め手に挙げたのが、プレゼンテーションの内容だった。投票前の取材では、「重要視すること」としてＪＯＣ役員（25人）の大半が「国際招致に勝てるかどうか」を、各競技団体の代表（30人）の多くは「競技施設の後利用」を挙げていた。同時に、「プレゼンテーションが大切だ」と話す委員も少なくなかった。

投票後、多くの委員は「東京のプレゼンの方が優れていた」と話した。また、福岡のプレゼンターの一人が「東京の開催計画は金持ちのための五輪だ。それで国際招致レースに勝てるのか」とネガティブ・キャンペーンのような演説をしたことに対して、「あれで東京にかなりの票が流れた」と指摘する委員もいた。

しかし、33対22というスコアは、圧勝して当然と考えていた東京都にとっては辛勝である。あと少し福岡市のプレゼンが委員たちの心を

東京、五輪国内候補に

2016年 33対22、福岡破る

開催都市、3年後に決定

ＪＯＣ決定

2006年8月31日付

苦戦？11票差

都知事「票読み違ってたね」

福岡市長 口結び 短く拍手

2006年8月31日付

つかんでいたら、違う結果になったかもしれない。

投票は無記名だが、競技団体代表の票は東京より福岡に多く集まったとみられる。福岡は早くから競技団体と接触し、要望をくみ上げながら計画を練ったことが好感されたようだ。

石原知事は「選挙でこんなにハラハラしたのは久しぶりだ」と胸をなで下ろしていた。ある選定委員がこう漏らした。「東京はスポーツ界とのパイプがない。これからスポーツ界と十分に連携していかないと失敗する」。この辛勝で東京は「選手ファースト」の大切さを教えられた。接戦の末に東京に決まる、という、JOCが望んだ通りの結末であった。

当時、社会部で都庁担当記者だった春日貴光（かすがたかみつ）は、次のように回想している。

「石原知事はもちろん、都庁の幹部たちは皆、東京が負けることはありえないと考えていたし、JOCに対して怒ってさえいた。『結果はわかっているのに、なぜ金をかけて招致レースをやらされるのか』と。ところが選定委員会の日が近づくと、楽勝とはいかない雰囲気が広がってきた。都議会自民党の重鎮議員が、投票権のある競技団体の名前

五輪候補地 東京に決定

JOC「可能性」に賭け

投票結果
東京都 33票
福岡市 22票
（無効、棄権0票）

東京五輪への道

欽ちゃん、古田…プレゼンで差

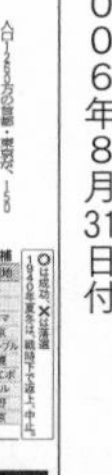

2006年8月31日付

を紙に書き並べ、まるで自分の選挙を戦っているような顔で毎日、票読みしていたのを思い出す。石原知事が『ハラハラした』というのは本音だろう」

福岡市が当初に掲げた「九州オリンピック」構想を押し通していたら、どうだっただろうか。現在ならば、かなり説得力があったと思われる。今やIOCは、複数の都市の既存施設を利用した広域開催を奨励する姿勢に転じているからだ。これについては、のちの章で触れたい。

2006年9月1日付

招致実現までの長い道のり

東京五輪

2016年夏季五輪の国内候補都市が東京都に決まった。

ライバル福岡市に差を付けた要因は、交通網や宿泊施設など既存の都市インフラと高い財政力に裏打ちされた、東京の「実現可能性」と言っていいだろう。

五輪期間中、延べ85
想定しても輸送交通機関
ゆとりがある。メーンス
村など主要施設はすべて
得は必要ない。

約5000億円の施設
0億円の運営経費は、ほ

2　国際レース

長い道のり

2016年夏季五輪の国内招致レースは、東京に軍配が上がった。しかし、本番はこれからだ。選定委員会の2日後、06年9月1日の読売新聞は「招致実現までの長い道のり」というタイトルで社説を掲げている。

社説は「ライバル福岡市に差を付けた要因は、交通網や宿泊施設な

2006年8月22日付

申し込み定員3倍　東京マラソン

来年2月に初めて開かれる「東京マラソン2007」の参加申し込みが締め切られ、東京都の東京マラソン事務局は21日、海外の市民ランナーを含め定員（2万5000人）の約3倍に上る7万5668人（速報値）から申し込みがあったと発表した。

東京マラソンはアジア最大規模の市民参加型レースとして、来年2月18日開催。フルマラソンは新宿・都庁前をスタート、銀座、浅草などを経由し、臨海副都心の

ど既存の都市インフラと高い財政力に裏打ちされた、東京の『実現可能性』といっていいだろう」と結果を分析した上で、「東京は、ようやく世界との競争のスタートラインに立ったにすぎない」と書き、さらにこう指摘した。「今後の最大の課題は、国民の関心をどう高めていくかにある。『なぜ今、日本で五輪なのか』の説明がほしい、と思う人は多いだろう」。

国民の関心という面では、石原都知事は格好のイベントをすでに用意してあった。「東京マラソン」である。国内招致レースの決着直前に締め切りを設定した一般ランナーの募集には、定員3万人に対して約9万5000人もの申し込みがあった。翌07年2月18日、日曜日に開催された新生第1回の東京マラソンは、雨にもかかわらず178万人が沿道を埋めるなど大変な盛り上がりを見せる。都庁前でスタートの号砲を放ったのは、得意満面の石原知事だった。

東京 マラソン天国

給水などのサービス NY、パリ以上

1人意識不明

2007年2月19日付

コラム［よみうり寸評］

〈東京マラソン2007〉――あいにくの雨と寒さ、参加した市民ランナー3万人、都心の道路を7時間も使用……こんな例のない超のつく大

規模なイベントが初回から成功した◆大きな運営上のトラブルもなく、いきなり初回でやってのけたのは〈東京の力量〉か。参加したランナー、沿道の応援、ボランティアの人々……多くの笑顔が成功を語る◆細かい反省材料はこれから出てくるとしても、ニューヨーク、ロンドン、ベルリン、パリ、北京など世界の大都市マラソンに今後も負けずに隆盛をと祈る◆世界のトップランナーも市民ランナーも、そして車いすの参加者も、思い思いに皇居、東京タワー、銀座、浅草雷門を駆け抜けた。ふだんは車、車、車の広い道が市民ランナーの人、人、人に◆沿道の応援は178万人。フルマラソンの参加者の96％以上が新宿―臨海副都心のコースを完走。7時間ゆったりの制限時間と温かい声援、加えてみんな一緒の心強さが寒さも疲労も吹き飛ばした◆〈長距離走者の孤独〉そんな言葉がおよそ無縁に思える大イベントだった。

（2007年2月19日付夕刊1面）

読売新聞が毎年行うスポーツに関する全国世論調査が、この年は東京マラソンが開かれる週末（2月17～18日）に面接方式で実施された。その中で、東京五輪を開催することへの賛否を尋ねたところ、「どち

2007年2月19日付（執筆・永井梓）

よみうり寸評

〈東京マラソン2007〉―あいにくの雨と寒さ、参加した市民ランナー3万人、都心の道路を7時間も使用……こんな例のない超のつく大規模なイベントが初回から成功した◆大きな運営上のトラブルもなく、いきなり初回でやってのけたのは〈東京の力量〉か。参加したランナー、沿道の応援、ボランティアの人々……多くの笑顔が成功を語る◆細かい反省材料はこれから出てくるとしても、ニューヨーク、ロンドン、ベルリン、パリ、北京など世界の大都市マラソンに今後も負けずに隆盛をと祈る◆世界のトップランナーも市民ランナーも、そして車いすの参加者も、思い思いに皇居、東京タワー、銀座、浅草雷門を駆け抜けた。ふだんは車、車、車の広い道が市民ランナーの人、人、人に◆沿道の応援は178万人。フルマラソンの参加者の96%以上が新宿―臨海副都心のコースを完走。7時間ゆったりの制限時間と温かい声援、加えてみんな一緒の心強さが寒さも疲労も吹き飛ばした◆〈長距離走者の孤独〉そんな言葉がおよそ無縁に思える大イベントだった。

2007年2月27日付

東京五輪「賛成」70％

本社世論調査　都民は75％

読売新聞社の「スポーツ」に関する全国世論調査(17、18日実施、面接方式)で、2016年の夏季五輪を東京で開催することの賛否を聞いたところ、「どちらかといえば」を含め「賛成」が計70%に上った。「反対」は計25%だった。

東京都民に限ると、「賛成」計75%、「反対」計22%だった。これを支持政党別にみると、「賛成」は自民支持層の9割弱に上ったが、民主支持層では7割強、無党派層では6割台半ばだった。

2016年の夏季五輪の

らかといえば」を含めた「賛成」は計70%、同じく「反対」は計25%。都民に限れば計75%が「賛成」という結果になった。

ただし、かなり高い賛成率ではあるものの、賛否双方とも「どちらかといえば」が一定数あって、世論に迷いや悩みも感じられる。「石原五輪」の色合いが強く、政治的な対立要素になってしまったこともあるだろう。同年4月の都知事選では、3選をめざす石原氏に挑んだ浅野史郎・元宮城県知事らが五輪招致の再考あるいは撤回を公約に掲げた。だが選挙は石原氏が勝ち、東京は国際招致レースへと進んでいく。

「史上最もコンパクト」が売り

IOCへのエントリー締め切りの07年9月、東京都は開催都市に立候補する。

届け出た都市は他にシカゴ（米）、リオデジャネイロ（ブラジル）、マドリード（スペイン）、バクー（アゼルバイジャン）、ドーハ（カタール）、プラハ（チェコ）の計7都市。ついに本番の国際招致レースが始まった。しかし、開催地が決定するのはさらに2年先だ。まだ遠

石原さん「五輪で夢を」

都知事選

逆風かわし満

「都民の良識」慎

2007年4月9日付

東京など7都市
五輪招致立候補

2016年開催へ届け出

【パリ＝若水浩】国際オリンピック委員会（IOC）は14日、東京都が招致を目指す2016年夏季五輪の開催地に、7都市が立候補を届け出たと発表した。東京以外の候補都市はバクー（アゼルバイジャン）、シカゴ（米）、ドーハ（カタール）、マドリード（スペイン）、プラハ（チェコ）、リオデジャネイロ（ブラジル）。

各招致都市は来年1月14日までに、競技施設や交通など千数項目に及ぶIOCの質問状に回答。IOCは同年6月の理事会で、これを基に五輪の開催能力を審査して、数都市に絞り込む。

最終候補に残った都市は2009年2月12日までに、招致計画書をIOCに提出。その後、IOC評価委員会による現地視察、評価報告書の発表を経て、同年10月2日のIOC総会（コペンハーゲン）の投票で開催地が決まる。

2007年9月15日付

いゴールをにらんで東京は、国内レースで示した開催計画を見直し、IOCの評価が高まるように練り直していった。

石原知事を会長とする招致委員会が最終的な開催計画を公表したのは09年の2月である。

東京湾岸の晴海地区に新設するオリンピックスタジアムを中心とし、半径8キロ圏内にサッカーと射撃を除く全競技施設と選手村を収めるというもので、「五輪史上最もコンパクトな大会」とアピールした。前年の1次選考でバクー、ドーハ、プラハは脱落していた。残る4都市の中で東京の存在感はどうだっただろうか。

開催能力という点からみれば、巨大スポーツイベントの開催実績がある米国の大都市シカゴは東京に勝るとも劣らない。しかも、世界で最も大きな影響力を持つオバマ米大統領の地元である。リオデジャネイロは開催能力に不安があるものの、まだ南米で五輪が開かれていないという点が強みだった。「南米初のオリンピック」が実現すれば大きな意義があることは明らかだ。マドリードも12年大会招致に続く立候補で計画が磨かれており、スペインはサマランチIOC前会長のお膝元でもある。これらライバル都市に比べると、東京は引きつけるも

東京コンパクト五輪

2016年 開催計画発表

会場集中 チケット2000円

2009年2月14日付

シカゴ マドリード リオ

2016年五輪招致

東京のライバル決定

2009年2月13日付

のが弱い、との印象を否めなかった。

日本国内の世論も微妙だった。この頃、読売新聞のスポーツに関する全国世論調査（面接方式）で五輪開催に賛成している人の割合は、07年2月の70%から、08年2月は72%、09年2月は74%と徐々に増加していた。さらに09年4月にも読売新聞は五輪開催の賛否を聞く全国世論調査を行い、76%が賛成と答えている。この結果に石原都知事も「ありがたい数字だ」と話していた。

一方、IOCも09年2月に最終候補の4都市で独自に世論調査をしている。IOCが直接委託した会社が実施したという。「どちらかといえば……」という選択肢は設けず、シンプルに賛否を聞いた調査で、開催支持率はマドリード（84・9%）、リオ（84・5%）、シカゴ（67・3%）の順で高く、東京（55・5%）は最も低かった。

各国の元首らが乗り込む

2016年夏季オリンピック開催都市を決めるIOC総会の舞台は、デンマークの首都コペンハーゲンである。

09年10月2日、プレゼンテーションの場には、候補都市を擁する各

2009年5月2日付

東京五輪「賛成」76%

＊本社世論調査

2016年の夏季五輪招致について、読売新聞社が全国世論調査（4月25～26日実施、面接方式）で、東京開催への賛否を聞いたところ、「賛成」が76%で前回調査（今年1月31日～2月1日）より2ポイント増加した。「反対」は17%で4ポイントの減。

都知事「ありがたい」

賛成とした回答を年代別に見ると、20歳代の82%が最高で、30歳代の79%が続いた。70歳以上は73%で、若年層ほど賛成が多い傾向がみられた。男女別では男性78%、女性74%。

今年10月に開催都市が決まる招致レースでは、ほかにシカゴ（米）、リオデジャネイロ（ブラジル）、マドリード（スペイン）が立候補しており、東京は国民の支持率が課題。本社調査で、賛成は08年2月が72%、前回は74%で、徐々に増えている。

石原慎太郎・都知事は1日の定例記者会見で、「ありがたい数字だ。（さらに支持率が上がるよう）努力していく」と話した。

調査は全国の有権者3000人を対象に実施。1810人から回答を得た（回収率60・3%）。

2009年5月3日付

東京五輪支持56% IOC2月調査

2016年夏季五輪招致で、国際オリンピック委員会（IOC）が2月に行った東京への世論調査の結果、五輪開催支持率が56%だったことが2日、東京の招致関係者の話で分かった。

京側に伝えられ、9月に公表されるIOC評価委の報告書に盛り込まれる。IOCによると、IOCが直接委託した会社が行った調査で、4都市同時に実施したわけではない、としている。

IOCが08年6月の第1

国の代表人物が顔をそろえた。シカゴ（米）はオバマ大統領、マドリード（スペイン）はファン・カルロス1世国王、リオ（ブラジル）はルラ大統領、そして東京（日本）は鳩山由紀夫首相。

ライバル都市は他にも、ミシェル大統領夫人（シカゴ）、サマランチ前ＩＯＣ会長（マドリード）、サッカーの王様ペレ氏（リオ）といったビッグネームが応援団に加わっていた。

鳩山首相は元首ではないし、国際的な知名度も劣るとはいえ、当時は旬な「日本の顔」だった。8月末の総選挙で鳩山氏が率いる民主党が大勝し、歴史的な政権交代を果たしたばかり。2週間前に就任した新首相が駆けつけて招致演説を行うことは強いアピールになる。選挙で常に民主党と戦ってきた石原知事も低姿勢で鳩山首相に出席を要請した。実は、石原知事は皇太子ご夫妻の出席も熱望していたのだが、宮内庁に断られている。たとえ政敵に近い人物であっても、首相の出席は絶対必要だった。鳩山首相のコペンハーゲン入りが発表されたのは、直前の9月28日である。

オバマ米大統領も当初は日程の調整がつかず、ＩＯＣのジャック・ロゲ会長に対し、「オバマ夫妻の良いほう（ミシェル夫人）が出席す

2009年9月12日付

鳩山代表にＩＯＣ出席要請

東京都の石原慎太郎知事は11日の定例記者会見で、民主党の鳩山代表に対し、2016年夏季五輪の開催都市が決まる国際オリンピック委員会（ＩＯＣ）総会に、首相として出席を要請したことを明らかにした。

石原知事は10日に鳩山代表に電話をかけ、内閣として皇太子ご夫妻への出席も要請してほしいとも依頼したという。

2009年9月25日付

五輪開催地決定のＩＯＣ総会
知事、首相の出席再度要請

石原知事は24日、首相官邸に平野官房長官を訪ね、2016年夏季五輪の開催都市が決まる10月2日の国

電話で要請。その後、東京招致委員会の幹部も、相次いで首相官邸を訪れ、総会での最終演説で国を挙げた

る」とジョーク交じりに夫人にまかせる意向を伝えていたのだが、急遽自らも出席して演説すると発表し、プレゼンテーションに乗り込んできた。もし鳩山首相が欠席していたら、東京はまったく格好がつかなかっただろう。

リオデジャネイロに敗れる

総会での投票は、過半数を獲得する都市が出るまで最下位を除外しながら繰り返す方式で行われる。候補都市を擁する国出身のＩＯＣ委員は、その都市が落選するまでは投票できない。

1回目はマドリード28票、リオ26票、東京22票、シカゴ18票。

なんと、まずシカゴが脱落した。オバマ大統領の出席が急遽決まったのは「勝てると踏んだからだ」とささやかれていたにもかかわらず、である。

東京は、1回目投票からアジア系委員のブロック票を確実に取ろうと腐心した。対するシカゴは、1回目は東京が消えると読んで重視せず、2回目以降の東京票の取り込みに傾注した可能性がある。

シカゴの読みを狂わせたのは、ＩＯＣ内での米国への「反感」の根

2009年9月12日付

16年五輪招致　IOC総会

オバマ大統領来ない？

【ニューヨーク＝岡田卓史】2016年五輪シカゴ招致委員会は11日、10月2日にデンマーク・コペンハーゲンで開かれる国際オリンピック委員会（ＩＯＣ）総会に、オバマ米大統領のミシェル夫人が出席することを明らかにした。招致委のパトリック・ライアンＣＥＯは記者会見で、「ファーストレディーが総会への派遣団に加わることは名誉であり、喜ばしい。ホワイトハウスの前例のない支援に感謝する」などと語った。

ホワイトハウス
どによると、オバ
は10日、ジャック
ＯＣ会長に個人的
かけ、内政の最大
置づける医療保険
に取り組むため、
では10月2日のＩ
への出席を約束す
しいが、今後も招
援を続ける」と伝
う。

2012年ロン

【アーリン
大リーグ初の
ン200安打を

2009年9月29日付

米大統領　出席シマス

【ワシントン＝本間圭一】米ホワイトハウスは28日、オバマ大統領＝似顔＝が、10月2日にコペンハーゲンで開かれる2016年夏季五輪の開催地を決定する国際オリンピック委員会（ＩＯＣ）総会に出席すると発表した。

オバマ大統領はミシェル夫人と
してい
呼びか
オバ
あるイ

強さだったとされる。オバマ大統領の出席自体も、米政府の財政保証が約束されないまま乗り込んできた上に、厳重な警備が敷かれたこともあって、「何様のつもりだ」と逆に一部委員の反感を買ったらしい。思惑や感情が交錯した末の、いきなりの番狂わせだった。

2回目の投票では、リオ46票、マドリード29票、東京20票。ここで東京は落選。マドリードの票もほとんど増えなかった。一方でリオは、先に脱落したシカゴ票をそっくり手にしたと見られる。流れは決まったようだ。

そして最終投票の結果は――。

リオ66票、マドリード32票。ロゲ会長が「開催地はリオデジャネイロ！」と告げると、ブラジル関係者席は歓声の大爆発となった。かくして2016年夏季オリンピックの招致レースは決着したのである。

東京は完敗と言っていいだろう。08年夏季大会招致を目指して大阪市が01年に立候補した時は1回目の投票で脱落した。今回は辛うじて面目を保ったとも言える。しかし、この招致レース本選で東京は主役と見られるだけのメッセージ性を欠き、脇役のままだった。

現地で取材していた読売新聞の運動部記者、結城和香子（のちに編

2016年 リオ五輪

東京落選 IOC投票

南米で初開催

2009年10月3日付
（写真ロイター、AP）

集委員）が次のような解説を書いている。

東京落選「存在感なかった」

「東京は一生懸命やっているようでも、存在感がなかったね」。招致レース終盤、ＩＯＣ関係者から、そんな声をよく聞いた。

欧州のＩＯＣ委員が「結局のところ、地上で最も権力のある人間」と表現したオバマ大統領とミシェル夫人を切り札としたシカゴ。南米初の五輪開催という大義名分を強力に訴えたリオデジャネイロ。サマランチ前ＩＯＣ会長が「私の時間はもう長くない」と語りかけたマドリード。ライバルの3都市に比べて、東京は政治的配慮や感情に訴える要素が弱く、ＩＯＣ委員の心を強くとらえる存在感を残せなかった。

加えて、弱点とされた点を払拭（ふっしょく）できなかった。アジアは２００８年に北京五輪を開いたばかりというイメージが付きまとい、最初から東京を除外する口実にされがちだった。また、招致演説後、選手出身のスウェーデンの委員に追及されたように、国内の支持率の低さも委員の記憶に刻まれた。

今回の東京招致は、01年のＩＯＣ総会で、１回目の投票で敗れた大阪

南米初 IOCの選択

2016年 リオ五輪

五輪発展へ意義

若者に夢、経済成長…

IOC総会投票結果

	1回目	2回目	3回目
リオデジャネイロ	26	46	66
マドリード	28	29	32
東京	22	20	
シカゴ	18		

２００９年10月４日付（写真ＡＦＰ時事）

市と比べると、政府からスポーツ界までの結束力や、招致の質、情報量など格段に高いものを持っていた。日本が持つ総合力、資金力と知恵を集結する器は確かにあった。また、五輪メダリストら選手たちが前面に立ち、国際舞台で自らの体験などを語り始めたことは、日本のスポーツ界の今後につながる貴重な一歩となった。

しかし、それでも敗退という結果に終わった最大の理由は、IOCや五輪運動の持つ問題意識を敏感に察知、思考過程を理解し、相手のニーズにこたえるものを戦略的に提示する力が不足していたことだ。その結果、「なぜ東京」という問いへの答えを、提示し切れなかったことだ。

東京は今回、プレゼンテーションのテーマにしても、IOC委員との会話の中で投票を説得するかにしても、手探りの部分が多かったように思う。シカゴやリオデジャネイロ、マドリードは、五輪運動の舞台裏を熟知した者が、招致のリーダーシップに近い位置にいた。五輪運動の今を理解し、スポーツの視点で訴えなければ、環境対策もハイテクも、相手の心を突かずに上滑りしてしまう。

失敗は、次のステップの貴重な糧になる。東京と日本が今回の経験を、どう生かすのかに注目したい。

（09年10月3日付朝刊）

「なぜ東京」示せず

16年リオ五輪

招致の「顔」も出遅れ

2009年10月3日付

3　東日本大震災

理念なき招致の反省

コペンハーゲンでの敗北は、単にオリンピック開催都市を決めるレースに負けたという以上のものを日本に突きつけていた。世界が共感するテーマやメッセージは日本にないのか——という根本的な問いである。

ＪＯＣの竹田会長は当初から「20年大会の招致を実現するために、まず16年大会から招致に取り組む」としていたのだから、ここで落選しても勇ましく「もちろん次回も日本から東京が立候補する」と宣言していいはずだ。しかし、そういう雰囲気ではなかった。

読売新聞は落選を報じる続報で「東京　再挑戦に意欲」と見出しを立てている。だが、記事の文中にはこうある。

——東京の石原慎太郎知事は記者会見で無念さをにじませつつ、20年大会へ

都知事「無念ですな」

東京五輪落選

引責辞任「絶対ない」

「無念、残念」——。2016年夏季五輪の招致レースに敗れた東京。2日（日本時間3日未明）の国際オリンピック委員会（IOC）総会を終えて、記者会見に臨んだ招致委員会メンバーは、東京で52年ぶり2度目の聖火をともせなかった投票結果に、悔しさをにじませた。早くも20年五輪への連続立候補に含みを持たせた石原慎太郎都知事は、「知事を辞めることは絶対ない」と敗退の引責辞任を否定した。〈本文記事1面〉

【コペンハーゲン＝ …】開催都市がリオデ ネイロと発表されてか 2時間半後、市内のホ で、8人の招致委員メン が記者会見に臨んだが な敗戦のショックを隠 うかのように笑顔をの せた。石原知事も穏や 表情を見せ、「結果と こういう形で終わった は無念ですな。残念で

2009年10月3日付

の再立候補について、「分析が済んでいないし、都民の意向もある。都民や国民の意見をよく聞き、ＪＯＣと考えを交換しながら、積極的に考えていきたい」と語り、含みを持たせた。（09年10月３日付夕刊１面）

これはふだんの石原知事の物言いからすると極めて弱気であり、「意欲」という見出しは違和感がある。記事本文が書く通り「再挑戦に含み」が妥当なニュアンスだろう。

この「東京の負け方」を見た日本の国内で、新たな動きが生まれる。被爆地の広島市と長崎市が共催する形で「広島・長崎オリンピック」を開く構想だ。

広島・長崎オリンピック構想

09年10月初め、東京の落選が決まった直後、広島の秋葉忠利（あきばただとし）市長と長崎の田上富久（たうえとみひさ）市長が連絡を取り合い、共同して２０２０年大会の招致検討委員会を設置することで合意した。同月11日、２人は並んで、広島市役所で記者会見する。

この構想が合意から日を置かずに発表されたのは、同月９日にオバ

東京 再挑戦に意欲

2016年五輪落選

「将来 花を咲かせたい」

【コペンハーゲン＝読売取材団】2016年第31回夏季オリンピック大会の開催都市がリオデジャネイロ（ブラジル）に決まった2日、落選した東京の石原慎太郎都知事は記者会見で無念さをにじませつつ、20年大会への再立候補について、「分析が済んでいないし、都民の意向もある。都民や国民の意見をよく聞き、JOC（日本オリンピック委員会）と考えを交換しながら、積極的に考えていきたい」と語り、含みを持たせた。〈関連記事3・15面〉

今回招致に成功したリオが12年大会に続く立候補だったように連続挑戦がチャンスを広げる方法ともいえるだけに、JOCの竹田恒和会長も「敗因を分析した上で、次に出るにしてもいつ出るのか、どういう形で出るのか考えたい。とにかくこの招致を無駄にせず、将来花を咲かせたい」と前向きな姿勢を見せた。再立候補すれば、日本の夏季五輪招致は1964年東京大会以降、名古屋がソウルに敗れた88年大会、大阪が北京に敗れた2008年大会と今回に続き、4度目の挑戦となる。

国際オリンピック委員会（IOC）総会での投票は、当該国出身者などを除くIOC委員により、過半数を獲得する都市が出るまで最下位を除外しながら繰り返す方式で実施。オバマ大統領夫妻が駆けつけたシカゴ（米）は有力と見られていたが、1回目の投票で18票の最少得票で脱落し、東京は2回目で最下位の20

失敗、記者会見を終え
を下げる石原都知事
人目）、竹田JOC会
目）ら（2日午後、コ
ンで）＝松本剛撮影

2009年10月3日付

広島・長崎 五輪招致

2020年 共同委設置へ

2020年の夏季オリンピック大会の開催を目指し、被爆地の広島市と長崎市が「オリンピック招致検討委員会」を共同で設置することがわかった。11日午後、広島市役所で秋葉忠利・広島市長と田上富久・長崎市長が記者会見を行い、正式に発表する。近く、秋葉市長は上京し、日本オリンピック委員会（JOC）の関係者に招致の意向を伝えるという。〈解説記事14面、関連記事26面〉

オリンピック招致については、秋葉市長が07年に市議会で、障害者によるパラリンピックの招致を目指す方針を表明するとともに、「オリンピックが商業主義から脱却し、『平和の祭典』として再生した暁には、招致したい」と述べていた。昨年9月に発行された市の広報紙で、秋葉市長は「広島・長崎での五輪共同開催という夢を届けたい」と記していた。

また、両市長が正副会長を務め、世界の約3000都市が加盟する平和市長会議では、昨年4月、20年までの核兵器廃絶を目指す「ヒロシマ・ナガサキ議定書」をまとめた。今年8月に長崎市で開かれた同会議の総会では、20年五輪を広島、長崎両市へ招致する構想を打ち出していた。

両市が共同で立候補すれ

2009年10月11日付

マ米大統領のノーベル平和賞受賞が決まったことが大きい。「核兵器なき世界」を提唱するオバマ氏の受賞直後に、被爆地の広島・長崎が五輪招致に名乗りを上げることはインパクトがあった。その地で五輪を開催する意義、という点ではうなずかせるものだった。

しかし、その強いメッセージ性は政治的とみられる恐れもあった。また、「九州オリンピック」構想が頓挫したのと同様、開催権を得るのは1都市のみというIOCの基本方針に反する。2都市共催という形は広域開催案よりもさらにハードルが高いと思われた。そして、両市が協力しても五輪開催に十分な財政力があるわけではなかった。

広島、長崎両市の動きによって、石原知事の闘志に再び火がついたのかもしれない。石原氏は東京招致再挑戦を前提に別の提案をした。読売新聞はこう報じている。

東京都の石原慎太郎知事は30日の定例記者会見で、2020年の夏季五輪招致を検討している広島、長崎両市の市長と27日に会談し、東京と広島の共催案をアイデアとして伝えたことを明らかにした。石原知事は、東京が20年大会招致に再挑戦するかどうか決めていないが、仮に招致に

ノーベル平和賞 オバマ氏

「核なき世界」提唱

協調外交を推進

2009年10月10日付（写真ロイター）

五輪招致

「オバマ演説」で弾み

広島市長 夢へ一歩

核なき世界で平和の祭典を

原爆へ関心深まる／国の協力不

2009年10月12日付

成功した場合、「広島と象徴的な形で共催することはあっていい」と述べた。

（09年10月31日付朝刊）

石原知事はこの段階で長崎をはずした。そして広島とは「象徴的な形で共催する」というのだ。基本的に「東京オリンピック」であることは譲らないまま、最初の被爆地である広島のメッセージ性を生かすということだろう。広島・長崎から見れば同床異夢に近い。

11月、石原知事はＪＯＣに対し、２０２０年大会の招致レースに再び立候補すると伝えた。その際に改めて「東京に決まったら広島と共催する」と語っている。しかし、広島と長崎の両市長は次のようにコメントした。

広島市の秋葉忠利市長の話　「（石原都知事の）発言を視野に入れつつ、（広島、長崎両市の）五輪招致検討委員会において、広島、長崎を中心にした複数都市による共同開催の実現可能性について検討を進めたい」

長崎市の田上富久市長の話　「東京が立候補したからと言って、平和をテーマとした広島・長崎両市のスタンスは変わらない。まず、東京は我々

２００９年10月31日付

「東京・広島」五輪案

東京都の石原慎太郎知事は30日の定例記者会見で、２０２０年の夏季五輪招致を検討している広島、長崎両市の市長と27日に会談し、東京と広島の共催案をアイデアとして伝えたことを明らかにした。

石原知事は、東京が20年大会招致に再挑戦するかどうか決めていないが、仮に招致に成功した場合、「広島と象徴的な形で共催することはあっていい」と述べた。

２００９年11月10日付

五輪招致 再名乗りへ

＊ 2020年夏

都知事が意向「広島と共催も」

東京都の石原慎太郎知事＝似顔＝は9日、２０２０年夏季五輪招致について「名乗りを上げるのは私の責任として、再び立候補する考えを示した。都庁内で報道陣に答えた。10日にも日本オリンピック委員会（ＪＯＣ）に正式に意向を伝える。

11年4月に任期が切れる石原知事は次期知事選には出馬しないことを明言している。この時期の決断について「次の知事が最終的には決めるだろうが、手続きを踏んでおかないと可能性がなくなってしまう」とし、在任中に手続きを進める必要があると判断した。広島、長崎両市が共同開催を目指していることについては、「石原知事は「東京に決まったら広島と共催する」とも話し、一部競技の分離開催を検討するとした。

〈関連記事23面〉

――の招致検討委員会に入り、助言してほしい」　（09年11月10日付朝刊）

ＪＯＣは結局、「広島・長崎の２都市共催は認められない」と両市に伝えた。翌10年１月、長崎市が降りることで共催案は断念され、以後は広島単独開催案に長崎市が協力する形で実現を目指すことになった。

大震災で状況は一変

しばらくは東京vs広島の図式で国内招致レースが続く中、２０１１年を迎える。

３月11日、何もかも一変させる事態が起きた。

東日本大震災である。

奇しくもその日、石原知事は都議会本会議で「４選出馬」を表明していた。かねて「３期限りで知事は退く」と公言していたのだが、東京五輪招致に反対する東国原（ひがしこくばる）英夫・元宮崎県知事が出馬表明し、そのままでは東国原氏の当選が濃厚と見られたため、急遽続投に転じたのだ。

２００９年12月25日付

JOC会長

「共催五輪 推薦できない」

広島・長崎市長に通告

日本オリンピック委員会（JOC）の竹田恒和会長は25日、2020年夏季五輪開催都市への立候補を準のことを理解した上で、いろいろな可能性を考えてほしい」と伝えたという。秋葉市長は竹田会長との会談後、「今日言われたことを持ち帰り、（長崎市などとつくる）招致検討委員会で協議したい」と話した。

２０１０年１月15日付

長崎市 五輪共催を断念

2020年 広島市単独招致へ

長崎市の田上（たうえ）富久市長は15日午前、市議会各派代表者会議で、広島市とともに開催を目指してきた2020年夏季五輪について「長崎市での単独開催は困難で、広島市が手を挙げるのであれば全面的に協力したい」と述べ、広島市との共催を断念し、立候補を見送る考えを明らかにした。

〈関連記事12面〉

五輪憲章は原則1都市開催と定めており、田上市長は「共同開催にこだわれば、被爆地で五輪を開く可能性を逆に狭める」と判断したという。

これを受けて、広島市の秋葉忠利市長は「これから先の展望を開くための自然な道筋。長崎市の判断を素直に受け止めたい」とコメントを発表。単独開催での巨大地震の揺れが襲ったのは、その直後だった。未曽有の被害をもたらした大震災は、当然のことながら、五輪招致にも大きな影響を及ぼしていく。

震災の後でも統一地方選は粛々と行われた。地震発生から1か月後の4月10日、都知事には石原氏が東国原氏らを退けて4選。危機の中で都民は安定を選んだのだろう。

そして広島市長には、震災前から広島への五輪招致に批判的だった松井一実・元厚生労働省総括審議官が当選した。松井氏は当選インタビューでただちに「東日本大震災もあって日本には余裕がない。招致レースには立候補しない」と明言する。

石原都知事もこの時点では慎重だった。当選翌日の会見で五輪招致について問われると「この時期に手を挙げることについては、難しい見極めをしないといけない」と語った。しかし同時に、「復興の中で、夢を持ち直すのは日本人にとっていいことではないか」とも話している。

不幸なことではあるが、東日本大震災によって五輪招致活動は、それまでは乏しかった「意義」を新たに見いだしつつあった。世論は次

東日本 巨大地震

M8.8国内最大

大津波、死者 数百人

三陸海岸 壊滅状態

原子炉圧力

仙台200

2011年3月12日付

石原さん 静かな大勝

「東京の力 国のために」

2011年4月11日付

第に、「五輪どころではない」という声よりも、「今こそ五輪を招致しよう」という声が上回っていく。

5月22日に広島市は公式に招致を断念した。そして6月17日、石原知事は都議会で「たいまつを消さずにともし続け、被災地をはじめ広く日本全体とスクラムを組んで、再び招致する」と表明。被災地からも歓迎の声が上がった。2度目の開催をめざす東京オリンピックは「復興五輪」の旗を掲げることになったのである。

なでしこジャパンの快挙

この時期、人々はとにかく前向きの話を求めていた。大震災から4か月後の7月、日本中がスポーツの快挙によって熱狂する。サッカー女子ワールドカップ（W杯）で「なでしこジャパン」が優勝したのだ。

日本は当時、世界ランキング4位。マスコミは「優勝も狙える」と書いてはいたが、圧倒的に強い米国をはじめ、出場国の多くはランキングにかかわらず日本より格上と見られ、本気で日本の優勝を予想する者はいなかった。

2011年4月11日付

広島五輪　招致見送り

新市長 松井さん

「日本に余裕ない」

広島市長選で10日、初当選を決めた元厚生労働省幹部の松井一実さん(58)は、前市長の秋葉忠利さん(68)が提唱した2020年夏季五輪の招致について、報道陣に対し、「東日本大震災もあって日本に余裕がないので、（日本オリンピック委員会への）立候補はしないつもり」と見送る考えを示した。24年以降の招致も「全く白紙」と語った。

市の計画案では、総事業費4491億円のうち約1000億円を寄付金で賄うとしたが、松井さんは「計画性が感じられない。五輪開催より前に、経済活性化をしっかりやるべきだ」と述べた。長崎市など賛同する自治体でつくる招致検討委員会には「方針転換したことを伝える」と話した。

最大の争点とみられていた「広島五輪」だが、告示後の論戦は低調で、松井さんもほとんど言及してこなかった。「新市長」が招致中止を明言したことに、開催を目指してきた広島市幹

花束を手に笑顔をみせる松井一実さん

2011年6月18日付

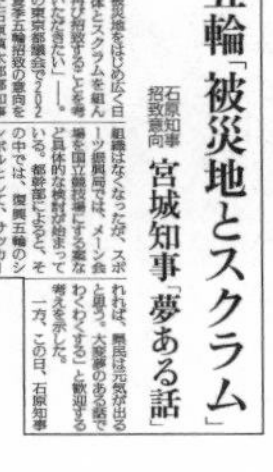

五輪「被災地とスクラム」

石原知事 招致意向

宮城知事「夢ある話」

「被災地をはじめ広く日本全体とスクラムを組んで、再び招致することを考えていただきたい」――。17日の東京都議会で2020年夏季五輪招致の意向を示した石原慎太郎都知事は、東日本大震災からの「復興五輪」の理念を掲げた。被災地での一部競技開催などを検討しており、石原都政での2度目の招致挑戦に向け動き始めた。

＜本文記事1面＞

16年夏季五輪の招致失敗の後、都庁内に招致の専従組織はなくなったが、スポーツ振興局では、メーン会場を国立競技場にする案など具体的な検討が始まっている。都幹部によると、その中では、復興五輪のシンボルとして、サッカー予選や五輪に採用される新種目などを東北の被災地で実施する案や、聖火リレーの一部を三陸沿岸で行う案などが浮上しているという。

被災地の村井嘉浩・宮城県知事は17日夕、「一部の種目でも宮城で開催してくれれば、県民は元気が出ると思う。大変夢のある話でわくわくする」と歓迎する考えを示した。

一方、この日、石原知事

議会で五輪招致の意向を示す石原都知事（17日午後、都議会で）

サッカー女子のW杯自体、日本国内であまり注目されていたとは言えない。開催地はドイツ、試合は日本時間の深夜か未明ということもあって、読売新聞も当初は朝刊の運動面か夕刊の2面、大きいとは言えない扱いで報じている。

グループリーグで日本はニュージーランドを2―1で、メキシコを4―0で下したが、強豪イングランドには0―2で敗れた。グループ2位で決勝トーナメントに進出したものの、完敗したショックは大きく、結束力を失いかけていた。

次の相手は開催国ドイツ。もちろん優勝を狙っており、スタンドは完全アウェーである。

スタジアムに向かう直前、佐々木則夫監督が選手たちをホテルの一室に集め、東日本大震災の映像を見せた。佐々木監督が「苦しい時は被災した方々のことを思って頑張れ」と呼びかけると、選手の多くが目を潤ませたという。なでしこは結束力を取り戻した。

決勝トーナメント初戦、準々決勝となるドイツ戦は、押し込まれながらも守り抜き、延長で決勝点を挙げて1―0で勝利する。この一戦で日本中に「もしや」という期待が一気に膨らんだ。

読売新聞もここから1面で報じ始める。

2011年7月11日付（写真AP）

なでしこ 初の4強

サッカー女子W杯

【ヴォルフスブルク（独）＝込山駿】サッカーの女子ワールドカップ（W杯）ドイツ大会に出場している日本は9日夜（日本時間10日未明）、準々決勝で3連覇を目指したドイツと対戦、15分ハーフの延長を含めた120分間の熱戦を1―0で制し、初の準決勝進出を果たした。

日本は途中出場のFW丸山桂里奈選手(28)（千葉）が延長後半の3分（通算108分）、右足で決勝ゴールを決めた。日本のW杯最高成績は1995年スウェーデン大会のベスト8で、世界大会の4強入りは2008年の北京五輪（4位）に続き2度目。

日本は13日の準決勝（日本時間14日午前3時45分）で、スウェーデンと対戦する。

〈速攻から決勝点5面〉

▲延長戦で決勝ゴールを決め、祝福される丸山（左端）＝AP

準決勝のスウェーデン戦、日本は1点先制されながらも、チームワークでパスをつないで逆転し、3―1のスコアでついに決勝進出を決めた。毎試合が奇跡の連続である。

日本時間7月18日午前3時45分に始まった決勝戦の相手は、世界ランキング1位の米国。息詰まる戦いとなった。

69分（後半24分）に米国が先制した。だが、日本は土壇場の81分（後半36分）に宮間あや選手が決めて追いつく。90分（前後半45分ずつ）では決着がつかず、延長戦（前後半15分ずつ）へともつれ込んだ。延長前半14分に米国が勝ち越し。これで勝負あったと思われたが、なでしこはあきらめない。後半12分にキャプテンの澤穂希（さわほまれ）選手が決め、またしても土壇場で追いついた。

決着はPK戦に――。その開始前、テレビカメラが佐々木監督を中心に円陣を組む選手たちをとらえると、驚いたことに全員が笑顔である。彼女たちはすでに、勝利以上のものを得ていたのかもしれない。

PK戦で今度はゴールキーパーの海堀あゆみ選手がスーパーセーブを見せた。相手のキックを2本も止める。なでしこジャパンが劇的な試合を制し、頂点に立った。

0120・4343・81
讀賣新聞
号外
なでしこ世界一
W杯 PK戦で米下す

2011年7月18日付（写真AP）

なでしこが示した「スポーツの力」

その時、日本中が歓喜し、泣いていた。夜が明けてまもない時刻である。テレビが「東北の皆さんへ」「共に歩もう！　東北魂!!」などと被災地へのメッセージを記した日の丸を掲げる選手を映していた。岩手県出身の岩清水梓選手だ。なでしこたちは、世界中から寄せられた東日本大震災への支援に感謝する言葉を英語で記した横断幕を掲げ、場内を一周した。

「日本中を元気づけたい」という強い思いが、なでしこジャパンを優勝に導く力になった。そして、どんなピンチにもあきらめることなく立ち向かったなでしこの姿は、日本中に勇気と力を与えた。

この受け止め方は、日本だけのものではない。世界中のメディアが報じた内容を、当時の読売新聞記事から抜き出してみよう。

中国国営・新華社通信は、「日本の奇跡が世界を制した」との見出しで大きく報道した。「大和撫子の華麗なサッカーと奇跡は、地震、津波、原発事故という災難を受けた民族に、この上ない自信をもたらした」と称賛した。

夢 諦めなかった
なでしこ 情熱が支え
被災者の姿 力になった■新たなステ
GK海堀

2011年7月19日付
（写真ロイター）

韓国の聯合ニュースは、「東日本大震災以降、暗いニュースに沈んでいた日本国民は女子サッカーの朗報に久しぶりに笑顔を見せた」と報道。2度先行されながら、2度追いつき、最後はPK戦で勝利するという試合内容を、「国民に『諦めるな』というメッセージを伝えた」と意義づけた。

英紙ザ・タイムズは、東日本大震災の映像をチームが試合前に見ていたエピソードを紹介し、チームが震災からの復興をよりどころに「鉄の意志」を身に付けていたと分析した。決勝戦では、絶対優位とされた米国に2度のリードを許しながら、小さな体ではね返して優勝しただけに「日本は予想もしなかったW杯優勝で数か月前の悲劇からの夜明けを迎えた」とたたえた。フランスではAFP通信が「澤主将のチームは地震と津波で被災した国を励ますために試合に臨んだ」と奮闘をたたえた。

（11年7月19日付朝刊）

日本中の人々が「スポーツの力」を実感していた。その思いが、2

なでしこ　世界が称賛

17日に行われたサッカー女子ワールドカップ（W杯）ドイツ大会の決勝戦で、世界ランキング1位の米国をPK戦の末に破り、初優勝をつかみ取った日本代表「なでしこジャパン」。海外メディアには「鉄の意志のチーム」（英紙ザ・タイムズ）との称賛や、東日本大震災後の明るいニュースとして歓迎する声があふれ、敗れた米国からも、「おめでとう日本」（オバマ大統領）といった賛辞が贈られた。

米ぼう然「意外な勝者」

【ニューヨーク＝柳沢亨之】サッカー女子W杯決勝戦での敗戦は多くの米国民を「ぼう然」（米大衆紙）とさせた。各紙（電子版）は17日、日本の勝利について「最も意外な勝者」（ロサンゼルス・タイムズ）、「勝ち目ないとみられたチームが祝杯」（ニューヨーク・タイムズ）などと報じ、米国代表の勝利を信じて疑わなかったことをうかがわせた。

決勝戦はスポーツ専門テ

▲17日、ワシントンで、決勝戦を見守る米国人たち（AP）

▲17日、独フランクフルトで行われたサッカー女子W杯ドイツ大会の決勝で、日本を応援するファンたち（ロイター）

米大統領も「おめでとう」

2011年7月19日付（写真AP、ロイター）

020年大会の招致活動を後押ししていく。

4　東京の再挑戦

IOCロゲ会長の前で立候補宣言

2011年7月、なでしこジャパンがサッカー女子W杯で頂点へ駆け上がろうとしていた時、同時進行で五輪招致再挑戦の動きが進んでいた。

7月16日、W杯決勝戦の2日前である。

東京では「日本体育協会・日本オリンピック委員会創立100周年記念式典」が、天皇、皇后両陛下ご臨席の下で開催された。IOCのロゲ会長も来日し、参列している。

JOCはまず、この日午前に非公開の臨時理事会を開く。その内容は午後、式典前の参列者歓迎会で、竹田JOC会長によって高らかに発表された。

「石原知事から20年大会立候補の正式な文書を受け、本日、東京都を国内立候補都市としてIOCに申請することを決定いたしました」

20年五輪 東京が立候補

石原知事「招致の戦い 勝つ」

2020年夏季五輪招致について、日本オリンピック委員会（JOC）は16日午前、非公開で臨時理事会を開き、東京都を国内の立候補都市とすることを決定した。これに先立ち、都は立候補の申請書類をJOCへ提出した。石原慎太郎都知事は同日午後、日本体育協会・JOC創立100周年記念の祝賀式典の歓迎会で「五輪招致という戦いに挑むからには勝たなければ意味がない」と決意を語り、正式に立候補表明した。東京は、東日本大震災からの「復興五輪」と意義付け、招致活動を進める。

都は16年夏季五輪に続き、2度目の挑戦となる。石原知事は6月の都議会で招致の意向を示していたが、都以外の支持が不可欠として、これまで正式表明はしていなかった。

これを受け、JOCの竹

2011年7月16日付

大きな拍手に包まれる会場。続いて石原都知事が「五輪招致という戦いに挑むからには勝たなければ意味がない」と決意表明した。まなじりを決した石原知事の目の前にはロゲ会長がいる。これ以上ないお膳立てだ。東京の再挑戦宣言を聞いたロゲ会長は、マイクの前に立ち、「すばらしいニュースだ。東京の幸運を祈る」と笑顔であいさつした。日本についても「夏冬3度のオリンピックを開催している少数エリート5か国の一つ。サッカーのワールドカップも成功させた。未来は明るい」などと評価。東日本大震災にも触れて、「IOCやJOCなどが一丸となり、スポーツの癒やしの力で復興をお手伝いしたい」と語った。

式典2日前の14日、ロゲ会長は都内で岩手県大船渡市の被災者と面談している。IOCは被災地にスポーツ用具を送るなどの支援を行っていた。

ロゲ会長は被災者に「皆さんが立ち上がろうとする姿に感銘を受けた。今後も支援を続けたい」と語りかけたという。その日の早朝、なでしこがW杯で決勝進出を決めており、日本の社会がスポーツの力で勇気づけられていく様子を当然、ロゲ会長も目の当たりにしている。

2011年7月16日付

東京五輪

「復興のシンボルに」

JOC会長「今度こそ」期待の声

2020年夏季五輪の国内立候補都市となり、2度目の挑戦が決まった東京都。16日の日本体育協会・日本オリンピック委員会（JOC）創立100周年記念の祝賀式典では、「今度こそは」などと期待する声が上がった。〈本文記事1面〉

式典の歓迎会では、JOCの竹田恒和会長が「石原知事から20年大会立候補の正式な文書を受け、本日、東京都を国内立候補都市としてIOCに申請することを決定した」と報告すると、会場からは大きな拍手が上がった。竹田会長は「（20年大会を）震災からの復興のシンボルとしたい。東京五輪の実現にまい進したい」と決意を語った。続いて、石原慎太郎都

2011年7月17日付

「復興五輪」で再挑戦

東京立候補

「三陸海岸で聖火リ

被災地、歓迎と慎重論

2020年夏季五輪招致に向けて、16日に名乗りを上げた東京都。16年大会に続き2度目の挑戦となる今回は、東日本大震災からの「復興五輪」を掲げる。都などはすでに、被災地での聖火リレー実施などについて、本格的な検討を始めた。宮城、岩手、福島の被災3県の首長からは「9年後に復興した姿を見せたい」「ぜひ地元で競技を」と歓迎の声が上がるが、「五輪どころではない」との意見もあり、課題は残る。〈関連記事21面〉

「万難を排して戦う。9年先のことで、そこまでに（被災地が）立ち上がっていなかったら日本は沈む。再建し今まで以上の国にするためにも、オリンピックは一つの要因になる」。石原慎太郎・都知事は、日本体育協会・日本オリンピック委員会（JOC）創立100周年を祝う式典の歓迎会で立候補を正式表明した後、報道陣に強い口調でこう語った。

石原知事の表明前には、JOCの竹田恒和会長が「1964年の東京五輪は、戦後の復興を果たした日本の姿を世界に発信できた。我々は、20年五輪を復興のシンボルとしたい」と招致の意義を強調した。

復興五輪で都やJOCが「現実的な案の一つ」（都幹部）として検討しているのが、「三陸海岸の聖火リレー」。津波で壊滅的な被害を受けた被災地が、9年後に復興した姿を聖火リレーの映像とともに世界に示す構想だ。サッカー競技の一部を被災地で開催する案

五輪招致を正式表明し、JOCのロゲ会長と握手する石原都知事（左）（16日、東京・港区で）

「復興」というキーワードは、かなり心に響いていたはずだ。

ただし、東京にとって懸念すべきことが新たに一つ生じていた。7月6日、ダーバン（南アフリカ）でのIOC総会で、2018年冬季五輪の開催地に韓国の平昌（ピョンチャン）が選ばれたのである。

その2年後にあたる20年夏季大会が東京になると、アジアが連続することになる。地理的に近い開催地が続いてはならないという決まりはないものの、東京にはマイナス要因になるのではないかと思われた。

一方で、夏季と冬季は別であり影響はない、と見る向きもあった。ロゲ会長は「復興五輪」という旗印や、同じ地域での開催が続く場合について、実際にはどう考えていたのだろう。来日中、読売新聞のインタビューに答え、次のように語っている。

――東日本大震災後、多くの選手やスポーツ関係者が立ち上がった

「心に刻まれたのは、日本人が示した、自分を律し、勇気を持って苦難に耐えようとする力だ。助け合い、災害を乗り越え復興を誓う、国の品性が印象に残った。スポーツは被災者に、食料や医療をもたらせるわけではない。しかし、喜びと希望を与えることができる」

2011年7月15日付

IOCロゲ会長 被災者らを激励

国際オリンピック委員会（IOC）のジャック・ロゲ会長は14日、東京・北区の味の素ナショナルトレーニングセンターを訪れ、東日本大震災で大きな被害を受けた岩手県大船渡市の被災者ら9人と面談した。

IOCは、五輪で選手らが着用した衣服などの物資を世界中から集め、日本オ

2011年7月16日付

IOC ロゲ会長

招致の位置づけ重要

国の品性が印象に残った。スポーツは被災者に、食料や医療をもたらせるわけではない。しかし、喜びと希

読売新聞の単独インタビューにこたえるIOCのロゲ会長

――東京が2020年五輪招致に乗り出す。復興を目指し希望を与えたいというのがスポーツ界の思いだ

「技術面で高い質を持っていた16年の東京招致を基に、さらに内容を高めていくことが大切だ。ただ、質と同様に非常に大切なのは『ビジョン』だ。1964年の東京五輪は、日本再生という強いテーマを持っていた。今、日本人は、五輪招致をどう位置づけ、未来にどう生かしていくのか。それは机上ではなく、生きた社会で培われるものだ」

――18年平昌五輪の直後にアジアで再び五輪を開くのは難しいとの見方もある

「過去20年の間に、冬季、夏季五輪が同じ大陸で開かれた例は、欧州だが3度もある。決して例外ではない」

（11年7月16日付朝刊）

招致レースの微妙な時期のインタビューであり、慎重に言葉を選んでいるが、ロゲ会長は「復興五輪」にかなりの好感を示している。直前の冬季大会が隣の韓国で開かれることも特に問題視していなかった。日本の招致関係者は胸をなで下ろしたことだろう。

強敵はイスタンブール

11年9月2日、IOCは2020年夏季五輪の開催地として、東京を含む6都市が立候補申請したと発表した。この時点で、手を挙げればかなり有力と見られていた南アフリカは立候補

を見送っている。読売新聞は次のように報じている。

【ロンドン＝近藤雄二】２０２０年夏季五輪招致は、国際オリンピック委員会（ＩＯＣ）への申請期限の1日までに、東京、マドリード、ローマ、イスタンブール（トルコ）、ドーハ、バクーの計6都市が立候補を申請しレースが始まった。

イスタンブールは、12年五輪招致では社会インフラの成熟度など開催能力への評価が低く、１次選考で落選したが、高成長するトルコ経済も追い風に、今回は有力候補の一角となりそう。「イスラム圏初の五輪開催」を掲げれば、説得力のある大義名分となり得る。

マドリードは、前回16年招致で、サマランチ前ＩＯＣ会長（故人）の訴えやコンパクトな開催計画が評価され、最終決選まで残った実績を持つ。３大会連続での招致の熱意がどう伝わるか。ローマは、60年ぶりの夏季五輪開催を訴える。

サッカーの22年ワールドカップ招致を成功させたカタールは、16年のドーハ招致では酷暑を避けて10月とした開催時期が問題とされ、１次選考で落選した。今回は開催期間を含む事前審査で、ＩＯＣの承認を経て

２０１１年8月18日付

2020年夏季五輪 南ア招致断念

【ロンドン＝近藤雄二】東京都が立候補を表明した２０２０年夏季五輪招致に関して南アフリカが17日、立候補を断念した。ロイター通信によると、南ア政府のスポークスマンが明らかにした。

南アは同五輪招致に関し、5月にズマ大統領がいったんは「貧困対策を優先する」などとして招致断念を表明した。しかし、スポーツ大臣などが政府へ再考を働きかけ、同国オリンピック委員会は立候補の事前審査に必要な書類を、提出期限の7月29日までに国際オリンピック委員会（ＩＯＣ）に提出していた。

20年五輪招致には、東京のほか、ローマ、マドリード、イスタンブールが立候補を表明している。

の招致となる。

東京は16年招致時、開催計画面では最高評価を受けた。「震災からの復興」をテーマに掲げる今回、「なぜ東京」という部分で、いかに国内外の共感を得られるかが、課題の一つとなる。（11年9月3日付朝刊）

翌12年2月は、招致計画の概要を記した「立候補ファイル」の提出期限である。

東京都の計画は「コンパクト五輪」という点では前回を踏襲しているが、メインスタジアムは晴海地区に新設するのではなく、国立競技場を建て替えることにした。所管する文部科学省が、老朽化した国立競技場を建て替えるための調査費を予算に計上。国と都の連携が強まったことを感じさせた。

一方、ライバル都市から早くもローマが脱落した。経済危機にあったイタリアは、政府が五輪開催のための財政保証をせず、ローマは立候補ファイルを提出できなかったのだ。

そして5月23日、カナダ・ケベックで開かれたIOC理事会の1次選考でドーハとバクーが落選する。本選は東京、イスタンブール、マ

2020年五輪　6都市立候補

【ロンドン＝近藤雄二】国際オリンピック委員会（IOC）は2日、2020年夏季五輪招致で、東京、バクー（アゼルバイジャン）、ドーハ（カタール）、イスタンブール（トルコ）、マドリード、ローマの6都市が、1日の期限までに立候補申請を行ったと発表した。

6都市の内訳は、欧州4都市、アジア2都市。各都市は来年2月に開催計画概要を盛り込んだ申請ファイルを提出、IOCは同年5月の理事会で1次選考を行い、4～5都市に絞り込む。13年9月にブエノスアイレスで行われるIOC総会で開催都市が決まる。

△関連記事25

欧州が4都市　東京有利？

「ヨーロッパ勢が多いのは、アジアの日本にとってはチャンス」。東京都の幹部は、出そろったライ
5都市の顔ぶれをこう
した。票を持つ国際オ

2011年9月3日付

五輪「都心」集中型

20年東京招致

選手村、晴海に・「国立」改築

16日に東京2020オリンピック・パラリンピック招致委員会が内容を公表した申請ファイル。35の競技会場（都内は31会場）のうち、28会場を選手村から半径8㌔圏内に配置し、招致委で競技会場を担当する飛木田裕子理事は「（選手村から移動が楽な）コンパクトな計画で、選手をストレスフリーにできる」と強調した。

＜本文記事39面＞

大会のキーワードは、スポーツの力で日本を元気にする「ニッポン復活」。水野正人副理事長は「スポーツの力で元気や夢、誇りを取り戻す」と力を込めた。

また、記者会見に出席した体操の内村航平（コナミ）は「昨年の東京での（体操）世界選手権で各国の選手や審判団に、（東日本大震災で）こんなに大変な年なのに日本は素晴らしいと声をかけてもらえた」と話し、五輪の開催は復興をアピールする絶好の機会になると期待した。

競技会場の内訳は、既存施設15、新規施設11、仮設9。メーン会場は臨海部に新設せず、8万人規模に建

記者会見に臨んだ内村航平（左）とバドミントンの潮田玲子（16日午後、東京都庁で）

◇―主な競技会場と実施競技―◇

会場名	実施競技
▽国立競技場（計画）	陸上競技、ラグビー、サッカー
▽東京辰巳国際水泳場（新設）	競泳、飛び込みなど
▽若洲ゴルフリンクス	ゴルフ
▽武蔵野の森総合スポーツ施設（計画）	近代五種
▽宮城スタジアム、札幌ドームなど	サッカー

◇2020年五輪招致を申請した都市

都市 人口	特徴
東京 1318万人	2016年招致では最終選考の2回目の投票で敗れた。1964年に続く夏季五輪開催を狙う
マドリード（スペイン） 326万人	2012、2016年に続く3大会連続の挑戦。スペインではバルセロナで92年夏季五輪を開催
イスタンブール（トルコ） 1278万人	2000年から2012年まで4大会連続で落選し、再び立候補。イスラム圏初の五輪を目指す
ドーハ（カタール） 42万人	2016年招致は1次選考で落選。カタールは2022年に中東で初めてサッカーW杯を開催
バクー（アゼルバイジャン） 197万人	1991年に旧ソ連から独立したアゼルバイジャンの首都。2016年招致では1次選考で落選

◇今後の五輪招致の流れ

2012年4月	東京など5都市による招致演説（モスクワ）
5月	IOC理事会による立候補都市決定
13年1月7日	IOCへの立候補ファイル（詳細な開催計画）提出
2～4月（予定）	IOCによる各立候補都市視察
6月	IOC委員に対する開催計画の説明（スイス・ローザンヌ）
9月7日	IOC総会で2020年大会開催都市決定（アルゼンチン・ブエノスアイレス）

2012年2月17日付

ドリードの争いとなった。

この時期、強敵はマドリードよりイスタンブールと見られていた。当時、欧州諸国の多くが経済危機にあり、スペインもその一つだった。脱落したローマと同様、マドリードも五輪開催経費について政府が保証できるのか疑問視された。対してトルコは経済が好調だった。そして「イスラム圏で初めての五輪を」という旗印はかなり訴えかけるものがあった。

この状況を、前回招致レースからずっと見てきた結城和香子は次のように解説している。

経済に勢い　イスタンブール／前回2位　マドリード

20年五輪招致で、東京はここまで「運」に恵まれてきたように見える。アフリカ大陸で初の五輪開催を目指した南アフリカが、招致を見送った。ローマが、経済不況で辞退した。そして今回、IOCの1次選考で、東京とアジア票を分け合うとみられたドーハが落選した。残ったイスタンブール、マドリードの2都市は弱点も併せ持ち、現時点で東京との総合的な差は小さい。

ローマが五輪招致断念

20年　伊政府が財政保証拒否

【ロンドン＝近藤雄二】東京などが立候補している2020年夏季五輪招致を目指していたローマは14日、招致を断念した。多額の公的債務を抱えるイタリ

イスタンブール（トルコ）、バクー（アゼルバイジャン）の5都市の争いとなる。国際オリンピック委員会（IOC）への申請ファイル（開催計画の概要）提出

2012年2月15日付

東京、五輪1次選考を通過

2020年大会

マドリード・イスタンブールとの争い

電力不足の懸念　指摘　報告書

2012年5月24日付

しかし、これから先は、各都市が実力で勝利をたぐり寄せるし烈な招致合戦が始まる。最終選考に向け、上昇気流に乗りそうなのがイスタンブールだ。

翌年の世界経済さえ予測できない情勢の中、開催が決まった都市が7年後に政治、経済的に安定している保証はない。IOCにとっても、開催都市の選考は難しさを増している。五輪が確実に開催されることが利益となるIOCにとって、変化を乗り切る〝保険〟の一つは経済成長だ。中国（北京）、ロシア（ソチ）、ブラジル（リオデジャネイロ）と、IOCが開催都市に選んだ国は、高成長国が名を連ねる。そんな、近年の五輪開催地の流れに最も近いのがトルコとなる。

スペインの経済不況が深刻化し、日本経済が東日本大震災の影響を受ける中、トルコの11年のGDP成長率は年間8・5％（日本貿易振興機構）。分散する競技会場、建設中の交通網と、計画には穴が多いが、IOCの評価報告書はそれらのマイナス点を、「潜在力がある」の一言で片づけ、候補都市に加えている。

五輪と同じ年にサッカー欧州選手権招致を表明し、IOCが問題視する一幕はあったが、致命的な問題ではない。招致を目指すのは5度目だが、「立候補することに意義がある」感のあったこれまでとは、明らかに勢いが違う。

一方、市民、経済界、政府の熱い支援を受けるマドリードは、12年五輪招致で3位、前回16年招致時に次点と、順位を上げて来た。計画の質の高さ、故・サマランチIOC名誉会長の息子、サマランチ・ジュニア氏（IOC委員）が率いる招致と、侮れない力を秘める。今回は、一時最右翼とされながら、スペイン経済の混迷でやや後退。ただＩＯＣ委員の中には「7年後に経済がどうなっているかは逆に分からない。それを理由に落とすことはない」という声も。サマランチ氏は「経済が低迷する時だからこそ、若者のために五輪が必要」と強調し、弱点を逆に強みとする戦略だ。

東京はライバルの2都市に比べ、開催能力は勝るが、五輪を開く大義名分の弱さ、国内支持率の低さが課題。宿題を早く克服しないと、みすみす勝てる機会を逃すことになりかねない。

（12年5月25日付朝刊）

東京は1次選考を通過したものの、併せてＩＯＣが示した候補都市住民の開催支持率は、日本の招致関係者を落胆させるものだった。開催に賛成する都民はわずか47％で、半数に満たないというのである。都庁の記者はこう伝えた。

「東京五輪」 1次通過　支持率　招致のカギ

「47％」――。1次選考通過の興奮冷めやらぬ午前8時過ぎ、ＩＯＣが公表した評価報告書を分析していた都の担当者は、あまりに低い国内の支持率に目を疑った。

前回の16年大会招致で、ＩＯＣが同時期に行った調査（支持率59％）すら下回っていたためで、都幹部からは「なぜこんなに低いのか。どういう調査方法なのか」という声も漏れた。ライバルのマドリード（78％）とイスタンブール（73％）に20ポイント以上も水をあけられていた。

支持率の低さは、落選した前回招致でもＩＯＣに「懸念」を指摘され、都や日本オリンピック委員会（ＪＯＣ）で作る招致委員会は、弱点克服に向けて布石を打ってきたはずだった。「（人気グループの）ＡＫＢ48やＥＸＩＬＥのファンにも興味を持ってもらわないと」。２月末、ＪＯＣなどとの会議で、招致委評議会の森喜朗副会長（元首相）が檄（げき）を飛ばした。

今回の招致から設けられた評議会は世論喚起を目的に、世界のホームラン王の王貞治氏や、ＡＫＢ48をプロデュースしている作詞家の秋元康氏ら各界の著名人の86人が名を連ねる。「支持率は目標80％。最低でも70％」（都担当者）。これに向けて、３月にはＥＸＩＬＥを起用したポスターを作製。今後はＡＫＢ48も一役買う予定だ。

招致委が今年１月、電話とインターネットで実施した独自の世論調査の支持率は65％。「肌感覚では世論の支持は前回招致を上回っていた」（都幹部）という。

それだけに今回の支持率の低さは、東京にとって衝撃だったが、ある招致委幹部は「支持率はアップできる」と力を込める。

ＩＯＣ調査では、招致の賛否を明らかにしなかった層が、東京の場合は30％おり、マドリード（５％）やイスタンブール（25％）よりも高かったためだ。この幹部は「賛否がはっきりしない人たちに全力で働きかける。その対策がカギになる」と語った。（社会部　土方慎二）

（12年５月25日付朝刊）

2012年5月26日付

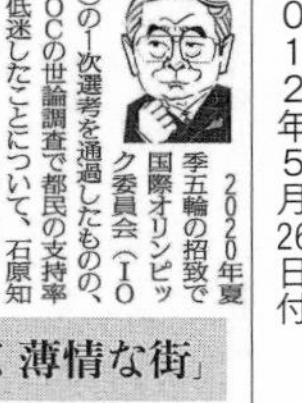

「東京 薄情な街」

五輪支持率低迷 ぼやく

2020年夏季五輪の招致で国際オリンピック委員会（ＩＯＣ）の1次選考を通過したものの、ＩＯＣの世論調査で都民の支持率が低迷したことについて、石原知事＝似顔＝は25日の記者会見で、「東京も薄っぺらくて薄情な街になってしまった」とぼやいた。

ＩＯＣの調査では、東京の支持率は47％どまり。石原知事は「いま日本人が何に胸がときめくかと言えば、ちまちました『我欲』の充実。痩せた民族になってしまった」と作家らしく分析し、「低ければ、それを上げる努力をするだけのこと」と、来年9月の最終選考に向けて世論を喚起していく考えを明らかにした。

この支持率の低さは、石原知事にとって我慢がならなかったらしい。ＩＯＣに対してというよりも、都民に対してである。

１次通過翌日の記者会見で石原知事は「東京も薄っぺらくて薄情な街になってしまった」と嘆いた。さらに「いま日本人が何に胸がときめくかと言えば、ちまちました『我欲』の充実。痩せた民族になってしまった」と作家らしい分析を披露した。

石原氏の怒りは日本外国特派員協会の会見でも爆発する。「五輪招致への支持率が低迷しているのは、知事の人柄のせいでは？」と挑発的な質問を浴びると、「選挙で私は割と人気がある。私が辞めて支持率が上がるなら明日にでも辞める」と応じ、「東京オリンピックが実現したら都民は来なくていい。日本中から国民が来るから」と言い放った。

いかにも石原節という発言だが、振り返ると、この頃から石原氏の政治的意欲は、五輪招致を含む都政から離れ、再び国政へと向きつつあったのかもしれない。「都民は来なくていい。国民が来るから」という言い方が、それを示唆していた。

２０１２年５月30日付

「都民は五輪来なくていい」

「日本中から来るから」知事皮肉

石原知事＝似顔＝は29日、千代田区の日本外国特派員協会で尖閣諸島（沖縄県石垣市）の購入を巡って講演を行った。しかし、講演後の質疑では、２０２０年夏季五輪招致に質問が集中した。五輪招致への支持率が低迷したことについて「知事の人柄のせいでは」と問われると、「選挙で私は割と人気がある。私が辞めて支持率が上がるなら明日にでも辞める」と反論。「東京オリンピックが実現したら都民は来なくていい。日本中から国民が来るから」と皮肉を交えて応じた。

石原知事の電撃辞任

この年、２０１２年7月はロンドン五輪である。世界からＩ

OC委員が集まり、五輪招致の成功を期すならば、逃すことのできない「売り込み」の場だ。もちろん石原知事も五輪開会式に出席し、東京をPRするレセプションに出るはずだった。ところが直前になって知事のロンドン行きは中止となる。

理由は体調不良。2週間前にシンガポールに出張した際に風邪をひき、検査が必要になったとのことである。石原氏はこの時まもなく80歳になろうとしており、体調不良は事実であろう。しかし、以前の石原知事なら「死んでも行く」と言ったのではないか。

ロンドンには猪瀬直樹・東京都副知事が赴くことになった。これも振り返れば、のちに起こることの布石だったように見える。

夏の五輪・パラリンピックの興奮が落ち着き、秋の気配が深まりつつあった10月25日、石原氏は都庁で緊急会見を開いて驚きの発表を行った。

「諸般の事情にかんがみ、知事を辞職する」

自らを代表とする新党を結成し、次期衆院選に出馬するという。知事の後継には猪瀬副知事を指名した。石原氏は「太陽の党」を結成し、衆院選前に、橋下徹・大阪市長が率いる「日本維新の会」に合流する。

2012年7月20日付

石原知事「五輪」出張取りやめ

東京都の石原慎太郎知事は19日の記者会見で、24日から予定していたロンドン出張を、体調不良を理由に取りやめると発表した。

石原知事は、シンガポール出張（6月29日～今月2日）の際に風邪をひいたといい、「熱が下がらず、あちこち障害が起きている。医師から検査を受けた方がいいと言われた」と理由を語った。

石原知事は24日から15日間の日程で、ロンドン五輪開会式や2020年夏季五輪の東京招致をPRするレセプションに出席する予定だった。一部は招致委の評議会副会長の森喜朗元首相が代わりに出席する。

2012年7月27日付

夏季五輪招致へ
猪瀬副知事派遣
ロンドンへ

2020年夏季五輪を東京に招致するため予定していたロンドン出張を体調不良で取りやめた石原知事に代わり、都は26日、猪瀬直樹副知事を現地に派遣すると発表した。

猪瀬副知事は8月3日に

「石原五輪」としての招致活動はここで終わった。

石原氏の辞職は転身が理由であり、何かの責任をとって辞めたものではない。しかしながら、この後、東京大会をめぐってキーパーソンの引責辞任や交代が相次ぐことになる。先々で繰り広げられる退場劇の予兆だったかもしれない。

猪瀬新知事に追い風

12月16日投開票の都知事選では猪瀬氏が当選した。434万票という史上最多得票での圧勝である。都庁にとっても、五輪の招致活動にとっても、順当な後継者だった。

猪瀬氏は石原都政3期目の途中、07年6月に副知事に迎えられている。石原氏同様、著名な作家で発信力があり、都政の二枚看板と言ってもよかった。

3期で辞めるつもりだった石原氏は、意に反して続投することになった時から、4期途中で退任して猪瀬氏に引き継ごうと考えていたのかもしれない。猪瀬氏もまた、知事名代としてロンドン五輪に出席して以来、五輪招致活動の先頭に立つ覚悟はできていたと思われる。

石原都知事 辞任

新党結成、衆院出馬へ

第3極結集 維新と連携視野

都知事選 12月16日で調整

維新「高

公約原案

2012年10月26日付

猪瀬都政 幕開け

最多得票圧勝 五輪招致アピール

都知事選開票速報

当3,876,794	猪瀬　直樹
968,699	宇都宮健児
550,463	松沢　成文
150,276	笹川　尭
108,906	中松　義郎
65,026	吉田　重信
39,478	トクマ
30,716	マック赤坂
25,747	五十嵐政一

2012年12月17日付

国政の状況も、猪瀬新知事に対して追い風が吹いていた。

都知事選と同時に行われた衆院選で、石原前知事が代表となった日本維新の会が50議席以上を獲得した。だがそれ以上に、自民、公明両党で３２０議席を上回る歴史的大勝によって政権奪還を果たしたことが大きい。民主党政権も五輪招致に反対というわけではなかったが、やはり自民党の方が頼りになる。とりわけ政権に返り咲いた安倍晋三首相は、東京で五輪を開く価値を重視しており、国と都の連携は強まると見られた。

ＪＯＣの竹田会長も、猪瀬氏の圧勝を「五輪招致が都民の信任を得た」と受け止めた。また、歯に衣着せぬ物言いが目立った石原前知事より、猪瀬新知事の方が安心できるというのが本音だっただろう。

猪瀬知事は就任するとただちに事務方に対して、自分の欧州出張を検討するよう指示している。年明けにＩＯＣに対して五輪の開催計画「立候補ファイル」を提出するのに合わせ、自ら東京のＰＲに回るというのだ。

こうして見ると、招致活動にとって石原氏の辞任はブレーキとはならず、むしろギアの切り替えになった感が強い。

東京招致　ロンドンでPR

海外メディアへの記者会見で開催への熱意を語る猪瀬都知事（左）。右は澤選手＝大野展誠撮影

猪瀬知事ら記者会見

【ロンドン＝大野展誠】2020年夏季五輪の開催を目指す東京2020オリンピック・パラリンピック招致委員会は10日、立候補ファイルの提出で解禁となった国際PR活動の一環として、ロンドンで海外メディアに対する記者会見を開き、熱意をアピールした。

会見には海外メディア35社が参加。東京都の猪瀬直樹知事が昨夏、五輪を成功させたロンドンと東京の共通点として「島国で治安も良く、ホスピタリティーが

2013年1月11日付

世論も上向きに

２０１３年。いよいよ、20年夏季五輪の開催地を決める年である。東京、イスタンブール、マドリードの３都市は、１月に開催計画「立候補ファイル」を提出し、３月からはＩＯＣ評価委員による現地視察が始まる。

日本国内の世論は上向きつつあった。読売新聞が２月に行ったスポーツに関する全国世論調査（面接方式）で、「賛成」と答えた人は「どちらかといえば」を含めると83％に達し、前年調査の数字（72％）から大幅に上昇した。「反対」は12％（前年22％）に下がった。

３月に公表されたＩＯＣの調査でも、都民の支持率は70％と出た。読売調査とは聞き方が異なるものの、これも前回の47％から大幅上昇である。石原氏は「私が辞めて支持率が上がるなら辞める」と話していたが、確かに「石原五輪」のイメージが薄まったという効果が少なからずあったのかもしれない。

ライバル都市にも変化があった。イスタンブールを擁するトルコの政治状況に暗雲が垂れ込めてきたのだ。６月、トルコで反政府デモが

本社世論調査

東京五輪「賛成」83％

大幅上昇 「経済効果を期待」最多

読売新聞社のスポーツに関する全国世論調査（2月23～24日、面接方式）で、2020年夏季五輪の東京での開催に「賛成」と答えた人は83％に達し、昨年1月調査の72％から大幅に上昇した。「賛成」は、16年夏季五輪についての質問を含めた過去5回の調査での数値を上回り、最高となった。招致実現に向けた積極的なPR活動などが影響したようだ。「反対」は12％（昨年22％）に下がった。

開催に賛成する人にその理由を複数回答で聞くと、「経済効果が期待できる」が73％でトップとなり、「スポーツ振興につながる」37％、「東日本大震災からの復興をアピールできる」36％などが続いた。

2日に開幕するワールド・ベースボール・クラシック（WBC）に「関心がある」とする人は65％で、前回大会前の09年調査の66％と同水準だった。

見るのが好きなスポーツ（複数回答）は、「プロ野球」が46％で19年連続のトップ。好きなプロ野球チームは、「巨人」が29％（昨年22％）に上昇し、22年連続の1位となった。

相次いで明らかになっているスポーツの指導者による体罰が、選手の実力の向上に「つながらない」とする人は69％に上った。

体罰が起きる要因に関し

２０１３年３月２日付

東京五輪 支持上昇70％

IOC調査 招致へ追い風

2020年夏季五輪招致に関連し、国際オリンピック委員会（IOC）が今年、立候補した3都市の市民を対象に行った調査で、東京の五輪開催支持率が都内で70％になったことが5日、明らかになった。昨年5月にIOCが公表した支持率47％を大きく上回っており、支持率の改善が課題だった東京にとっては追い風になりそうだ。

＜解説記事2面、関連記事13・39面＞

支持率は現在来日中のIOC評価委員会（評価委）から東京五輪招致委員会（招致委）に伝えられ、5日、招致委が発表した。全国での支持率は67％だった。この数字は、開催地を決めるIOC委員の投票の判断材料となる評価報告書に盛り込まれる。IOCは調査方法などの詳細は公表していない。ライバル都市であるイスタンブール（トルコ）、マドリード（スペ

五輪招致における各候補都市の支持率

大会	都市	支持率
2012年大会（2004年調査）	ロンドン	[illegible]
	パリ	85
	モスクワ	77
	ニューヨーク	59
	マドリード	91
2016年大会（2009年調査）	リオデジャネイロ	[illegible]
	東京	56
	シカゴ	67
	マドリード	85
2020年大会（昨年5月、1次選考通過時）	東京	47
	イスタンブール	73
	マドリード	78
（2013年調査）	東京	70
	イスタンブール	?
	マドリード	?

２０１３年３月６日付

起き、暴動へと発展する。エルドアン首相はこれを強硬に鎮圧し、国際的な非難が高まりつつあった。

ただし、候補都市住民の開催支持率を見ればやはり、イスタンブールが83％、マドリードが76％と高く、東京が一番低いことに変わりはなかった。本命が見えないまま、9月のＩＯＣ総会での投票を迎えることになる。

5　ブエノスアイレスでの成功

高円宮妃久子さまが出席

２０１３年9月、20年夏季大会の開催地を決めるＩＯＣ総会の場所は、アルゼンチンの首都ブエノスアイレスである。

日本のプレゼンターに、パラリンピックのアスリート代表として、佐藤（谷）真海（まみ）選手が起用されることになった。佐藤選手は20歳の時に右脚の一部を失うという苦難を背負っただけでなく、宮城県の実家も東日本大震災の津波で被災していた。困難に打ち克つという「復興五輪」のコンセプトを象徴する人物としてふさわしい。

5日、現地のホテルで開いた記者会見で海外メディアから佐藤選手に質問が飛んだ。

「震災と東京の五輪招致はどう結びつくのか」

佐藤選手は質問者を真っすぐ見つめながら、英語で懸命に話し始めた。

「日本のアスリートたちは復興に向けて努力しています。東北は私が生まれた土地。（五輪が開催されれば）こうした素晴らしい活動を2020年まで継続することができます」

6日夜の総会開会式とレセプションから、安倍首相も合流した。安倍氏は早くからプレゼンテーションで演説することを引き受け、ロシアで開かれていた主要20か国・地域首脳会議（G20サミット）から直接駆けつけたのである。

高円宮妃（たかまどのみや）久子さまもブエノスアイレス入りしていた。表向きは、東京のプレゼンテーションに際してIOCの被災地支援に御礼の言葉を述べる、というもので、東京のPRスピーチをするわけではない。しかし、国際コンペの場に皇族が関わるというのは異例のことだ。16年大会の招致活動では、石原都知事が皇太子ご夫妻の出席を打診して断られている。今度の東京は、こうした顔ぶれの整え方をみても、日本の総力を結集した雰囲気があった。

2013年9月7日付

「被災地に五輪の力を」

パラリンピック代表 佐藤さん

TOKYO 2020 CANDIDATE CITY

招致への情熱を記者会見で語る佐藤真海さん（5日）＝増田教三撮影

現地のホテルで5日午前（同5日夜）、招致委員会が開いた日本のアスリートによる記者会見。被災地出身の佐藤さんに海外メディアから質問が飛んだ。

「震災と東京の五輪招致はどう結びつくのか」。佐藤さんは質問者を真っすぐ見つめながら、英語で懸命に話し始めた。

「日本のアスリートたちは復興に向けて努力しています。東北は私が生まれた土地。（五輪が開催されれば）こうした素晴らしい活動を2020年まで継続することができる」

続けて「パラリンピックの代表として、（招致）チ翌7日、東京が満を持して臨んだプレゼンテーションは、久子さまの流暢なフランス語と英語のスピーチで始まった。その様子を、記事は次のように伝えている。

東京最終プレゼン　IOC総会　3都市に審判

2番目に登壇した東京は、高円宮妃久子さまが冒頭の約4分間を使って、IOCによる東日本大震災の被災地への支援について「オリンピック関係者の皆様に深い同情の念を表していただいたことは一生忘れません」と謝辞を述べ、「IOCはオリンピックムーブメントの精神に基づいて何を夢みたらいいかを教えてくれた」と話された。皇族のIOC総会出席は初めて。

続いて、宮城県気仙沼市出身のパラリンピック走り幅跳び代表の佐藤真海選手が立ち、震災に触れた。海外も含む200人以上のアスリートが1000回近く被災地を訪問し、子どもたちを激励したと紹介。「新たな夢と笑顔を育み、希望をもたらし、人々を結びつけるスポーツの真の力を目の当たりにした。言葉以上の大きな力を持つ」と語った。

不安材料に挙げられている汚染水漏れ問題については、プレゼンター7人の最後に登場した安倍首相が説明。「（原発の）状況はコントロールされている。東京にいかなるダメージも与えない。大

東京「女性力」を前面

五輪プレゼン

2020年夏季五輪・パラリンピックの開催都市に立候補した東京、イスタンブール（トルコ）、マドリード（スペイン）が7日、投票権を持つ国際オリンピック委員会（IOC）委員を前に、最後の招致説明（プレゼンテーション）を行った。3都市はどのような戦略で五輪開催権を勝ち取ろうとしたのか。（読売取材団、本文記事1面）

プレゼンテーションを終えた（左3人目から）竹田招致委理事長、安倍首相、猪瀬都知事ら（7日、ブエノスアイレスで）＝[illegible]撮影

復興支援に謝意■「おもてなし」強調

東京は、これまでの招致活動で中心となってきた男性や五輪選手ではなく、女性やパラリンピック選手を前面に押し出す戦略を取った。力強さで自らの長所をアピールするのではなく、優しく、しなやかに、感謝を込めながら、スポーツの力を強調した。

冒頭のあいさつで、高円宮妃久子さまが東日本大震

IOC総会で、東日本大震災の被災地支援への感謝の言葉を述べられる高円宮妃久子さま＝三浦邦彦撮影

【東京の登壇者】
佐藤真海（パラリンピック走り幅跳び代表）
竹田恒和（東京招致委員会理事長）
水野正人（同副理事長）
猪瀬直樹（東京都知事）
滝川クリステル（フリーアナウンサー）
太田雄貴（フェンシング五輪メダリスト）
安倍晋三（首相）

【イスタンブールの主な登壇者】
エルドアン首相　クルチ青年スポーツ相
アラト招致委会長
バーカー招致委スポーツディレクター

【マドリードの主な登壇者】
ラホイ首相　ボテリャ市長
フェリペ皇太子
サマランチ・ジュニアIOC理事

2013年9月8日付

会がきちんと安全に実行されることを約束する」と断言した。この問題には、ＩＯＣ委員から質問があり、安倍首相は、具体的なデータを示しながら安全性を改めて強調した。

　また、猪瀬直樹・東京都知事は、身ぶり手ぶりを交えて東京の治安の良さを訴えた。さらに「交通網が既に整備されており、誰もがいつでも時間通りに目的地に到着できる」と述べ、東京が掲げる「安全・安心」「確実な大会運営」を説明。東京の高い財政力にも触れた。

　フリーアナウンサーの滝川クリステルさんは、日本人のきめ細かな「おもてなしの心」や「助け合いの心」をアピールした。

　東京に先立ち、イスタンブールは、トルコのエルドアン首相が「イスラム圏初の開催は世界へのメッセージになる。イスタンブールは過去と未来、（アジアと欧州の）二つの大陸を結ぶ」と語った。

　マドリードは、スペインのフェリペ皇太子が「経済的に不安定な時だが、私は脅威とは思っていない。スペインは前進していると感じてほしい」と話した。

（13年9月8日付朝刊1面）

日本招致団、喜びの瞬間

２０１３年９月８日付

20年五輪

東京 最終プレゼン

ＩＯＣ総会 3都市に審判

「汚染水、ダメージ与えぬ」首相

投票開始は日本時間の翌日未明となり、新聞の締め切りには間に合わない。各都市のプレゼンテーションの様子を報じるにとどまった朝刊が印刷されていた頃、現地では白熱の争いが繰り広げられていた。

1回目の投票では東京が42票、マドリード26票、イスタンブール26票。東京が勝ち残る一方、マドリードとイスタンブールは同数となり、まずどちらを残すか、2位を決める投票を行うことになった。その結果、イスタンブールがマドリードを4票上回り、決選投票に進む。余談になるが、東京以外の2都市を対象に投票が行われているのを見た日本のあるメディアが、東京は脱落したのだと早とちりし、ネット速報で「東京落選」と誤報を流す一幕もあった。

そして最終投票の結果は――。

日本時間の8日午前5時過ぎ、ロゲ会長が２０２０年大会の開催地名を記したプレートを会場に示して告げた。

「トウキョウ！」

2度目の東京オリンピック招致が実現した瞬間である。

日本招致団のすさまじいほどの喜びぶりをとらえた写真が世界に配信された。読売新聞はただちに16ページの特別号外を制作し、結果の入っていない朝刊を追いかける形で、全国に８４２万部配布している。

2020年 東京五輪

56年ぶり開催

レスリング

東京（日本）	42	→	60
イスタンブール（トルコ）	26	49	36
マドリード（スペイン）	26	45	―

２０１３年９月９日付
（写真ＡＰ、ロイター）

投票結果の内訳は東京60票、イスタンブール36票。完勝と言っていいだろう。

東京都の関係者は、決選投票の相手はイスタンブールではなく、マドリードだろうと予想していた。やはりトルコの政情不安は軽視できず、イスタンブールに五輪を任せることは難しいという空気が強まっていたからだ。ところが1回目の投票で、次点にマドリードとイスタンブールが並んだことが、東京には有利に働いた。

2位を決める投票では、東京開催を支持するIOC委員がイスタンブールに票を投じたと見られる。東京とイスタンブールの一騎打ちならば、確実に東京が勝つという票読みである。第1回の投票でマドリードが1票でもイスタンブールを上回り、単独2位となって東京との一騎打ちに進んでいたら、かなり接戦になっていたかもしれない。

この「東京五輪決定」の舞台裏はどうだったか。当時の記事だ。

読売新聞　特別号外

東京五輪決定

2020年開催　56年ぶり

2013年9月8日付（写真ロイター）

東京五輪　最終演説　日本輝く

2020年東京五輪・パラリンピックの開催を決めた招致委員会のメンバーが口をそろえて勝因に挙げるのが、「チームワーク」と「積み重ね」だ。期待を一身に背負って臨んだ国際オリンピック委員会（ＩＯＣ）総会の舞台裏について、招致関係者が明らかにした。

決戦前「栄光の架橋」

〝決戦〟を翌日に控えた6日、ブエノスアイレス市内の大学施設。最終演説のリハーサルの合間に、プレゼンターたちは、スタッフが招致活動の軌跡をまとめた動画に見入っていた。

ＢＧＭは、ＮＨＫが04年のアテネ五輪のテーマソングに採用したフォークデュオ「ゆず」の「栄光の架橋」。感極まって涙を流す女性メンバーの姿を見て、猪瀬直樹・東京都知事らは「絶対に勝つ」と自らを鼓舞した。

猪瀬知事にとって、総会が行われる7日は、7月に悪性脳腫瘍で急死した妻ゆり子さんの四十九日。プレゼンターらは、猪瀬知事がホテルに持ち込んだ遺影に手を合わせて勝利を誓い、会場に向かった。

控室では、プレゼンターたちが緊張を隠せない様子で、少しでも気分を落ち着かせようと、互いに声を掛け合った。プレゼンターの表現力などを指導していた外国人コンサルタントも、メンバーに懸命に話しかけ、場の雰囲気を和らげようと努めていた。

ロビー活動　ギリギリまで

盛大な拍手に迎えられ、約１００人の招致メンバーが会場に入ると、先頭を歩くプレゼンターたちの緊張感もピークに。その重苦しい空気が

最終演説　日本輝く

東京五輪

決戦前「栄光の

2020年東京五輪・パラリンピックの開催を決めた招致委員会のメンバーが口をそろえて勝因に挙げるのが、「チームワーク」と「積み重ね」だ。期待を一身に背負って臨んだ国際オリンピック委員会（ＩＯＣ）総会の舞台裏について、招致関係者が明らかにした。

2020年夏季五輪開催地が東京に決まり、喜ぶフェンシングの太田雄貴選手ら（7日、ブエノスアイレスで）＝ＡＦＰ時事

２０１３年９月10日付（写真ＡＦＰ時事、左下ＡＰ）

一変したのは、IOCによる被災地支援への謝意を伝えるため、真っ先に登壇された高円宮妃久子さまのあいさつだった。招致関係者は「素晴らしいあいさつに、みんなが安心し、落ち着いた」と振り返る。

続くパラリンピック陸上女子走り幅跳び代表の佐藤真海さんの笑顔と情感にあふれたスピーチも、流れを引き込んだ。「トップバッターの（米大リーグ、ニューヨーク・ヤンキースの）イチローの役割を果たした」。終了後、猪瀬知事がこう絶賛したほどだった。

さらに招致関係者は、招致成功の道のりを思い起こし、「小さな積み重ねの勝利だった」と指摘する。

最終演説の当日も、招致メンバーは最後まで手を抜かなかった。最終演説を終え、投票が始まるまでの3時間ほどの休憩時間も無駄にせず、IOC委員へのロビー活動を続けた。14年冬季五輪・パラリンピックの招致レースでは、平昌（ピョンチャン）（韓国）が、この時間帯のロビー活動を怠ったことから、ソチ（ロシア）に敗れたと伝えられていた。

開催都市の決定後、猪瀬知事は「勝因はチームワーク」と強調。プレゼンターを務めたフェンシングの太田雄貴選手も「見えないところで働いているスタッフも含め、一人でも欠けていたら、招致はなかった。こ

日本一丸 東京に聖火

決定 東京五輪 2020

政財界も後

「金」30個

2013年9月10日付

のチームで戦えたことを幸せに思う」と語った。（13年9月10日付朝刊）

招致成功についてきた世論

東京の勝因は様々な角度から語られているが、結城和香子は次のように解説した。

東京五輪　招致レース　終盤に追い風

五輪・パラリンピック招致で勝つには、実力に加え「運」を味方につける必要がある。東京招致の来し方を見ると、実は多くの面でこうした追い風があったことが分かる。

一つは、来年のソチ冬季五輪、16年リオデジャネイロ夏季五輪に、施設建設の遅れや巨額の費用を批判するデモなど懸念が生じていたこと。東京の確実な開催能力と大会開催準備基金の存在が、大規模なインフラ建設を必要とするイスタンブールや、スペイン財政不安の影響が残るマドリードに対して長所として際立ち、「安全な選択」（パウンドＩＯＣ委員）という思いが働いたことだ。

招致レースを巡る状況もそうだ。そもそもアフリカ初開催という大義名分を持つ南アフリカが招致を見送り、ローマが不況を理由に立候補を取り下げ、第１次選考でアジア票を分け合う可能性があったドーハが落選した。

その上、当初最右翼とされたイスタンブールが、6月の反政府デモや隣国シリア情勢の緊迫で後退。このため東京は、東京電力福島第一原子力発電所の汚染水問題が大きくなった時でさえも、マドリードの不況と並び「3都市ともに課題」を抱えると見られ、レースには踏みとどまり続けた。勝敗が最終盤に持ち越され、ここで東京が効果的な手を相次いで繰り出した。

高円宮妃久子さまの存在は、カギとなる最後の2日間、国際オリンピック委員会（IOC）委員の話題が「フクシマ」から「プリンセス」に変わる効果をもたらした。招致説明では、震災、挫折から立ち上がる希望としてのスポーツの力を前面に出し、映像とスピーチで感動を誘った。「感情を抑える日本人が、あれだけ感情的な訴えをしてきたことが、驚きとして印象に残った」とIOC委員は言う。

安倍首相の質疑での汚染水問題への回答は、政府として安全を保証しただけでなく、被災地の子どもたちの希望を想起させ、懸念払拭の決め手となった。

汚染水で危機感を強めた政府、招致委が招致過程でも最高の結束を見せ、問題を直視して解決に動いた。それが最終盤での勢いにつながったと言える。マドリードが終盤、委員の実名を連ねた地元紙の勝利宣言で「最大6人の票を失った」（マドリード関係者）ほか、招致説明の質疑でドーピング問題への答えが不十分と見られ、失点を重ねたのとは対照的だった。（13年9月10日付朝刊）

招致成功の直後、政府はただちに、国を挙げた態勢作りに入った。当時の記事に、あわただしい動きが報じられている。

スポーツ庁創設へ　官房長官表明　五輪担当相も

菅官房長官は9日の記者会見で、2020年夏季五輪・パラリンピックに向けた政府対応を一元的に進めるため、スポーツ庁の創設や、新たな閣僚ポストとしての五輪担当相新設を目指す考えを示した。

政府と東京都など地方自治体、民間ボランティアの力を結集するのが狙いだ。

スポーツ庁の創設は、各府省にまたがっているスポーツ関連の担当部局を一つにまとめる構想で、2011年6月に成立したスポーツ基本法の付則に、設置の検討が明記されている。菅氏は記者会見で「五輪は文部科学省、パラリンピックは（現在）厚生労働省の所管になっており、一体として推進する必要がある」と述べた。

政府は、五輪担当相を置く場合、文部科学相と兼務させる方向で調整している。

（13年9月10日朝刊1面）

2013年9月10日付

スポーツ庁創設へ
官房長官表明　五輪担当相も
菅官房長官は9日の記者会見で、2020年夏季五輪・パラリンピックに向けた政府対応を一元的に進めるため、スポーツ庁の創設や、新たな閣僚ポストとしての五輪担当相新設を目指す考えを示した。
政府と東京都など地方自治体、民間ボランティアの力を結集するのが狙いだ。
スポーツ庁の創設は、各府省にまたがっているスポーツ関連の担当部局を一つにまとめる構想で、2011年6月に成立したスポーツ基本法の付則に、設置の検討が明記されている。菅氏は記者会見で「五輪は文部科学省、パラリンピックは（現在）厚生労働省の所管になっており、一体として推進する必要がある」と述べた。
政府は、五輪担当相を置く場合、文部科学相と兼務させる方向で調整している。

今一つ盛り上がりを欠いていた日本の世論も、東京招致が成功し、現実のものになると大半の人が喝采した。読売新聞が9月13～15日に行った世論調査（電話方式）では、2020年夏季五輪・パラリンピックの開催地が東京に決まったことを「良かった」と思う人は83％に上り、

「そうは思わない」の13%を大きく上回った。

意外なことに、「良かった」と答えた人を地域別にみると、近畿が87%で最も多く、東京が78%、北海道・東北が71%で最も少なかった。ただ、これは開催都市・東京や被災地・東北の歓迎率が低いというよりも、日本全国がおしなべて喜んだとみるべきだろう。

また、五輪・パラリンピックの開催に期待することを複数回答で聞いたところ、「国民に夢や目標を与える」が89%で最も多く、「経済の活性化につながる」が86%と続いた。「東日本大震災からの復興に弾みがつく」と答えた人は62%だった。

プレゼンテーションで滝川クリステルさんが身ぶりを交えて披露した「お・も・て・な・し」というフレーズが、2013年の「ユーキャン新語・流行語大賞」を受賞するなど、成功したプレゼンテーションの内容もしばらく国民の話題となった。

第二章　変　更

1　バッハIOC、森組織委発足

「東京開催」と「新会長」が同時に決定

2013年9月8日、アルゼンチンの首都ブエノスアイレスにおける国際オリンピック委員会（IOC）総会で、20年夏季オリンピック・パラリンピックの東京開催が決まった。05年9月に石原慎太郎・東京都知事が招致演説をしてから、すでに8年。21年夏まで16年に及ぶマラソンのちょうど折り返し点である。

ブエノスアイレスでは20年大会の開催地選定だけでなく、重要な投票が行われている。退任するジャック・ロゲ会長の後任を決める選挙だ。13年9月10日に行われた会長選には6人のIOC委員が名乗りを上げた。だが、2回目の投票であっさりと決着する。トーマス・バッハ副会長が93票中、過半数の49票を獲得し、第9代ＩＯＣ会長に選出されたのである。

バッハ氏は当時59歳。弁護士であり、１９７６年モントリオール五輪のフェンシング団体で西ドイツ（当時）代表として出場、金メダルを獲得した元アスリートでもある。前任のロゲ氏もヨット（セーリング）で五輪に出場しており、ＩＯＣは2代続けてオリンピアンを会長に選んだことになる。

バッハ氏はドイツ・オリンピック委員会の会長であり、ＩＯＣの規律委員長も務めていた。91年にＩＯＣ委員となってから理事や副会長など要職を歴任しており、次の会長として本命視されていた。順当な当選と言えよう。

彼には現役のアスリート時代、忘れられない経験があった。80年のモスクワ五輪である。ソ連のアフガニスタン侵攻に抗議する形で、西側諸国がボイコットする。西ドイツはいち早くそこに加わっていた。政治がオリンピックに介入したことによって、バッハ選手は再び五輪を目指す夢を絶たれたのだ。

「スポーツは何と無力なのだと痛感した。スポーツ界の指導者は政治

２０１３年９月１１日付

ＩＯＣ新会長 バッハ氏

【ブエノスアイレス＝大野展誠】国際オリンピック委員会（ＩＯＣ）総会が10日、ブエノスアイレスで行われ、任期満了で退任するジャック・ロゲ会長（71）（ベルギー）の後任を決め

ントリオール五輪フェンシング団体の金メダリストで、ドイツオリンピック委員会会長。ＩＯＣの規律委員長としてドーピング（禁止薬物使用）問題に取り組んだ。　〈解説26面〉

２０１３年９月１１日付

ＩＯＣ会長に選出されたバッハ氏（左）とロゲ前会長（10日、ブエノスアイレスで）＝三浦邦彦撮影

に影響を与えられないし、選手はスポーツ界の指導者を動かせない。ドイツ五輪委は圧力に抵抗できずボイコットが決まった」

　バッハ氏は会長就任まもない13年11月、読売新聞のインタビューで、「モスクワ不参加の無念」をそう振り返っている。そして、「次世代の選手にこんな苦い思いをさせたくない一心で、国内五輪委の理事になった」と明かした。

　満を持して就任したバッハ氏は大胆な五輪改革に着手する。東京大会開催までの後半8年は、この「バッハ体制」とともにスタートを切ったのである。

バッハ新会長の動き

　バッハ新会長は、就任するや精力的に動いた。前述の読売新聞インタビューも忙しい日程を縫って来日した時に行われている。

　日本側は当時、2008年北京大会を最後に五輪競技から外された野球とソフトボールを、東京大会でぜひとも復活させたいと願っていた。インタビューでバッハ会長は、日本側の願いも念頭において、「競技数を現在の28に限定するやり方ではなく、これ以外の基準を設けるべきだと思う」と述べた。

米大統領
五輪ボイコット勧告
USOCに書簡
延期か変更も
同盟各国に同調望む
ソ連1か月内撤退しなければ

スパイ事件
首相、対ソ抗

1980年1月21日付

バッハ氏はIOC会長選の際にも、実施競技の入れ替え制度を見直すと公約していた。ロゲ前会長時代のIOCは、五輪の肥大化を避けるために夏のオリンピックの種目数は300程度にするといった枠を設けていた。新しい競技を追加するには、他の競技を除外しなければならない。

また、五輪憲章は、大会の7年前までに実施競技を確定しなければならないと規定していた。2020年大会の競技はこのルールに従って13年9月、東京開催を決めた同じブエノスアイレス総会で一応、決着している。

ただし、そこにいたるまでに紆余曲折があった。これを振り返っておく必要がある。

ブエノスアイレス総会の約半年前、13年2月にIOC理事会（15人）は「ロンドン五輪で実施された競技のうち、どれを外すべきか」という投票を行い、最初にレスリング、近代五種、ホッケー、カヌー、テコンドーの5競技に不名誉な票が入った。票の多かった競技を残していく形で投票を繰り返し、最終的にレスリングが「最も外すべき競技」に選ばれた。

レスリングは古代ギリシャ五輪から行われてきた「最古の競技」の一つである。日本にとっても多数の金メダルを取ってきたお家芸だ。日本をはじめ世界のレスリング界は騒然となった。レスリング界は「最古の競技」というプライドにあぐらをかき、時代に合わせた組織改革に取り組まず、IOC理事にも関係者はいなかった。まさか、レスリングが「オリンピック競技にいらない」と言われるとは想像もしていなかったのだ。国際レスリング連盟は大慌てで改革とロビー活動に奔走する。

結局、レスリングが空けた1席について、新採用候補の「野球・ソフトボール」と「スカッシュ」に、レスリングを加えた3競技を対象として、ブエノスアイレス総会で投票が行われ、レスリングの残留が決まったのである。日本としてはお家芸のレスリング残留はうれしいが、悲願である「野球・ソフトボール」の復活はならなかった。競技数の上限がある中で争う以上、やむを得ない。

しかしその直後、同じIOC総会で、「競技入れ替えのルールを見直す」と公約するバッハ氏がIOC会長に当選したのである。

バッハ新会長は東京五輪で実施する競技について、どのような考えを持っているのか。その発言が注目されている中で13年11月の来日インタビューは行われた。「モスクワ五輪時の無念」を語った同じインタビューのなかで、実施競技の見直しに関して次のように語っている。

――会長就任後、まず取り組むと表明している課題の一つが、五輪実施競技の入れ替え制度の再検討だ。制度が変われば、野球・ソフトボールが2020年東京大会の実施競技となる可能性も出てくるのか。

2013年2月13日付

レスリング五輪除外へ

2020年大会　9月に最終決定

【ローザンヌ（スイス）＝大野展誠】国際オリンピック委員会（IOC）は12日、ローザンヌで理事会を開き、昨夏のロンドン五輪で実施された26競技のうち、2020年夏季五輪でも行われる25競技を決め、レスリングが外れた。レスリングは16年のリオデジャネイロ五輪は実施されるが、東京が招致を目指している20年夏季五輪で外れる可能性が高くなった。IOCは5月の理事会（ロシア・サンクトペテルブルク）で、復活を目指す野球・ソフトボールや空手など七つの候補に、今回外れたレスリングを加えた8競技の絞り込みを行い、最終的に9月の総会で20年五輪で追加実施される1競技を決める。総会で追加されない可能性もあ

2013年9月9日付

レスリング残留

【ブエノスアイレス＝近藤雄二】国際オリンピック委員会（IOC）総会は8日、東京で開催される2020年夏季五輪の追加競技に、レスリングを決めた。レスリングは2月のIOC理事会で、20年五輪で継続して実施される競技の候補員登用などの改革に着手したことが評価されて復活を果たした。レスリングは24年五輪でも実施される。

投票はIOC委員95人が行い、レスリングは1回目で過半数の49票を獲得。08年北京五輪以来の復帰をかけた野球・ソフトボールは際レスリング連盟のララビッチ会長は「残留には競技存続がかかっていた。今後も改革を続ける」と語った。

20年東京五輪では、ロンドン五輪で実施された26競技に、16年リオデジャネイロ五輪から採用される7人制ラグビー、ゴルフを加え

「五輪実施競技の入れ替え制度見直しについては、私も会長選挙時に公約に入れたが、IOC内部に、より柔軟性を求める声がある。私は個人的に、現在のような競技数を28に限定するやり方ではなく、これ以外の基準を設けるべきだと思う。これまでと同様参加選手の数の上限を決めることと、仮設以外の競技会場の数を抑制することだ。五輪とそのコスト肥大化に歯止めをかける意味では、この基準を守りさえすれば、例えば種目数が301から305になっても、競技数が今の上限の28から30になっても、大きな違いはないと思う。まず12月に開かれるIOC理事会で話し合い、ソチ冬季五輪直前に開かれるIOC総会で検討する。その後委員会や作業部会を作り、具体的な勧告をまとめたい。もちろんこれは私自身の考えで、他のIOC委員がどう考えるかの議論はこれから。ただ私の感触では、2020年東京五輪の（実施競技が変わる）可能性は残っていると思う」

――IOCは五輪憲章で、五輪開催の7年前までに実施競技を決めなければならないと定めている。規則に従えば、2020年五輪の競技はもう変えられない。

「いわゆる7年ルールは確かにあるが、もし2020年五輪の実施競技を今から変えたいということになれば、手順を踏んで、規則の例外措置を適用することは可能だ。私は長くIOC法務委員長の立場にいるので、やり方は熟知している」

（13年11月21日付朝刊）

2013年11月20日付

東京五輪　競技数増も

野球復活に望み

IOC会長示唆

国際オリンピック委員会（IOC）のトーマス・バッハ会長(59)は20日、東京都内で読売新聞のインタビューに応じた。2020年東京五輪・パラリンピックの五輪実施競技数について、「アスリートと競技会場の上限を守れば、競技数については柔軟に考えればいい」との見解を示し、現在実施が決まっている28競技以外にも、野球・ソフトボールなど他の競技が東京五輪で実施できる可能性を示唆した。〈関連記事14面〉

バッハ会長は五輪の競技数について、「個人的には柔軟な考え方をすればいいと思っている」と明言。IOCが重視している、継続可能な大会の規模を維持するために重要なことは「選手数と競技会場数の上限を超えないことだ」と強調した。7年前までに競技を決めなければいけないとされる手続きの問題も「開催都市が了解し、IOCが特例を認めれば実現可能。私は法務委員長を長く務めており、手続きについては熟知している」と語った。

その上でバッハ会長は、「もちろん競技数についてはIOC内にも色々意見が

読売新聞の単独インタビューに応じるバッハIOC会長（20日午前、東京都千代田区で）

インタビューした編集委員の結城和香子は次のように解説した。

バッハ新体制で制度見直し機運

ＩＯＣは夏季五輪の肥大化を防ぐため「実施競技は28、選手数は1万５００人を超えない」との原則を定めてきた。一方で時代に適応するため新競技導入の必要性にも迫られ、ロゲ前会長下では既存競技を除外し入れ替える制度を考案した。

しかし今、バッハ新会長は、この制度自体を早急に見直す方針を打ち出している。肥大化防止で大切なのは、競技数や種目数の上限を決めることではなく、むしろ参加選手数と、コストに直結する競技会場数を抑えることだ、という考えだ。

レスリングが除外候補となり、結局実施競技に復帰した騒ぎを受けて、ＩＯＣ内部でも制度見直しへの機運は高まっている。２０２０年五輪の実施競技追加には、まだ超えるべきハードルはあるが、バッハ会長の発言が、「日本の関係者に何度も聞かれた」（バッハ会長）という野球・ソフトボールをも念頭に置いていることは間違いない。

（13年11月20日付夕刊１面）

実際に、バッハ氏は会長として初めて臨んだ13年12月のＩＯＣ理事会で「競技入れ替え制度の見直しを進めた上で14年末までに東京五輪の競技の枠組みを固めたい」との考えを示している。独自色を打ち出し始めたバッハ氏の会長任期は最長2期で、1期目は8年、2期目は4年。仮に再選されないとしても、20年東京大会はバッハ会長の下で行われることになっていた。

バッハ氏には、自分の指導力の最初の成果が反映される東京大会について、開催地も歓迎する形で「成功」を演出したいという思いが当然あっただろう。その意味で、日本にとっては心強い新会長だった。

東京側の顔は誰になるのか

東京五輪を主催するＩＯＣ側の責任者は決まった。では、実際に大会を開催する日本側の顔、大会組織委員会の会長は誰になるのか。その人物は、東京都と国、日本オリンピック委員会（ＪＯＣ）の3者を束ねることのできる力量が必要だ。

ＩＯＣと東京都は、ブエノスアイレスでの開催都市決定後に、大会組織委を5か月以内つまり14年2月までに設立するという契約を結んでいた。12年ロンドン大会、16年リオデジャネイロ大会も開催決定から3か月程度で、組織委を発足させている。

しかし、東京大会組織委の会長人事は難航した。まず猪瀬都知事が、政府に近い人物を会長に据えるのを嫌った。当時、猪瀬知事は新国立競技場の建設費負担をめぐって国と対立しており、自ら組織委会長に就任するのではないかという見方すらあった。

猪瀬氏の立場からすれば、五輪の開催都市は東京都であり、知事である自分が先頭に立って招致を成功させたという自負がある。組織委の会長人事も自分が主導したい。一方、国の立場から見ると、開催権は都市に与えられるとはいえ、現実には国家イベントであり東京都単独のものではない。招致活動にしても安倍首相をはじめとする政府の全面支援があったればこそ、ということになる。

こうした国と都の「主役争い」は、政治・行政のさまざまな場面でしばしばあることなのだが、オリンピックもまた例外ではなく、東京２０２０大会を検証する際に、常に念頭に置くべき背景と言えるだろう。

人事が難航するなかで、２０１３年11月に思わぬ事態が起こる。猪瀬氏が都知事選に際して不透明な資金提供を受けていた問題が発覚したのだ。猪瀬知事は12月19日、辞意を表明する。大会組織委の陣容決定を前に、開催都市のトップが不在という異常な状態になった。だが皮肉なことに、猪瀬氏の退場で組織委会長の人選が一気に進み始める。

１９９８年長野五輪では組織委会長を、元経団連会長である斎藤英四郎・新日本製鉄名誉会長が務めた。今回も多額のスポンサー料が必要となることから、大物財界人を求める声があった。しかし財界は誰も首を縦に振らない。そこで挙がった名前が森喜朗元首相である。これは安倍首相の意向があったとされる。

猪瀬都知事　辞職

「都政停滞　許されぬ」

5000万引責　知事選2月2日軸

後継　橋

記者会見で辞職を表明する猪瀬知事（19日午前10時33分、東京都庁で）

２０１３年12月19日付

森氏は早稲田大学ラグビー部出身で、長くスポーツ行政に携わってきた自民党文教族のドン。東京五輪招致委員会評議会議長として招致活動に携わったほか、日本体育協会会長、日本ラグビー協会会長も歴任している。財界にも幅広い人脈を持っていた。

２０１４年１月10日夜、森氏はＢＳ日テレの「深層ＮＥＷＳ」に出演し、「本当に（組織委会長を）やらなければならんという立場であれば、お話を受けることもあるかもしれない」と語る。12日には下村博文・文科相兼五輪相、堤義明・ＪＯＣ最高顧問と都内で会談し、会長就任を受諾する意向を伝えた。

森氏は19年ラグビーＷ杯招致で世界中を駆け回るなど、その働きぶりからスポーツ界では「森先生にお世話になった」という声がよく聞かれた。政・官・財とスポーツ界のすべてを束ねうる人物という点で、組織委会長就任は順当とも言えた。ただ、大物政治家にありがちなことだが、本人は胸襟を開いて話したつもりの発言が物議を醸すことが、森氏にもしばしばあった。その「失言癖」が、のちに開催目前の東京大会を直撃することになる。

補佐役は大物次官

２０１４年１月９日付

五輪委会長に森元首相

政府調整 24日にも組織発足

森元首相

2020年に東京で開催される夏季五輪・パラリンピックの運営主体となる大会組織委員会のトップとなる会長について、政府と東京都などが森喜朗元首相(76)を軸に調整を進めていることが、8日分かった。複数の政府関係者が明らかにした。森氏の内諾が得ら

OC）会長が来週、森氏と会談し、就任を正式に要請する。森氏は東京五輪招致委員会評議会議長として招致に携わったほか、各国要人との人脈が豊富なことから政府・自民党内で推す声

政府や都、ＪＯＣは、会長に続く人事を急ぐ。まず重要なのは事務総長だ。大会組織委の会長に就いた森氏が麻生太郎財務相に相談すると、麻生氏は財務省の大物ＯＢである武藤敏郎・大和総研理事長の名を挙げた。

武藤氏は開成高校から東大法学部へ進み、大蔵省入りしたエリート。財務省に変わって最初の事務次官を務めた後、日銀副総裁となった。その後、当時野党の民主党が反対したため実現しなかったが、順当なら日銀総裁に就いていたはずの人である。調整力の高さと、官界はもちろん政財界への幅広い人脈に定評があった。

これまで日本で行われた世界的なスポーツ大会の組織委員会では、事務総長に自治省（現・総務省）出身の元官僚が起用されていた。１９９８年長野冬季五輪の小林実（まこと）氏、日韓共催となった２００２年のサッカーＷ杯日本組織委の遠藤安彦氏は、共に自治事務次官経験者。19年ラグビーＷ杯での嶋津昭氏も元総務事務次官だった。

地方都市に軸足が置かれる大会では、自治体ににらみの利く自治省ＯＢの起用が効果的だったということだろう。しかし、東京五輪・パラリンピックの場合は競技の多くが首都での開催であり、大会の規模や注目度も別格となるため、国の予算や経済情勢まで知り尽くした武藤氏に白羽の矢が立てられた。

２０１４年１月22日付

五輪委事務総長　武藤元財務次官起用へ

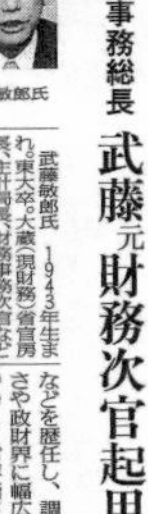
武藤敏郎氏

2020年東京五輪・パラリンピックの運営主体となる大会組織委員会の事務総長に、元財務次官で大和総研理事長の武藤敏郎氏(70)を起用する方向で、政府と東京都などが最終調整していることがわかった。会長には、森喜朗元首相の就任が決まっており、24日に発足する組織委員会の主要人事がほぼ固まった。

事務総長は組織委事務局の取りまとめ役として、関係省庁との調整や大会の資金調達を取り仕切る。武藤氏は財務次官、日銀副総裁などを歴任し、調整力の高さや政財界に幅広い人脈を持つことが評価されたとみられる。

組織委は24日夕、東京都内で森氏、下村五輪相、日本オリンピック委員会（ＪＯＣ）の竹田恒和会長らからなる「オリンピック・パラリンピック調整会議」（仮称）や理事会などを開き、一般財団法人として発足する予定だ。

武藤敏郎氏　1943年生まれ。東大卒。大蔵（現財務）省官房長、主計局長、財務事務次官などを経て、日銀副総裁。2008年7月から大和総研理事長。

1月24日に発足した東京大会組織委員会は、理事会を当初6人のメンバーで構成することになったが、4人は政府との関係が深い人物だった。副事務総長には文科省出身の理事が就任し、政府主体で運営する陣容となった。組織委のオフィスは東京・西新宿にある都庁の中に設けられたが、東京都はこの時、猪瀬氏の辞任で知事不在である。2月9日に出直し知事選を控えていた都が存在感を発揮できる状況ではなかった。

都知事選の当日、ロシア・ソチで開催中の冬季五輪の視察に訪れていた大会組織委の森会長は、現地プレスセンターでの記者会見で、副会長として豊田章男・トヨタ自動車社長、桜田義孝・文部科学副大臣、河野一郎・日本スポーツ振興センター理事長、竹田恒和・JOC会長、山脇康・日本パラリンピック委員会副委員長、秋山俊行・東京都副知事の6人を内定したと明らかにした。

2 「アジェンダ2020」

東京五輪組織委が発足

開催計画を策定へ

副会長にトヨタ社長

2014年1月25日付

五輪改革に踏み出す

２０１３年12月、バッハ氏が会長に就任して最初のＩＯＣ理事会で、五輪競技の見直しを進める意向を示したことはすでに書いた。

この時にバッハ会長が、競技見直しを含めて約1年後のＩＯＣ臨時総会までに策定すると表明したのが、「オリンピック・アジェンダ２０２０」と名付けた五輪改革の大方針だ。「２０２０」はバッハ会長1期目の集大成とも言える年であり、東京五輪・パラリンピックの年。そこをターゲット・イヤーとして大きな改革に踏み出すというのである。

翌14年2月、ロシア・ソチでの冬季五輪の開幕直前に当地で開いたＩＯＣ総会で「アジェンダ２０２０」についての本格的な討議が行われた。

委員からは提案や発言が相次ぎ、異例の熱気となる。特に実施競技入れ替え制度は、13年にレスリング競技が除外対象候補となり、同年9月の総会で再び実施競技に戻った経緯もあって、根本的な見直しが必要との流れが作られようとしていた。

実施競技の議論だけでなく、20年東京大会に直接関わる議題も出された。「ＩＯＣが五輪開催都市の組織運営に、より大きな影響力を持つべきか。ＩＯＣ調整委員会の権限を拡大すべきか」というものだ。

東京大会の調整委員長も務めるジョン・コーツ副会長は、読売新聞の取材に、「調整委員会が、主にコスト増大への歯止めという視点から、施設や運営で高い水準を求めがちな国際競技連盟と、組織委員会の仲裁をするような形で、一層関与をした方が良いのではと考える」と説明した。「権限拡大」の内容には具体的に触れなかったが、IOCはソチ五輪に見られるような五輪開催コスト増大への懸念が、すでに22年冬季五輪で招致を検討していた都市の撤退などの事態を呼んでいることを重視し、コスト面を検討する作業部会をすでに設置しているという。ソチにおけるIOC総会の議論は、のちに東京大会の準備に際して、大きな影響を与えることになる。

野球・ソフトボールの復帰に道筋

14年11月18日、IOCは「アジェンダ2020」の具体的な中身を公表した。このなかに「開催都市の組織委が、その五輪のみで実施する『1ないしそれ以上の種目』の提案を行える」という項目が盛り込まれていた。

翌日、東京五輪の準備状況を確認するため来日したIOC調整委員会のジョン・コーツ委員長（IOC副会長）は記者会見で、「どの種目とは言えないが、実施競技について組織委に柔軟性を与え、開催都市の意向を反映することは大きな利点がある」と発言。コーツ氏とともに会見に臨んだ大会組織委の森会長がすかさず、「例えば野球・ソフトボールを入れることは、日本のメダル獲得にも、野球ファンやソフトボールファンが五輪に賛同し協力してくれる意味でも追い風になる」と言い添えた。

「アジェンダ２０２０」では、五輪の肥大化を防ぐ方策として、従来の28競技を上限とする「競技数規制」ではなく「約1万５００選手、約３１０種目」を上限とすることで、新規競技の追加に道を開こうとしていた。直近の16年リオ五輪で実施されるのは28競技３０６種目。「種目」の数で見てもあと4つの余裕があった。この状況から、新しい競技が五輪入りする余地は十分にあると思われた。

12月、バッハ会長はＩＯＣ臨時総会を前に記者会見し、総会で諮る「アジェンダ２０２０」について「1年間の議論の積み重ねが反映されると思う」と語り、自信を示す。その言葉通り、12月8日の総会において「アジェンダ２０２０」は40の改革案すべてが満場一致で承認された。

その後、バッハ路線を補佐するコーツ副会長がさらに踏み込んだ発言をした。

「追加種目の選手の数は1万５０００人の上限とは別枠で考える。新競技が他競技の選手を追い出す必要はない。また３１０種目という上限も、杓子定規（しゃくしじょうぎ）に適用はしない」

これは、多人数によるチームスポーツの野球・ソフトボールが新競技・新種目として採用されることを念頭に置いた援護射撃だった。

改革案の意図について、バッハ会長も読売新聞の電話インタビューに応じ、次のように答えている。

――五輪改革「アジェンダ2020」は、五輪実施種目の追加に道を開き、コスト削減のため競技の分散開催も容認するなど、従来の五輪のあり方に幅広い柔軟性を持たせた。なぜ。

「柔軟性は多様性をもたらし、五輪運動を豊かにすると考えた。世界は多様で、人々の考え方は一つではない。だから人間性の祭典である五輪も、一つの型にはめるのはおかしい。五輪精神は守りながらも、その価値は、文化の違いにより様々に表現されていい。欧州生まれの五輪が、今日の国際社会で、普遍的な価値を持ち続ける道でもある」

「例えば開催都市の組織委に、その五輪のみで実施する種目を提案してもらうことが決まった。それは開催地のスポーツ文化を、五輪競技に取り込み特色づける、ということだ」

――東京五輪組織委は、提案種目の選考準備に入った。ただ新規競技に当たる場合は、最終的にIOC総会の承認が必要だ。候補の一つとされる野球・ソフトボールは、過去に課題も指摘された。総会を通るのか。

「一般論として、総会は個々の競技の是非というより、組織委提案という全体像に対して、承認を求められることになるだろう、と言っておく。もちろん組織委提案でも、トップ選手の参加など、実施競技入りの条件を満たす必要はある。その上で、組織運営計画や財政計画が重要になる」

――組織委提案とは別に、IOCとして、スケートボードやスポーツクライミングなど、若者に人気の種目や競技の、東京五輪での追加実施を考えているのか。

「その点については我々はオープンだ。若者に関心の高い何らかの競技を追加することには、東京五輪組織委も大きな関心を持っているに違いないし、組織委としてその可能性を検討もするだろう。まず組織委がどう言ってくるかを待ちたい」（聞き手　結城和香子）（14年12月20日付朝刊）

競技団体の働きかけ

東京大会での追加実施の可能性が開けたことを受けて、五輪競技から外れていた各競技団体は、懸命のアピールを始めた。

検討期間は15年9月までとされた。同年4月8日の読売新聞では、野球・ソフトボールだけでなく、ダンススポーツから綱引きまで、追加を目指す10のスポーツを紹介している。

ＩＯＣと組織委が示した選考基準は、①競技人口、②世界選手権の開催実績、③開催国での人気――など35項目。6月に東京大会組織委は1次選考の結果を発表、26団体の中から、野球・ソフトボール、空手、スカッシュ、ボウリング、ローラースポーツ、スポーツクライミング、サーフィン、武術の8競技を選んだ。

ここからヒアリングなどを経て、9月には野球・ソフトボールと空手、スポーツクライミング、ローラースポーツ（のちのスケートボード）、サーフィンに絞り込まれた。日本が望む〝伝統競技〟と、ＩＯＣが望む〝若者を引きつける競技〟の双方を盛り込んだ選定である。

我が競技　東京五輪に

ダンス、綱引き、空手…10団体

追加種目へアピール過熱

2015年4月8日付

この5競技が、16年8月のリオデジャネイロ五輪開幕前に開かれたＩＯＣ総会で、全会一致で一括承認を得た。

野球・ソフトボールが復活

「２０２０年東京オリンピックで野球・ソフトボールを実施する」

リオから届いた吉報に、王貞治ソフトバンクホークス球団会長は「長かった。これだけ難航するとは思わなかった」と胸をなでおろした。

野球とソフトボールの五輪競技としての苦難の歴史は、少しさかのぼって振り返る必要があるだろう。

米国で生まれた野球は日本でも国技に近いスポーツだが、欧州などではほとんどなじみがない。しかも本家の米国はメジャーリーグの日程が優先で、トップ選手が五輪には参加しない。

このため正式競技に採用されたのは、92年バルセロナ大会から08年北京大会まで（ソフトボールは96年アトランタ大会から08年北京大会まで）だ。12年ロンドン大会以降、五輪競技から外されてしまった。

それは05年7月8日、石原都知事が最初に招致表明する直前のことだった。ＩＯＣがシンガ

東京五輪

野球・ソフト復活決定

ＩＯＣ 5競技一括で追加

【リオデジャネイロ＝大野展誠】国際オリンピック委員会（ＩＯＣ）は3日（日本時間4日早朝）、リオデジャネイロで開いた総会で、２０２０年東京五輪・パラリンピック組織委員会がＩＯＣに提案した東京五輪の追加種目について審議し、組織委の提案通りに野球・ソフトボールなど5競技18種目のすべてを東京五輪で実施することを決めた。

〈関連記事2・14・15面〉

追加種目は、5競技が一括して審議され、全会一致で決まった。ＩＯＣからは野球・ソフトボールは横浜スタジアムを使うことなど会場案も示された。組織委は、12月のＩＯＣ理事会で会場案の承認を得たうえで、準備を本格化させる。

採用が決定したのは野球・ソフトボールのほか、空手、スケートボード、スポーツクライミング、サーフィン。野球とソフトボールは08年北京五輪以来、3大会ぶりの復活で、その他の競技は、いずれも初採用。13

日本代表選手らとともに、拳を突き上げ気勢を上げる空手教室の子どもたち（4日午前、東京都江東区で）＝伊藤紘二撮影

東京五輪の追加種目

競技	種目	種目数	選手数	種目の説明
野球・ソフトボール	野球（男子）	1	144	1チーム24人で、6か国・地域が参加
	ソフトボール（女子）	1	90	1チーム15人で、6か国・地域が参加
空手	形（男女）	2	20	1人で演武する
	組手（男女3階級）	6	60	実際に組み合う。階級は軽量級、中量級、重量級
スケートボード	ストリート（男女）	2	40	町を再現したコースに障害物などを設置
	パーク（男女）	2	40	テニスコート程度の敷地内で行う
スポーツクライミング	男女の複合（リード＋ボルダリング＋スピード）	2	40	リードは高さを競い、スピードは速さを競う。ロープなしのボルダリングは複数のルートで壁をいくつ登れたかで争う
サーフィン	ショートボード（男女）	2	40	採点競技で波乗りの技の難度、美しさなどを競う
	合計	18	474	

追加種目の会場案

2016年8月4日付

ポールで開いた総会で12年ロンドン五輪の実施競技から野球とソフトボールを外すことが決まったのだ。04年アテネ大会で実施された全28競技を対象として、ＩＯＣ委員が「存続するか否か」を投票した結果、野球とソフトボールは存続に必要な過半数を集めることが出来ず、除外が決定した。

関係者の衝撃は大きかった。野球日本代表編成委員会の長船騏郎（おさふねきろう）委員長は除外決定直後、「全くの想定外で困惑している」と語り、王氏も「残念だ。五輪競技として、少しずつ定着してきたと思っていた」と色を失った。

野球とソフトボールを除外する動きは、その3年前からあった。ＩＯＣ理事会は、ジャック・ロゲ会長の五輪肥大化抑止・競技入れ替えの方針を受けて、野球、ソフトボール、近代五種の除外を02年の臨時総会に諮った。しかし委員からの強い反発を受け、理事会提案が否決される異例の事態となっていた。

この時は様々なアピールをして必死の〝防戦〟を見せた野球とソフトボールの両競技団体だったが、その後は、恒久的な残留に向けて熱の入った運動を展開することはなかった。除外の憂き目を見ることになった最大の理由は、この期間の油断や慢心にあったのかもしれない。

だが、シンガポール総会での投票当日の読売新聞朝刊も「3年前に除外が検討された野球とソフトボール、近代五種を含む全ての競技が存続する見通しだ」と報じている。日本メディアにとっても「まさか」の決定だった。野球は「世界的に見た普及度の低さ」や「ドーピング検査での違反率の高さ」が問題視され、ソフトボールは「メディア露出の低さ」が弱点となった。リオ大会でも野球とソフトボールの復活はならなかった。それが、20年東京大会の招致成功と、五輪改革を掲げるバッハ新会長の就任で光明が差し始めたことは、先に書いた通りである。

準備と戦略が実る

野球とソフトボールも復活に向けて大胆な組織改革を行ってきた。競技の実施に対し、ジェンダー平等を求めているIOCの意向に沿う形で双方の競技団体を統合したのだ。

これにより「野球・ソフトボール」という同一競技になり、男子は野球、女子はソフトボールという形でジェンダー平等はクリアされた形になっていた。

また、大会組織委は野球・ソフトボールの参加選手数を抑えるために、北京五輪までは8チームずつ出場していたものを、6チームに減らすことも提案する。

IOCは追加競技の参加人数の上限を500人程度としていた。野球とソフトボールで2チームずつ減ると出場選手数はかなり減員する。それを若者に人気のある新世代競技の枠にあてた。近年、若者の五輪離れを懸念し、新世代競技の採用を望んでいたIOCの意向を取り込んだのである。

そして組織委は、「野球・ソフトボール」「空手」という〝日本向け枠〟の2競技に、「ローラースポーツ（スケートボード）」「スポーツクライミング」「サーフィン」の若者向け3競技を合わせ、計5競技を東京五輪の新競技として提案したのだった。

リオでのIOC総会では、新採用候補の各競技について個別には賛否を問わず、5競技を「パッケージ」として一括採決することになった。

総会では、IOC委員から「トップ選手が参加する保証があるのか」と米大リーグの姿勢を批判する発言もあったが、「野球は東京大会を開催する日本で盛んだし、それ以外の競技は若者にもアピールする。支持するべきだ」と歓迎する意見も出て、最後は全会一致で承認されたのだ。

野球とソフトボールの競技団体統合。若者受けする競技を盛り込んだ提案。そして5競技一括での採択――。戦略が実を結んだ。

コスト削減の大号令

日本では「追加競技がどうなるか」という点に注目が集まった「アジェンダ2020」だが、IOC側にとって、この改革案にはもう一つ明確な狙いがあった。「コストの削減」である。14年12月の総会で承認された40の改革案には、次の2点が含まれていた。一つは「招致活動のコストを減らすこと」。さらに「五輪大会の組織運営について、コストを減らし、柔軟性を強めること」だ。

東京大会の調整委員長を務めたコーツ副会長は、この年2月、読売新聞の取材に、「IOC

調整委員会が、主にコスト増大への歯止めという視点から、施設や運営で高い水準を求めがちな国際競技連盟と、組織委員会の仲裁をするような形で、一層関与をした方が良いのではと考える」と語っていた。その時点で、すでにIOC内部にはコスト面を検討する作業部会が設置されていたという。

このIOC側の姿勢は、東京大会の会場計画の見直しに直結していく。

3　会場配置の大転換

自信満々だった招致時の計画

話をいったん、東京招致が決定する以前に戻そう。

2013年1月6日、東京五輪・パラリンピックの開催を目指す招致委員会のメンバーが、正式な「立候補ファイル」（詳細な開催計画）を提出するため、IOC本部のあるスイス・ローザンヌへ出発した。東京の売りは「選手村から半径8キロ以内に、ほとんどの競技施設を配置したコンパクトさ」である。招致委の水野正人専務理事は「素晴らしいファイルが出来上がった」と自信満々だった。

五輪・パラリンピックは、開催都市の選手村で多彩な競技のアスリートが交流しながら競技に臨むことが基本であるため、会場が広範囲に散らばると選手の移動に負担がかかり、警備などの費用もかさむ。それを避けられる「コンパクト五輪」は、東京の招致計画の強みの一つとしてアピールされていた。

東京の立候補ファイルによれば、例外的に広域開催するサッカーなどを除いて、33競技会場のうち28会場が半径8キロ以内に位置し、中心となる晴海ふ頭の選手村からは、大半の会場へ10分以内で到着できることになっていた。

実際、同年6月にＩＯＣの評価委員会が公表した候補都市の報告書では、高い輸送能力、安定した財政などと共に、競技会場の配置も良い評価を受けていた。同年9月の東京当選は、こうした点も評価された結果である。

舛添知事「計画全体を見直す」

だが、招致成功から1年もたたない14年6月10日。猪瀬氏辞任後の都知事選で当選し、開催都市のトップとなった舛添（ますぞえ）要一知事が、都議会の所信表明で、開催計画全体を見直す方針を明らかにした。舛添知事の演説だ。

―― 最後に、２０２０年東京オリンピック・パラリンピックについて

２０１４年６月11日付

五輪施設　計画見直しへ

都知事表明　建設費高騰受け

2020年東京五輪・パラリンピックの競技場の整備計画について、東京都と大会組織委員会が見直しを行う方針を決めた。舛添要一都知事が、10日に開会した都議会定例会の所信表明で明らかにした。建設費の高騰などにより、競技場の整備費が招致段階より大きくふくらむ可能性が強まったためで、舛添知事は、「大会後の東京にどのようなレガシー（遺産）を残せるのか、現実妥当性を見定める必要がある」と述べた。

招致委員会が作成した立候補ファイル（開催計画）によると、施設整備では、

新設し、既存の2施設を改修することになっている。このうち、都が受け持つ施

致段階で想定していなかった工事が必要になることも判明し、都が恒久施設10か

五輪の競技場整備計画の見直しを表明する舛添知事（10日）

私から皆様に申し上げたいことがございます。

私が知事に就任して４カ月がたちましたが、就任直後からソチ冬季大会の視察、ＩＯＣプロジェクトレビュー、北京市訪問などの機会を通じ、開催都市の長として招致計画をどのように実現していくべきか考えてまいりました。

オリンピック・パラリンピックは世界最大の国際競技大会であるだけでなく、開催都市の社会や文化にも大きな変革をもたらす一大イベントであります。それゆえ、大会の成功はもとより、大会後の東京に有形無形の財産を残し、都民生活の向上に結びつける確かなビジョンを持って取り組むことが求められております。

今後、開催基本計画の策定に当たり、招致の時点で作成した会場計画が都民の理解を得て実現できるよう、私は、知事として、改めてみずからの視点で内容を再検討してまいります。

その視点として、例えば招致計画では、東京都は10の競技会場を新たに整備することとしておりますが、これらの施設整備が大会後の東京にどのようなレガシーを残せるのか、広く都民の生活にどのような影響を与えるのか、現実妥当性を持って見定めていく必要があります。

加えて、顕在化してきました建設資材や人件費の上昇など、整備コストの高騰への懸念にも対応していかなければなりません。今後、こうした視点から早急に見直しを行い、大会準備に支障を来さないよう、改めるべき点は適切かつ速やかに改めてまいります。

この間、大会組織委員会の森会長とも同様の視点から協議を重ねた結果、会場計画全体についても見直すべきとの結論に至りました。大会組織委員会と東京都は、緊密な連携のもと、再検討作業を進めていきたいと考えております。

東京は、安全、確実な大会開催とアスリートファーストの理念を掲げて厳しい招致レースを戦い、開催都市の栄誉をかち取りました。今後、大会組織委員会とともに再検討を進めていく過程で、ＩＯＣや国内外の競技団体とも真摯に議論を行い、招致段階の理念を具現化していくことで、史上最高の大会としていく決意でございます。（都議会会議録より）

猪瀬前知事の時代に招致段階で作成した計画は見通しが甘く、現実を反映できていない、ということだ。

舛添知事は「大会組織委の森会長とも協議を重ねた」と強調した。舛添氏は自民党の国会議員時代から森氏を「政治の師」と仰いでおり、安倍首相とも近い。高いレベルで合意された、トップダウンの判断だった。

この演説にいたる状況を、当時の都庁担当記者が次のように解説している。

五輪整備費　甘い見通し　都が3施設計画見直し

2020年東京五輪・パラリンピックで新設される競技施設のうち3施設の計画について、東京都は見直しを始めた。「国際公約」とも言われる招致段階の開催計画（立候補ファイル）の変更に踏み切ったのは、整備費の抑制のほか、環境や五輪後にも配慮することで、マイナスイメージがつくことを避けようという狙いがある。

（社会部　吉良敦岐、工藤圭太）

■不可避

「どのようなレガシー（遺産）を残せるのか。現実妥当性をもって見定めていく必要がある」。計画見直しを表明した10日の東京都議会で、舛添要一知事はそう強調した。昨年9月の招致決定から約9か月。都幹部は「見直しは避けられない状況だった」と明かす。

都が新設する競技施設10か所の整備費は、招致段階で1538億円。しかし東日本大震災の影響による建設資材や人件費の高騰などで、昨年末に再試算した結果、整備費は約3800億円に膨らむことが判明した。東京の「資金力」をアピールしてきた基金の4100億円に迫る金額だ。「公表したら影響が大きすぎる」と、この事実は伏せられてきた。

ここに来て見直しを表明したのは、「計画通りに進めれば無駄遣いとの批判が噴出しかねない」という危機感からだ。国際オリンピック委員会（IOC）への正式な開催計画の提出期限は来年2月。各施設の基本設計は来月以降、入札を始める予定で、タイムリミットだった。

■想定の15倍

再試算で最も想定とかけ離れた結果が出たのが、カヌー・スプリントとボート競技を行う東京湾中央防波堤の「海の森水上競技場」だ。不燃ゴミの埋め立て地の水路に約2・5キロのコースを設ける計画だが、競技団体や周辺自治体との協議で、水門を建設して静水域をつくる必要や、船で運ぶ不燃ゴミの揚陸施設を移転させなければならないことなどが分かり、当初はじき出した69億円から、1000億円まで増える可能性が出てきた。

そもそも招致段階の開催計画について、ある招致関係者は「招致実現を最優先に、取りあえずつくっただけ」と打ち明ける。整備費の詳細な見積もりは後回しにされていたという。

もう一つの〝誤算〟は、バスケットボールとバドミントンの会場となる「夢の島ユース・プラザ」。高度成長期にゴミを埋め立てた夢の島は、競技施設をつくるには地盤が弱く、土壌改良の必要性も浮上した。元々、約4キロ離れた場所に新設されるバレーボール会場「有明アリーナ」など、「類似施設が集中しすぎている」と指摘されていたこともあり、建設取りやめの方向に大きく傾いた。

バスケは「さいたまスーパーアリーナ」（さいたま市）、バドミントンは「武蔵野の森総合スポーツ施設」（調布市）などを利用すれば、整備費364億円が浮く。「既存施設の有効活用は都民の理解も得られやすい」（都幹部）と、方針転換にかじを切った。

■環境への配慮

「自然と触れ合える貴重な場」として、日本野鳥の会などから反対が強かったカヌー・スラローム会場の「葛西臨海公園」（江戸川区）も、懸案の一つだった。

計画では、公園の敷地約4分の1を利用し、真水を流す人工コースや1万5000席の観客席を整備。五輪後、観客席は撤去するが、コースは恒久的な施設として残すつもりだった。

この計画に対するIOCの評価は当初、高かったが、一方で五輪憲章は開催にあたって「持続可能な開発」も掲げている。舛添知事が「自然環境への配慮も必要」と、隣接する都有地を活用する見直しを決断した。大会組織委員会の幹部は言う。「オールジャパンで行う今回の五輪には、わずかなマイナスイメージも許されない。今回の見直しはそれを避ける意味でも大きい」

◆突然の表明　競技団体困惑　「国際的な約束違反だ」

招致段階の計画の見直しは、過去の五輪でも行われている。12年ロンドン五輪では、08年のリーマン・ショックによる不況を受け、バドミントンと新体操の会場を約30キロ離れた既存施設に変更。約29億円の節約につながった。

08年北京五輪でも、メインスタジアム「鳥の巣」は、開閉式屋根から天井部分をくりぬいた形に改めた。天安門広場で行う予定だったビーチバレーは「神聖な場所でセパレートの水着の選手が試合をすることは受け入れがたい」などの理由で、市内の別の公園に移った。

今回の見直しは、国が建て替えを行う新国立競技場は含まれていない。招致段階では、半径8キロ以内に85％の施設が集中する「コンパクトな五輪」をアピールしてきたが、都外の既存施設の活用などで、その割合は79％に下がる程度。「何の矛盾も問題もない」（舛添知事）という。

ただ、見直しはごく一部の都職員らを除き、舛添知事と安倍首相、森喜朗・組織委会長で内密に進められてきた。突然の表明に競技団体から憤りや戸惑いの声が上がっており、今後の協議に影響しかねない。

「夢の島ユース・プラザ」を使用するはずだった日本バドミントン協会の担当者は「まだ正式には聞いていない」とした上で、「国際大会もできますと世界に言ってきた。国際的な約束違反だ」と憤る。

日本バスケットボール協会の広報担当者も「事前に相談はなく、報道で初めて知り、驚いている」と困惑を隠しきれない様子だ。

（14年6月19日付朝刊）

期待していた新施設ができないと知った競技団体は「国際的な約束違反になる」と憤ったものの、ＩＯＣのバッハ会長が怒ることはなく、むしろ会場計画の見直しは歓迎された。バッハ体制による改革方針「アジェンダ２０２０」と方向性が一致していたからだ。

バッハ会長は「アジェンダ２０２０」によって、ＩＯＣが従来掲げてきた五輪主会場などを主眼とした「コンパクト五輪」の流れを逆転させようとしていた。会場群の近接よりもコスト削減を重視し、そのために会場が分散してもやむを得ない、ということだ。

招致段階でつくった会場計画では、半径8キロの中に大半の競技会場を収めることに固執したために新施設を作る費用が膨らんでいた。会場の所在範囲が多少広がってもかまわないなら、他県にある既存施設を生かせる。大会組織委にとって、ＩＯＣの方針転換は渡りに舟であった。

そして半年後の14年12月、ＩＯＣ総会で「アジェンダ２０２０」が承認される。

計画変更が生んだ波紋

各県はさっそく、競技会場の誘致に動き出した。

翌15年1月5日付の読売新聞に「五輪　分散開催に期待」という大きな記事が掲載されている。宮城県がクレー射撃の誘致を表明し、大分県は当時、追加競技の候補とされていたウェークボードを開催したいとの意向を示したことなど、地方自治体の動きを紹介した。

同年2月、東京大会組織委とIOC調整委員会の第3回会合が行われ、「アジェンダ2020」を受けて既存施設を活用する変更案が示された。

この中で、当初は江東区に競技施設を新設する予定だった馬術は、1964年東京五輪でも使用された馬事公苑（世田谷区）を使うことになった。やはり江東区に仮設トラックなどを作る予定だった自転車競技は、都心から100キロ以上離れた静岡県伊豆市にある日本サイクルスポーツセンターの伊豆ベロドローム活用を検討する。

日本馬術連盟は「慣れ親しんだ施設」での開催を歓迎したが、日本自転車競技連盟では、「座席数がIOCの基準をクリアできるのかな

2015年2月6日付

東京五輪 会場見直し

既存施設使い コスト減

5日に終了した2020年東京五輪・パラリンピック組織委員会と国際オリンピック委員会（IOC）調整委員会の第3回会合では、IOCが採択した五輪改革案「アジェンダ2020」の理念を反映し、既存施設を活用したコスト削減が進められた。

＜本文記事38面＞

馬術「歓迎」■ 自転車「困惑」

馬術会場は当初、江東区の予定だったが、1964年東京五輪でも使用された馬事公苑（世田谷区）に変更。日本馬術連盟は「慣れ親しんだ選手も多く張り合いが出る。選手村からは離れるが五輪後もレガシー（遺産）として残るので歓迎したい」とし、森会長も「アジェンダの趣旨にあっている」と会場変更案に胸を張った。

また、江東区にトラックなどを仮設する予定だった自転車競技は、都心から100㌔以上離れた静岡県伊豆市にある「日本サイクルスポーツセンター」の活用を検討。しかし、日本自転車競技連盟の担当者は「座席数がIOCの基準をクリアできるのかなどの課題もある。正式な話として聞いていないので何とも言えない」と困惑した様子だった。

また、体操会場は江東区に仮設する当初計画を進めるが、森会長は「施設を作って壊すのはアジェンダに即していない」とし、事後活用策を模索するとした。

IOC調整委員会のジョン・コーツ委員長は、全ての会場計画の提出期限を4月のIOC理事会までとし、森会長は「出来る限り努力し、しっかり4月までにまとめたい」と応じた。

どの課題もある。正式な話として聞いていないので何とも言えない」と、反応は様々だった。

同月27日、ＩＯＣは理事会で、見直しを進めている会場のうち、バスケットボール、馬術、カヌー・スラロームの3会場について、東京大会組織委から出された計画の変更を了承した。バスケットボールはさいたまスーパーアリーナ、馬術は馬事公苑に変更し、カヌー・スラロームは環境に配慮して、葛西臨海公園の隣接地に移動するという内容だった。組織委の武藤事務総長は「（3会場の見直しで）１０００億円程度の節約になった」と話した。

様々な計画変更案がほぼ固まったのは、15年6月。ＩＯＣ理事会で、東京大会組織委が見直しを検討していた10競技会場の計画を報告し、8競技について了承された。これにより、全28競技のうち、自転車とサッカーを除く26競技の会場が固まった。

セーリングは江の島（神奈川県藤沢市）、フェンシング、レスリング、テコンドーの3競技は幕張メッセ（千葉市）に変更。横浜市への変更が検討されていたトライアスロンは、従来の計画通り、お台場海浜公園での実施が決まった。

２０１５年2月28日付

東京五輪3会場
計画変更を了承
ＩＯＣ理事会

【リオデジャネイロ＝畔川吉永】国際オリンピック委員会（ＩＯＣ）の理事会は27日、リオデジャネイロで2日目の審議が行われ、２０２０年東京五輪組織委員会が準備状況を報告した。見直しを進めている会場のうち、バスケットボール、馬術、カヌー・スラロームの3会場について、計画の変更を提案し、理事会で了承された。バスケットボールは「さいたまスーパーアリーナ」、馬術は１９６４年東京五輪でも使われた「馬事公苑」に変更し、カヌー・スラロームは環境に配慮し、葛西臨海公園の隣接地に移動する。

「アジェンダ2020」を主導したバッハ会長は、理事会後の記者会見で、「アジェンダに沿って既存施設を活用し、東京は17億ドル（約2129億円）の削減に成功した。6か月前に決まったアジェンダがすでにこれほどの成果を上げているのだ」と自画自賛してみせた。会場整備費の急騰に困った大会組織委と、「アジェンダ2020」を推進することで将来の五輪開催に名乗りを上げる都市を確保したいIOC側の思惑が一致したのだった。

この点については、副会長のコーツ氏も15年6月の読売新聞のインタビューで詳しく語っている。

五輪会場分散　東京のため

――IOCは長年、コンパクトな会場配置を奨励し、選手の負担減、輸送や警備の効率化、人々の一体感など無形のレガシー（後世に残る財産）がその効果だと説いてきた。「アジェンダ」ではその考え方を百八十度転換した。

「そうだ。私が13年のIOC総会で投票した時は、確かに東京のコンパクトさが魅力の一つだった。コンパクトさの利点は大きいが、今の我々は、それがどんな対価を払っても追求するべきものとは考えていない。コストとのバランスが必要だ。IOCと組織委が双方同意できるかが、そのバランスの指標になる」

――あなたはバッハ会長とともに「アジェンダ」の基本方針を定めた。なぜコスト削減を柱に据えたのか。

「22年冬季五輪招致で（コスト高への懸念から辞退が相次ぎ）たった二つの都市が候補に残った時、ＩＯＣも国際競技連盟（ＩＦ）も、もはや開催都市に要求する時代ではないことを悟ったのだ。我々は、存続のために変わる必要があった。開催都市が我々に何を貢献できるかではなく、五輪が開催都市にどう貢献できるかに軸足を移す必要があった。我々は東京を、改革を適用する最初の事例とし、どこまで既存施設を活用し、どこまで建設コストを圧縮できるかを世界に示したかった」

「そしてこれが偶然、東京のニーズと重なった。東京は開催決定後、建設コストが高騰し、コスト削減に悩んでいた。ＩＯＣの新方針はそれを支援することができた。おかげで五輪に対する世論の支持も保たれた。ここまで計17億ドル（約２１２９億円）、自転車のトラック種目はベロドローム（静岡県伊豆市）が加われば更に節約ができる。現時点での東京の建設予算は、過去の夏季五輪と比べても少ない」

――だが会場は分散した。

「憂えるほどの分散ではない。それに現実論として変更せざるを得ない事例もあった。東京湾でのセーリングなどはすばらしいと思ったが、残念ながら航空規制があることを見逃していた。ビッグサイトでのレスリングなど3競技も、計算違いがあり、国際放送センターとの共存は無理であることが分かった」

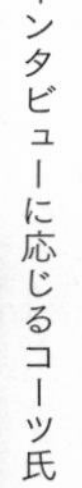

インタビューに応じるコーツ氏

――IOCと組織委は、それぞれの事情からコスト削減で一致した。会場分散によって失われる利点やレガシーへの懸念の声が、入る余地があったのか。

「レガシーはさまざまな見方もできる。東京での開催が少なくなる分、武藤敏郎・組織委事務総長などは地方に五輪が波及する効果があると言っていた。コストが削減され、五輪運動が存続できることもレガシーだ。やり方の工夫もできる。例えば競技が遠方で選手の宿泊が分散しても、競技日程終了後選手村に入り、五輪の雰囲気を体験することができる。街の雰囲気の盛り上げは五輪成功の鍵でもあり大切で、会場選考でも配慮した。私は東京の街を借景に競技が行われ、テレビ映りもいいトライアスロンをお台場に残すことを主張した。シドニーでオペラハウスを基点に競技を行った成功体験があるからだ」（スイス・ローザンヌで、聞き手　結城和香子）（15年6月11日付朝刊）

大会組織委とIOCは、コスト削減という両者共通の目標に向けては大きく前進した。しかし、まだ東京大会には難問が横たわり、さらに新たな問題が降ってわいた。

4　白紙撤回されたスタジアムとエンブレム

二つの「シンボル」の迷走

東京大会の開幕まで、あと5年となった２０１５年の夏。

日本国内は、オリンピック・パラリンピックを巡る二つの問題で大揺れとなった。いずれも東京大会のシンボルとなるものを巡る混乱だ。

一つは、ハード面で大会の顔となるメインスタジアム。もう一つは、ソフト面での顔となるエンブレムである。のちにコロナ禍による史上初の延期という事態に見舞われる東京大会にとって、最初の試練とも言える出来事だった。

まず火がついたのは、大会のメイン会場となるスタジアム、新国立競技場である。15年6月5日、読売新聞が朝刊１面で「新国立　建設費２５００億円か」と報じた。計画の１６２５億円を大幅に超過する額だ。19年３月に完成する予定も８か月ほど延び、新競技場を世界にお披露目することにしている同年9月開幕のラグビー・ワールドカップ（W杯）にも間に合わない可能性があるという。

この記事には多くの人が驚いた。新国立競技場の建設費は以前から問題視され、紆余曲折の末に何とか１６２５億円に抑えたはずではなかったか――。

新国立 建設費2500億円か
1625億円計画から大幅増

2020年東京五輪・パラリンピックのメイン競技場となる新国立競技場（東京都新宿区）の建設費が、2500億円程度に膨らむ可能性のあることが政府関係者への取材でわかった。現行計画の約1625億円から大幅増となり、文部科学省などは、開閉式屋根の設置先送りや可動式観客席の仮設化などで、費用圧縮と工期短縮を図るが、財源確保などで大きな難題を抱えることになった。

事業主体の日本スポーツ振興センター（JSC）は昨年10月、プロポーザル方式(用)により、新競技場の本体部分は大成建設、屋根部分は竹中工務店を施工予定者とすることを決めた。

政府関係者によると、両社は現行デザイン案を基に建設費の積算をやり直し、3000億円超とする見積もりをJSCに提出したという。19年3月の完成予定も8か月程度延びるとしており、同年9月開幕のラグビー・ワールドカップに間に合わない恐れも浮上した。

(用)プロポーザル方式　技術的に難易度の高い設計業務や工事などを発注する際、複数の業者に実施方針や考え方などをまとめた技術提案書を提出させて選ぶ。有識者の意見やヒアリングを踏まえ、発注者が求める性能や品質を実現できる技術力を持った業者を選べるとして、国や自治体で導入が進んでいる。

２０１５年6月5日付

新国立競技場にハディド案採用

「新国立」の設計デザインが決まったのは、東京での五輪・パラリンピック開催が決定する前だ。招致が実現しなくても、国立競技場の建て替えは必要とされていた。老朽化が進んでいることに加え、競技場としても、コンサートなどのイベント会場としても、規模や設備が時代に合わなくなっていたのだ。

国は、五輪に先んじて誘致に成功したラグビーW杯から使えるように、「19年までに開閉式屋根を備えた8万人収容の競技場に全面改修する」との方針を打ち出していた。

12年7月、国立競技場を運営する文部科学省主管の独立行政法人「日本スポーツ振興センター」（ＪＳＣ）が設計案を公募し、国内外から46の作品が寄せられた。

その中から選ばれたのが、英国の建築設計会社「ザハ・ハディドアーキテクツ」の設計案だった。流線形の2本の巨大なアーチが印象的な、未来を感じさせるデザインだ。審査委員長を務めた建築家の安藤忠雄氏は、「躍動感がある。この建築を作り上げることで、技術力

２０１２年7月21日付

新国立競技場デザイン公募

国立競技場（東京都新宿区）を運営する独立行政法人日本スポーツ振興センター（河野一郎理事長）は20日、東京都が招致を目指す２０２０年夏季五輪のメーンスタジアムとなる新国立競技場のデザインを、世界中の建築家から公募すると発表した。

現在の国立競技場は１９５８年に完成し、東京五輪（64年）のメーン会場として使用された。老朽化が著しく、国は２０１９年までに、開閉式屋根を備えた8万人収容の競技場に全面改修する。デザインの応募期間は9月10日～同25日で、1次と2次の審査を経て11月下旬に結果が発表される。最優秀作品には２０００万円の賞金が贈られ、実際に新国立競技場のデザインとして採用される。

を含めて日本という国はすごいとアピールできればいい」と高く評価した。

「ザハ・ハディド」は建築家の名前である。1950年にイラクのバグダッドで生まれ、ロンドンで建築を学んだ女性で、独創的なデザインに定評があった。ただ、近未来的な設計デザインに建設技術が追いつかず、「アンビルト（実現しない建築）の女王」というありがたくない呼ばれ方をされることがあった。

東京五輪の開催が決まり、メインスタジアムとして新国立競技場の注目度はさらに増した。そうなると期待だけでなく、厳しい視線もまた強まる。開催決定翌月の13年10月、ハディド案に疑問の声が上がり始めた。

口火を切ったのは日本を代表する建築家の一人、槇(まき)文彦・元東大教授である。シンポジウムの席で、槇氏は「過去に五輪を開催した競技場と比較しても、あまりに大きすぎる」と指摘し、計画の見直しを求めた。

ハディド氏の当初計画では、新国立の延べ床面積はロンドン五輪のメインスタジアムの3倍近い約29万平方メートル、高さは約70メートル

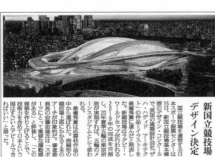

新国立競技場
デザイン決定

国立競技場を運営する日本スポーツ振興センターは15日、新国立競技場基本構想のデザイン・コンクールで、英国の建築設計会社「ザハ・ハディド　アーキテクト」の作品＝イラスト＝を最優秀賞に選んだと発表した。新競技場はラグビー・ワールドカップが行われる2019年の完成を目指し、20年夏季五輪の東京招致が実現すれば、五輪のメインスタジアムとして使われる。

最優秀賞は応募46作品の中から選ばれた。流線形の競技場上部にかかる2本のアーチが印象的だ。審査委員長の安藤忠雄氏は「スポーツにとって重要な躍動感がある」と評価し、「この建築を作り上げることで、技術力を含めて日本という国はすごいとアピールできればいい」と語った。

2012年11月16日付

ルもあった。巨大なアーチの一部は、近くを走るＪＲ中央・総武線や、首都高速道路に影響するほど延びることになっていた。

イチョウ並木など美しい景観が残る明治神宮外苑という貴重な風致地区に、周囲を威圧するような巨大な建築物ができることへの反発は強かった。

膨れ上がった建設費

デザインだけではない。批判がさらに強まったのは、建設費が見込みよりもはるかに高くなることが明らかになったからだ。

文科省は新競技場のデザイン決定に際し、総工費を約１３００億円と算出していた。これは08年北京大会の国家体育場と比べて2倍以上、12年ロンドン大会のオリンピック・スタジアムと比べると1・5倍近い予算だったが、当時の中国の人件・資材費や、大会後に改修予定だったロンドンの場合とは単純に比較するのが妥当かどうかは難しい。ただ、欧米にある「高機能スタジアム」をめざした場合、日本ではもっとコストがかかる可能性も示唆されていた。

そこに、驚くべき金額が飛び出す。13年10月23日の参院予算委員会で、「建設費や規模が大き過ぎる、との声をどう考えるか」と問われた下村博文・文科相兼五輪相はこう答弁した。

2020年東京五輪・パラリンピックのメーンスタジアムとなる新国立競技場（新宿区）や、都立葛西臨海公園（江戸川区）を利用したカヌー・スラローム競技場の建設を巡って異論が出ている。デザインや場所の変更には時間や費用もかかるため、国や都は頭を悩ませている。

新国立競技場のデザイン（日本スポーツ振興センター提供）

新国立競技場「見直しを」

槇文彦氏ら「あまりに大きすぎる」

約5万4000人収容の国立競技場は1958年に完成。老朽化し国際規格を満たさなくなったため、ラグビーのワールドカップが東京で開催される2019年までに、国が総工費約1300億円をかけて、8万人収容の競技場に建て替える計画になっている。

開閉式の屋根を備え、ヘルメットをかぶせたような流線形のデザインは斬新だが、延べ床面積は昨年のロンドン五輪のメーンスタジアムの3倍近い約29万平方㍍。高さは約70㍍あり、建築家の間からは「緑豊かな都心の風致地区に、これほど巨大な施設が必要なのか」との声が上がっている。最近は資材価格や人件費が高騰しており、国や都の担当者にも「今のデザインでは建設費が予定を大幅に上回るのではないか」といった懸念が広がってい

２０１３年10月12日付

最優秀作品となったザハ・ハディッド氏のデザイン、それをそのまま忠実に実現する形での経費試算は約３０００億円に達するものでございまして、これは余りにも膨大な予算が掛かり過ぎるということで、率直に申し上げまして、もう縮小する方向で検討する必要があると考えております。デザインそのものは生かす、それから競技場の規模はＩＯＣ基準に合わせますが、周辺については縮小する方向で考えたいと思います。

（参議院予算委員会会議録より）

質問者は自民党議員だったから、追及されて答えたものではない。国会答弁という形をとって、状況を表に出しておきたかったのだろう。五輪関係施設の建設費が当初計画より高額になることは、過去の大会でもよくあったことだが、メインスタジアムだけで３０００億円とは巨額すぎる。迷走が始まっていた。

下村文科相の答弁を受けて、国立競技場を運営するＪＳＣは翌月、基本計画の検討会議を開き、延べ床面積を当初計画から約２割縮小する方針を決定。その段階で建設費用は約１８５０億円まで圧縮できる

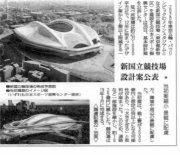

２０１３年10月24日付

新国立競技場 計画縮小

五輪相方針　総工費3000億円試算で

下村五輪相は23日の参院予算委員会で、2020年夏季五輪・パラリンピックのメーンスタジアムとなる新国立競技場（東京都新宿区）について、デザイン通り建設した場合の総工費の試算が3000億円に達することを明らかにし、周辺施設を中心に規模を縮小する考えを示した。国立競技場を運営する日本スポーツ振興センターは、当初総工費を1300億円と想定してデザインを公募したが、3000億円に上ることが採用後にわかったという。

下村氏は「あまりにも膨大な予算がかかりすぎるので、縮小する方向で検討する必要がある」と述べた。

競技場はイラク出身の女性建築家、ザハ・ハディド氏がデザイン。流線形が特

２０１４年５月29日付

新国立競技場 設計案公表

＊当初案縮小 景観に配慮

2020年東京五輪・パラリンピックのメインスタジアムとなる新国立競技場（東京都新宿区）を建設する日本スポーツ振興センターは28日、基本設計案を公表した。

延べ床面積は約21万1000平方メートルで、12年に決まったデザイン案から2割以上削減する一方、環境や周辺の景観に配慮した。

当初案は、総工費が3000億円と想定の倍以上になる可能性があり、「大きすぎる」と批判が高まった。このため、通路など一部施設を縮小し、約1625億円に減らした。競技場は19年3月に完成する。

〈関連記事22・35面〉

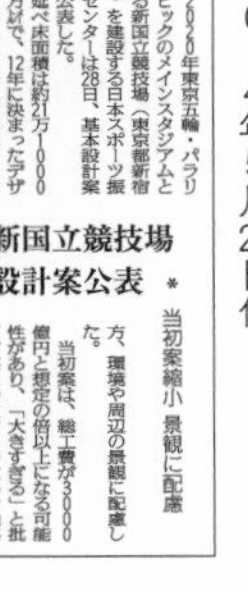

㊤新国立競技場の完成予想図
㊦当初構想のイメージ図
（いずれも日本スポーツ振興センター提供）

と想定した。

翌14年5月には、さらに削減を進め、総工費を約1625億円まで減らせるという改定版の設計デザイン案を公表した。巨大なアーチ構造は変わらないが、当初のハディド案が醸し出す流麗さは消えた。そして、この時点でも、大きな国際大会を開くために必要となる陸上競技用のサブトラックを常設するかどうかは決まっておらず、計画にはあいまいな点が数多くあった。さらに15年5月、下村文科相兼五輪相は新国立競技場の開閉式屋根の設置を五輪後に後回しにすると表明した。

すでに旧競技場の解体が進んでいるにもかかわらず新競技場の設計が定まらない。こうしたなかで2015年の6月、「改定版の設計案であっても、建設費は2500億円程度に膨らむ」という読売新聞の報道が出たのである。

記事では、施工業者に内定していた大手ゼネコン2社から「(改定版デザイン案でも) 建設費は3000億円超、工期は50か月程度かかる」という見積もりが出されていたことが明かされている。原因として、競技場の屋根にかかる2本の巨大なアーチがコスト高や工期の長期化を招くと指摘された。それを何とか2500億円で収める交渉をしているというのだ。改定案でも3000億円以上かかるならば、最初のハディド案はもっとかかったことになる。

また、新国立競技場の建設費をめぐっては、猪瀬知事時代にも国と都の対立があったが、舛添知事もまた、国が都に500億円超の負担を要請してきたことについて「国立施設の建設に都が金を出す根拠がない」と反発するなど、国と都の関係がぎくしゃくしてきた。

6月25日、安倍首相は、専任の五輪相として自民党の遠藤利明・元文科副大臣を起用する。組織委会長の森氏と同じラグビー経験者でスポーツ振興に詳しい文教族だ。しかし、専任大臣が任命されたからといって、新国立をめぐる迷走は収まらない。

7月6日付の読売新聞には、2面に「新国立の建設計画を見直すべきだ」という人が81％に達したという世論調査（電話方式）の結果が掲載された。内閣支持率は49％と半分を切った。この問題が政権をも揺るがしかねない雰囲気が漂い始めた。

ところが翌7日、財源が未定にもかかわらず、JSCの有識者会議は、巨大なアーチ構造を保持したままの計画見直し案を承認する。総工費は報じられた通り2520億円に上っていた。読売新聞は社説で「財源のメドすら立たないまま、建設へと突き進む。あまりに愚かで、無責任な判断である」と批判した。

異例の計画白紙撤回

強まるばかりの非難の嵐に政府が動いた。7月16日の朝刊には、政府が新国立の計画を見直し、アーチの変更も検討して、工費の圧縮を

2015年7月6日付

新国立「見直しを」81％

本社世論調査　内閣支持低下49％

読売新聞社は3～5日、全国世論調査を実施した。2020年東京五輪・パラリンピックのメイン会場となる新国立競技場の建設計画を「見直すべきだ」と答えた人は81％に達し、「そうは思わない」の14％を大きく上回った。

新国立競技場の建設費は当初予定から約900億円増え、2520億円となる

2015年7月8日付

「新国立」工費2520億円承認

有識者会議　財源未定、10月着工

2020年東京五輪・パラリンピックのメイン会場となる新国立競技場の建設を巡り、事業主体の日本スポーツ振興センター（JSC）は7日、東京都内で有識者会議を開き、巨大なアーチ構造の現行デザインのまま、総工費2520億円とする計画見直し案を報告し、承認された。JSCは近く、大手ゼネコン2社と契約し、19年5月末の完成を目指し、10月に着工する。巨額の総工費には批判もあり、財源確保が最大の課題となる。〈関連記事13・35面〉

有識者会議では、14年5月に公表された基本設計時の1625億円から増えた約900億円分の内訳などが初めて示された。

増額要因としては、①巨大なアーチ構造を持つ新競技場の特殊性②建設資材や労務費の高騰③消費増税――の3点を挙げ、最も多かったのが、①新競技場の特殊性の増額分で765億円程度に上るとした。

最大の特徴である「キールアーチ構造」を限られた工期で実現するため、特殊な鉄骨の購入や専門性の高い作業員を多数確保する費用が膨らんだとしている。

このほか、②建設資材などの高騰は、基本設計時から25％増の350億円程度となり、③8％に税率が上がった消費増税分が40億円程度とした。

費用は、開閉式屋根や天然芝の育成装置の設置を五輪後に先送りし、可動式だった観客席1万5000席分も仮設化し、計260億円を圧縮したという。JSCは、開閉式屋根などを「設

教員研

図るという記事が載った。新国立問題が引き金となった政権支持率の低下に、首相官邸は危機感を募らせていた。

ハディド案の採用を決めた審査委員会の安藤忠雄委員長が16日に記者会見する。新国立の建設費が問題化して以降、初めて公の場で発言した安藤氏は、「私たちが任されたのはデザイン選定まで」と強調した。募集条件だった工費約1300億円に収まるかどうかという点については、「私も、どうかな、と思っていました」と語り、インパクトあるデザインのハディド案には、工費膨張の可能性を感じていたことを示唆した。一方で、当初の案を縮小してもなお2520億円にまで総工費が膨らんだことについては、「えー、と思った」「なぜ2520億円になったのか、私も聞きたい」と話した。

また、安藤氏が賞賛したハディド案のデザインそのものについても、組織委の森会長が、「生ガキがドロッと垂れたようなデザインが嫌だった」とテレビで発言するなど、批判の声がにわかに大きくなっていく。

もはや計画の小手先の変更では、世論を納得させることは不可能だった。

17日、安倍首相は、新国立競技場建設計画の白紙撤回を表明した。半年以内に新たな計画を策定して、20年春の完成を目指すという。19年ラグビーW杯での使用は断念せざるを得なかっ

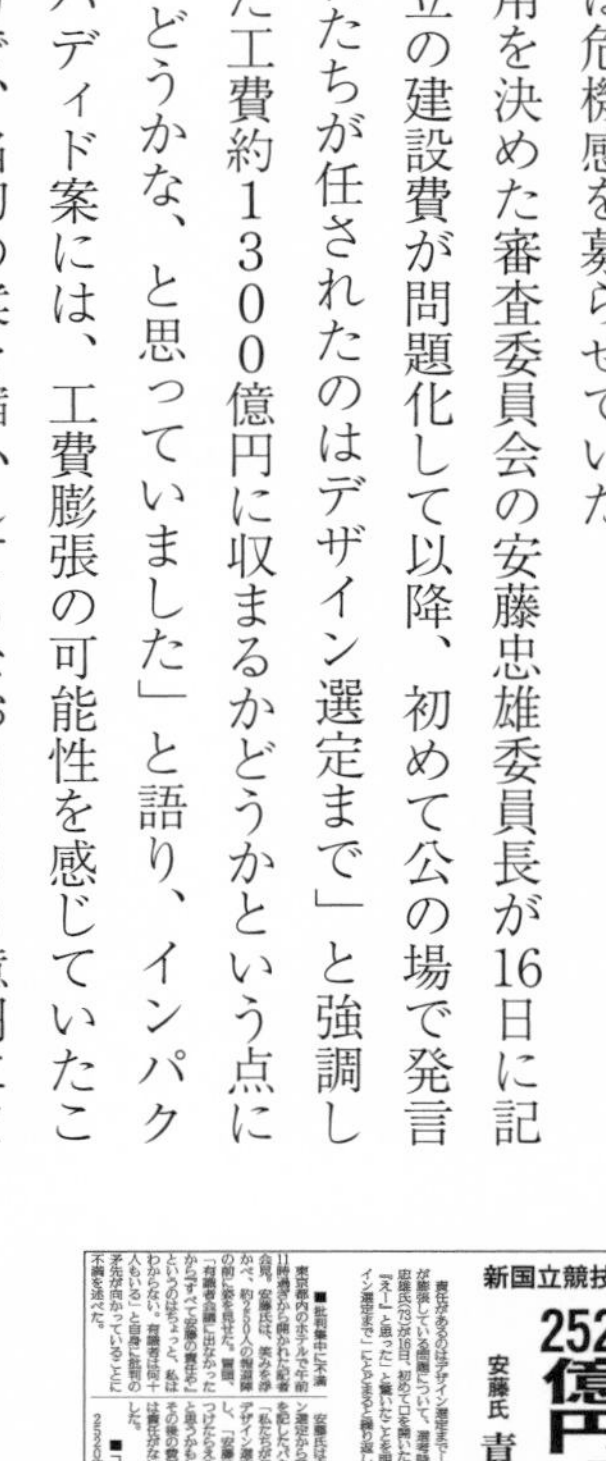

新国立競技場

2520億円「えー、と思った」

安藤氏 責任「デザイン選定まで」

責任があるのはデザイン選定まで――。新国立競技場の総工費が膨張している問題について、選考時の審査委員長を務めた安藤忠雄氏(73)が16日、初めて口を開いた。「2520億円と聞いて、『えー』と思った」と驚いたことを明かし、自身の責任は「デザイン選定まで」にとどまると繰り返し強調した。

〈本文記事1面〉

■批判集中に不満

東京都内のホテルで午前11時過ぎから開かれた記者会見。安藤氏は、笑みを浮かべ、約250人の報道陣の前に姿を見せた。冒頭、「有識者会議に出なかったから『すべて安藤の責任や』というのはちょっと、私はわからない。有識者は何十人もいる」と自身に批判の矛先が向かっていることに不満を述べた。

安藤氏はさらに、デザイン選定から設計までの過程を記したパネルを示した。「私たちが任されたのは、デザイン選定まで」と強調し、「安藤に責任をなすりつけたらええんじゃないかと思うかもしれないが」と、その後の費用高騰については責任がないとの認識を示した。

■コスト意識は？

2520億円に膨らんだ総工費について、「もっと下がるところがないのか」と聞きたいが、何も言ってくれない」と、自身に

▼パネルを使ってデザインの選考について説明する安藤忠雄氏（16日午前、東京都千代田区で）＝横山就平撮影

2015年7月16日付

た。

18日の読売新聞朝刊は、一連のゴタゴタの要因として、当事者たちの「無責任の連鎖」があったと指摘した。ＪＳＣは「文科省からハディド氏のデザインをもとに建設計画を進めるよう指示されていた」と主張し、政府内には「ＪＳＣが大規模施設の建設にかかわった経験は少なく、ゼネコンとの交渉など無理だ」という声もあった、とした。

新国立をめぐる日本の混乱を注視してきたＩＯＣは、同月末に開いた理事会で、東京大会の組織委員会からメインスタジアム計画の白紙撤回の報告を受ける。ＩＯＣはこれを了承しつつ、「サポートや助言をしていきたい」と、新たな計画に対して積極的に関わる意向を示した。

8月10日、下村文科相は、国内外の設計業者などと交わした契約のうち、回収不能となる見込みの支出が61億円に上ることを明らかにした。

新国立競技場の計画が白紙に戻った。ハディド案の採用決定から2年半以上が空費されたことになる。もう時間的余裕はない。五輪開幕に間に合わせなければならない。

8月12日、突貫作業で政府がまとめた出直しの新国立競技場計画が明らかになった。

新国立「計画白紙」

首相表明

コスト増 批判受け

半年内に新計画　20年春 完成目標

19年ラグビーW杯 使用断念

２０１５年７月18日付

原則としてスポーツ競技専用の施設とし、屋根は観客席上部のみとする。コストを削減し、工事期間も短縮するためだ。前の計画は、スポーツの競技大会のみならず、後利用の要とされたコンサートなどイベント会場としての利用、防災拠点としての備えなども考慮し、開閉式屋根などの機能を求めたことで建設費の増大を招いたとされた。今後50年の使用を見越したレガシー部分を、切り詰めざるを得なかったとも言える。

同月28日に政府が決定した新たな整備計画は、総工費の上限を１５５０億円に設定し、観客席を従来の７万２０００席から６万８０００席にとどめた。旧計画にあったスポーツ博物館の併設は取りやめ、ＶＩＰ席やラウンジも最小限にした。観客席の冷暖房設備も、安倍首相の指示で見送った。世論を意識し、コスト削減を最優先した結果である。

9月1日、ＪＳＣは、設計・施工を一括発注する「公募型プロポーザル」での募集を開始。期限の18日までに建設大手２組の応募があった。

ハディド氏の事務所は日本側の一連の動きに当然反発しつつ、出直

２０１５年８月28日付

新国立 縮小計画を決定

6万8000席

総工費1550億円上限

２０１６年４月１日付

ザハ・ハディド氏死去

65歳 新国立当初案デザイン

【ロンドン＝風間徹也】白紙撤回された新国立競技場の当初デザインを担当したイラク出身で英国在住の建築家ザハ・ハディド氏が31日、心臓発作のため死去した。65歳だった。ザハ氏の事務所が明らかにした。

ザハ氏はバグダッド出身。２０１２年ロンドン五輪・パラリンピックで使われた水泳会場を設計するなど、斬新なデザインで知られる。20年東京五輪・パラリンピックのメイン会場と

しコンペに再度挑戦する意欲を見せていたが、施工業者が決まらず断念した。翌年、失意のハディド氏は米国で急死することになる。65歳の若さだった。

採用された隈研吾案と残された教訓

12月14日、ＪＳＣが新たな国立競技場の2案を公表する。

大成建設などが提案したのがＡ案。そして竹中工務店と清水建設、大林組によるＢ案。ともに「木」を強調した日本的なデザインで、工費も１５００億円をわずかに下回る価格となった。

ＪＳＣは、専門家による審査委員会の結果、僅差でＡ案を採用することを決め、安倍首相も了承した。Ａ案は、Ｂ案より工費が約7億円安く、国産のスギを多用した景観と調和した点などが評価された。

デザインしたのは、建築家の隈（くま）研吾氏。現代的な技術と和の感覚の調和に定評がある。周囲を圧倒するような「勝つ建築」とは逆の「負ける建築」を志向すべきだと主張しており、ある意味でハディド氏とは対照的な作風といえた。

冷房設備がない点をカバーするため、外側にせり出した屋根が形づくる大きなひさしによって、上空の風が観客席、フィールドへと流れるようにした。また、芝の育成に必要な日差しを

新国立　2案公表

ともに「木」が特徴

＊年内に選定

新国立競技場整備計画のイメージ図。上がA案、下がB案（日本スポーツ振興センター提供）

2020年東京五輪・パラリンピックのメイン会場となる新国立競技場整備計画で、発注者の日本スポーツ振興センター（JSC）は14日、コンペの参加業者が提案したデザインなどを記した技術提案書2案をホームページで公表した。JSC内の建築などの専門家でつくる技術審査委員会が提案内容を審査した上で、年内にどちらかの案を選定する。△関連記事24面▽

踏まえて判断し、関係閣僚会議の了承を得て、年内に選定する。

計画の撤回を受け、新計画では工期短縮のため、デザイン・設計・施工を一括発注する公募型プロポーザル方式を採用している。

五十嵐太郎・東北大教授（建築論）の話「時間と予算が限られた中では、両案ともそれぞれ個性が出ている。A案はコスト抑制を丁寧に説明し、B案は周辺環境との一体化を意識していることがうかがえる」

2015年12月15日付

確保するために、屋根の一部には、透明なガラスを配置。環境共生型のスタジアムであることを印象づけた。

新たなデザインで再スタートした新国立競技場は、建設関係者の懸命の作業によって、着工から3年後の19年11月、なんとか完成にこぎつける。

白紙撤回された旧計画を検証するためにつくられた文科省の第三者委員会は15年9月24日、報告書をまとめている。

この中では、①文科省や有識者会議の「集団的システム」が意思決定の硬直性を招いた、②大規模で複雑な事業にもかかわらず、既存の組織・スタッフで対応した、③積極的に情報を公開しようとせず、費用を負担する国民に不信感を抱かせた――といった問題点が指摘された。

ＪＳＣの河野一郎理事長は、この問題がなければ続投したはずだが、任期切れとなるこの月限りで退任。下村文科相も責任を取りたいとして報告書が出た翌日辞意を表明し、直後の内閣改造で交代した。

この一連の騒動が残した教訓は大きい。

その後も次々と難題が持ち上がり、大会組織委は検証報告書の指摘をそのつど思い起こすこ

新国立 完成

２０１９年11月30日付

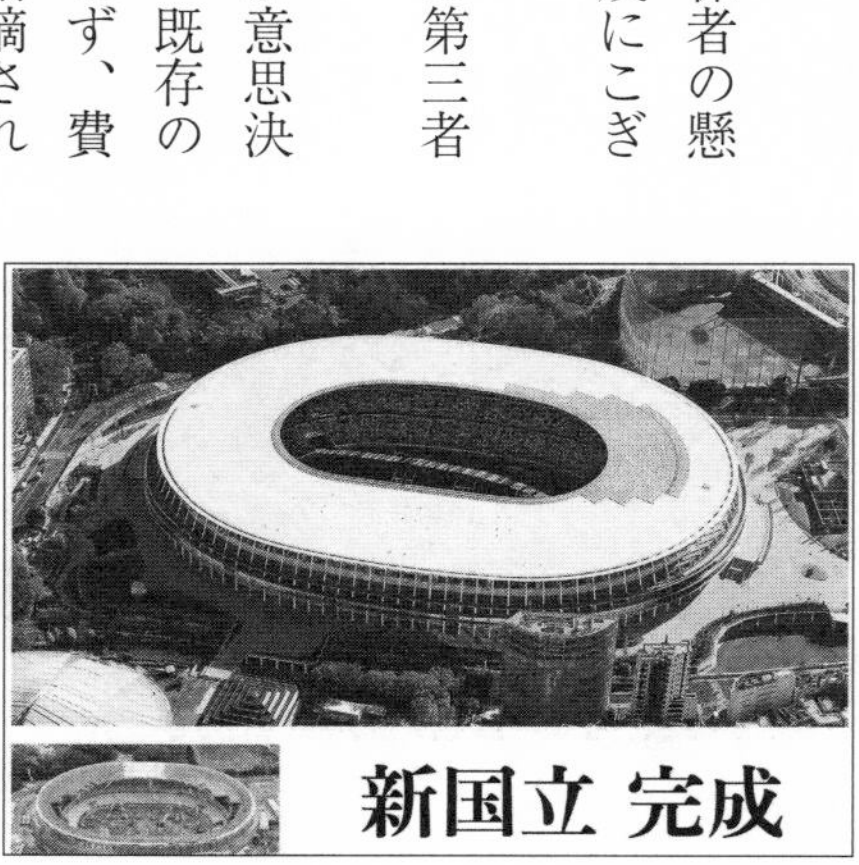

とになる。

もう一つのトラブル

新国立競技場を巡って日本中が揺れ動いていた15年7月24日、東京大会の公式エンブレムが発表された。

主要なコンクールで2回以上の受賞実績があるデザイナーから作品を募り、１０４の応募があったという。そのなかから選ばれたのは、アートディレクターの佐野研二郎氏の作品だった。

選ばれたエンブレムは、「Tokyo（東京）」「Team（チーム）」「Tomorrow（明日）」の頭文字である「T」と、平等を表す記号「＝（イコール）」のイメージを組み合わせ、多様性を示す黒、ハートの鼓動を表す赤などで構成されている。

このエンブレムには「日本画のようだ」「ちょっと地味」など様々な感想があったが、デザイン自体の好き嫌いすら話題にする時間はほとんどなかった。発表まもなく、新国立競技場と同様に大きな騒動を引き起こすことになったからだ。

7月30日、読売新聞はブリュッセル発の特派員電として、エンブレ

２０１５年７月25日付

Teamの「T」

大会エンブレム　平等の「＝」

２０２０年東京五輪・パラリンピック組織委員会が決めた大会エンブレムは、五輪は「Ｔｏｋｙｏ（東京）」「Ｔｅａｍ（チーム）」「Ｔｏｍｏｒｒｏｗ（明日）」の「Ｔ」、パラリンピックは平等を意味する「＝（イコール）」をイメージした。いずれも黒や赤などからなるデザインとなった。

大会エンブレムのデザインは、アートディレクターの佐野研二郎氏（42）の作品。組織委は昨年９月から、主要なコンクールで２回以上受賞実績のあるデザイナーの作品を募り、１０４の応募作から佐野氏の作品に決まった。

来日している国際オリンピック委員会（ＩＯＣ）のジョン・コーツ副会長は「このエンブレムが将来の五輪の形に大きな影響を与えると信じている」とコメントした。パラリンピック競泳金メダリストの成田真由美選手は「力強く世界中の鼓動が一つになった大会になる」と語った。

１９６４年東京五輪のエンブレムは、赤い太陽に金色の五輪マークと「ＴＯＫＹＯ　１９６４」の文字を組み合わせたデザイン。グラフィックデザイナーの亀倉雄策氏が手がけ、エンブレムを図柄にした記念切手も発行されるなど話題になった。

TOKYO 2020

TOKYO 2020
PARALYMPIC GAMES

ムのデザインが「ベルギー東部リエージュの劇場で使われているロゴマークに似ている」との指摘があると報じた。2013年から使われているマークで、「Liège（リエージュ）」と「Théâtre（劇場）」の頭文字である「L」と「T」を重ね合わせたものだ。

東京大会組織委の広報担当者は「エンブレムを決める過程で世界中の商標を調査し、問題ないと確認している」と話し、デザインした佐野氏も「特にコメントすることはない」とした。一方、報道を知った舛添都知事が「似ているといえば似ている」と話すなど、類似性があるようにも見えた。

31日、ベルギーの劇場マークを手がけたデザイナーの弁護士が、東京五輪のエンブレムが著作権を侵害している疑いがあるとして、IOCに使用差し止めを求める申立書を送付したことを明らかにした。また、これとは別に、スペインのデザイナーが東日本大震災の被災地への募金を集めるためにつくったデザイン画像と配色が似ている、との指摘が出た。

これに対して佐野氏は、「報道されている海外作品はまったく知らないもので、制作時に参考にしたことはない」と疑惑を強く否定した。

佐野氏は8月5日に記者会見を開き、「一デザイナーとして誇りを持って作った。オリジナ

2015年7月30日付

ベルギーの劇場と 五輪マークそっくり？

指摘されているのは、リエージュ劇場で2013年から使われているマークで、「Liège（リエージュ）」と「Théâtre（劇場）」の頭文字の「L」と「T」を重ね合わせたもの。ドビさんのデザイン事務所は、公式フェイスブックで東京五輪のエンブレムとリエージュ劇場のマークを並べて掲載した。

大会組織委員会の広報担当者は「エンブレムを決める過程で世界中の商標を調査し、問題ないと確認している」と説明。デザインした佐野研二郎氏は、組織委を通じ、「特にコメントすることはない」としている。

右ベルギー・リエージュ劇場のロゴマーク（デザイン事務所提供）左東京五輪のエンブレム

ルの作品であり、（著作権侵害との）指摘は残念だ」と主張。会見に同席した大会組織委の槙英俊・マーケティング局長も、ベルギーの劇場側が商標登録していないことを指摘し、「商標の問題は解決し、著作権についても、ＩＯＣが問題ないと言っているので心配していない」と述べた。それでも劇場側は同月14日、使用差し止めを求めてベルギーの民事裁判所に提訴した。

深まる疑惑と白紙撤回

疑惑はこれだけにとどまらなかった。佐野氏は同日、自らが代表を務める事務所のホームページで、スタッフと共同で制作したビールのキャンペーン商品に、他の作品を模倣したものがあったことを認めて謝罪した。その後も、他の佐野作品について、既存のデザインに似ているとの指摘が続いた。イメージダウンを懸念した大会の公式スポンサーからは、公式エンブレムの使用を差し控える動きも出た。

そして9月1日、読売新聞が夕刊1面で「五輪エンブレム白紙　盗用、転用指摘で」と報じ、組織委も白紙撤回を発表する。

佐野氏が「エンブレムの活用例」として組織委に提出していた風景画像2点がインターネット上の個人サイトから転用されていた可能性があることが新たに指摘され、組織委が確認を進めた結果、事実と分

五輪エンブレム白紙

盗用、転用指摘で

組織委が今夕決定

2020年東京五輪の大会エンブレムがベルギーの劇場のロゴマークに似ていると指摘されている問題で、大会組織委員会は1日、五輪、パラリンピック両方のエンブレム使用を取りやめる方針を固めた。同日夕に組織委の調整会議を開き、正式に決定。同日夜に記者会見を開いて公表する。新国立競技場の当初案に続き、大会エンブレムも、白紙撤回されることになる。〈関連記事13面〉

佐野研二郎氏デザイン

佐野研二郎氏

組織委は7月24日、東京五輪とパラリンピックのエンブレムを発表。アートディレクターの佐野研二郎氏(43)のデザインが採用された。

TOKYO 2020

TOKYO 2020

㊤東京五輪エンブレム
㊦パラリンピックエンブレム

が、五輪エンブレムについて、ベルギー東部リエージュの劇場のロゴマークに似ているとの指摘が出され、マークを手がけたデザイナーなどが国際オリンピック委員会（ＩＯＣ）に対し、使用差し止めを求める訴訟を起こした。

佐野氏は「デザインの考え方も違い、全体的には似ているところは全くない」と否定。組織委も8月28日、応募段階の原案を公表し、「全く似ていない」と盗用との指摘を全面否定し、使用を継続する方針を示していたばかりだった。

しかし、佐野氏が、エンブレムの活用例として組織委に提出していた画像がインターネット上の個人サイトから無断で転用されていた可能性があることが新たに判明。組織委が、佐野氏から事情を聞くなどして事実確認を進めていた。

組織委によると、盗用の疑いがあるのは、佐野氏が昨年11月のエンブレ

防災の

「防災の日」の1日、全国各地で防災訓練が行われ、内閣府によると、34都道府県で107万2000人が参加した。東京都内

2015年9月1日付

かったからだった。翌2日の朝刊に、「イメージは悪くなってきていたが、時間がたてば収束すると思っていた。しかし風景写真の話が出て、空気が変わった」という組織委幹部の話が掲載された。

インターネットの発達で、似たような過去のデザインが簡単に検索できてしまう現代社会では、どこまでが盗用あるいは模倣で、どこからがオリジナルの作品なのかという線引きが難しくなっていると、専門家も指摘する。エンブレムについては、ベルギーの劇場マークを模倣したとは言えないという声も少なくなかった。

だがそれとは別に、無許可でネット上の画像を転用したことは、デザインに携わるプロとして明らかな落ち度だ。佐野作品のエンブレムを使って東京大会を盛り上げようというムードが失われていく中で、白紙撤回はやむを得ない選択だっただろう。すでに空港などで掲示されていたエンブレム入りのポスターは取り外された。

新国立競技場に続いて起こった、東京大会エンブレムの白紙撤回に、安倍首相は「組織委員会で様々な状況を判断したのだろうと思う」としつつ、「国民から祝福されるオリンピックでなければならない」と語った。経済団体や企業で作る「オリンピック・パラリンピック等経済界協議会」は、エンブレムの利用もままならない事態に、「招致の時の感動をもう1回取り戻してほしい」（豊田章男協議会会長＝トヨタ自動車社長）と苦言を呈した。

読売新聞も「東京五輪の運営は大丈夫か」と題した社説を掲げ、「大会組織委の責任は重い」

と批判している。

組織委の武藤事務総長も白紙撤回を表明した記者会見で、「（組織委、選考した審査委員会、佐野氏の）三者三様に責任がある」と話した。エンブレム選考においても新国立競技場をめぐる混乱と同様に、責任の所在が不明確という日本社会の構造的な問題点が露呈した。

条件緩和で応募作品が激増

白紙に戻ったエンブレムのやり直し選考は、応募条件が大幅に緩和された。旧エンブレムの選定では、特定のデザインコンペで複数の受賞経験が応募要件だったが、「専門家だけで閉鎖的だ」との批判を浴びたため、コンペの受賞歴や経験などの壁が取り払われた。

応募資格は18歳以上の日本人または日本在住の外国人で、10人までのグループでの参加も認め、代表者が資格を満たせば子どもも応募できるようになった。条件が厳しかった旧エンブレムでは応募は104作品だったが、新エンブレムは応募期間が15年11月24日から12月7日の2週間しかなかったにもかかわらず、1万4599点もの応募があった。オープンな審査の様子を伝える記事だ。

エンブレム公募条件緩和

選考　透明性確保へ

五輪組織委

2020年東京五輪・パラリンピックの大会エンブレムが白紙撤回されたことを受け、大会組織委員会は、今後行われる予定の再公募のコンペについて、前回より条件を緩和する方向で検討を進めていることが分かった。アートディレクター・佐野研二郎氏(43)の作品の選考過程が不透明との批判を受けたためで、広く募集をかけて透明性を確保するのが狙いだ。

△関連記事11面▽

組織委によると、エンブレムは、競技会場から周辺駅までの装飾や関連グッズ、動画での使用など多くの活用が求められるため、高度なデザイン技術が必要となる。このため前回の公募では、組織委が指定した国内外の七つの賞を2度以上、受賞していることなどを条件とし、国内外のデザイナー104人から応募があった。

こうした公募条件について、武藤敏郎事務総長は1日の記者会見で、「（条件を）より広くという意見は承知している。できるだけオープンな選考、密室でない選考を心がけたい」と話した。

前回の公募は昨年9～月に行われ、同11月の審……

使用中止となった東京五輪・パラリンピックのエンブレムの写真を撮る人たち（2日午前、羽田空港国際線ターミナルで）＝飯島啓太撮影

「しっかり対応」組織委に要望

官房長官

菅官房長官は2日午前の記者会見で、2020年東京五輪の大会エンブレムの使用中止が決まったことに関して、「大会組織委員会は今回の一連の事案を真摯に受け止めて、国民から喜ばれ、祝福される大会になるように、これからしっかり対応してもらいたい」と述べた。

数検

5歳で高校レベル合格

受検者が急増

2015年9月2日付

新エンブレム審査開始　ライブ配信も

２０２０年東京五輪・パラリンピックのエンブレムを決めるエンブレム委員会（委員長＝宮田亮平・東京芸術大学長）は15日午前、デザイン審査を始めた。選考過程の透明性を高めようと、審査の様子を公開するインターネットのライブ配信も初めて行った。デザイン審査は、「共感性」や「独創性」など6項目を審査基準としており、２段階で行う。

１次審査初日のこの日は、委員と外部のデザイン専門家の７人１組が、55インチのモニターに約10秒ごとに映し出された作品を1点ずつチェック。「かわいい」「発想がいい」などと委員らが意見を交えながら、手元のボタンで投票する様子が約1時間にわたって、ネットで配信された。

５人以上が投票すれば審査を通過できるが、４人以下の場合でも、委員らの判断で復活させられる。17日までの審査で１０００～１５００点を選ぶ予定。この後、２次審査に入り、１月７日から全委員による本格審査が行われ、同９日に3～4点まで絞られる予定。商標登録を行った後、来春の最終審査で1点を選ぶ。

エンブレム選考では、公募で1万４５９９点が集まった。形式チェックなどでデザイン審査前に1万６６６点に絞り込まれた。

公募に自治体として参加した埼玉県鶴ヶ島市は、独自に作品を募り、採用作品を市長名で応募。市の担当者は「多くの参加者の思いが成就するような、納得できる選考を期待したい」と話していた。

（15年12月15日付夕刊）

12月15日から3日間の1次審査では311点が残り、21、22日の2次審査で候補は64点まで絞り込まれた。さらに16年1月7日から9日まで全委員が参加した審査で最終候補作4案が決定した。ちなみにその後、エンブレム委員長の宮田亮平氏は、東京芸大学長から文化庁長官に就任している。

五輪エンブレム　最終4案

２０２０年東京五輪・パラリンピックのエンブレム選考で、大会組織委員会のエンブレム委員会（委員長＝宮田亮平文化庁長官）は8日、最終候補作品4点を公表した。

応募総数1万4599点の中から同委が選考し、それぞれ五輪とパラリンピックがセットになっている。日本の伝統、平和や調和、選手の躍動感、次世代への継承などを表した作品が選ばれた。

組織委は同日からホームページで公開し、17日まで国民から募集した意見を踏まえ、25日のエンブレム委が多数決で1点に絞り込む。同日、理事会が正式決定し、新エンブレムを発表する。宮田委員長は「現段階におけるベストの4作品だと自負している」と述べた。エン

五輪エンブレム 最終4案

17日まで意見公募＊25日に決定

２０２０年東京五輪・パラリンピックのエンブレム選考で、大会組織委員会のエンブレム委員会（委員長＝宮田亮平文化庁長官）は8日、最終候補作品4点を公表した。

＜関連記事37面＞

応募総数1万4599点の中から同委が選考し、それぞれ五輪とパラリンピックがセットになっている。日本の伝統、平和や調和、選手の躍動感、次世代への継承などを表した作品が選ばれた。

組織委は同日からホームページで公開し、17日まで国民から募集した意見を踏まえ、25日のエンブレム委が多数決で1点に絞り込む。同日、理事会が正式決定し、新エンブレムを発表する。宮田委員長は「現段階におけるベストの4作品

	A案	B案	C案	D案
五輪	TOKYO 2020	TOKYO 2020	TOKYO 2020	TOKYO 2020
パラリンピック	TOKYO 2020	TOKYO 2020	TOKYO 2020	TOKYO 2020
作品の狙い	「組市松紋」 市松模様をモチーフに伝統色の藍色で日本らしさを表現	「つなぐ輪、広がる和」 選手の躍動と観客の喜びの輪、平和や調和を表した	「超える人」 風神・雷神をモチーフにベストを超える選手の姿を描く	「晴れやかな顔、花咲く」 選手と応援する人の晴れやかな表情を朝顔に重ねた

2016年4月9日付

ブレムは東京五輪・パラリンピックのポスターやパンフレット、大会グッズなど、様々な場面で使用される。

(16年4月9日付朝刊1面)

候補4作品に4万超の声

最終候補4案に対する一般からの意見は、組織委のホームページに延べ3万9712人、はがきでは1804通の意見が集まった。どの作品に対する意見が多かったかは、明らかにされなかった。一方で様々なメディアやSNSでも、候補4作品への感想や意見が取り上げられ、大いに盛り上がった。

読売新聞でも、都内8か所で3~78歳の男性46人、女性54人計100人にアンケートを実施した。それによると、「つなぐ輪、広がる和」を理念としたB案が「シンプルで良い」などと44人から支持を集めてトップだった。以下D案、A案、C案と続き、いずれのデザインに対しても様々な意見が出て、大会への関心の高さをうかがわせた。

A案は藍色で伝統の市松模様を表現し、「多様性と調和」のメッセージが込められており、20代女性は4割が、10代男女も3割が選んだ。「東京の『家紋』を表しているよう」(会社員男性、18歳)など、伝統的なデザインが若者の心を捉えたとみられる。

最多の44人が選んだB案は、円形のデザインで、人々のつながりや調和を表した。躍動感あるタッチで、アスリートの活躍も表現。30、60代を除く各年代層で最多の票を集め、「シンプルかつカラフル」（会社員男性、49歳）などの声が多かった。

C案は、日本人に親しまれてきた風神・雷神がモチーフ。雷神の太鼓を花火に、風神の風袋を虹に例えた。10～20代の票は得られず、全体でも支持は9人にとどまったが、高い年齢層に好まれた。「色彩も良く、躍動感があって共感が持てる」（無職女性、78歳）と評価された。

空に向かって開花するアサガオに、アスリートや観客の晴れやかな気持ちを重ねたというD案は、B案に次ぐ24人から支持された。30代からの支持が5割近くあり、50代を除く各年代層から安定した票を得た。「落ち着いたデザインで、日本人の人柄の良さが伝わる」（会社員女性、22歳）と期待する声が寄せられた。

エンブレム「市松模様」に

旧エンブレムの白紙撤回から8か月、組織委が選んだのは市松模様のA案だった。単色ながら、日本らしさを強く印象づける作品だった。組織委エンブレム委員会の最終審査は16年4月25日午前11時に始まった。

まず、国民から寄せられた約4万件の意見を踏まえ、委員による自由討議が行われた。A案には「日本らしさ、東京らしさを感じる」という国民の声が多数寄せられていたという。その後、委員が1人1票ずつ最も優れた作品に投票。A案に支持が集中し、過半数の13票を獲得した。D案は5票、C案は2票、B案は1票にとどまった。

審査にあたったエンブレム委の宮田委員長は、発表会後の記者会見で、「一色で寡黙でありながら、実は非常に多弁。日本人らしさを秘めている」と話した。

委員を務めたプロ野球・福岡ソフトバンクホークスの王貞治球団会長は「皆さんの声をまとめた資料を読み、『なるほど、こういう意見もあるのか』と勉強になった」と述べた。

作品の制作者はデザイナーの野老（ところ）朝雄さん。2001年9月の米同時テロ以降、「繋（つな）げる事」「くっつく」をテーマに文様のデザインに取り組み、単純でありながら幾何学的で多様な広がりを持つ文様などのデザインが特徴だ。今回のデザインもその延長線上だったという。

五輪とパラリンピックのエンブレムは、どちらも45個の同じピースを組み立てて作り、二つは「平等」との意味を込めている。

記者会見で野老さんは、応募の動機について「五輪は子どもの頃からの憧れ。アスリートにはなれないけど、デザインなら関われると思った。我が子のような作品。これからいろいろな形で広がってほしい」と願いを込めた。カラフルな作品が並ぶ中、唯一単色の作品だった点について、「江戸小紋のような、潔い表現ができれば、と思った。夏の大会なので涼しげなものにした」と説明した。

藍の輪で東京発信

エンブレム決定

外国人 集まる場所に

真面目さ 歴史感じる

2016年4月26日付

伝統的な市松模様をモチーフに、藍色の単色で構成した日本らしいデザインは、世界的に評価も高かった。

5　小池知事登場

またしても都知事が辞職

2016年5月、東京都の舛添要一知事は、苦境に立たされていた。飛行機のファーストクラスを利用した頻繁な海外出張や、週末を過ごす神奈川県湯河原町の別荘への行き来に公用車を使ったことなどが批判を受けていたところに、千葉県内のホテルに政治資金から支払った約37万円の「会議費」が実は家族旅行の宿泊費だった、などと週刊誌が報じた。

舛添知事は謝罪したものの、実際にホテルで会議を行ったとも主張。しかし、会議に出た人の名前は明かさないなど説得力を欠く説明に終始し、6月に入ると批判は一層強まった。

7月10日投票の参院選が目前に迫っており、舛添都政を支えてきた自民、公民両党は国政への影響を懸念。6月15日未明、都議会の全会派が一致して、不信任決議案を議会運営委員会に提出した。

不信任案の可決必至という事態に、舛添知事は同日、辞意を表明。前任の猪瀬直樹氏も選挙資金の借り入れ問題で任期途中に辞任しており、東京都知事が2代続けて「政治とカネ」の問題から任期を全うできないという事態になった。

この年の8月にはリオデジャネイロ大会が開幕し、都知事には閉会式で五輪とパラリンピックの旗を引き継ぐという大役が控えていた。

新たな「東京の顔」は誰になるのか。

自民、公明両党としては2代続いた不祥事の後だけに、次は間違いのない人を担ぎたい。1964年東京五輪時の東龍太郎（あずまりょうたろう）知事は官僚経験者だった。2020大会の準備をきちんと進めるためにも、国と協調できる官僚出身知事がいい、というのが本音だっただろう。

そこへいきなり手を挙げる人物がいた。東京10区選出の自民党衆院議員、小池百合子・元防衛相である。6月29日、衆院議員会館で記者会見を開いた小池氏は、「崖から飛び降りる覚悟で挑戦したい」と宣言した。有力候補の出馬表明第1号だった。

自民党都連の一部国会議員から、知名度のある小池氏に出馬を求める声が出てはいたものの、ほとんど根回しをしないままの出馬宣言に、自民党の本部も都連も怒った。

2016年6月15日付

舛添都知事 辞職

政治資金問題で

21日付 辞職願を提出

知事選 7月31日か8月7日

与野党 後任選

「東京五輪の顔」

都連は当初、都知事候補に桜井俊・元総務次官を考えていた。アイドルグループ「嵐」の桜井翔さんの父としても知られる。しかし桜井氏は出馬を固辞したため、都連は建設省出身で岩手県知事も務めた増田寛也・元総務相に出馬を要請。自民党は小池vs増田の分裂選挙となった。他にジャーナリストの鳥越俊太郎氏も野党4党の統一候補として出馬、有力候補3人を中心として選挙戦に入った。

小池氏の動きは巧みだった。まず7月1日に自民党都連に推薦を依頼。翌2日には「私自身はもう、崖から飛び降りているので、すべての覚悟はできている」と、推薦が得られなくても出馬する強い決意を表明した。そして、増田氏擁立に動く都連の方針が変わらないと見るや、自ら推薦依頼を撤回する。男性中心の規制勢力に屈しない女性政治家、というイメージをまとうことに成功した。

14日の告示日、池袋駅西口で第一声をあげた小池氏は、「税金がどのように使われているのかを明確にし、無駄がないかをチェックする。五輪の関連予算もしっかり見ていく。東京五輪・パラリンピックの真の成功もその先にある」と説いた。東京大会に反対するわけではないが、自分が主導して内容をチェックするという、絶妙のポジションである。

「2兆（丁）だ、3兆（丁）だという。お豆腐屋さんじゃないんですよ！」

選挙期間中に小池氏がしばしば繰り出したフレーズだ。五輪・パラリンピックの関連経費について有権者が抱いていた、「どんぶり勘定ではないか」との疑念に呼応する演説だった。

初の女性都知事誕生

7月31日に投開票が行われた都知事選は、３００万票近くを獲得した小池氏の圧勝だった。自民党の推薦が得られなかったことを逆手に取って、「組織に立ち向かう改革派」という図式を演出、地滑り的勝利である。

ただし小池氏の掲げる改革は、いたずらに時間の空費を招く懸念があった。東京２０２０大会はもう4年後に迫っている。８月１日付の読売新聞は社説で「（小池氏には）キャッチフレーズ先行の演説が少なくなかった。今後、何より求められるのは、地に足の着いた政策の遂行である」と注文を付けた。

小池氏が新知事に決まったことについて、大会組織委の森会長は同日、夏季五輪の視察に訪れていたリオデジャネイロで取材に応じている。選挙期間中に小池氏が東京大会の開催費用について「予算、運営の決定過程が不透明」と批判してきたことに対しては、「よく勉強してほしい」と語り、さらに「小池知事とうまくやっていける自信は？」と問われるとこう答えた。

「小池さん次第ですね」

森会長が例の「お豆腐屋さん」発言を不愉快に感じていることは明らかだった。

小池氏 初の女性都知事

増田・鳥越氏に圧勝

政党支援受けず

２０１６年８月１日付

だが、小池新知事の動きは素早かった。2日の就任記者会見で、「都政改革本部」を設置し、五輪に関する調査チームを設けることを発表。五輪の閉会式に出席するために訪れたリオデジャネイロでもＩＯＣのバッハ会長と会い、東京大会の開催費圧縮に取り組む考えを示した。この出張の際には、舛添前知事を意識して、ファーストクラスではなくビジネスクラスを使い、随員の数も減らして経費節減に努めていることのアピールも忘れなかった。

リオ五輪の閉会式

8月21日、リオデジャネイロ五輪の閉会式。次回２０２０大会の開催国・日本を紹介するショーが、世界中の目をくぎ付けにした。そのシーンを伝える特派員の記事だ。

「安倍マリオ」登場　日本ショー

【リオデジャネイロ＝波多江一郎】閉会式が終盤に差しかかると、東京都の小池百合子知事が着物姿でステージに登場した。リオのエドゥアルド・パエス市長から、国際オリンピック委員会（ＩＯＣ）のトーマス・バッハ会長を通じて五輪旗を受け取ると、小池知事は計5回左右に旗を振った。

その後、マラカナン競技場が赤一色に染まり、君が代とともに、フィールドいっぱいに「日の丸」が現れた。日本を紹介する約10分間のショーの始まりだった。女性ボーカルユニット「Ｐｅｒｆｕｍｅ（パフューム）」の振付師として知られるＭＩＫＩＫＯさんや歌手の椎名林檎さんらが演出を担当した。

東日本大震災の際に世界から寄せられた支援への感謝を込め、被災地や東京の児童・生徒らが「ARIGATO（ありがとう）」の人文字を作った映像がフィールドに映し出され、さらに「ありがとう」を意味する世界各国の言葉で埋め尽くされた。

その後、場面は一転する。大型スクリーンに北島康介さんら五輪金メダリストやゲーム、アニメのキャラクターが東京からリオにボールを運ぶリレーの映像が映し出された。ボールは安倍首相に渡り、官邸から車で出発した安倍首相は、式の時間に間に合わせるため、ゲーム「スーパーマリオブラザーズ」のマリオに変身した。大勢の人が行き交う渋谷の交差点でドラえもんが4次元ポケットから土管を取り出すと、マリオはそこに入って日本の反対側にあるリオへ移動。すると、競技場にも土管が現れ、中から出てきたマリオが帽子をとると、それは安倍首相だった。

青森大男子新体操部のメンバーらは、東京大会で行われる33競技の動きをCG技術と融合した演出で表現。最後は床面に、東京の街並みを表現した影絵と「SEE YOU IN TOKYO」の文字が映し出されると、会場は歓声と拍手に包まれた。

閉会式後、小池知事は「旗自体は見かけより重くないが、その責任の重さにはズシッとくるものがあった。（リオで）あちこちの会場を見たが、いろんな工夫や課題があり、東京が学ぶ点がたくさんあった」と話した。

（16年8月22日付夕刊）

海外でも好反応

【リオデジャネイロ＝溝田拓士】リオデジャネイロ五輪の閉会式で、「マリオ」姿になった安倍首相のサプライズ演出が、海外メディアで話題になっている。

英ＢＢＣは電子版に安倍首相の登場シーンの写真を掲載し、日本の演出を「安倍首相の見せ場を含む12分間の印象的な展示」と紹介。英紙ガーディアンも写真付きで報じた。

米ＣＮＮテレビは電子版の記事に「リオ、五輪旗を東京（とスーパーマリオ）に渡す」との見出しをつけ、取材したＣＮＮプロデューサーが閉会式会場から自身のツイッターに「素晴らしい」とのつぶやきと一緒に写真を投稿した。香港紙・明報（電子版）は、安倍首相のマリオ姿での登場を「大きな見せ場に会場全体が沸いた」と伝えた。

（16年8月23日付朝刊）

このショーは、掛け値なしに素晴らしい出来栄えだった。被災地からの感謝、そしてアニメとゲーム。短時間で日本の今を印象付け、東京２０２０大会への期待を高めた。

マリオのコスプレで登場した安倍首相に対しては、日本でも、見事なサプライズ演出に喝采する声が多かった。一方で、安倍政権に

安倍マリオ 沸いたリオ

示したいと思った。4年後は私
たちが感動を提供する番だ。多
様性や調和、平和のメッセージ
を発出したい」
首相はリオデ
滞在中、国際オ

２０１６年８月２３日付

反対する人たちは「やり過ぎだ」と批判した。

もちろん安倍首相は演出家に請われて一役買っただけで、計算された政治的意図があったとは思えない。だが「安倍マリオ」が残した印象が極めて強かったために、東京2020大会は良くも悪くも「安倍五輪」のイメージをまとい、のちのコロナ禍で五輪開催の賛否が割れる下地となっていく。

しかし、リオ五輪の閉会式が安倍首相の独壇場だったわけではない。五輪旗を受け取った小池都知事も、あでやかな着物姿で、次の開催都市・東京を担う者としての存在感を世界にアピールしていた。

五輪旗が来た！

2016年8月24日付

さらなる計画変更の提案

リオデジャネイロから帰国した小池知事は、すぐに動き出す。8月29日には組織委の森会長と会談し、東京大会の予算や支出に関する都の調査への協力を要請した。

そして1か月後の9月29日。都政改革本部は「大会経費の総額が3兆円を超える可能性がある」とする報告書を小池知事に提出する。「お豆腐屋さん」の話はやはり本当だったのか——そう受け止めた人も少なくなかっただろう。

都政改革本部の調査チームがねりあげたこの報告書では、都が整備するボート会場など3施設の抜本的な見直しなども提言された。

大きな計画変更を求める報告書は、大会組織委にもＩＯＣにも評判がよくなかった。組織委とすれば、可能な見直しは舛添都政ですでに実行しており、何とか競技団体を説き伏せたばかりだ。もっと見直せと言われてもハイとは言えない。報告書で示された宮城県の長沼ボート場を会場とする案も過去に検討し、さまざまな事情で却下されていた。

また報告書の中に「組織委に対して東京都が指導・監督の度合いを強める必要がある」との趣旨が盛り込まれたことについては、組織委の森会長は「我々は東京都の下部組織ではない。都と民間、みんなで作り、内閣府に認可された組織だ。都知事の命令であああせいこうせいということができる団体ではない」と不快感を示した。

コスト削減のためには会場配置のコンパクトさに固執しなくてよい、という姿勢に転じたＩＯＣも、この時点でボート会場を宮城県に移すという案には強い難色を示す。東京大会の準備を監督するコーツ調整委員長は「このような変更は東京の信頼を傷つける」と疑問を呈し、「これまでの説明と食い違っている。信頼関係を壊しかねない」と話した。

また、国際ボート連盟のジャンクリストフ・ロラン会長は10月3日に小池知事と都庁で会談し、ボート、カヌー・スプリント競技につい

東京五輪費用「3兆円超」
都チーム推計　3施設見直し案

ボート会場　宮城提示

2016年9月29日付

て、計画通り東京湾の「海の森水上競技場」で行うよう求めた。「海の森」での実施は「ＩＯＣ、都、大会組織委と詳細に、広範な調査分析の結果、到達した結論だ」とし、宮城県の会場は、「東京から遠く、選手にとってベストではない。大局的に結論を出してほしい」と要望した。

競技の一部を開催都市からかなり離れた場所で行うことは、オリンピックにおいてタブーというわけではない。サッカーは五輪でも広域開催がふつうで、東京大会でも招致段階から札幌ドームや被災地の宮城スタジアムをサッカーの予選に使うことになっていた。また、野球とソフトボールの開幕試合を福島県のあづま球場で行い、復興五輪をアピールする構想も進んでいた。

しかし、これらは時間をかけて検討を重ねた末のことだ。競技会場を決定するまでには、ＩＯＣ、国際競技団体との協議が不可欠だが、この点、報告書は拙速だった。例えば報告書は、競泳会場となる「オリンピックアクアティクスセンター」は必要なく、既存の「東京辰巳国際水泳場」でよいとするが、座席数を増やし、必要な水深を確保するには、大規模な改修工事が必要になる。報告書の出た翌日の読売新聞で、元都庁職員の佐々木信夫・中央大教授は「五輪やパラリンピックは都だけで完結できる問題ではない。競技に通じていない外部の調査チームが代替地案まで示して再考を迫るのは、踏み込み過ぎという印象を受ける」と指摘した。

2016年10月1日付

五輪会場変更案

ＩＯＣ副会長 不快感

2020年東京五輪・パラリンピックの開催費用の妥当性を検証している都の調査チームが小池百合子都知事に提出した報告書に盛り込まれた3競技施設の見直しについて、国際オリンピック委員会（ＩＯＣ）副会長で東京大会の準備を監督する調整委員会のコーツ委員長が、都に対して不快感を示したことが30日、関係者の話で分かった。

コーツ委員長は同日、大会組織委員会の武藤敏郎事務総長、東京都の山本隆副知事と電話会議を開いた。報告書ではボートとカヌー小池知事は、それでもひるまなかった。読売新聞が10月7～9日に行った世論調査（電話方式）では、東京大会の一部施設の整備計画を見直すことに「賛成」は85％に達し、「反対」は8％にとどまった。世論の後押しを受けたと見た小池都知事は、同15日に、調査チームが会場変更案として示した宮城県登米市の長沼ボート場を視察した。案内した村井嘉浩・宮城県知事は、「被災者にとって『復興五輪』が身近になる」と歓迎の意向を表明した。会場変更は実現するかと思われた。

乗り出したＩＯＣ

開催都市である東京都が会場変更の動きを見せれば、「五輪の舞台となれるかも」と考える地方自治体は当然色めき立つ。本来なら、リオ大会が終わり、国、都、組織委が具体的な大会の運営計画の策定に本腰を入れ、大会の経費規模を示して費用の分担を詰めなければならない時期だ。しかし会場から見直すとなれば、そうした作業はほとんどストップしてしまう。

事態の打開に動いたのは、ＩＯＣだった。来日したバッハ会長は10月18日、都庁を訪れて小池知事と会場見直しについて協議、バッハ会長は、国と都、大会組織委員会、ＩＯＣの4者で作業部会を設置することを提案し、見直しにＩＯＣが直接関与する考えを明らかにした。都に

五輪施設見直し「賛成」85％

読売新聞社の全国世論調査（7～9日）で、2020年東京五輪・パラリンピックの一部施設の整備計画を見直すことに「賛成」は85％に達し、「反対」は8％にとどまった。都民に限っても85％が「賛成」と答えた。大会組織委員会や競技団体などは見直しに否定的だが、国民の多くが見直しに理解を示している。

東京都の小池百合子知事が、築地市場（中央区）の豊洲市場（江東区）への移転を延期した一連の対応は、「評価する」84％、「評価しない」8％だった。都民の間でも、「評価する」が87％を占めた。

２０１６年10月10日付

とっては「寝耳に水」の作業部会設置である。バッハ氏は、「開催都市として選ばれた後にルールを変えないことがIOCのルールにかなっている」と、都の独走に歯止めをかけた。その背景について、読売新聞は次のように解説している。

五輪4者作業部会　「調整役」IOCの計算

国際オリンピック委員会（IOC）のトーマス・バッハ会長が18日、小池百合子都知事との会談で提案した、国、都、東京大会組織委員会とIOCの4者による作業部会。背景には、競技会場の計画見直しを超えたIOCの思惑がある。（編集委員・結城和香子）

■「小池劇場」に懸念

バッハ会長と小池都知事会談の数時間後。レセプションに出席したIOC幹部から、会談の成果を評価する声が相次いだ。都知事側の要望で、直前に全面公開が決まった会談では、都知事が「80％の方が五輪費用の見直しに賛成している」「復興五輪への回帰」などを強調。バッハ会長は、コスト削減の目的は共有し、「同じ舟に乗る」都知事の顔を立てながら、「重要なのは選手の体験。そして（各組織が合意の上打ち出してきた）基本的考え方から逸脱しないこと」だと語り、4者の作業部会を提案。独断では進めないでほしいとクギを刺していた。

提案の裏には、劇場型の小池都知事の動きに起因する、IOCの懸念があった。

■苦い経験

一つは、都と組織委の亀裂の深まり。都政改革本部の五輪調査チームは「コスト膨張の要因を作った」など、五輪組織体制も問題にした。すでに国立競技場とエンブレムで白紙撤回を行った東京大会が、待ったなしに入る開催4年前の時期に、組織同士の不協和音で更なる停滞に直面することは許されない。建設が始まらない五輪が最も遅れる、という現実を、アテネ、リオデジャネイロ五輪などで、IOCはいやというほど体験済みだ。

批判は大事だが、世論に訴える政治手法が先行しては、同じ目的を持つはずの組織同士の協力が成り立たない。バッハ会長肝いりの、コスト削減などを柱とした五輪改革案「アジェンダ2020」が適用される初の大会となる東京を成功させ、五輪のあり方の変化を印象づけたいとの計算もある。IOCが、事実上の「調整役」を買って出たのはこのためだ。

■費用圧縮印象づけ

もう一つ、IOCが懸念したのは、都政改革本部が試算した、警備や施設建設を含む開催総費用「3兆円」が、国内外の世論で独り歩きすることだ。文部科学省等が先週開いた国際会議「スポーツ・文化・ワールド・フォーラム」では、来日した数人のIOC委員が「3兆円の見積もりは高すぎる。一体何を根拠にしたのか」と懸念を口にした。

都市開発を含む費用が5兆円を超えたという2014年ソチ冬季五輪

2016年10月19日付

五輪会場 IOC関与

都、国、組織委と 見直し4者協議

国際オリンピック委員会（IOC）のトーマス・バッハ会長は18日午後、東京都庁を訪問し、2020年東京五輪・パラリンピックの競技会場の見直しについて小池百合子知事と協議した。小池知事が会場変更も含めた見直し作業を進めていることを説明したのに対し、バッハ会長は、国と都、大会組織委員会、IOCの4者で作業部会を設置することを提案し、見直しにIOCが直接関与する考えを明らかにした。＜関連記事3・37面＞

バッハ会長と会談 知事、月内に都方針

小池知事は、都政改革本部の調査チームがボートとカヌー・スプリント、水泳、バレーボールの3会場について、変更を含めた見直し案をまとめたことを説明し、「（都としての案は）10月中に答えを出したい」と述べた。バッハ会長は「すべての中心にアスリートをおく必要がある」との考えを強調し、都が五輪招致に成功した経緯に触れ「非常に説得力のある、持続可能で実行可能なプロジェクトを提案したからだ」と述べ、招致段階のルールを変えないことを「大原則」とする考えを示した。

一方、調査チームの報告書を「大幅にコスト削減できる潜在性も感じる」と評価し、国と都、組織委、IOCによる作業部会で内容を検討することを提案した。

これに対し、小池知事は「税金を活用する点では都民の納得が必要。国民、都民の理解が、東京大会を成功させる最も重要な基盤に

▲IOCのバッハ会長（左）との会談を終え、笑顔を見せる小池都知事（18日午後、都庁で）＝関口寛人撮影

は、その後の招致で辞退が相次ぐ要因となった。五輪運動の死活問題となる開催費用を、世論に訴える目的で見積もってもらっては困る、というわけだ。バッハ会長は「4者で協力すれば、はるかに費用を抑えられる」と繰り返しており、「3兆円」が定着する前に、IOCの指導下での費用縮減を印象づけたい思惑が見える。それは会長が進める反ドーピング体制改革で、日本など政府に出資増を依頼している動きとも無関係ではない。

批判や責任が直接降りかかりかねないため、実務的な問題で牽引役（けんいん）に回ることを避けてきたIOC。今回の提案はバッハ会長の失敗できないとの思いの強さを示したものと言えそうだ。

（16年10月25日付朝刊）

10月29日付の読売新聞は社会面トップで、「長沼ボート場への変更案について、東京都が『整備が五輪に間に合わない可能性が高い』との検証結果をまとめたことがわかった。水泳会場は『既存施設への変更は困難』として、現行計画のオリンピックアクアティクスセンター（江東区）を整備する案で最終調整していることも判明した」と報じた。都側からの軌道修正である。

短期間で作られた変更案を含む報告書のほころびが見え始めていた。11月1日に始まった4者による作業部会で、小池知事は、ボー

五輪会場見直し

長沼案「間に合わぬ」

都の検証結果 用地買収に時間

2020年東京五輪・パラリンピック競技会場の見直しを巡り、ボート、カヌー・スプリント会場の変更先に浮上している「宮城県長沼ボート場」（登米市）について、東京都が「整備が五輪に間に合わない可能性が高い」との検証結果をまとめたことがわかった。水泳会場は「既存施設への変更は困難」として、現行計画の「オリンピックアクアティクスセンター」（江東区）を整備する案で最終調整していることも判明した。

この3案について、都が検証したところ、長沼ボート場で周辺施設などの用地買収が必要で、設計、工事の期間などを考慮すると、完成は東京大会後の20年12月になると見込んだ。特に、環境影響評価には3年程度かかる可能性があり、漁業補償の交渉などにも時間が

持管理費が約3億円、大会収入などの施設収入が約1億円と見積もられ、毎年約2億円の赤字になる」などと指摘した。

一方、調査チームは水泳会場について、アクアの近くにある既存の「東京辰巳国際水泳場」（江東区）を改修し、隣接する運河上に施

2016年10月29日付

トについては、「海の森」と「長沼」の双方の案を候補とし、バレーボールは元々の有明アリーナ（江東区）に、横浜アリーナ（横浜市）への変更案を加えた。競泳会場としては結局、アクアティクスセンターを新設することとした。

同月下旬、再び行われた4者協議。作業部会での議論は6時間に及んだ。最終日に行われたトップ級の協議の結果、ボートは予定通り海の森で、競泳は観客席数を縮小するものの、これもアクアティクスセンターで行うことが決まった。バレーボールについては、小池知事がさらに2つの案を精査する必要性を強調し、結論を先送りしたが、組織委の武藤事務総長は、「横浜は警備や輸送、道路事情が厳しいという課題があり、横浜市のサポートも現時点では取れていない」と指摘した。

停滞し、深まる溝

12月21日の4者協議で、東京大会の開催経費は1兆6000億円～1兆8000億円とする経費案が報告された。また、都政改革本部が出した3施設の変更案は退けられ、一つも実現しなかった。3兆円という都政改革本部が出した大会経費の試算も、根拠は最後まではっきりしないままだった。ただ、大会準備が約半年も停滞したという状況だけが残った。

ようやく翌17年1月から、国と都、大会組織委、一部会場となる関係自治体で費用分担の話し合いが始まった。大枠合意したのは5月31日である。ここに至るまでの間に、組織委や関係自治体は小池都知事のやり方に不信感を募らせていた。
当時の状況を政治部と社会部の記者がまとめている。

五輪準備　深まる溝　組織委や地方　小池氏に不信感

2020年東京五輪・パラリンピックの大会経費分担問題は、東京都の小池百合子知事の就任から約10か月を経て、ようやく大枠の合意に至った。膨張する経費に事実上の枠をはめる成果も上げたが、都と大会組織委員会、政府、関係自治体との足並みは乱れたままで、本格化する五輪準備にも影を落としそうだ。

■逆提案

「協議を非公開にすると、また組織委が秘密にしたといわれる。皆様で（全面公開を）お考えいただきたい」

協議の冒頭、組織委の森喜朗会長が議論の公開を提案すると、すかさず神奈川県の黒岩祐治知事が「オープンで」と応じた。

自身が参加する会議を全面公開し、透明性をアピールするのは小池氏十八番の手法で、森氏らは小池氏の提案を見越して、協議の直前に「逆提案」を打ち合わせていた。機先を制された小池氏は、表情を硬くした。

大会経費の議論を通じ、組織委や関係自治体には、小池氏の手法に対する不信感が募っていった。

招致時の7340億円から、一時は2兆～3兆円にまで膨らむ試算も飛び交った大会経費について、小池氏サイドは「社長と財務部長のいない会社と同じ」（都政改革本部）などとして組織改革を迫ってきた。小池氏が7月の都議選後、実際に改革に着手するとの観測も出ており、森氏は強く反発。4月刊行の著書などで、小池氏の手法を「五輪を道具に使った政治的パフォーマンス」などと批判する事態になった。

都から負担を求められている関係自治体も同様で、千葉県の森田健作知事は、協議会で「もう右往左往したくない」と述べて都への不満をぶちまけた。自治体の仮設施設の整備費は全額都が負担することになったが、都は当初、都外自治体の支出を主張。最後まで難航した運営経費の負担についても、上田清司・埼玉県知事が「（350億円を求める通知があったのは）29日。あまりにも乱暴」と批判した。

■政府も冷ややか

小池氏に対しては、政府や自民党も冷ややかな対応に終始した。4月には都の副知事2人が聖火リレーや開閉会式の経費など20項目の国庫支出を要求したが、丸川五輪相はすべてを拒否した。国費負担の理由が見つからないこともあるが、都議選を控え、地域政党「都民ファーストの会」を率いる小池氏に「塩を送る必要はない」（自民党議員）との思惑が働いたようだ。

五輪費1.4兆円 分担大枠合意
都外分350億円 再調整

2017年6月1日付

都の問題提起は、コストダウンにつながった面もある。警備費や施設賃料などを縮減した結果、事実上、予備費を含め最大でも1兆6850億円の枠がはまり、状況が類似するロンドン五輪（2012年）の2兆1000億円を下回る見通しとなった。

水泳、バレーボール、ボートの会場も、小池氏が目指した変更こそ実現しなかったが、合計で400億円を縮減した。

膨張する五輪経費に歯止めをかけたと強調する小池氏だが、ともに主役を務めるはずの政府、組織委、関係自治体との溝をどう修復するか、重い課題が残った。（政治部　酒井圭吾）

◆築地問題　輸送計画に影

五輪経費の負担協議は昨年3月に始まり、当初は都外開催自治体の首長から意見を聞いた上で、昨夏のリオデジャネイロ大会後に公表する予定だった。

しかし、政治資金の流用問題などで舛添要一・前都知事が辞職し協議は中断。後任の小池知事も、ボート会場など新設3会場の見直しに着手したため、負担協議は後回しになった。協議開始から1年以上かかって経費負担の大枠が決定し、組織委幹部は「大会準備にぎりぎり間に合う」と胸をなで下ろした。

ただ、東京・築地市場（中央区）の豊洲市場（江東区）への移転問題が決着せず、五輪の輸送計画に影響が出ている。都は、五輪・パラリンピックで必要な関係者用の車両を、バス2000台、乗用車4000台と見込み、築地市場（約23ヘクタール）跡地の駐車場利用を検討していた。

築地市場を移転させずに改修する場合は代替地が必要になるが、都幹部は、「築地市場は選手村と新国立競技場のほぼ直線上にあり、広さ、立地ともに築地以上の適地を見つけるのは難しい」と指摘する。

市場の移転問題は、選手村と都内各会場を結ぶ環状2号線の完成とも密接に絡んでいる。環状2号線は築地市場の地下を通すため、移転延期で大会までの全線開通は間に合わなくなった。

築地市場を改修する場合は環状2号線のルート変更が必要で、大会までの完成は極めて困難だ。その場合、都は国際オリンピック委員会（ＩＯＣ）に提出している「（道路など）輸送インフラをスケジュール通り整備する」という保証書を履行できなくなる恐れがある。（社会部　越村格）

（17年6月1日付朝刊）

ＩＯＣが仲立ちに乗り出しても不協和音が収まらない中、小池都知事の政治的な動きはますます大きくなっていく。

東京大会の経費分担の大枠合意ができた翌日の6月1日、小池知事はまだ党籍を残していた自民党に離党届を出し、地域政党「都民ファーストの会」の代表に就任した。そして7月の都議選で都民ファーストの会は大勝、都議会の第1党に躍り出る。

自民　歴史的惨敗

小池氏勢力　過半数

都議選

都民ファ第1党

自公同数　第2党

首相の

2017年7月3日付

さらに9月、安倍首相が衆院を解散すると、新党「希望の党」を結成。都議選の勢いに乗って国政でも政権交代を目指したものの、世論の風向きは一転して逆風となり、小池新党は惨敗した。

一連の「小池旋風」もまた、東京大会の準備に取り組む組織委や自治体を困惑させた。開催都市のトップが次々と政治攻勢を繰り出す状況では「オール・ジャパン」で大会準備に取り組むのは難しい。

小池知事自身は3年後の20年7月、コロナ禍の中で行われた都知事選で366万票という前回以上の大量得票で圧勝し、1年延期となった東京大会においても開催都市の顔を務めた。しかし、組織委、国、他の自治体との関係において、最後まで深い信頼や協力態勢が築けたとは言いがたい。

小池氏、新党代表に
都知事と兼務
「希望の党」結成

2017年9月26日付

小池旋風吹かず
「排除の論理」不興
野党分裂で失速

2017年10月23日付

第三章　鼓　動

1　マスコット

小学生の投票で決定

オリンピック・パラリンピックの、大会と大会の間、4年は長いようで短い。その期間にどれだけ開催ムードを盛り上げていくかが大会の成否に大きく影響する。リオデジャネイロ大会の後、4年間の動きを見ていきたい。

組織委員会は開催の過程で多くの人々に参加してもらうことを基本方針に掲げた。そのため、大会のエンブレム、マスコット、メダル、トーチのデザインは公募で決定された。

リオ大会の前に決定したエンブレムについては前章で記した通り、当初案の白紙撤回という残念な騒動に見舞われたが、その結果、幅広い人たちが参加した再公募によって東京大会に対する前向きの関心を高めた。準備段階からより広く、より多くの人が参加することの意義を確認した出来事でもあった。

エンブレムとともに「東京大会の顔」となるのがマスコットだ。これは全国の小学生がクラスごとに1票を投じて決定することになった。

組織委は2017年8月1日からデザインの公募受け付けをスタートさせた。約2週間の期間に寄せられた2042件から、元プロテニス選手の杉山愛さん、タレントの中川翔子さんらでつくる審査会（宮田亮平座長）が「ア案」「イ案」「ウ案」の3案に絞り込んで公表。「ア案」はエンブレムの市松模様を、「イ案」は招き猫やキツネやこま犬を、「ウ案」は金色の水引を背負ったキツネとタヌキを、それぞれキャラクター化したデザインである。

この3案を候補として全国の小学生がクラスごとに話し合い、「我がクラスの1票」を決めた。

2017年12月7日付

五輪　パラリンピック

ア案　イ案　ウ案

2020年の顔 どれにする？

東京五輪・パラ マスコット3案

小学生投票で決定

2020年東京五輪・パラリンピック大会組織委員会は7日、大会マスコットの最終候補3作品を公表した。11日から全国の小学生が学校のクラス単位で投票し、多数決で決定する。小学生による選考は五輪史上初めてという。結果は来年2月28日に発表される。

3作品は、それぞれ五輪とパラリンピックのマスコットがペアになっている。組織委に一般から寄せられた計2042作品の中から選出され、商標調査などを2か月かけて行った。市松模様をあしらったキャラクター（ア案）や、招き猫やキツネ、こま犬（イ案）、キツネやタヌキ（ウ案）がモチーフになっている。

投票には7日午前の時点で、47都道府県と海外の日本人学校を合わせて4150校が参加する予定。全国には小学校が約2万校、約28万学級あり、今後も参加を受け付ける。組織委は「できるだけ多くの学校に参加してほしい」と呼びかけている。

＜関連記事19面＞

「東京の顔」選び　任せて！

「市松模様と日本の花が描かれている『ア案』がいい」「『イ案』は神社や守り神を基にしていて日本らしい」「『ウ案』は他の国の人が見ても日本とわかる」

東京都調布市にある市立小学校の4年生の教室で、17年12月11日に行われたマスコットを選ぶ授業。27人の児童が議論を戦わせた。多くの子供たちがポイントにしていたのは「日本らしさ」で、ある男子児童は「どれが日本っぽいか、オリンピックっぽいか、かわいいかを考えた」と話す。

3候補を紹介するプリントを手に4人1組で議論し、各班が推薦するマスコットを発表。それを踏まえ、改めて一人一人が考えをまとめ、最後は二者択一の決選投票となった。1票差でクラスで選ぶ候補が決まると、教室内には「よっしゃー」「えー」と、喜びと落胆の声が交錯した。

女子児童は「どれもよかったので、何に決まるか楽しみ。自分たちで選ぶのは緊張したけど楽しかった」と充実した表情だった。

野球・ソフトボール競技が一部開催される福島市の市立小学校。「ホワイトタイガーとツキノワグマは、韓国ではよく神話に出てくる動物です」。6年生のマスコット候補を選ぶ授業では、担任の先生が平昌（ピョンチャン）冬季オリンピックのマスコットを紹介した。

高学年の授業らしく、デザインに込められた思いは何か、日本のアピールにつながるか、外国人がどう思うかなど、バランスを考えた議論が展開された。授業を終えた児童は「人生で一度だけかもしれない投票に参加できて良かった」と感慨深げだった。

投票には、障害を持つ児童らが通う学校も参加している。

東京都府中市にある特別支援学校では、脳性まひなどがある7～9歳の6人が投票授業に臨んだ。組織委は、マスコットのイラストだけではなく、立体的な模型も用意している。6人の中に目の不自由な児童はいなかったが、副校長は「空間を認知する力が弱い脳性まひの子にとって、模型を触ることはデザインを理解するのにとても効果がある」と話す。

授業ではオリンピック・パラリンピックに込められた「平和」「多様性」の意義や、過去のマスコットに込められたメッセージも学んだ。意見を出し合ううちに「全部がいい」「僕も」と悩む場面もあったが、最後は多数決で一つに決まった。

授業を担当した教諭は「マスコット選考を経験したことで、東京大会が一気に身近になったはず」とほほ笑んでいた。

（18年1月9日付朝刊）

17年12月11日から18年2月22日まで、小学校のクラス単位で行われた投票には、海外の日本人学校も含め、1万6769校、20万5755クラスが参加した。

投票結果の発表は2月28日、テレビ中継され、各地の小学生が見守った。結果は、大会エンブレムと同じ市松模様をあしらった「ア案」が、最多の10万9041票を獲得。東京大会のマスコットに決まった。

「ア案」をデザインしたのは、福岡県に住むイラストレーターの谷口亮（りょう）さん。これまで小学生向け教材のキャラクターなどのデザインを手掛けてきた。谷口さんは記者会見で、「近未来感と伝統を融合したものが日本・東京らしいイメージだと思った」と今回のデザインの背景を説明し、「世界中の人に見てもらえると思うとワクワクする」と語った。

発表会場で立ち会った小学生は「（小学生の投票でマスコットを決めるのは）世界初のことだったのでドキドキした。（投票したことで）東京大会への興味がわいた。ボランティアなどで参加していきたい」と目を輝かせていた。

アスリートからも歓迎の声が上がった。柔道男子で東京五輪代表の有力候補、阿部一二三（ひふみ）選手は「近未来的なデザインで、東京2020にふさわしいと思う。東京五輪が近づいてきたと感じる」と話した。

「ミライトワ」と「ソメイティ」

商標権などの問題が絡むため、専門家に依頼して決められたマスコットの名前は18年7月22日に発表された。名前については小学生たちも投票できなかったが、お披露目のイベントには子どもたちが大勢招かれている。

2020年へ　夢が満開

2020年東京五輪・パラリンピックの大会マスコットの名前が22日決定した。五輪マスコットの「ミライトワ」と、パラマスコットの「ソメイティ」は今後、東京大会の大使として様々なイベントに登場し、盛り上げ役を担う。マスコットをお披露目するイベント

決定！東京2020大会マスコット

「東京の顔」市松模様

全国の小学生投

作者　43歳イラストレーター

2018年2月28日付

に参加した子供たちからは「格好いい」「かわいい」との声があがった。

大会組織委員会によると、ミライトワには「素晴らしい未来を永遠（とわ）に」という願いが込められた。ソメイティは桜のソメイヨシノと、英語で「非常に力強い」という意味の「so mighty（ソー　マイティー）」に由来している。

22日に東京都千代田区の東京ミッドタウン日比谷で開かれたデビューイベントには、2体のマスコットが登場。区内の小4男子は「名前に近未来感があっていい」と目を輝かせた。

その後、マスコットは台東区浅草近くから船で隅田川を下り、港区のお台場海浜公園まで水上パレードを行った。

マスコットのデザインは、全国の小学生による投票で今年2月に決定。名前は長野五輪のマスコットの名前も考案したネーミング専門会社が五輪とパラの各30案を提案。組織委の審査会が絞り込み、国際オリンピック委員会（IOC）の商標調査を経て決定した。

マスコットのデザインを手がけた福岡市のイラストレーター・谷口亮さんは「愛着がわく良い名前。皆さんに受け入れられ、大会がさらに盛り上がってほしい」と語った。（18年7月23日付朝刊）

2018年7月23日付

2020年へ　夢が満開
「ミライトワ」「ソメイティ」

2020年東京五輪・パラリンピックの大会マスコットの名前が22日決定した。五輪マスコットの「ミライトワ」と、パラマスコットの「ソメイティ」は今後、東京大会の大使として様々なイベントに登場し、盛り上げ役を担う。マスコットをお披露目するイベントに参加した子供たちからは「格好いい」「かわいい」との声があがった。

〈本文記事1面〉

大会組織委員会によると、ミライトワには「素晴らしい未来を永遠（とわ）に」という願いが込められた。ソメイティは桜のソメイヨシノと、英語で「非常に力強い」という意味の「so mighty（ソー　マイティー）」に由来している。

22日に東京都千代田区の

2　メダルとトーチ

みんなのメダルプロジェクト

「東京2020大会」が掲げた基本理念の一つは「未来への継承」だ。成熟国家・日本が、世界にポジティブな変革を促し、それらをレガシーとして未来へ継承していこうという理念である。「持続可能性」と言い換えてもいいだろう。

大会組織委は2018年11月、国連と「SDGs（持続可能な開発目標）」を推進する基本合意書を締結した。イベントなどで互いの取り組みを紹介して機運の醸成を図るものだ。

東京大会では、この理念に基づき様々なプロジェクトが実施された。その一つが、使用済みの携帯電話や小型家電から取り出したリサイクル金属を利用したメダル作りである。

不要となった小型電子機器は「都市鉱山」とも称される。1台のノートパソコンには、金が約0・3グラム、銀が約0・84グラム、銅は約81・6グラム使われており、日本の「都市鉱山」に埋蔵された希少金属の量は世界有数とされている。

15年の春、小型家電リサイクル事業者が立地している青森県八戸市、岩手県一関市、秋田県大館市の3市長が「リサイクル金属で東京大会のメダルを作ろう」と提唱した。組織委の「街づくり・持続可能性委員会」も16年1月、再生金属の活用を提言する。そして11月、組織委はリサイクル・メダルを採用する方針を決めた。資源の再利用を促進し、大会後もリサイクルの習慣が定着することを目指そうというものだ。また、全国に提供を呼びかけることで、国民参加型のオリンピックを強調したい狙いもあった。プロジェクト名はずばり、「みんなのメダルプロジェクト」。過去の大会のメダルでも一部に再生金属が使われたことはあったが、すべてをリサイクル金属で作るのは、史上初の試みだった。

ＩＯＣが求めるメダルの規格は、直径70～１２０ミリ、厚さ３～10ミリ、重さ５００～８００グラム。材料は、金メダルは銀に６グラム以上の純金でメッキを施す。銀メダルは銀製。銅メダルは特に規定がないが銅で作られる。つまり、金メダルも大部分は銀なので、必要とする量は銀が最も多い。東京大会の必要量は、金約10キロ、銅約７３６キロに対し、銀は約１２３０キロだった。

メダルの原料集めは17年春から始まり、全国の自治体などに回収ボックスを設置して、不要となった携帯電話などの提供を呼びかけた。しかし、最初の１年は思ったように金属の回収が進まなかった。期

２０１５年６月11日付

回収金属で五輪メダル

小型廃家電　一関市など共同提案

一関市と青森県八戸市、秋田県大館市は10日、使用済みの小型家電製品から回収した金や銀を２０２０年東京五輪・パラリンピックのメダルに再利用するよう提案した共同文書を、大会組織委員会（東京）に提出した。

提案書を提出した（左から）小林眞・八戸市長、勝部修・一関市長、吉田光明・大館市副市長（10日、東京都港区で）

提案書は３市長連名で、回収金属をメダルに活用することで環境に配慮した大会であると世界にＰＲすることができ、日本のリサイクル技術の高さを示せる、などとしている。東北地方では、３市に小型家電リサイクル法に基づく「認定事業者」があり、今後も連携して働きかけるという。

この日、組織委を訪れた勝部修・一関市長は「組織委の幹部には提案趣旨を受け止めてもらえたと思う」と話した。

２０１６年11月10日付

東京五輪・パラ

メダルにリサイクル金属

組織委方針 家電回収へ

２０２０年東京五輪・パラリンピックの大会組織委員会は９日の理事会で、大会のメダルにリサイクル金属を活用する方針を決めた。携帯電話などの小型家電に含まれる金属を再利用する。組織委によると、10年のバンクーバー五輪や今年のリオデジャネイロ五輪でも同様の取り組みが行われたが、メダル制作に向け

限までの折り返し地点となる18年3月時点で、銅は目標の半分を確保。しかし問題は銀だ。組織委の担当者は「銅の回収ペースからすると、倍近くが必要な銀はかなり不足している」とコメントしている。

当初は目標量への到達が懸念されたものの、「ピンチ」を伝える声に応えて、協力する自治体や事業所が拡大し、金、銀、銅すべてで目標量を確保した。最終的に、2年間で集まったリサイクル金属は、金32キロ、銀3500キロ、銅2200キロに上ったのである。

輝きの渦と扇

オリンピックのメダルのデザインは、夏季大会は表側にギリシャ神話の勝利の女神「ニケ」を描き、裏側には大会エンブレムなどを入れることになっている。冬季大会は比較的自由にデザインすることができ、06年トリノ大会でドーナツ形のメダルが製作された例もある。20年東京五輪の開幕まであと1年となった19年7月24日、組織委はオリンピックのメダルのデザインを発表した。

表面のデザインはIOCの規定に従い、勝利の女神「ニケ」と五輪シンボル（五つの輪）が描かれた。そして、開催地が独自色を出せる

２０１９年２月９日付

五輪メダル　金属集め順調

来月末　目標達成へ

２０２０年東京五輪・パラリンピックの全メダルを、携帯電話など小型電子機器から取り出したリサイクル金属だけで作る史上初の試みについて、大会組織委員会と東京都は８日、金属の回収量が目標に達するめどが立ったと発表した。回収は３月末で終える。

東京大会では、金、銀、銅合わせて少なくとも約５０００個のメダルが必要。金メダルは銀をベースに金メッキを施すことから、回収目標量は金30・3㌔、銀４１００㌔、銅２７００㌔と定められた。

17年４月から不用になった小型電子機器の回収を開始。昨年６月末時点で銅は目標を達成したが、金の回収率は54・5％、銀は43・9％にとどまっていた。その後、回収場所を大幅に増やすなどし、同10月末時点で金が93・7％、銀は85・4％に上昇。来月末には目標を達成できる見込みになったという。

裏面のデザインは４２１人の応募者から審査で決定し、大阪市在住のデザイナー、川西純市さんの案が採用された。

東京五輪のエンブレムを中央に置き、周囲に渦巻き状の切り込みを配置して、どの方向から見てもきれいに輝くのが特徴だった。川西さんは「選手の努力と栄光を輝く光の輪で表し、多様性を認め合って一つの輪になるような世界を表現したかった」と語った。

本体の重さは金メダルが５５６グラム、銀メダルが５５０グラム、銅は４５０グラム。金と銀は夏季大会史上、最も重いメダルとなった。各メダルの直径は85ミリで厚さは最大約12ミリである。

オリンピックのメダルのデザインが発表された約１か月後の８月25日、パラリンピックのメダルのデザインも発表された。

東京都在住の会社員、松本早紀子さんの作品が４２１人の応募者の作品から選ばれた。表面はパラリンピックのシンボルと「ＴＯＫＹＯ２０２０」の文字、そしてその点字表記が刻まれた。裏面は扇の中に岩、花、木、葉、水が描かれ、日本の自然を表したという。

メダルは扇から発想を得たデザインで、「人々の心を束ね、世界に新たな風を吹き込む」という理想が表現されている。視覚障害者もメダルの種類が分かるよう、側面に金は一つ、銀は

五輪メダル 輝きの「渦」

開幕まで1年 金・銀 最も重く

(上)東京五輪のメダルの裏面。左から銀、金、銅（広角レンズ使用）
(下)金メダルの表面

2020年東京五輪の開幕まであと1年となった24日、大会組織委員会は五輪のメダルのデザインを発表した。開催地が独自色を出せる裏面は421人の応募者から審査で決定し、大阪市在住のデザイナー、川西純市さん(51)の案が採用された。

裏面は東京五輪のエンブレムを中央に配置。周囲の渦巻き状の切り込みの角度を変えることで光を反射しやすくし、どの方向から見てもきれいに輝くのが特徴。川西さんは「選手の努力と栄光を輝く光の輪で表し、多様性を認め合って一つの輪になるような世界を表現したかった」と語った。表面は国際オリンピック委員会(IOC)の規定に従い、勝利の女神「ニケ像」と大会正式名称、五輪マークが描かれている。

本体の重さは金と銀が夏季大会最重量でそれぞれ556グラと550グラ。銅は450グラ。直径は85ミリで厚さは最大約12ミリ。メダルは使用済み携帯電話などから取り出した金属で作る。五輪では約2500個が必要で、来年5月に製造が完了する。＜関連記事26・37面＞

2019年7月25日付

二つ、銅は三つ、円形のくぼみを施した。松本さんは「アスリートの胸にたくさんの方の思いがこもったメダルが輝く姿を楽しみにしている」と話した。

本体の重さは金メダルが526グラム、銀メダルが520グラム、銅メダルが430グラムである。

このメダルの扇をモチーフとするデザインに対しては、韓国側から「旭日旗を連想させる」という抗議があった。しかし、国際パラリンピック委員会（IPC）のアンドルー・パーソンズ会長は9月12日、「全く問題ない。日本文化の要素を扇のイメージで反映したもの」と述べ、韓国側の抗議を受け付けることはなかった。

オリンピックのメダル、パラリンピックのメダルとも、デザイン発表後に数日間、東京都庁で展示され、大勢の人が一目見ようと行列を作った。

桜のトーチ

オリンピックの聖火には、平和と希望のメッセージが込められている。東京大会の日本縦断聖火リレーは、「Hope Lights Our Way」（希望の道を、つなごう）をテーマに、お互いが支え合い、認め合い、励まし合うというメッセージがあった。「震災からの復興」を開催意義の一

2019年8月26日付

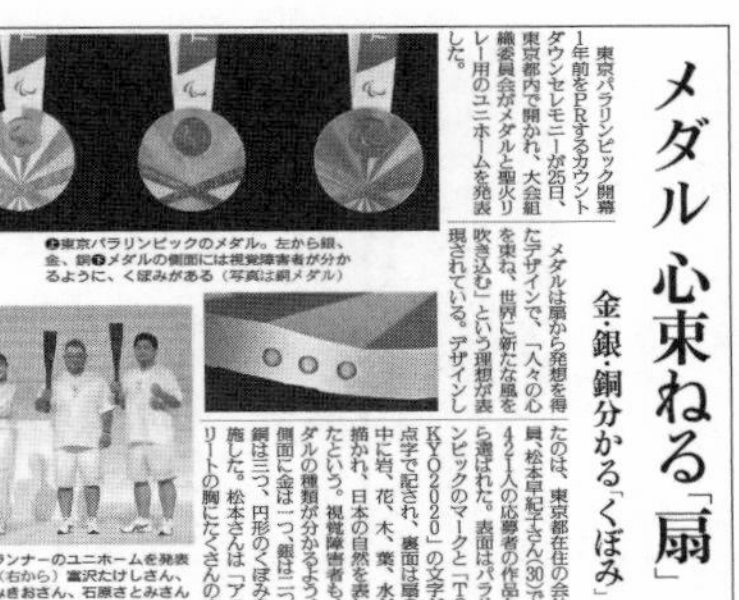

メダル 心束ねる「扇」

金・銀・銅分かる「くぼみ」

東京パラリンピック開幕1年前をPRするカウントダウンセレモニーが25日、東京都内で開かれ、大会組織委員会がメダルと聖火リレー用のユニホームを発表した。

メダルは扇から発想を得たデザインで、「人々の心を束ね、世界に新たな風を吹き込む」という理想が表現されている。デザインしたのは、東京都在住の会社員、松本早紀子さん(30)で、421人の応募者の作品から選ばれた。表面はパラリンピックのマークと「TOKYO2020」の文字が点字で記され、裏面は扇の中に岩、花、木、葉、水が描かれ、日本の自然を表したという。視覚障害者もメダルの種類が分かるよう、側面に金は一つ、銀は二つ、銅は三つ、円形のくぼみを施した。松本さんは「アスリートの胸にたくさんの方

上東京パラリンピックのメダル。左から銀、金、銅下メダルの側面には視覚障害者が分かるように、くぼみがある（写真は銅メダル）

聖火ランナーのユニホームを発表する（右から）富沢たけしさん、伊達みきおさん、石原さとみさん（25日午後、東京都渋谷区で）

つとする東京大会では、被災地に向けた思いも込められている。その象徴が聖火リレーで使用されるトーチだった。

大会組織委は２０１９年3月20日と25日、それぞれオリンピック用とパラリンピック用のトーチを公表した。

トーチは長さ71センチ、重さ１・２キロで、上から見ると桜の花の形をしている。色はオリンピック用がピンクと金色を合わせた「桜ゴールド」、パラリンピック用はよりピンク色を強調した「桜ピンク」。素材のアルミニウムの約3割には、被災3県の仮設住宅のアルミサッシが再利用された。

手掛けたのは世界的デザイナーの吉岡徳仁（とくじん）さん。「被災地の方々が苦悩を乗り越え、立ち上がる姿を世界の人に見てもらいたいという思いでデザインした」と語った。

吉岡さんのデザインは被災地の小学生から着想を得ている。きっかけは15年秋の図工の授業だった。

吉岡さんは、福島第一原発の事故で児童が減少していた福島・南相馬市の市立石神第一小学校を訪れ、児童と交流した。児童らは学校のシンボルとして校庭脇に立っていた２本のソメイヨシノの古木「百年

２０１９年3月21日付

聖火トーチ 桜ゴールド

トーチを披露する聖火リレー公式アンバサダーの野村忠宏さん（20日午後、東京都港区で）＝松本剛撮影

２０２０年東京五輪・パラリンピック大会組織委員会は20日、五輪の聖火リレーで使うトーチを発表した。形や色は桜をモチーフとしたほか、素材は東日本大震災の仮設住宅で使われたアルミニウムが活用された。

トーチは長さ71センチ、重さ1・2キロで、上から見ると桜の花の形をしている。色はピンクと金色を合わせた「桜ゴールド」で、素材のアルミニウムの約3割には、被災3県の仮設住宅のアルミサッシが再利用された。

デザイナーの吉岡徳仁（とくじん）さん(52)は「被災地の方々が苦悩を乗り越え、立ち上がる姿を世界の人に見てもらいたいという思いでデザインした」と語った。

◇

大会組織委員会は20日、五輪の聖火リレーの運営方法も発表した。聖火ランナーは1日あたり80～90人になるとみられ、走行距離は1人約200メートル。隣の都道府県や市区町村に移動する際は、聖火をランタンに入れて車両で運搬する。ランナーは今年夏頃から、公募や選考が行われる方向だ。

また、聖火は「親の火」と「子どもの火」を用意。島嶼（とうしょ）部などの遠隔地にリレーする際には、事前に運んでいた「子どもの火」からトーチに着火する形でリレーするという。

２０１９年3月26日付

パラ咲き誇る 桜ピンク

聖火トーチ発表

㊤トーチを披露する聖火リレー公式アンバサダーの田口亜希さん ㊦聖火リレーで使用されるトーチ。五輪用と同じように桜の花の形をしている（25日午後、東京都港区で）＝いずれも西孝高撮影

２０２０年東京五輪・パラリンピック大会組織委員会は25日、パラリンピックの聖火リレーで使うトーチを発表した。聖火リレーや各イベントは20年8月13日から開会式が開かれる同25日までの13日間行われる。日夜に東京都内で行う「集火式」で一つにまとめられる。都内での聖火リレーを経て、開会式で聖火台に届

桜」を思い浮かべ、画用紙いっぱいに朱色の大きな花びらを5枚描いた。力強く描かれた花を見て吉岡さんは直感した。「この桜は未来への明るい希望だ。聖火トーチにしたら、日本中が勇気づけられる」

イメージしたのは、五つの花びらから現れ、一つになって立ち上る炎。ネジも溶接も使わず、継ぎ目のない桜形の多面体で光を反射し、ランナーに輝きを与えたい――。しかし、技術的には相当に難しいものだった。完成までのエピソードを記事が次のように伝えている。

技術を結集

あふれる思いを形にするため、100社以上に連絡し、時に会社を訪ねて担当者にかけ合ったが、「無理だ」との答えが多かった。

即座に請け負ってくれたのは、航空機や新幹線の部品などを製造する「UACJ押出加工」（東京）の熊沢朗さん。金型に入れたアルミに圧力を加え、小さな隙間から押し出して様々な形状にする自社の技術に自信を持っていた。トーチ製作責任者の熊沢さんから相談を受けた技術部門の岡村安展（やすのぶ）さんの職人魂にも火がついた。「難易度は高いが、自分たちの技術力があればできる」

17年11月に出来たトーチ本体の試作品は厚さ約2ミリ、重さ約1・5キロで、片手で持って走るには重い。強度を保ちながら軽量化するため、金型を何度も作り直し、実験を重ねた。厚さ1・1ミリ、重さ約650グラムにして完成したのは、昨年3月の発表直前だった。

もう一つの重要部品は、トーチの中心に組み込まれたバーナー。121日かけて全国を巡る聖火リレーの炎は消えてはならず、風雨に耐える性能が必要だった。

吉岡さんが行き着いたのは、登山用品などを手がける「新富士バーナー」（愛知県豊川市）。同社専務の山本宏さんが「バーナーの直径は7センチが限界」と伝えると、吉岡さんは言った。「花の中心部がそんなに大きいと、桜ではなくヒマワリになってしまう」

2人は、時に激しくやり合いながら研究を進め、直径3センチのバーナーを作り上げた。山本さんは「ものづくりに携わる者として、吉岡さんの執念に違和感はなかった」と振り返る。

トーチの花びらから赤い炎、内側は熱せられた白金のまばゆい光、最下部には高温の青い炎が上る。風速17メートルの風や1時間あたり50ミリの雨でも消えない。

吉岡さんは胸を張る。「同じ情熱を持つ人たちに出会えてうれしい。今までにないデザインと高い技術を駆使したトーチになった」

（20年3月20日付朝刊）

桜のトーチが採用されたことを伝え聞いた石神第一小学校の児童の1人が行動を起こした。

桜トーチに希望込め

灯す Tokyo2020 下

斬新デザイン

福島の児童の絵 ヒント

「僕らは元気です」

技術を結集

2020年3月20日付

自分たちの絵がトーチのヒントになったことを知り、「自分も走りたい」と聖火ランナーに申し込み、選ばれた。「吉岡さんのトーチが選ばれ、そして自分がそれを持って走るなんて。偶然がつながってびっくり」と声を弾ませた。

聖火リレーは21年3月25日、福島県のＪヴィレッジナショナルトレーニングセンターからスタートした。新型コロナウイルスの感染拡大によって簡略化されたものの、日本中を１２１日間かけて縦断した。

3　新競技の新しい風

スポーツのイメージを変えた

東京オリンピックでは開催都市・東京の提案によって「野球・ソフトボール」「空手」に加え、「スケートボード」「スポーツクライミング」「サーフィン」という若者に人気のスポーツが追加競技として採用された。

五輪の歴史のなかで、より大きな意味を持ったのは、若者向け3競技だったかもしれない。野球・ソフトボールと空手は、２０２４年パリ五輪の追加競技に入れず、28年ロサンゼルス五輪以降に望みを託すことになった。しかし若者向け3競技はＩＯＣが「成功」を高く評価、夏季五輪の正式実施競技入りが確実になっている。

なかでも「スケボー」は、オリンピックの舞台で、スポーツのイメージさえも変えてしまうような印象を残した。当初、誰がここまでのブームを予想出来ただろうか。

読売新聞の記事を振り返ると、「スケートボード」がオリンピック競技として浮上したのは、国際オリンピック委員会（ＩＯＣ）が追加競技を承認した16年8月のリオデジャネイロ総会のわずか1年前だった。

東京大会の組織委員会は、「開催都市は追加競技を提案できる」というＩＯＣの新ルールに基づき、提案する競技の選考を進めた。最終選考に進む8競技が発表された15年6月の時点で「スケートボード」の名前はない。当時は「ローラースポーツ」の一部と認識されていたのだ。

15年7月14日の読売新聞は「我こそは追加種目」と題して、最終選考に残った8競技を紹介しているが、そこで「ローラースポーツ」として写真付きで取り上げられていたのは、スケートボードではなく、「ローラースケート」のスピード種目だった。スケートボードは、この時点でノーマークとは言わないまでも、有力ではなかったことがうかがえる。

それが9月に5競技に絞られた段階で、「ローラースポーツ（スケートボード）」と表記される。その種目として「ストリート」「パーク」があることも発表された。スケートボードは、都市型スポーツとして米国で高い人気を誇る大会「Ｘゲームズ」の主要競技だった。スポンサー料を合わせて年収1億を超える選手もいる。ＩＯＣが望む「若者からの支持が高い競技」という観点に立てば、「ローラースケート」でなく「スケートボード」であった。

しかし、まだまだ新興の競技だ。ＩＯＣが承認する「国際ローラースポーツ連盟」にはスケートボード部門はまだ出来たばかりで、この時点では、国際的なルールも定まっていなかった。それでもＩＯＣと大会組織委は「Ｘゲームズ」での絶大な人気を重視したのである。

スケートボード、スポーツクライミング、サーフィンは、五輪競技に採用されたことで幅広い世代に認められることになった。読売新聞には「追加競技に夢中　爽やかクライミング　和やか親子スケボー」「『新競技』でわが街ＰＲ　東京五輪の波に乗れ」といった見出しの記事が頻繁に掲載されるようになった。

どの競技にも、メダルを狙える有力な日本人選手がいたことも大きい。スケボーは、18年にインドネシアで開かれたアジア大会で、当時16歳の四十住（よそずみ）さくら選手が金メダルを獲得して日本中を驚かせた。四十住選手は東京五輪でも金に輝く。スポーツクライミングとサーフィンも若い日本人選手がオリンピックでメダルを首にかけた。

これまで「若者のカルチャー」と思われていたものが「スポーツ」と認識されたのである。こうした流れは、今後の五輪でも加速するだろう。24年パリ大会にはさらなる新競技として「ブレイキン（ブレイクダンス）」が採用される。

新競技採用の一方、ＩＯＣは17年6月、既存の五輪競技に新種目を追加した。主な新種目はバスケットボールの男女３人制、柔道の混合団体、卓球の混合ダブルス、競泳の混合４００メートルリレーや自転車の男女ＢＭＸフリースタイルなどだ。

バッハ会長が「若者に人気で都市部でも行えるスポーツが増え、より多くの女性が参加する」と述べた通り、男女平等と若者の関心を重視した結果となった。男女の混合種目はリオデジャネイロ大会の9から18に倍増した。

日本は水谷隼選手と伊藤美誠選手が組んだ卓球の混合ダブルスで初代王者となり、柔道の混合団体では銀メダルを獲得した。

4　チケット争奪戦

申し込みに6時間待ち

２０１９年5月9日。朝から多くの人がスマホやパソコンの画面を凝視していた。翌年に控えたオリンピックの国内在住者向けチケット販売の抽選申し込みがついにスタートした。開閉会式と各競技、計７８０万枚に上るチケットの争奪戦だった。当日の読売新聞を読み返すと、国民のオリンピックに向けた熱気が伝わってくる。

――五輪チケット　初日殺到

２０２０年東京五輪の国内在住者向けチケットの抽選申し込みが9日、公式販売サイトで始まった。大会組織委員会によると、サイトには同日午後5時までに延べ約１３０万人が接続し、つながりにくい状態が続いた。

組織委によると、購入前に必要なＩＤ登録を終えた人は9日時点で３００万人を超え、12年ロンドン大会の約２００万人（同時期）を大幅に上回った。

東京都中野区のライターの男性（33）は受け付け開始の午前10時にパソコンで手続きを始めたものの、申し込みを終えたのは約6時間後の午後4時頃だった。

最初は順調に手続きが進んだ。しかし徐々にサイトの動きが遅くなり、10分ほどで画面が動かなくなったという。その後も接続を繰り返し、やっとの思いで開閉会式や柔道などのチケットを申し込んだ。この男性は「疲れたけれど、無事に終わって良かった」と喜んだ。

一方、スマートフォンで挑戦した福井市の主婦（42）は、すぐに閉会式のチケットを申し込むことができた。「絶対に見たいので、忘れないように今日申し込んだ。抽選でもこの幸運が続いてほしい」と祈っていた。

組織委は、この日に備え、サイトへのアクセス集中で混乱しないよう準備してきた。昨年12月まで実施した大会ボランティア募集では、締め切り直前

五輪チケット 来月９日から

開会式 最高30万円

抽選申し込み

２０１９年４月１９日付

五輪チケット 初日殺到

申し込み 6時間待ちも

サイト 130万人接続

２０１９年５月１０日付

に申し込みが殺到してシステムに不具合が生じたことを受け、「国内大会のチケット販売では最大容量のサーバー」（組織委担当者）を導入。大きな負荷をかけたテストも複数回行ったが、「想定を上回るアクセスがあった。一時的な混雑によるもので、サーバーが停止したわけではない」と説明している。

（19年5月10日付朝刊）

これはあくまでも抽選の申し込みである。先着順ではないから、あわてる必要はまったくないのだが、それでも初日にこれだけ殺到したのだ。日本で開かれるオリンピック・パラリンピックを自分の目でみたい、という思いの反映と言えるだろう。

3週間後、申し込みが締め切られた。チケット申し込みに必要なID登録を行った人は約750万人、公式販売サイトへの接続数は9日の受け付け開始から約2425万件に上った。受け付けは当初、28日深夜に締め切られる予定だったが、駆け込みの申し込みが急増したため、組織委は急遽、12時間延長した。28日深夜には、最も多い時で約100万人がサイト内で待機状態となり、つながるまでに約3時間半を要した人もいたという。

事前に発表されたチケットの最高価格は開会式の最も良い席の30万円。次いで閉会式の22万円、陸上競技の男子100メートルや男女400メートルリレー決勝などが行われる日の13万円と続いた。超高額チケットが販売された一方で、半数以上のチケットを8000円以下で購入出来るようにしたほか、子ども・高齢者・障害者を含む団体が1人2020円で観戦できる

「2020円チケット」も用意するなど、価格にメリハリをつけた。

人気イベントで懸念されるのが、過去のオリンピックでも問題となったチケットの不正転売だった。18年の平昌冬季大会では、完売したはずの人気競技で会場に空席が目立つ事態があった。転売目的のチケット買い占めも一因とみられていた。

そのため、組織委では「メルカリ」「ラクマ」「ヤフオク!」といったオークションサイトに協力を要請した。運営する3社はそれぞれチケットの出品を禁止する方針を決定。「ヤフオク!」を運営するヤフーの広報担当者は「組織委とも連携しながら、チケットの不正転売が行われないよう、24時間態勢で監視していく」と話していた。

結果発表、悲喜こもごも

抽選結果は6月20日、通知された。公式販売サイトの「マイチケット」に抽選結果を掲載したが、申し込み時と同様に、当落の確認を求める人が殺到し、20日の午後1時の時点で135万人が接続したため、結果の確認までに3時間かかるケースがあった。組織委は当初、秋に先着順販売を予定していたが、予想を上回る人気に、秋の販売も抽選とすることに決めた。

抽選結果を受け取った人たちの声を読売新聞が伝えている。

当選　落選　再挑戦

「金メダルを獲得する瞬間に立ち会いたい」「まさか当たるとは」――。2020年東京五輪のチケット抽選結果が20日発表され、都内でも当選者らが喜びに沸いた。一方、落選者も「次回は必ず当てたい」と期待を込めた。

江戸川区の会社員女性(25)は、江東区の有明アリーナで開かれるバレーボール女子決勝のチケットを見事当てた。

「東洋の魔女」と呼ばれ、前回の東京五輪で金メダルを獲得した日本の女子バレーボールチームを「女性スポーツの象徴」と思い、応募した。妹(22)と見に行くといい、「再び日本が決勝に進み、金メダルを獲得する瞬間に立ち会いたい」と胸を躍らせた。

世田谷区オリンピック・パラリンピック担当課の女性(29)は、総合馬術クロスカントリーに当選した。区内の馬事公苑で馬術競技が行われることから同競技の魅力発信に力を入れており、「生け垣や水濠(すいごう)などを進むので迫力がある。世界レベルの戦いが楽しみ」と目を輝かせた。

一方、落選者は悔しさをかみしめた。

白血病の治療を続ける競泳女子の池江璃花子選手が通った江戸川区のスイミングスクールで池江選手と一緒に水泳を習った葛飾区の大学3年の男性(20)は、競泳の決勝・準決勝に申し込んだが落選した。「璃花子には焦らず、まずは病気を治してほしい。復活を信じ、今後もチケットの申し込みを続けます」と語った。

江戸川区の会社員男性（59）は20日夕、長男（11）と一緒にのぞき込んだパソコンで、申し込んでいたカヌー競技の落選を知った。「うわー」「ショック」と親子でうなだれた。江戸川区が五輪カヌースラローム会場に選ばれ、約2年前に区内で結成されたカヌークラブに親子で入会し、毎週練習に励んでいる。長男は「もう一度、家族で次の申し込みをし、リオ五輪で銅メダルを取った羽根田卓也選手を目の前で応援したい」と意気込んだ。

（19年6月21日付朝刊）

5　マラソン札幌移転

唐突だった移転話

２０１９年も秋になり、新国立競技場もほぼ完成して、いよいよ来年は東京２０２０大会というムードが高まってきた。そこへ、新国立やエンブレムの白紙撤回に匹敵しそうな騒動が巻き起こる。

発表はあまりにも唐突だった。

19年10月17日、朝刊1面に「五輪マラソン　札幌検討」という見出しが躍った。ＩＯＣが16日、東京五輪で行われるマラソンと競歩の会場を、暑さ対策のために、東京から札幌市へ移す計画を発表したのだ。ＩＯＣはすでに国際陸上競技連盟には伝えてあり、これから東京都や各国の五輪委員会と協議するという。

マラソンといえば、近年の大会では男子のレースが最終日に行われ、閉会式でメダルの授与が行われるなど、最も注目される「大会の華」の一つだ。それを移転するという重大な変更計画が、事前に東京都への打診もなく発表されたことに、関係者の衝撃は大きかった。

ＩＯＣのトーマス・バッハ会長は「選手たちの健康と安全は常に私たちの関心の中心にある。提案は、私たちがこの課題をいかに真剣にとらえているかの証左だ」との談話を発表し、国際陸連のセバスチャン・コー会長も「選手たちに最高の舞台を提供するのは、全ての大きな大会にとっての目標だ。運営側と協力し、最高のコースをつくる」とコメントした。両者の間では、札幌移転は既成事実化していた。

突然の移転話のきっかけは、この年の9月下旬から10月上旬にかけて行われた陸上の世界選手権だった。場所は中東カタールのドーハ。カタールは22年のサッカー・ワールドカップの開催国だが、夏の酷暑を避けるために、通常の6月開幕から11月開幕へ時期をずら

五輪マラソン札幌検討

競歩も ＩＯＣ 暑さ対策

【ジュネーブ＝杉野謙太郎】国際オリンピック委員会（ＩＯＣ）は16日、2020年東京五輪の陸上競技で男女のマラソンと競歩の競技会場を、東京から札幌市に移すことを計画していると発表した。暑さ対策のためで、すでに国際陸上競技連盟に伝えたという。

ＩＯＣは移転の是非について、開催都市の東京都や国際陸連、各国の五輪委員会などと検討するとしている。ＩＯＣの東京五輪調整委員会（ジョン・コーツ委員長）は、10月30日～11月1日に東京で行う会議で、移転について議論する。

ＩＯＣのトーマス・バッハ会長は「選手たちの健康と安全は常に私たちの関心の中心にある。提案は、私たちがこの課題をいかに真剣にとらえているかの証左だ」との談話を発表した。

国際陸連のセバスチャン・コー会長も「選手たちに最高の舞台を提供するのは、全ての大きな大会にとっての目標だ。運営側と協力し、最高のコースをつくる」とコメントした。

東京大会でのコースはすでに決まっており、マラソンは女子が8月2日、男子

2019年10月17日付

五輪マラソン

猛暑懸念 組織委に伝達

ＩＯＣ 会長、ドーハ視察後

国際オリンピック委員会（ＩＯＣ）がマラソンの女子（8月2日）、男子（同9日）、競歩3種目（7月31日、8月7、8日）の開催地を東京から札幌に移すことを検討していると発表した16日、関係者からは戸惑いの声が相次いだ。これまでの準備を優先するのか、暑さ対策を重く見るのか、議論の行方が注目される。

＜本文記事1面＞

東京五輪の男女マラソンと競歩の計画は、これまでも暑さへの対応で紆余曲折を経てきた。時計の針を1～2時間進めるサマータイム導入や夜開催を求める声もあったが、スタート時間を繰り上げることで一応の決着をみた経緯がある。

大会招致に立候補した段階の計画では、男女マラソンのスタート時間は午前7時半だった。しかし、日本の猛暑を懸念するＩＯＣや組織委の間でさらに交渉が進められ、最終的に男女マラソンは立候補段階より1時間半早い午前6時、男子50キロ競歩は2時間早い午前5時半となった。

また、コースは組織委が競技関係者と議論を重ねて決定された。マラソンは新国立競技場をスタートし、銀座や浅草、皇居外苑などを巡って新競技場に戻るルートだ。今年9月には本番とほぼ同じコースで代表決定レース、マラソングランドチャンピオンシップ（ＭＧＣ）を開催。警備やボランティアなど本番を見据え

2019年10月17日付

すことになったほど、気温が上がる国だ。秋になっていたとはいえ、この世界陸上では暑さを考慮して、マラソンと競歩を深夜に行った。それでも気温30度、湿度は70%を超え、女子マラソンでは68人中半数近い28人が途中棄権する異例の事態となった。

大会に参加した選手や関係者が「死者が出たかもしれない」などと批判し、各国のメディアが「次は東京か」と取り上げ始めたことで、バッハ会長が危機感を募らせたという。東京大会のIOC調整委員長であるジョン・コーツ氏は、「東京五輪で同じことが起きれば、それが歴史として刻まれる。どんなにすばらしい組織運営や会場でも、次々に担架で運ばれる選手たちの姿が評価を決めてしまうだろう」と理由を説明した。

IOCは日本側にまったく事前連絡をしなかったわけではない。発表に先立って、まず大会組織委の森喜朗会長にマラソンの札幌移転を打診している。それは10月11日のことだ。「バッハ会長の意志は固い」とみた森氏は、橋本聖子五輪相、萩生田光一文科相に連絡し、水面下での協議が始まった。

だが、IOCは日本側に時間的余裕を与えなかった。15日、オーストラリアにいたコーツ調整委員長から電話が入る。

コーツ「大会組織委員会で今日中に結論を出してほしい」

森「待ってほしい」

コーツ「ドーハに向かう飛行機に乗るまでに結論を」

17日からドーハで各国オリンピック委員会連合の総会が予定されていた。ドーハは猛暑のマラソンで惨憺（さんたん）たる結果を見た場所だ。そこで開かれる会合で発表したいらしい。それは相談ではなく、「IOCの権限と責任で決める」という通告だった。

東京都の小池百合子知事が、組織委の武藤敏郎事務総長から事の次第を知らされたのはその後だ。都と小池知事は蚊帳（かや）の外に置かれた形である。これほど重大な案件が、即座に開催都市に伝えられなかったのは、やはり森会長と小池知事の微妙な関係が影響したのかもしれない。

収まらない小池都知事

もちろん、東京都も小池知事も収まるはずがなかった。

東京五輪のマラソンコースは、東京タワーや銀座、浅草の雷門、といった都内の観光名所を通り、東京の魅力をアピールするには絶好の舞台だ。

この年の5月には、国内在住者向けの1次抽選でマラソンの観戦チケットの販売もスタートしていた。また、暑さ対策として、路面の温

国際オリンピック委員会（IOC）は、東京五輪のマラソンと競歩を札幌市で行う案を突如打ち出した。札幌市側は歓迎する一方、16日の発表前日まで連絡がなかった東京都側の憤りは収まらない。10か月後の開催まで準備に残された時間は少なく、大きなしこりが残った形だ。（社会部 前田達太郎、編集委員 結城和香子、北海道支社 南敏也）

スキャナー SCANNER

マラソン変更 都は蚊帳の外

■明暗

「ドーハの世界陸上で棄権するアスリートが多かったので、IOCは相当な危機感を持って決断したのだろう」。19日午後、札幌市内で取材に応じた橋本五輪相はIOCの決断理由をそう分析した。同席した秋元克広・札幌市長は「札幌、北海道らしさを感じてもらえるようなコースになればうれしい」と笑顔を見せた。北海道では歓迎ムードが漂い、すでに関係機関が実務者会議を開くなど準備が始まっている。

対照的なのは、「花形種目」を奪われた形の東京都だ。小池百合子知事は18日の記者会見で、都と協議をせずに計画を発表したIOCの対応について「疑問を感じざるを得ない」と不満をあらわにした。

猛暑のため深夜に行われた世界陸上の女子マラソン。水を受け取り体を冷やす選手たち（9月28日、ドーハで）＝関口寛人撮影

■急転直下

きっかけは、カタールのドーハで9月下旬から10月

2019年10月21日付

度上昇を抑える「遮熱性舗装」の導入を発表するなど、準備も進めていた。

よほど腹に据えかねたのだろう。小池知事は「（マラソンの移転は）突然降ってわいた話。青天の霹靂（へきれき）だ。復興五輪なので（東北地方の）三陸を回るという考え方もある」、「涼しいところというのであれば、北方領土でやったらどうか」などと、不用意な発言を連発している。

肝心の選手の側の受け止め方はどうだったか。7月の平均気温（2010年までの30年間）は東京の25・0度に対し、札幌は20・5度。8月は東京が26・4度、札幌が22・3度で、統計通りなら体への負担が減ることは間違いない。

ただ、日本陸連からすれば、当初から暑さに強いことを選考基準の一つとして選手を選んでおり、東京でのレースを想定して、長い時間をかけて暑熱対策も進めていただけに、そのアドバンテージが消えるというジレンマもあることはあった。

一方、札幌市は歓迎した。五輪では札幌ドームがサッカー会場の一つにはなっていたが、それだけでなく花形種目の開催地になる。秋元克広市長は「大変驚いている。札幌市としては、大変ありがたいことと捉えたい。アスリートファーストの視点での検討ということを最大限尊重すべきだと考える」と話した。

2030年冬季五輪の招致に乗り出す動きを見せていた札幌市としては、運営能力の高さを

2019年10月18日付

「北方領土で」
小池都知事

東京都の小池百合子知事は17日午前、都内で開かれた会合で、マラソンと競歩会場変更の計画に触れ、「涼しいところと言うのであれば、北方領土でやったらどうか」などと発言した。同日夕、報道陣から真意を問われ、「突然の札幌で、北の方だから（選ばれた）ということだったので、一案として申し上げた」などと述べた。

アピールできる絶好の機会が与えられた形である。問題は、翌年夏までの短い期間で、準備ができるかだ。札幌市ではハーフマラソンの大会である「札幌マラソン」や、フルマラソンの「北海道マラソン」の開催実績はあるが、競歩については大きな大会を開催した経験がない。

11月1日、都内でＩＯＣと国、東京都、大会組織委員会のトップ級による会談が行われ、札幌移転が正式に決まった。

小池知事は「東京で実施するのがベストという考え方は変わらない」と、最後までマラソンと競歩の東京開催を主張した。「大会成功に向けて、ＩＯＣの決定に同意はできないが、妨げることはしない。合意なき決定だ」と無念さを隠そうともしなかった。

この席では、札幌移転で生じる新たな経費については、都に負担させないこと、マラソンと競歩以外の会場は変更しないことなども確認された。コーツ調整委員長は、「都民が落胆する気持ちはよくわかるが、アスリートの健康を守るためにやらざるをえないことを理解してほしい。選手が準備するためにも早く決断しなければならなかった」と移転に理解を求めた。

マラソンのコースについては当初、ＩＯＣ側から札幌ドームをスタ

都知事「合意なき決定」

マラソン　札幌開催

「東京がベスト　変わらぬ」

都民がっ

2019年11月02日付

大通公園発着が最有力

五輪マラソン　札幌ドーム困難

2020年東京五輪のマラソンを、暑さを避け札幌市で行う国際オリンピック委員会（ＩＯＣ）の計画について、大会組織委員会が市中心部の大通公園発着を最有力としていることがわかった。複数の大会関係者によると、ＩＯＣが希望した札幌ドーム発着は施設面などから困難と判断、ＩＯＣ側から大筋で了承を得た。

札幌ドームと比べ大通公園は大規模な観戦場所の確保が難しく、従来の発着点の新国立競技場（東京都新宿区）の席を販売しているチケットの減収が予想される。組織委は札幌ドームでチケット収入を得ても改修経費の負担が重いとみており、様々な可能性にも備え議論の材料を整える。移転を切った五輪のコース新設は厳しいとみる。12年までの是非は30日からの調整委

2019年10月27日付

ートとゴールとする案が示されていたが、ドームの改修や周辺道路の整備に多額の費用がかかる可能性があることから、日本陸連公認の北海道マラソンと同様に大通公園を発着点とすることでまとまった。

ワールドアスレティックス（19年11月に「国際陸連」から改称）やＩＯＣとの細かい調整を経て12月19日、札幌市中心部の約20キロを1周した後に約10キロを2周するコースが正式に決定された。マラソン移転の電撃発表からわずか2か月である。

ＩＯＣのやり方は問題の多いものだった。札幌への移転を正式決定した11月1日の4者会合を受け、スイス・ジュネーブでＩＯＣ本部の取材を担当する記者は次のように書いている。

五輪マラソン「札幌」　IOC　対話おろそかに

ここ数年、国際オリンピック委員会（ＩＯＣ）は五輪招致に立候補する都市の減少に悩まされてきた。大会開催にかかる莫大（ばくだい）な費用に、大会後に残される負の遺産……。批判は数あれど、結局、不人気の根っこにあったのは、五輪という夢の祭典に向け、人々が何を求めているかに耳を傾ける、真剣な対話をおろそかにしてきたＩＯＣの姿勢だろう。

今回の札幌移転を巡り、選手の健康・安全を理由としたのは、異を唱えようのない正論だ。しかし、移転案の発表からわずかな時間で、丁寧な説明もなく、費用負担の意思も示さないままに決定したのは性急で、対話や説明を欠くＩＯＣの変わらぬ体質を露呈した。

ＩＯＣは五輪について、複数の都市や国で分散開催ができ、ＩＯＣ側が候補地を指名できるといった大胆な改革を進めている。ただ、ともに五輪を開催する都市との十分な対話がなければ、せっかくの改革も、仏作って魂入れず、となりかねない。

大切なパートナーである開催都市を軽視した今回の対応を、世界はどう見るだろう。ＩＯＣには苦い記憶を教訓に、信頼回復に努めてほしい。（ジュネーブ　杉野謙太郎）（19年11月2日付朝刊）

マラソンと競歩の移転に伴う費用はＩＯＣが負担することになったものの、ドーハ世界陸上での棄権続出に危機感を覚えたバッハ会長が、会場変更を一方的に日本に「通達」したことは、強引だと批判されても仕方のないアプローチだ。確かに4者会談では「会場変更の権限はＩＯＣにある」とも再確認しており、オリンピック憲章や開催都市契約から逸脱はしていない。また、ドーハで棄権した女子選手の様子が欧米の報道で大きく取り上げられ、スポーツ界内部の懸念や東京五輪に対する批判に火がつき始めていたことも事実である。

しかし、この時にＩＯＣは独善的な印象を残してしまった。それがコロナ禍による延期と開幕までの過程で、日本でＩＯＣに対する不満や批判が高まる伏線となったことも間違いない。

第四章　延　期

1　新型コロナウイルス

中国で原因不明の肺炎

２０２０年1月。令和となって初めて迎える新年だ。そして、東京オリンピック・パラリンピックが開催される年だった。読売新聞も年頭の紙面で「東京２０２０大会」に関する特集や連載を大きく掲載している。05年9月の石原都知事の招致演説から14年余り。長かったマラソンも開幕まであと半年余りのラスト・スパートである。

そんな五輪への期待ムードにあふれる正月の朝刊に、「中国で原因不明肺炎」という、わずか13行のベタ記事が載っていることに気づいた読者はどれだけいただろう。

それから「中国の肺炎」をめぐる記事は、日を追うごとに大きくなっていった。

1月上旬のうちに「原因は新型コロナウイルスか」と報じられ、中旬になると湖北省武漢市で感染者が急増、下旬に同市が封鎖される。だが「武漢封鎖」を伝える1月23日夕刊1面には、東京大会で日本選手が着る華やかな「開会式服」の記事もいっしょに載っていた。オリンピックとパラリンピックの選手が紅白のツーピースを着てポーズを決めている。この時はまだ、コロナ禍が実際に五輪開催を揺るがすことになるとは思えなかった。1月末、インターネット上で「東京五輪中止」の偽情報が拡散する騒動が起きた。大会組織委員会はもちろん、全面否定した。

ラスト・スパートに入ったはずの東京2020大会までのマラソン。ゴールと思っていた時点の先に、予想もできなかった過酷な1年が追加されることになる。

世界へ感染広がる

2月に入ると、横浜に入港したクルーズ船「ダイヤモンド・プリンセス」で感染が広がり、日本がコロナ禍の最前線となってしまった。また、中国で行われる予定の五輪予選や国際大会が次々と中止あるいは

2020年1月1日付

◆中国で原因不明肺炎

【北京＝比嘉清太】中国国営中央テレビ（電子版）などによると、湖北省武漢市当局は30日、市内の医療機関で原因不明の肺炎患者が相次いで確認されたと発表した。当局は27件の発症が確認され、このうち7件が「厳しい病状」だとしている。中国政府は専門家チームを現地に派遣し、状況の把握に乗り出した。当局は「新型肺炎（重症急性呼吸器症候群＝ＳＡＲＳ）とは断定できない」としている。

は開催地変更となり、五輪本番への影響が現実味を帯びてきた。

国際オリンピック委員会（ＩＯＣ）のジョン・コーツ調整委員長は2月14日、都内で記者会見し、「五輪の中止や延期の必要はないと世界保健機関（ＷＨＯ）に言われている」と述べて、予定通りの開催を明言する。しかし直後にＷＨＯは「開催の是非を判断できる立場にない」とコーツ発言を打ち消した。

2月下旬、今度はカナダのＩＯＣ委員が「開催の可否は5月下旬が判断の期限」「1年延期も不可能ではない」などと発言。ＩＯＣのバッハ会長はただちに電話会見を行って、「7月に東京で五輪開会式が行われることを確信している」「臆測にとらわれたり、（過去に五輪を中止に追い込んだ）戦争と比べたりすることは適切ではない」と話し、火消しに躍起となった。

一方で、間近に控えたロンドン市長選挙の有力候補2陣営が、「もし東京で五輪が開けない場合はロンドンが引き受ける」という構想を打ち上げる。その頃はまだ、コロナ禍の中心はアジアで、英国では対岸の火事と見ていたのだ。ところが、まもなく感染は一気に世界へと広がり、欧州もまったく他人事（ひとごと）ではなくなった。

日の丸カラー継承

五輪・パラ公式服

Tokyo 2020

新型肺炎 武漢を「封鎖」

航空・鉄道 公共交通停止

2020年1月23日付

３月に入ると、コロナ禍の状況はいっそう深刻度を増し、７月の五輪開催は難しいかもしれないという雰囲気が強くなっていく。

ＩＯＣはそうした見方を、断固とした声明によって打ち消そうとした。同時にＷＨＯと連絡を取り合い、さまざまな可能性を探ってもいた。読売新聞の特派員が連日のように動きを伝えている。

「東京五輪中止なら、ロンドンで」

感染拡大受け　市長選２候補　意欲

【ロンドン＝広瀬誠】今年5月に実施されるロンドン市長選挙の主要候補2人が、新型コロナウイルスの感染拡大で今夏の東京五輪・パラリンピックが中止された場合に、ロンドンが代替開催地として手を挙げる考えを示した。

ロンドンは2012年に五輪・パラリンピックを開催している。保守党から市長選に出馬するベイリー氏は18日、ツイッターに「ロンドンは20年に五輪を開催できる。我々には施設や経験がある。世界が我々に（準備の）加速を必要とするかもしれない」と書き込んだ。

現職で労働党のカーン市長の広報担当者は、ロンドンの地元紙シティー・エーエムに「万が一開催を求められれば、ロンドンは本気で取り組む」と語った。

２０２０年２月21日付

五輪成功へ全力　ＩＯＣ会長声明

【ローザンヌ＝杉野謙太郎】国際オリンピック委員会（ＩＯＣ）のトーマス・バッハ会長は３日、東京五輪に向けて、「成功に全力を尽くす。すべてのアスリートに全速力での準備を促す」とする声明を発表した。

同日始まったＩＯＣ理事会の会合では、新型コロナウイルス対策についての議論も交わされたという。理事会も声明で「安全で安心な東京大会の運営のために講じられている施策に感謝する」とした上で、引き続き関係機関と連携しながら対応する方針を強調した。

（20年３月４日付朝刊）

五輪可否「判断は尚早」　ＷＨＯ事務局長

【ジュネーブ＝広瀬誠】世界保健機関（ＷＨＯ）のテドロス事務局長は３日、スイス・ジュネーブでの記者会見で、新型コロナウイルスの感染拡大による東京五輪・パラリンピックへの影響について、「日本は患者の急増を止めるためのあらゆる手段を尽くしている。（大会開催の可否を）判断するには早すぎる」と述べ、状況を見守る考えを示した。

テドロス氏は会見で、国際オリンピック委員会（ＩＯＣ）のバッハ会長と電話会談し、状況を静観することで合意したことも明かした。

◇

【ローザンヌ＝杉野謙太郎】ＩＯＣのアダムス広報担当は3日、スイス・ローザンヌでの記者会見で、東京五輪は予定通り「7月24日に開幕する」と強調した。開催時期の変更を判断する期限についても、「変更する必要性は見当たらない」と検討を否定した。（20年3月4日付夕刊）

五輪「中止・延期」議論せず　ＩＯＣ会長

【ローザンヌ＝杉野謙太郎】国際オリンピック委員会（ＩＯＣ）のトーマス・バッハ会長は4日、スイス・ローザンヌでの理事会後に開いた記者会見で、新型コロナウイルスの感染が拡大する中、東京五輪について、「中止や延期という言葉は、きょうの理事会では出ていない」と語った。

開催の変更を判断する期限について問われると、バッハ氏は「臆測の火に油を注ぐことはしない」と述べて明言せず、「我々の立場ははっきりしている。東京五輪の成功に全力を注ぐ」と従来の立場を繰り返し強調した。バッハ氏は、ＩＯＣと東京大会組織委員会、東京都、世界保健機関

（ＷＨＯ）などと共同の作業チームをつくり、新型コロナウイルスへの対応を巡って連携していると説明した。予定通りに実施する理由として、ＷＨＯから助言を受けていることなどを挙げた。

（20年3月5日付夕刊）

五輪無観客想定　ＷＨＯ電話協議　各国際競技団体と

【ニューヨーク＝村山誠】米紙ニューヨーク・タイムズ（電子版）は5日、東京五輪の新型コロナウイルス感染拡大への対応について、世界保健機関（ＷＨＯ）と各国際競技団体の医療担当者が電話協議を行い、最悪のシナリオとして無観客での五輪開催が話題になっていたと報じた。

協議は先週、約2時間行われ、無観客で五輪を開催した場合のリスクや利点について話し合われたという。

（20年3月7日付朝刊）

コロナ禍は、欧州で震源地となったイタリアから周辺国に広がり、五輪発祥地ギリシャでも感染者が急増していた。3月9日、大会組織委は「オリンピアで行う聖火の採火式と、アテネでの日本への引き渡し式が無観客で行われる」と発表する。

ＷＨＯが新型コロナウイルスの「パンデミック（感染症の世界的な

WHO「パンデミック」表明

新型コロナ

世界で11万人感染

110か国超え　対策強化訴え

2020年3月12日付
（写真ＡＦＰ時事）

大流行)」を宣言したのは11日、聖火採火式の前日だった。

2　延期に合意

無観客の聖火採火式

3月12日、オリンピア遺跡のヘラ神殿で採火式が行われた。晴天の下、古代をイメージした巫女（みこ）姿の女性が凹面鏡に太陽光を集める方法で聖火をともす。しかし、式典会場への到着を見守る人は少ない。観客は入れず、式典に参加する関係者も予定の1000人から100人程度に絞り込まれた。静寂は厳か（おごそ）な式典に似合わぬものではないが、やはり寂しさの漂う異例の採火式であった。

聖火をアテネまで運ぶリレーが始まった。第1走者は、ギリシャ代表として2016年リオデジャネイロ五輪の射撃で金メダルを獲得し、東京で連覇を狙うアンナ・コラカキ選手。その火を開催国の先頭走者として、04年アテネ五輪女子マラソンの金メダリスト、野口みずきさんが受け継ぐ。2人のトーチキスを撮影する日本の報道陣のシャッタ

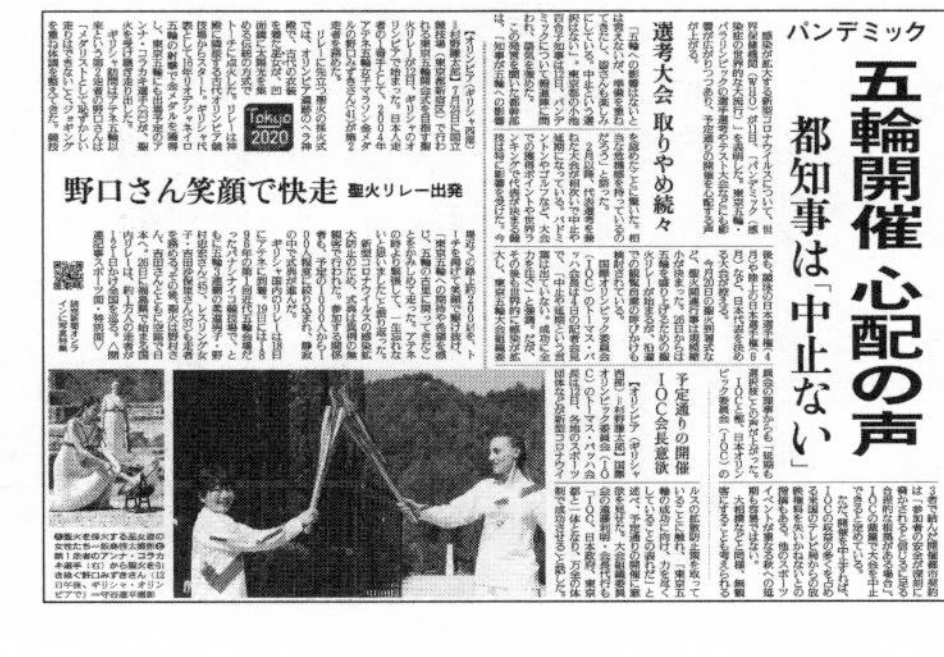
パンデミック
五輪開催 心配の声
都知事は「中止ない」
選考大会 取りやめ続々
予定通りの開催 IOC会長意欲
野口さん笑顔で快走 聖火リレー出発

2020年3月13日付

ー音が響いた。

野口さんはアテネ五輪以来のギリシャ訪問だった。聖火を掲げて走った距離は約200メートルに過ぎないが、笑顔で駆け抜けた後にこう語っている。

「東京五輪への期待や希望を感じ、五輪の古里に戻ってきたことをかみしめて走った。アテネ五輪の時より緊張して、一生忘れないと思いました」

だが、この「聖火リレー出発」を伝えた同じ紙面には、WHOのパンデミック宣言を受けて五輪開催を危ぶむ動きも報じられており、複雑な雰囲気が漂っている。

聖火リレーはその後、沿道に大勢の見物客が集まったため、感染拡大を懸念したギリシャ政府の要請により、13日の午後から打ち切りとなってしまう。待っていた中継点に聖火が到着せず、肩を落とすランナーの姿が報じられた。

中止回避に動く

採火式が行われた12日、トランプ米大統領が「東京五輪は1年延期かもしれない。観客なしの競技場で実施するよりはいい」と発言する。延期論が各所から上がり、強まりつつあった。

2020年3月14日付

ギリシャ 聖火リレー中止

感染拡大懸念 日本へは予定通り

聖火が到着せず落胆するリレーランナーのギョルゴスさん（左）（13日午後、ギリシャ・ミケーネで）＝飯島啓太撮影

【ローマ＝笹子美奈子、ミケーネ（ギリシャ南部）＝飯島啓太】新型コロナウイルスの感染拡大を受け、ギリシャの五輪委員会は13日、ギリシャ国内で行われている東京五輪聖火リレーの中止を決めた。ギリシャ五輪委員会は19日の日本側への聖火引き継ぎ式は無観客で行うとしており、聖火は空路で日本に向かう予定だ。

聖火は12日、ギリシャ西部オリンピアで行われた採火式で点火された後、リレーが始まっていた。採火式は無観客で行われたが、リレーで沿道に多くの見物客が集まった。感染拡大を懸念する政府の要請を受け、午後から突如中止された。

ギリシャでは12日の採火式直前から感染者が急増し、13日現在で117人の感染者が確認され、12日に初の死者が出た。聖火ランナーとして中継地点のミケーネで待っていたアテネ五輪のハンドボール・ギリシャ代表選手、ハルキアス・ギョルゴスさん(42)は中止を知って、「悲しい。アテネの時もトラブルで走れなかったので楽しみにしていたのに」と肩を落としていた。

日本国内の聖火リレーについて、東京五輪大会組織委員会は13日、「予定通り26日から実施する」とのコメントを出した。

16日、安倍晋三首相は先進7か国（G7）首脳とのテレビ会議に出席、各国首脳に対し「人類が新型コロナウイルスに打ち勝つ証しとして、五輪を完全な形で実現させたい」と訴え、支持を取りつけた。中止だけは絶対にさせない、ということだろう。逆に言えば、延期も選択肢であることを示唆してもいた。一方、IOCのコーツ調整委員長は17日時点でも「東京五輪は7月の開幕に向けて前進している」と語り、公式には「予定通り開催」の姿勢を崩してはいなかった。

19日にアテネで日本に引き渡された聖火は翌20日、特別機で被災地の宮城県に到着した。ともかく聖火を国内に運び入れた日本は、ここから「五輪延期」の根回しに動き出す。26日には福島県から聖火リレーがスタートすることになっていた。その前に決めなければならない。

そして24日、安倍首相とバッハ会長は電話会談を行い、「1年程度の延期」で合意する。これを受けて、大会組織委とIOCが次のような共同声明を発表した。

――「IOC会長と日本の総理大臣は、選手、オリンピック競技大会に関わるすべての人々、そして国際社会の健康を守るために、東京で

2020年3月17日付

G7「五輪 完全な形で」

首脳テレビ会議　治療薬開発 協力

安倍首相は米国のトランプ大統領ら先進7か国（G7）の首脳とテレビ会議を行った後、首相官邸で記者団に、2020年東京五輪・パラリンピックについて「人類が新型コロナウイルスに打ち勝つ証しとして、完全な形で実現することについてG7の支持を得た」と述べた。記者団から五輪の開催時期を問われたが、言及は避けた。

首相はこれに先立つ16日夕、森喜朗・元首相と首相官邸で会談した。森氏は東京五輪・パラリンピック大会組織委員会の会長を務めている。

日本政府によると、G7首脳がテレビ会議を行うのは初めて。会議は新型コロナウイルス感染症への対応を協議するために約50分間行われた。感染拡大の防止に向けた治療薬開発で協力していくことでも一致した。首相は会議で「世界の人々の不安を和らげるためには、何よりも治療薬を開

2020年3月21日付

Tokyo 2020

聖火 宮城に到着

式典縮小

聖火皿に点火するレスリングの吉田沙保里さん（左）と柔道の野村忠宏さん（20日午前、宮城県東松島市で）＝武藤要撮影

東京五輪の聖火を載せた特別機が20日、ギリシャから航空自衛隊松島基地（宮城県東松島市）に到着した。新型コロナウイルスの影響で、式典は出席者を最小限に絞るなど、規模を大幅に縮小して行われた。

ともに五輪3連覇を果たした柔道の野村忠宏さん(45)と、レスリングの吉田沙保里さん(37)が特別機のタラップを上り、同国で採火された聖火がともるランタンを受け取った。その火が聖火皿に移されて燃え上がると、出席者から大きな拍手が上がった。

野村さんは「聖火を受け取ったことを誇りに思う」と話し、吉田さんは「大変な時期ですが、聖火リレ

開催される第32回オリンピック競技大会を、2020年ではなく、遅くとも2021年の夏までの時期に延期しなければならないとの結論に達した」

「両者は、東京でのオリンピックが、こういった困難な時代における世界への希望の道しるべとなりうること、聖火は、世界が現在置かれている状況であるトンネルの先にある光となりうることに同意した。そのため、聖火を日本にとどめることに合意した。また、同大会の名称を『東京2020オリンピック・パラリンピック競技大会』のままとすることで合意された」


ここに至るまでの間、舞台裏で繰り広げられた動きと思惑については、読売新聞政治部のインサイド企画で詳報されている。

［政治の現場］聖火到着後　延期へ一気

3月20日、宮城県の航空自衛隊松島基地にギリシャから聖火が到着した。曲技飛行隊「ブルーインパルス」が上空に描こうとした五輪マークはあいにくの強風でかき消されたが、聖火は明るく揺らめいていた。

「聖火はもう日本のものだ。ギリシャには返さないよ」。週が明けた23日夕、自民党役員会を終えた安倍首相は、東京五輪・パラリンピックの中止を懸念する前五輪相の鈴木総務会長に告げた。

〈聖火が届けば日本開催はピン留め出来る。それから延期に向けて一気に動き出す〉

安倍はこう戦略を定めていた。

◎

「第1次政権の末期に似てきた。五輪が中止になったら秋には退陣だ」

2月下旬、首相周辺はいらだっていた。中国で猛威をふるった新型コロナウイルスは、瞬く間に世界中に広がった。日本ではクルーズ船「ダイヤモンド・プリンセス」の集団感染が発覚。対応が後手に回ったとして、安倍は国内外から厳しい批判を浴びた。東京高検検事長の定年延長や「桜を見る会」の問題が重なり、内閣支持率は急落した。

3月に入ると、世界中で五輪中止論が飛び交い始めた。中止になれば、これまでの準備は水泡に帰し、日本経済への打撃は計り知れない。中止という最悪のシナリオを回避するため、安倍は延期を目指すことで腹をくくった。

東京都の小池百合子知事とともにひそかに延期に向けた準備に乗り出す一方、日本が率先して延期を打ち出すことにはためらいがあった。延期後の費用負担などを巡り、国際オリンピック委員会（IOC）に主導権を握られる懸念があったためだ。

3月12日、トランプ米大統領が「無観客で実施するよりも、1年間延期する方が良い選択肢だ」とホワイトハウスで記者団に語った。「渡りに船だ。この発言を使わない手はない」。安倍は飛びついた。13日にはトランプと電話会談し、「絶対に外には言わないでくれ」と念を押した上で、延期を目指す考えを初めて伝え、協力を求めた。

「1000%支持する。日本で開催してくれ」。トランプは応じた。IOCに絶大な影響力を持つ米国の後ろ盾を得て、安倍は外堀を埋めにかかった。16日の先進7か国（G7）首脳とのテレビ会議で「完全な形」での開催を呼びかけ、事実上、各国首脳から延期の支持を取り付けた。

聖火到着後は急展開だった。

3月22日、IOCは延期を含めて4週間以内に結論を出すと決定した。だが、安倍は国内での聖火リレーがスタートする26日までに決着をつけようと、24日に急遽IOCのトーマス・バッハ会長と電話で会談し、1年程度の延期をのませた。安倍は「100%とれた」と満足げに語った。

東京都ではなく安倍が前面に出て中止を回避し、「長期政権で築いた外交力をアピールする絶好の機会となった」（党中堅）。費用負担を巡る駆け引きは残っているが、世論は延期を好意的に受け止めた。

◎

なぜ安倍は1年延期にこだわったのか。組織委員会の森喜朗会長は感染拡大収束の見通しが立たない中、2年延期を提案した。

「延期は1年が限度。選手の寿命を考えると2年は無理です」。五輪に7度出場した橋本五輪相は安倍に訴えていた。「新型コロナから立ち直る国民の目標とするには2年は長い」（政府関係者）との思いもあった。

むろん、来年9月末に切れる自身の党総裁任期も念頭にあっただろう。東京五輪・パラリンピックは来年7月23日に開幕し、9月5日に幕を閉じる。自ら誘致に成功した五輪を見届ければ、長期政権を締めくくる最高のレガシー（政治遺産）となる。

それは賭けでもある。「1年後に感染が収束せず、治療薬も開発されていなかったら五輪どころではない。その時こそ中止だ」（閣僚経験者）。急激に落ち込んだ経済の回復も容易ではない。

「聖火は希望の象徴としてともし続け、来たる日に力強く送り出す。聖火こそ、長く暗いトンネルの出口へと人類を導く希望のともしびだ」。安倍は3月28日の記者会見でこう力を込めた。その道のりは険しい。（敬称略）

（20年4月10日付朝刊）

五輪史上例のない「開催延期」を決めたIOCは何を思っていただろうか。コーツ調整委員長が読売新聞のインタビューに答えている。

東京五輪延期　「選手に希望残せた」

――17日段階で7月開催に向けた声明を出したIOCが、延期やむなしに傾いた経緯は。

「最大の要因は、特に先週後半、新型コロナウイルス感染の急激な広がりと、各国政府の封じ込めの施策が広範囲、長期に及ぶことが明白になってきたことだ。欧米を軸にした感染確認数が衝撃的に増え、世界保健機関（WHO）からの情報でも、7月までの収束は困難との見通しが色濃くなった。同時にこうした国々の選手たちと、選手を抱える各国五輪委員会の懸念の声が高まった」

「東京はここまで、すばらしい準備をしてきた。日本国内の状況も、欧米と比べ抑えられている。我々は12日、オリンピアでの採火式で、大会組織委員会の武藤敏郎事務総長らと話し合いを持ち、その後も連日連絡を取り合い、可能な限り状況を見守ってきた。しかし世界状況の急激な悪化に、やむなく日曜の緊急理事会で延期の検討を決めた」

「24日のバッハ会長と安倍首相の電話会談の前には、組織委の武藤事務総長と話をし、選手たちのためにも、単なる延期合意ではなく、時期を示唆してほしいとお伝えした。苦渋の決断だったが、希望が残せて今はほっとしている」

――史上初の五輪の延期。開催都市契約や五輪憲章には規定さえされていない。難題も山積している。

「開催都市契約は、契約の関係者全てが合意すれば、変更することが可能だ。五輪憲章についても、改訂の必要はないと考える。大会の開催時期決定は理事会の専権事項だからだ」

「選手村は大会後、マンションとして販売される。もし使えないということなら周辺のホテルなどを急ぎ検討する必要も出てくる。各競技会場が借りられるかも重要な要素だ。選手のための競技の質を確保しながら、ある程度柔軟性を持って対応する必要が出るだろう」

東京五輪延期

「選手に希望残せた」

コーツ委員長

2020年3月26日付

「こういう時だからこそ大切なのは、何のために五輪を開くのかを忘れないことだ。それは選手たちの躍動とスポーツの祭典であり、人と人を結びつけるものだ。東京で来年、すばらしい大会を開くことができれば、それは世界に勇気を与えるものになるだろう」（20年3月26日付朝刊）

3　難題山積

延期で開催費用膨らむ

3月30日、仕切り直しの東京2020大会の日程が確定した。開会式が20年7月24日金曜日から21年7月23日金曜日に、閉会式は20年8月9日日曜日から21年8月8日日曜日に、曜日を合わせて1年先にスライドさせることになった。

酷暑が懸念されていただけに、この際、気候のよい21年春に開催してはどうかといった声もあった。だが、それでは準備のタイムスケジュールを練り直さなければならない。他のスポーツイベントとの関係もあり、ほぼそのまま1年先送りするのが現実的だった。

開幕まであと4か月と迫ったところに、さらに1年の時間が与えら

東京五輪 来年7月23日

パラ 8月24日開幕

IOC日程承認

政治とスポーツの主な予定

2020年	7月	東京都知事選
	11月	米大統領選
21年	7～8月	水泳世界選手権（福岡市）
	7月23日～8月8日	東京五輪
	8月	陸上世界選手権（米国）
	8月24日～9月5日	東京パラリンピック
	9月	安倍首相の自民党総裁任期満了
	10月	衆院議員の任期満了

2020年3月31日付

れた格好ながら、準備にあたる事務方は頭を抱えることになった。何よりまず費用だ。延期によって開催経費は数千億円増加するとみられていた。その費用は誰が負担するのか。大会組織委か、東京都か、日本政府か、ＩＯＣか──。

延期日程が確定する前から、関係者間で激しいやりとりが始まった。その様子を伝える記事だ。

会場や人件費増大　数千億円？　五輪延期　負担駆け引き

新型コロナウイルスの感染拡大で、東京五輪・パラリンピックの1年程度の延期が決まり、4か月後の開幕に向けて進んでいた準備が、大幅な見直しを迫られている。会場の再確保や増加する人件費、資機材の保管料など、巨額な追加経費を巡って、東京都や国の駆け引きが始まっている。（社会部　水野祥、菅原智）

■平行線

「どこが費用を負担するか決まらない限り、議論に入れない」。延期の課題を協議する3月26日の非公式会合で、都幹部は語気を強めた。だが、国と大会組織委員会は日程を先に決めるべきだと主張し、平行線をたどった。

２０１９年12月20日付

五輪経費　最終試算1.3兆円

組織委発表　災害対策に370億円

Tokyo 2020

２０２０年東京五輪・パラリンピック大会組織委員会は20日、東京都や国と負担する大会の開催経費について、前年と同じ総額1兆３５００億円とする試算を発表した。台風など不測の事態に備え、計３７０億円を初めて計上した。毎年末に行われてきた試算の公表は、今回が最後になる。

主な収入は、国内スポンサー料が前年より２８０億円増え、過去の五輪・パラリンピック史上最高の３４８０億円になる。チケット販売も好調で、80億円増の９００億円を見込んだ。

支出は、会場周辺の駐車場確保などの輸送対策費が60億円増の４１０億円、運営スタッフの人件費や開閉会式などの経費は、計１９０億円増の１２４０億円になると算定した。

今秋行われたラグビー・ワールドカップ日本大会は、台風で3試合が中止となった。こうしたことを考慮し、組織委は収入と支出の差額として生じた２７０

19年12月の試算では、大会経費は1兆3500億円で、負担額は組織委6030億円、都5970億円、国1500億円。組織委はスポンサー料やチケット販売などで収支を合わせる計画で、資金不足に陥った場合は都が負担し、足りない時は政府が補塡（ほてん）すると、大会招致時に取り決めている。

延期の期間やスポンサー収入などによって追加経費は変わるが、都、組織委の幹部は「数千億円の規模になる」と口をそろえる。

都幹部は「延期は五輪史上初の事態。国も応分の負担をしてほしい」と求める。ただ、橋本五輪相は27日の記者会見で追加経費について、「組織委と都が検討していくことになるので見ていきたい」と述べるにとどめた。

■キャンセル・再予約

延期による支出が多くなりそうなのは、会場確保に関する経費。元々は賃借料530億円を見込んでいたが、キャンセル料や新たな賃料が想定される。

組織委の武藤敏郎事務総長は延期決定の直後、「予約が入っている施設もかなりあるだろう。再び借りるのは費用がかかるし、施設によっては借り続けないとならないかもしれない」と語った。

レスリングなど7競技の会場となる「幕張メッセ」（千葉市）の場合、組織委が4～9月、約35億円で借り上げる予定だった。突然の延期に、施設の一部を所有する千葉県は、27日からキャンセル料などについて組織委と協議を始めた。

例年、同時期に計370件のイベントがあり、来年の施設利用を計画している業者も相当数いる。

森田健作知事は報道陣に、「今年は（利用希望者に）頭を下げて移動してもらったが、来年はそれだけでは済まない」と述べ、組織委が再予約する難しさを示唆した。

■長さ100キロ

14年に44人で発足した組織委は、3月1日時点で3585人に達した。約3割は契約職員で、今年度の給与は計約47億円。延期後の大会に向け、人手は必要で、当初計画より大幅に人件費がかさむのは確実だ。

資機材の扱いも課題になる。テロ対策で各競技会場を囲むフェンス（高さ3メートル）は、つなぎ合わせると長さ約100キロにもなる。こうした本番に備えた物品が、各地の倉庫に保管される。預かり先の一つ、宅配大手「ヤマトホールディングス」の担当者は、「延期後も預かるのか、料金はどうなるのか。組織委と相談しなければならない」と話す。

仮押さえした大会関係者用ホテル数万室や選手らの移動用バス約2000台、1万人以上確保した警備員についても、補償を求められる可能性がある。

■予備費

組織委は国内スポンサー料について、大会直前に契約する企業を含め3480億円を見込んでいたが、延期で計画が狂った。多くの企業との契約は12月までで、コロナウイルスの影響で経済状況が悪化する中、延長してもらえるかも不透明だ。チケットの収入も900億円を計上していたが、払い戻しなどの可能性がある。

組織委は別枠で台風や地震などに備える「予備費」として270億円を確保している。これを追加経費に充てる可能性について、組織委幹部は「災害などに見舞われる恐れは残されており、簡単には使えない。延期した五輪は、都や国などの財政支援なしには乗り切れない」と語った。

仮設整備・札幌でマラソン　押し付け合い　繰り返し

東京大会の経費分担を巡っては、東京都はこれまでも国などと、つばぜり合いを繰り広げてきた。開催が決まって3年後の2016年。当初は約7340億円だった経費が、計画を具体化するうち2倍以上に膨らむ見通しとなり、組織委は仮設施設の整備費を単独で賄えなくなったとして、都に支援を求めた。

ところが、約4か月後の都知事選で「五輪経費を徹底的に見直す」と主張した小池百合子氏が当選。都側は仮設施設のうち、都外分の整備費について、「国と現地の自治体が負担する」との案を打ち出した。

各自治体は猛反発し、安倍首相も「『東京五輪』だから、当然、都が主体的に責任感を持ってやってほしい」との考えを示した。議論の末、都外の仮設施設についても、都が全額負担することで決着した。

「都民の税金を支払う考えはない」。小池知事は19年10月、マラソンと競歩の札幌開催が決まる直前、こう強調した。追加経費を都が負担する可能性もあったが交渉の末、組織委と国際オリンピック委員会（ＩＯＣ）が受け持つことになった。

都幹部は言う。「延期による追加経費の支出は避けられない。負担を巡る関係機関との交渉は重要だが、大会成功のためには、責任の押しつけ合いをしている時間はない」

（前田遼太郎）

（20年３月30日付朝刊）

積み上がる問題

関係者は皆、時間はないとわかっていた。

ＩＯＣのバッハ会長は20年５月14日、東京五輪の延期に伴う国際スポーツ界などの経済的負担に対応することを表明した。一方、政府と大会組織委は６月、経費を圧縮するために開閉会式など式典を簡素化する検討を本格化させた。「大会の簡素化」は経費削減だけでなく、「１年後には必ず開催する」という宣言でもあった。政治部、社会部、運動部の記者が状況をまとめている。

五輪簡素化へ足並み

新型コロナウイルスの世界的な感染拡大を受け、２０２１年夏の東京五輪・パラリンピックは６月10日、簡素化に向けて本格的に動き始めた。中止を避けたい政府と、費用圧縮を図りたい東京都や大会組織委員会が足並みをそろえ、国際オリンピック委員会（ＩＯＣ）から了承を取り付けた。

（政治部　栗山紘尚、社会部　野崎達也）

■森氏の助言

「状況を注視し、安全・安心な大会の実現に向けて努力する」

大会組織委員会の森喜朗会長は10日夜の記者会見で、大会開催への強い思いを示した。

組織委員会がこの日、簡素化の方針を明確に打ち出したのは、新型コロナウイルスの収束のめどがたたず、再びちらつき始めた「中止論」を封じるためだ。

英BBCによると、IOCのトーマス・バッハ会長は今年5月、来夏が無理なら、中止されるとの認識を示した。開催可否の決定権を握るIOCトップの発言は重い。政府筋は「開催可能な現実的案を示し、中止の選択肢を早急になくす必要があった」と吐露する。

安倍首相は当初、規模を縮小しない「完全な形」での開催を目指した。政府が緊急事態宣言の全面解除を決めた5月25日の記者会見でも、「（東京五輪は）完全な形で開催したい。治療薬、ワクチンの開発も重要だ」と述べていた。

森氏はこの翌日、首相の元を訪ねた。「現時点で『完全な形』や『ワ

2020年5月15日付

東京五輪延期

IOC追加700億円負担

バッハ会長「責任果たす」

【ジュネーブ＝杉野謙太郎】国際オリンピック委員会（IOC）のトーマス・バッハ会長は14日、新型コロナウイルスの感染拡大で1年延期された東京五輪に、追加で6億5000万㌦（約700億円）を負担することをテレビ会議による理事会で決めたと明らかにした。このほか、1億5000万㌦を国際競技連盟や各国・地域のオリンピック委員会の支援に充てるとし、感染拡大への対策で計8億㌦（約860億円）の支援になると説明している。

バッハ氏は記者会見で、新型コロナウイルスによる五輪運動への経済的な影響は未確定だとしつつ、「IOC側の責任を果たす」と述べた。五輪開催に向けた

2020年6月4日付

五輪 簡素化を検討

コロナ 観客減・式典縮小

政府・組織委

2021年夏の東京五輪・パラリンピックについて、政府と大会組織委員会が、開催方式の簡素化を選択肢の一つとして検討していることがわかった。新型コロナウイルスの世界的な感染の広がりが長期化する中、「完全な形」での開催を引き続き目指しつつ、観客数の削減など開催方式の見直しも模索することにした。〈解説[illegible]2面〉

中止回避を最優先

複数の政府、組織委関係者が明らかにした。簡素化の具体案としては、各競技会場での観客数の削減に加え、開閉会式での参加者の絞り込みやセレモニーの縮小も検討される方向だ。

このほか、感染防止対策として、選手や大会関係者だけでなく、観客の全員にPCR検査を義務づけることも検討する。選手の滞在先となる選手村からの外出を制限する案も出ている。

組織委はこうした簡素化などの取り組みについて、近く国際オリンピック委員会（IOC）などとの協議を本格化させる見通しだ。

日本政府は、新型コロナウイルスの感染拡大を踏まえて五輪開催の約1年の延期を決める一方、「完全な形」での開催を強調してきた。安倍首相が3月16日の先進7か国（G7）首脳によるテレビ会議で理解を求め、賛同も得た。

首相は「完全な形」について、①アスリートが万全の準備のもとに参加できる②規模は縮小せず、観客も一緒に感動を味わってもらう――と説明してきた。しかし、こうした「完全な形」での開催にはワクチンの量産化が不可欠とされ、今後もこだわり続けると、開催

クチン開発』など制約を加えるのはやめよう」などと助言したという。こだわりを見せる首相に、事実上、軌道修正を求めた。

状況の変化を受け、首相は6月上旬、こう周辺に漏らした。「規模縮小は避けられないが、絶対、来年に開催しなければならない」

■基金95％減

東京都の小池百合子知事も簡素化に前向きだ。6月4日には森氏と会談し、簡素化を検討することで一致した。背景には、新型コロナウイルス対策として「超大型予算」（都幹部）を編成し、都の財政事情が逼迫(ひっぱく)してきたことがある。医療体制の整備や事業者への「感染拡大防止協力金」など、都の対策費の総額は1兆円を超える。自治体の貯金に当たる「財政調整基金」は、3月時点で過去最大の9345億円だったが、約95％を取り崩し、493億円まで減ることになる。

これに、数千億円とされる東京大会の延期に伴う追加費用が、都にのしかかる。選手や観客の感染予防策で、追加出費も避けられそうにない。都幹部は「大会後の都財政を悪化させないためにも、費用を大幅削減する必要がある」と強調する。

政府は5月下旬、簡素化に向けた論点整理をまとめた。競技種目は削減しないものの、大会の彩りには欠かせない開閉会式の縮減など多方面との調整が必要な案件もある。政府関係者は、夏から各省で来年度予算案の編成に向けた作業が本格化するため、「早期に具体策をまとめたい」と語る。

ただ、新型コロナウイルスの感染状況次第では、開催の可否を巡る議論が再び噴出する可能性がある。政府関係者は「問題は日本国内だけではない。世界の感染状況だ。練習時間が限られているアスリートが、しっかり準備できるかなど懸念は多い」と指摘している。

観客削減　高いハードル

大会の延期に伴う数千億円規模の追加費用を含め、大会経費が大きく膨らむ見通しとなった。このため、大会組織委員会とＩＯＣは４月、経費節減を図ることで合意し、組織委は全担当部局に運営計画の見直しを命じた。組織委とＩＯＣが洗い出したコスト削減への検討事項は、約２００にも上るという。

組織委は聖火リレーについて、当初は出発を先延ばしするだけでコースも走者も変えずに行う計画だったが、同時に複数のコースを走ることによる日数の短縮や、セレモニー中止の検討を始めた。開閉会式も祝祭感を弱めて費用を削り、入場行進や次回開催都市への五輪・パラリンピック旗の引き継ぎ式など最低限の内容に絞る案が出ている。

それらを検討している中で政府から簡素化案が示されたが、政府の案は実現へのハードルが高そうだ。

その一つが、観客数の削減。すでにチケットは約５５０万枚が発売されている。開閉会式や陸上などの人気競技は、ほぼ完売し、座席が減らされると、当選者の中でも見られない人が出てくる可能性がある。組織委の収入約６３００億円のうち、チケットは約９００億円と大きな部分を占める。

座席の減少や無観客での開催となれば大きな痛手となり、組織委も簡単に方針を定めることが難しい。

コロナ対策で、組織委は感染症に精通した医師を採用した。大会に向けて選手や関係者を検査し、陰性者の参加を認める取り組みを想定する。開幕までにワクチンの開発が間に合わない場合でも大会を開催できる方法を世界保健機関（ＷＨＯ）やＩＯＣと設置した作業部会で協議している。

組織委幹部は「コロナの今後の状況は誰も予測できない」と述べ、本格的なコロナ対策の検討を秋以降に行う考えを示している。（運動部　下山博之）（20年6月11日付朝刊）

もちろん、開催延期の影響は費用の話にとどまらない。

競技会場やホテル、大型バスは1年後もそのまま確保できるのか。スタッフ、ボランティアは1年後もとどまっていてくれるのか。選手村はどうするのか。東京湾の晴海地区に建設した選手村は、大会終了後には民間マンションとなり、23年3月から23棟５６００戸の入居が始まる予定だった。すでに９４０戸が販売されており、入居予定者には1年待ってもらうか、手付け金を返還して契約解除に応じてもらうしかない。関係の不動産会社は対応に追われることになった。

一つ一つ、すべてが難題であり、それが山のように積み上がっていった。

第五章　闘い

1　対策会議発足

日本全国に緊急事態宣言

東京オリンピック・パラリンピックの1年延期が決まって間もない2020年4月7日、安倍首相は東京都など7都府県に緊急事態宣言を発令する。東京だけで1日当たりの新規感染者が100人を超え始めていた。日本におけるコロナ禍の第1波である。そして16日、宣言の対象地域は全47都道府県へと拡大された。

この時、「五輪のために緊急事態宣言が遅れたのではないか」との見方が根強くあった。改正新型インフルエンザ等対策特別措置法が施行されたのは3月14日。この日以降、首相は緊急事態宣言を出して都道府県知事の行政権限を強めることが法律で可能になった。しかし前章で見てきたように、3月末までは五輪開催をめぐって水面下でぎりぎりの決断を迫られていた時期と重なる。

開催方針の結論が出る前に緊急事態宣言が発令されれば、五輪の延期論どころか中止論が噴出したかもしれない。また、開催延期が決まった直後に発令すると、いかにも五輪についての結論を待っていたと見られるため、4月上旬まで時間をおいたのだ、とみる評論家もいた。

だが、仮にそうした心理が働いた面があったとしても、発令時期を左右した決定的な理由ではなかった。影響を及ぼしたのは小池都知事の「ロックダウン（都市封鎖）発言」である。

小池知事は3月23日の知事会見で、感染拡大を防ぐ方策として「ロックダウンなどの強力な措置を取らざるを得ない可能性もある」と語った。緊急事態宣言を発令しても、実際にはそこまでの強権は発動できないのだが、少なからぬ国民が「できる」と受け止め、動揺が広がった。政府はその誤解を解く時間を必要とした。背景を政治部がこう解説している。

私権制限　意見割れる

私権制限も伴う宣言を巡っては、政府内では元々、意見が分かれていた。

緊急事態宣言 発令

東京・神奈川・埼玉・千葉・大阪・兵庫・福岡

新型コロナ

外出自粛要請 5月6日まで

首相 社会機能維持 呼びかけ

2020年4月8日付

「首都封鎖の可能性」

都知事が言及

東京都の小池百合子知事は23日、記者会見を開き、「東京は若年層のクラスター（感染集団）が発生し、無自覚のうちにウイルスを拡散させる恐れがある」とした上で、「ロックダウン（都市封鎖）などの強力な措置を取らざるを得ない可能性もある」との見解を示した。都はこの日、対策本部会議を開催し、主催する大規模イベントの自粛期間を4月12日まで延長することなどを柱とする新たな対策を公表した。

2020年3月24日付

麻生副総理兼財務相は「弱った経済が完全に止まってしまう」と周囲に語り、否定的な立場だった。危機管理担当の菅官房長官や杉田和博官房副長官も「都の人口に比べれば、感染者数は限定的だ」との認識で、宣言で買い占め騒ぎなどの混乱が起きることを警戒していた。

一方、早期発令を求めたのが、西村経済再生相と加藤厚生労働相だ。西村氏は、緊急事態宣言を定めた改正新型インフルエンザ等対策特別措置法の担当として、感染症の専門家や都道府県との窓口役となり、宣言による対策強化を急ぐべきだとの考えに傾いた。加藤氏は病床不足で医療提供体制が揺らぐことを危惧していた。

安倍首相も元々、3月14日の特措法施行後、すぐに発令することを視野に入れていたが、都内の感染者は3月中旬の時点で1日当たり10人前後にとどまり、いったん状況を見守る姿勢に転じた。20日には、小中高校などを新学期から再開する方針を表明したが、「花見などの人出が増える『3連休の緩み』につながった」（政府高官）との反省も出ている。

◆「都市封鎖」打ち消し

3月下旬に入り、都内の感染者が増加傾向を見せ、首相は宣言発令を再び検討し始めた。しかし、小池氏の言動が思わぬ障害となった。小池氏は感染拡大を受け、ロックダウン（都市封鎖）が行われる可能性があるとの発言を連発した。首相周辺は「小池氏のせいで、『緊急事態宣言でロックダウン』との誤ったイメージが広がり、動きにくくなってしまった」と唇をかむ。

4月に入り、西村氏や加藤氏らがそろって法的にロックダウンはできないことをテレビ番組などで説明し、打ち消しに追われた。

政府が7日に決定した新たな基本的対処方針で継続を求める事業に関し、電力、ガスなどのインフラやテレビ、新聞などのメディアを列記したのも、社会経済機能が宣言後も維持されることを明示するためだ。

首相は7日の記者会見で、「道路を封鎖することなど決してない」と強調。「最初はロックダウンになるのではないかという間違った認識が広がった。こういう認識をしっかりなくしていくという準備も整えながら、本日の宣言になった」と説明した。

（20年4月8日付朝刊）


小池都知事の「ロックダウン発言」は、事態の深刻さを都民に知らしめて行動変容を促すという、ショック療法のような効果は十分にあったと言えるだろう。しかし発言は同時に、政府と都の関係に微妙な影を落とした。

大会の簡素化を承認

日本全国に緊急事態宣言が出た4月16日、国際オリンピック委員会（ＩＯＣ）と大会組織委の幹部たちが電話会議を開き、改めて策定する運営計画に新型コロナウイルスへの対策を盛り込むことを決定している。

つまり、翌年7月の時点になってもコロナ禍は完全に克服できていない、との前提で準備を進めるということだ。感染症の拡大を防ぐための一番の対策は、人を移動させず、集まらせないことだろう。しかし本来、世界中から開催都市へ選手や観客が移動し、競技場に大勢の観衆が集まるのがオリンピックである。どんな対策が取れるのか、組織委のスタッフたちは頭を抱えた。

感染拡大の第1波がほぼ収まり、5月25日に緊急事態宣言が全面解除される。しかし感染症の専門家はすぐに第2波がやってくると警告していた。

つかの間ながらコロナ禍の波が静まっていた6月10日、組織委はオンラインで開催されたIOC理事会に、競技団体関係者などの参加人数削減や関連イベントの縮小など、大会を全体的に簡素化する方針を示して了承を得た。組織委は「コロナ対策と経費削減の両面から簡素化が必要だ」と説明した。

延期した五輪をやり遂げるには、ミニマル（最小限）な大会の形を模索しなければならない。皮肉なことだが、コロナ禍により、肥大化する一方だったオリンピックは否応なしに簡素化に取り組むことになった。

しかし、「簡素化」という総論では合意したものの、各論は最初から難航した。舞台裏でのやりとりを伝える記事だ。

東京五輪　あと1年　行進縮小案　IOC猛反発

■「大切な式典」

「開会式の入場行進を縮小してはどうか」。大会組織委員会側が6月、ウェブ会議で提案すると、国際オリンピック委員会（IOC）側は猛反発した。「スポーツと平和の下で各国選手が交流し、五輪の精神を表す大切な式典だ。削ることはあり得ない」

1908年ロンドン大会で始まった入場行進は、IOCが開会式の主要行事に位置づけている。ただ、56年前の東京五輪は94か国・地域の約5700人が45分間歩いたのに対し、約200か国・地域が参加する近年の大会は2時間程度かかっており、「選手の負担が大きい」との指摘もある。

延期前に予定されていた国立競技場での開会式は、選手ら約1万人が約2時間かけて行進するはずだった。1年後、感染防止で選手が間隔を空けて歩けば、時間はさらに延びる。

パラリンピックを含めた開閉会式の予算は招致段階で上限91億円だったが、演出内容が固まるにつれ増大し、130億円に膨らんだ。派手な演出を抑え、選手を減らせば、移動や警備を含めた経費と時間が削減でき、密集を防げる――。組織委はこう算段した。

■放映権料の壁

しかし、IOC側の反対は想像以上だった。

2016年リオデジャネイロ大会開会式の視聴率は23・6％（関東地区、ビデオリサーチ調べ）。男子マラソンの次に高く、日本選手団の入場時に瞬間最高（27・8％）を記録した。開会式は各国で人気で、放映権料を収入の柱とするＩＯＣは、削減を受け入れがたかった。

７月６日、組織委の森喜朗会長は報道陣に簡素化の進展を問われ、厳しい表情で語った。「開会式を縮小すれば経費は安くなるが、ＩＯＣは『テレビ局への違約金が生じるから駄目だ』と。なかなか思うようにいかない」

延期によって、会場の継続確保や人件費など、必要になる経費は最大３０００億円程度と見込まれる。開催都市の東京都もコロナ対応に1兆円超を投入して、財政的な余裕が失われつつあり、経費削減は不可欠だ。

■「新しい形に」

ＩＯＣ委員ら「五輪ファミリー」がパーティーを行う東京・臨海部の施設や聖火リレーなど、組織委は「聖域」を含む約２００の削減項目を挙げた。ＩＯＣは簡素化の方針には同意しているが、項目ごとの交渉は一部難航している。

「感染が終息せず、経済状況も悪化する中、『来年は難しいのでは』との雰囲気を国内外から感じる。華美を廃し、新しい五輪を作るつもりで臨まなければ、開催への理解は得られない」。組織委幹部は強調した。

全競技に先駆け、7月22日にソフトボールが始まるはずだった福島あづま球場。観客の姿はないが、その空は前夜の強い雨から一転、晴れ渡っていた。延期大会の初戦は来年の7月21日。岐路に立つ五輪はその時、どんな姿を見せるのだろうか。

（20年7月23日付朝刊）

小池都知事が再選

20年の6月下旬から7月にかけて行われた東京都知事選挙（7月5日投開票）は、現職の小池氏が366万票を取って圧勝した。コロナ禍という有事の中で、有権者は安定したリーダーシップを望んだと言えよう。それは、東日本大震災直後の都知事選でやはり現職の石原慎太郎氏が勝利した状況と似ている。そして大震災が「復興五輪」という意義を東京大会に与えたように、コロナ禍は「世界共通の試練に立ち向かう五輪」という新たな意義を付け加えた。

ＩＯＣのバッハ会長も小池知事の再選は心強かったようだ。7月17日、ＩＯＣ総会後の会見で、記者から「日本では五輪開催に否定的な意見が多いのでは？」と問われると、バッハ氏は都知事選の結果に触れ、「彼女（小池氏）は選挙期間中も大会の推進を掲げていた。再選は日本の人々、特に東京の人々の支持の明確なシグナルだ」と答えている。

この頃、都内の1日当たり新規感染者数が再び100人を超え、感染拡大の第2波が忍び寄っていた。ところが政府は、経済活動との両立を重視し、10日からイベント開催時の観客入場を5000人まで認める。一方で東京都は15日、独自の警戒レベルを「感染が拡大しつつある」から、最も深刻な「感染が拡大している」に引き上げた。国と都の足並みがそろわない様

小池都知事 大差で再選

350万票超、前回上回る

東京都知事選が5日、投開票され、無所属で現職の小池百合子氏(67)が再選を果たした。元日本弁護士連合会会長の宇都宮健児氏(73)、れいわ新選組代表の山本太郎氏(45)、前熊本県副知事の小野泰輔氏(46)らを大差で退けた。小池氏は、引き続き新型コロナウイルス対策や、来年に延期された東京五輪・パラリンピックへの対応などを担う。

小池氏の得票は350万票を超え、前回2016年選で獲得した約291万票を大きく上回った。小池氏は5日夜、当選確実の報を受けて東京・西新宿の事務所で報道陣の取材に応じ、「次の（任期の）4年間は、東京にとって死活的に重要だ。緊張感を持ってコロナにしっかり対応していきたい」などと2期目に向けた抱負を語った。

新たにコロナ対策に充てる3000億円規模の補正予算を編成する考えを示したほか、東京五輪についても、感染症対策を優先して進めると説明。「いかに費用を圧縮しながら簡素化するか。都民、国民の納得をいただける……がある」と……

2期目に向け、意気込みを語る小池百合子氏（5日午後8時9分、東京都新宿区で）

2020年7月6日付

子は、コロナ対策だけでなく、五輪の準備作業にも不安を感じさせるものだった。

選手らの入国方式をどうするか

大会組織委は、五輪を実施するために必要な措置について、一つ一つ検討に取り組んでいた。まず、出場する選手の日本入国をどのような形で認めるかという問題だ。一般の人たちと同じ入国制限を課せば選手の来日が難しくなる。

7月14日、第2波の懸念が強まるなか、会見でこの点を問われた橋本聖子五輪相は「選手や関係者に寄り添って検討したい」と発言した。この時期の実情をまとめた記事である。

コロナ対策　暗中模索

約1万5000人の選手と多数の観客を新型コロナウイルスからどう守るか——。来夏の東京大会を開催する上では、感染対策が不可避の課題だ。

政府は3月5日、感染が広がる中国と韓国からの入国者に14日間の待機を求めると決めた。すると、この日のうちに、翌月の体操・個人総合ワールドカップ東京大会に出場する両国選手の「特例での入国」を要請する文書が、大会組織委員会や外務省に送られた。

差出人は、国際オリンピック委員会（IOC）委員を務める国際体操連盟の渡辺守成会長。五輪予選を兼ねた大会だったため、「何とかして入国させないと、世界が『五輪はできない』という雰囲気になってしまう」と危機感を募らせたからだった。

両国でPCR検査をし、陰性を確認した後に出発。航空機内でも他の客との接触を避け、日本入国後に再度検査する——。政府は具体的な議論を始めたが、国内外で感染が拡大し、大会は中止になり、五輪も延期された。

要請から4か月が経過し、外国人の入国拒否の対象は146か国・地域に広がる。来夏も継続する可能性があるため、政府は国家安全保障局の主導で、再度、選手の特例入国の検討を始めた。先行するのは、近く入国規制を緩和する方針のベトナムなどのビジネス関係者への対応。空港到着後、車で仕事場に移動し、繁華街への外出は控えながら、健康チェックを定期的に受ける案が有力だ。

実施後の課題を踏まえ、選手の移動方法や事前合宿地での活動範囲を決める。組織委幹部は「年明けのテスト大会に外国選手を招く。五輪を想定した入国策を世界に示し、安心してもらう必要がある」と話す。

選手より、さらに難しいとされるのが、多数の観客の感染予防だ。

東京大会のチケットは、すでに544万枚販売されている。無観客にすると、組織委は約900億円の収入を失い、削減の場合、一部のチケット保有者に観戦を諦めてもらう必要がある。

PCR検査や抗原検査をした上での入場も議論される。ただ、短時間で多数の観客の感染を調べる手法は確立されておらず、いつ、どのように検査するか、見通しは立っていない。

組織委が注目するのは7月10日から観客を入れ始めたプロ野球やJリーグ。入退場時に時間差をつけて密集を避けたり、大声での応援やハイタッチを禁じたりしている。武藤敏郎事務総長は13日、「非常に参考になる。（入退場や応援法は）五輪でも検討課題になる」と語った。

今夏の大会は、熱中症やテロに備え、会場や選手村に医師や看護師ら1万人以上が配置される予定だった。コロナ対応で医療機関は逼迫しており、来年、計画通りの態勢を組めるかはわからない。都医師会の新井悟理事は「夏にマスクを着用すると、熱中症のリスクが高まる。医師らの確保に加え、感染と暑さ対策の両立も難しい課題だ」と指摘している。

（20年7月24日付朝刊）

コロナ禍の中で五輪を開催するには、様々な特例措置が必要なことは明らかだった。杉田和博・内閣官房副長官をトップとする対策会議が発足する。政府と東京都、大会組織委の実務者が首相官邸に集まり、第1回会合を開いたのは9月4日だった。

会合で政府は、「行動範囲を限定し、入国後14日間の待機は求めない」「選手村での外出を制限する」「行動範囲の限定や外出制限に違反した選手への罰則を検討」「入国時など複数回のＰＣＲ検査を実施」

五輪・パラ感染対策 年内に

選手・関係者・観客 3分類ご

東京五輪・パラリンピックの開催実現に向けて、政府は4日、新型コロナウイルス対策を検討する調整会議の初会合を首相官邸で開いた。選手、大会関係者、観客ごとに具体策を協議し、年内に中間報告を取りまとめる。海外選手団には入国後2週間の待機を求めないことなどが盛り込まれる見通しだ。

◁関連記事スポーツ面▷

調整会議初会合

会合には、東京都、大会組織委員会の関係者も出席した。会議では今後、①選手、審判、コーチなどのアスリート②ボランティアやメディアなどの大会関係者③国内外の観客――の3分類ごとに行動場所やスケジュールに合わせた感染防止策をまとめることが決まった。

具体的には、出国時のＰＣＲ検査や入国後の行動計画の提出などを求める。選手村に入る際は、体調チェックを徹底させる。選手に感染者が確認された際の競技運営ルールや、選手、チームの扱いも検討課題となる。大会関係者や観客には外出制限や検査、観戦ルールの徹底を働きかける見通しだ。

政府や大会組織委は、選手団の行動範囲を競技場や宿泊施設などに限定することを条件に、水際対策とし

取材に応じる東京五輪・パラリンピック組織委員会の武藤事務総長（4日午後、東京都中央区で）＝代表撮影

●東京五輪・パラリンピック開催に向けての新型コロナウイルス対策の論点

	出入国	移動・行動ルール	選手村・宿泊	競技会場
アスリート（審判・コーチ含む）	出国時の検査。入国時に誓約書と行動計画の提出	外出制限、事前キャンプ地への交通手段	入村時の体調チェック、外出制限など	入場時の体調チェック。競技別に対策
大会関係者（ボランティアなど）		外出制限など	体調チェックや検査の実施	体調チェック
観客		市中感染の防止	宿泊場所での対策のあり方	観戦ルールのあり方

2020年9月5日付

――などを骨子とする原案を示した。

感染症の拡大を防ぎながら、大規模な国際競技大会を開催するには、何をどのようにすればいいのか――それは日本主導のルール作りでもあった。

2　安倍首相が辞任

不安なトップ交代

コロナ下の五輪の形を模索する中、またしても衝撃の辞任劇が起きる。今度は安倍晋三首相だ。持病の潰瘍性大腸炎が悪化したという。リオデジャネイロ五輪の閉会式で、スーパーマリオの衣装をまとって登場し、「ＳＥＥ　ＹＯＵ　ＩＮ　ＴＯＫＹＯ！」（東京で会いましょう！）と4年後のオリンピックを鮮やかにアピールした安倍首相。その光景が記憶されたこともあって、東京２０２０大会は良くも悪くも「安倍五輪」の印象を伴ってきた。1年の開催延期を決断したのも、開催都市の首長である小池都知事ではなく安倍首相だ。強いリーダーシップを発揮していたその人が8月28日、健康上の理由で退陣表明し

安倍首相辞任表明

最長政権7年8か月

コロナ下 持病悪化

後任 菅・岸田・石破氏の名

感染拡大 対応苦しむ

２０２０年8月29日付

たのだ。

自民党内で総裁選が行われ、9月16日、菅義偉（すがよしひで）官房長官が後継首相の座に就いた。菅氏は第2次安倍政権の7年8か月、ずっと内閣を支えてきた人物だけに、五輪に対する政府の方針が変わる心配はなかったが、懸念されたのは小池都知事との関係である。

それまで菅氏は、東京都のコロナ対策を何度か批判していた。「ロックダウン発言」などパフォーマンス的な手法で存在感を示す小池知事のカラーも、調整型の政治家である菅氏には好ましく映らなかったかもしれない。コロナ対策で政府と都の間に吹いたすきま風が五輪の準備にも影響する可能性があった。素早く関係修復に動いたのは小池知事だった。その動静を伝える記事だ。

2020年9月17日付

菅内閣 発足

「行政の縦割り打破」

コロナ、経済対策 最優先

就任後、初の記者会見をする菅首相（16日午後9時30分、首相官邸で）

小池氏　首相に歩み寄り？　「新政権と連携」強調

菅首相と、小池百合子・東京都知事の関係に都の関係者らが気をもんでいる。2人は新型コロナウイルス対応などを巡り不協和音がささやかれてきたが、来夏に延期された東京五輪・パラリンピックなどでの連携強化は不可欠だ。知事からは最近、首相や古巣の自民党に配慮する発言が目立つようになり、23日午後に予定されている2人の会談が注目されている。

◆コロナ対策で過去に論戦も

「今、国や都が直面している最優先の課題はコロナ対策と五輪の開催。新政権の方々と連携を取って進めることは、都にも重要なことだ」。小池知事は18日の定例記者会見で菅首相に何を求めるか問われると、首相の名前を出さずに、こう答えた。

親密な関係が指摘されている二階・自民党幹事長とは対照的に、菅首相との不仲が指摘されてきた小池知事。ウイルス感染者が再び都内で増加してきた7月には、当時官房長官だった首相が「圧倒的に『東京問題』と言っても過言ではない」と都の対策を批判し、小池知事が「むしろ国の問題」と反論。首相が旗振り役を務めた政府の観光支援策「Ｇｏ　Ｔｏ　キャンペーン」を「冷房と暖房を両方かけるようなものだ」と皮肉った。

両者の間には２０１６年の知事選で、菅氏の後押しを受けて出馬した候補を破って小池氏が当選を果たすなどの「因縁」もある。

ただ今回、自民党総裁選に菅氏が勝利すると、小池知事は祝意を表明し、「（首相との）意見の相違があるとは思っていない」と強調。知事周辺は「国と都が争っても何も良いことはない。大人の対応を見せたということだ」と話す。

（20年９月23日付夕刊）

この記事が出た９月23日午後、２人は首相官邸で会談した。冒頭、小池知事が「新型コロナ対策や東京五輪の開催は大きな課題。国と連携して進めていきたい」と話すと、菅首相も「全く同じ気持ちだ」と同調。笑いながら、拳を合わせる「グータッチ」をして良好な関係をアピールした。

ただ、実務家である菅首相には安倍前首相のような発信力がなかった。この点は、五輪に対するリーダーシップの欠如と指摘され、のちに批判を受けることになる。

3　プレーブック

「Ｉｆ」ではなく「Ｈｏｗ」

東京２０２０大会の仕切り直しの年となる２０２１年の1月27日、ＩＯＣのバッハ会長がオンライン形式で記者会見した。中国でコロナ禍が始まってから、ほぼ1年である。

「もしコロナ禍が収まらない場合、東京オリンピックの中止も検討するのか」

メディアの遠慮ない質問に対して、バッハ会長は答えた。

「我々が検討しているのはＩｆ（開催の可否）ではなく、Ｈｏｗ（どうしたら開催できるか）だ」

２０２０年9月24日付

小池氏と首相 グータッチ

コロナ対策・五輪 連携確認

東京都の小池百合子知事は23日、新内閣発足後初めて首相官邸で菅首相と会談し、新型コロナウイルス対策や来夏に延期された東京五輪・パラリンピックの開催に向け、政府と都が連携を強化することを確認した。

会談冒頭、小池知事が「新型コロナ対策や東京五輪の開催は大きな課題。国と連携して進めていきたい」と話すと、菅首相も「私も全く同じ気持ちだ」と同調した。新型コロナ対応などを

会談に臨む菅首相（右）と東京都の小池知事（23日、首相官邸で）＝源幸正倫撮影

そして強い口調でこう付け加えた。

「東京大会の中止だとか、延期だとか、そうした臆測が、今夏の大会に向けて毎日訓練を続ける選手たちを傷つけているのだ」

同じ趣旨の言葉をバッハ会長より先に社会に投げかけたアスリートがいる。日本体操界のスター、内村航平選手だ。

「『できない』じゃなくて、『どうやったらできるか』を皆さんで考えて、どうにか（五輪が）できるように、そういう方向に考えを変えてほしい。何とかできるやり方というのが必ずあると思います」

前年11月8日、東京に米国、ロシア、中国から選手を招いて開いた体操の国際イベント。「友情と絆の大会」と名付けられた競技会の閉会あいさつで、内村選手はテレビを通じ、日本中にそう語りかけた。

「Ｈｏｗ」のモデルケース

東京・代々木体育館で開かれた競技会は、新型コロナウイルスの感染拡大で全国に緊急事態宣言が出された20年4月以降、海外選手を招いて開催した初めての五輪競技の大会であり、東京五輪・パラリンピックに向けたテストとして国内外で注目されていた。出場者計30人の

内村 鉄棒大技決めた

国際競技会

体操の国際競技会「友情と絆の大会」が8日、東京代々木体育館で開かれ、日本、米国、中国、ロシアの4か国から参加した男女計30選手が、男女混合の2チームに分かれて技を競った。日本は、五輪2大会連続で個人総合優勝の内村航平（リンガーハット）らが出場。大会は選手に毎日PCR検査を受けさせるなど、新型コロナウイルスの感染対策を徹底して実施。来夏の東京五輪・パラリンピックに向けて貴重な運営テストの機会だったため、五輪・パラリンピック大会組織委員会の森喜朗会長らが視察に訪れた。

世界選手権超え

ウイルス感染対策でチケット販売が制限され、観客は収容人数の3割に満たない2094人。しかし、内村が鉄棒で技を披露するたびに、会場は満員かと錯覚するほどの熱気に包まれた。元世界王者の演技は、それほど魅力的だった。

最初の見せ場は後方に2回宙返りしながら抱え込み姿勢で2回ひねり、再びバーをつかむH難度の「ブレットシュナイダー」。9月の大会で今ひとつの出来だった技を成功させ、得点は昨年の世界選手権優勝スコアを上回る15・200。派

内村航平の鉄棒の演技

2020年11月9日付

大会は、徹底的な感染防止策のもとで行われている。

大会の3～4日前に入国した海外選手は、日本滞在中の行動計画書や感染対策に従う誓約書などを提出することで、特例として14日間の隔離措置を免除された。

ホテル滞在中は、国ごとに別々の貸し切りフロアで寝泊まりし、毎朝PCR検査を受ける。会場への移動以外、外出は禁止。違反した場合は出場資格を取り消すなど、前例のない厳しいルールが設けられた。もっとも、中国選手団は防護服を着て来日し、主催者の要求よりはるかに厳しい自己規制を行っていた。

会場に入る際も、出場選手は高さ2メートルほどの機械の前に立って、検温、手指消毒を済ませ、さらに全身に除菌ミストを浴びる。会心の演技を見せても、叫んで喜んだり、仲間と抱き合ったりはできない。本来なら共用となる滑り止めの炭酸マグネシウムは個別に持ち込み、他選手のものに触れないよう指示された。観客も満席の3割にあたる約2000席に限定され、選手との動線は厳格に分けられた。

検査で陽性となった選手は隔離し、クラスター（感染集団）発生と判断したら選手団ごと除外するルール。しかし大会終了まで選手と関係者約90人から感染者は出なかった。

報告を受けたIOCのバッハ会長は、体操競技の採点になぞらえて「10点満点だ」とコメントしている。手放しの称賛には理由があった。

場面はさらに5か月ほどさかのぼる。

6月22日、スイス・ローザンヌのＩＯＣ本部で、バッハ会長はいらだっていた。

「なぜ日本から五輪開催を危ぶむ話題ばかり発信されるんだ？」

会話の相手はＩＯＣ委員でもある、渡辺守成・国際体操連盟（ＦＩＧ）会長である。当時、国際競技団体の役員の間で五輪・パラ開催への懸念が高まり始めていた。渡辺氏は体操界の代表としてそうした声を伝えたのかもしれないが、ＩＯＣのバッハ会長とすれば、２０２０大会主催国のＩＯＣ委員がそんな弱気では困る、と感じたらしい。

いらだつバッハ氏に、渡辺氏は小規模のテスト競技会を東京で開催する構想を口にした。

「それだ。すぐやってほしい」

バッハ氏は飛びついた。こうしたやりとりの末に行われたのが「友情と絆の大会」だった。感染者ゼロの「実績」と世界への「発信」という意味で大会は「10点満点」を得た。

「友情と絆の大会」の3日後にオンライン会見を行ったバッハ氏は、内村選手が閉会あいさつで語った言葉について問われると、こう語った。

「我々は今、様々な知見を集め、対策の道具箱を作ろうとしている。状況に応じたやり方で、五輪が安全に開催できることを示せれば、（内村）選手が言うような、人々の感じ方を変える

スキャナー SCANNER

毎朝ＰＣＲ　経費増大

五輪試金石　収穫と課題

感染ゼロ「10点満点」

▲会場入りの前に除菌ミストを浴びる内村航平選手 ©アフロスポーツ

マス・バッハ会長は「10点満点」と表現した。手放しの称賛には理由があった。

6月22日、スイス・ローザンヌのIOC本部で、バッハ会長はいらだっていた。「なぜ日本から五輪開催を危ぶむ話題ばかり発信されるんだ」。会話の相手はIOC委員で国際体操連盟（FIG）会長の渡辺守成氏。当時、IOC関係者によると、国際競技団体の役員の間で五輪・パラ開催への悲観論が大勢を占め始めていた。渡辺氏は体操の競技会の構想を口にした。バッハ会長は「それだ。すぐやってほしい」と食いついた。感染者ゼロの「実績」と世界への「発信」という意味で、大会は成功した。

■検査数桁違い

一方で、大会関係者は高額の開催経費に衝撃を受けた。渡辺氏らが根回しなどの準備を急ぐ中、ウイルス

2020年11月11日付

一助にもなる」

バッハ会長は、日本の世論を推し量りつつ、「ＩｆからＨｏｗ」への転換に期待をにじませた。

浮かび上がった課題

「友情と絆の大会」は様々な課題も浮き彫りにした。

まず、事前合宿中の日本体操チームからＰＣＲ検査で陽性者が出た。それも、他ならぬ内村選手である。

大会目前の10月29日、国際体操連盟の渡辺会長がオンライン会見でショッキングな報告をした。内村選手の検体が陽性反応を示したという。発熱などの症状はなかったが、感染していれば内村選手は出場できない。日本チーム全体が欠場を余儀なくされる可能性もある。そうなれば万事休すだ。

しかし31日、状況は一転した。別の３つの医療機関で再検査したところ、「陰性」だったという。先の検査結果は「偽陽性」と判明した。関係者は胸をなでおろしたが、まったく罪作りと言うしかない。しかしＰＣＲ検査の精度は１００％ではなく、同様のケースは五輪でもありうる。内村選手には気の毒な騒動だったとはいえ、陽性判定には相当な慎重さが求められることを運営側は身をもって知ることができた。

内村選手自身は1回目の検査結果が陽性と出た後、2日ほど隔離措置を受けて練習ができなくなったものの、再検査で陰性になることを確信して自室で体を動かしていた。プロの体操選手らしく緊張感を保ち、検査結果に振り回されることはなかった。大会開幕日には「感染経路が不明で（陽性は）絶対違うと思っていた。誤った結果が出たことはしょうがない。すごく良い経験ができた」と前向きの発言もしている。確かに、このハプニングによって、ＰＣＲ検査が選手に与える影響と、配慮の重要性がいっそう強く認識されたのである。

また、コロナ対策にかかる費用が高額に及ぶこともわかった。対策費は最初の試算段階で約４０００万円。大半は延べ約７００回にのぼるＰＣＲ検査費用だった。通常の体操ワールドカップ（Ｗ杯）は総経費が1億円まではかからない。ウイルス対策費だけで、Ｗ杯を1回開く費用の半分に匹敵するということだ。

五輪は選手だけで1万人以上の参加を見込む。「友情と絆の大会」の関係者は、「五輪では検査数が桁違いだろう。医療現場への負担は計り知れないから、この大会と同レベルの対策を求めるのは現実的ではない」と漏らした。新たな検査方法の確立や参加各国・地域の出国前検査の徹底など、必要なことが次々と浮かび上がった。

「友情と絆の大会」は、選手たちの五輪にかける情熱も再認識させた。運動部の記者が、出場したロシア選手の心境を伝えている。

五輪・パラ

「偽陽性で不出場」防げ

無症状すぐ再検査

組織委方針

2020年12月2日付

五輪への思い　にじむ演技

日本、米国、中国、ロシアから選手計30人が参加し、11月に東京都内で行われた体操の国際競技会は徹底的な新型コロナウイルス対策を講じて大会中、一人の感染者も出さなかった。男子世界王者のニキータ・ナゴルニー（ロシア）にとっては、単に演技を披露する場ではなかった。

国際体操連盟（ＦＩＧ）の渡辺守成会長は今年の夏、競技会の実現に向けた交渉で世界中を飛び回っていた。モスクワに立ち寄った際、ナゴルニーに会って「（ウイルス）感染リスクはゼロじゃない。それでも大会に参加してくれるか」と尋ねた。返ってきた言葉は「その質問には意味がない」だった。「もちろん参加する。できることには協力したい」と即答してくれた。

本番も、ナゴルニーは２０１９年の世界選手権個人総合金メダリストにふさわしい姿を見せた。ゆかで難しい技を省くなど、演技構成は安全運転。それでも跳馬の高さ、つり輪のパワーなどで観客を魅了し、出場６種目で計86・６００の高得点をマークした。大会を成功させ、東京五輪開催のムードを盛り上げてみせる――。演技に、そんな思いがにじみ出ていた。「五輪は選手にとって全て。それに向けて努力し、準備し続けている」と明かした。

五輪への思い
にじむ演技
露の体操世界王者　ナゴルニー

11月の競技会　観客を魅了

内村航平（右）のサイン入りTシャツを手にするナゴルニー

２０２０年12月２日付

試合後、憧れの内村航平に頼んで、シャツに「美しい体操」と書き入れてもらい、少年のような笑顔を見せた。大会の名称として掲げられた「友情と絆」を象徴するようなシーンは、スポーツ界からの強いメッセージとなった。きっと、ナゴルニーが何より望んでいたエンディングだった。（横井美帆）

（20年12月2日付夕刊）

厳しいルールを公表

21年1月のオンライン記者会見で、「Ｉｆではなく、Ｈｏｗだ」と述べたＩＯＣのバッハ会長は、その席で「2月初めに『プレーブック』を公表する」と明らかにした。プレーブックとは、各国・地域の五輪委員会と選手向けに、来日時の感染予防対策や行動ルールを示した指針である。

予告通りプレーブックは、国際競技連盟（ＩＦ）向けが2月3日に、選手向けが9日に公表された。ＩＯＣ、国際パラリンピック委員会（ＩＰＣ）、東京大会組織委員会が国内外の専門家の意見を反映して作成したものだ。

プレーブックで示された主なルールを列記すると左ページの表のようになる。

内容は、体操の「友情と絆の大会」での経験も生かし、より具

2021年2月4日付

五輪 コロナ対策指針
悪質違反 資格剥奪も
IOCなど公表

国際オリンピック委員会（IOC）などは3日、大会参加者用に作成した新型コロナウイルス感染防止策の指針「プレーブック」（ルールブック）のうち国際競技連盟（IF）向けの内容を公表した。繰り返しの違反、悪質な違反については大会への参加資格剥奪もあり得ると、厳しい姿勢を示した。

プレーブックはIOC、国際パラリンピック委員会（IPC）、東京五輪・パラリンピック大会組織委員会が国内外の専門家の意見を反映して作成。選手村での過ごし方、検査の頻度などのルールも盛り込んだアスリート向けのプレーブックは9日に公表する予定。

IF向けでは、来日前にPCR検査などの陰性証明取得を義務づけるほか、それぞれコロナ担当の責任者を置くよう求めた。関係者がマスク着用などの感染防止策を確実に実行しているかどうか点検させる。

また、健康状態の報告や行動歴の記録を求め、検温で37・5度以上を2度記録した場合は、競技会場への入場を禁じる。日本国内で

新型コロナウイルス対策として東京五輪・パラリンピックの関係者に求めるルールをまとめた「プレーブック」の表紙

体化していた。

選手村でアスリートはマスクを着用して他の選手と2メートルの距離を保ち、村内などの医療施設で最低4日に1度検査しなければならない（のちに「毎日検査」に改訂）。握手やハグは禁止。エレベーターなどでの会話も避ける。食事は村内か競技会場で同じグループで取り、食後はテーブルを消毒する。

移動できるのは競技会場や練習場など認められた施設だけ。その他の外出は原則、入国前に作成した活動計画書にある行事などに限り、公共交通機関は使わず、移動中も空席を挟むなど密にならないように工夫する。最後の試合や行事を終えてから48時間以内に選手村を退去し、外部との接触を避ける――といったルールがきめ細かく定められていた。しかも、これは「初版」であり、感染状況を見ながら改訂を重ねるという。

この時点で五輪出場枠の25％がまだ未確定である。その段階で、しかも改訂を前提に「初版」と断って早々と公表したのは、五輪開催に向けた強い決意の表れだ。指針に対する悪質な違反者は大会から追放する、としており、ＩＯＣが毅然(きぜん)とした姿勢をアピールしたものといえよう。大会組織委の幹部は、「感染対策のルールをきめ細かく示すことで、大会参加者だけで

プレーブックで示された主なルール

入国前	出発前14日以内に新型コロナの症状が出た場合、日本への渡航不可
	日本への出発前72時間以内に陰性証明を取得
	日本入国から14日間の行動計画や滞在中に会う人のリストの作成
日本滞在中	公共交通機関は許可がなければ使用禁止
	大会中は定期的に検査し、陽性の場合は隔離または入院。回復状況などにより解放
	競技会場や認められた場所以外への外出禁止
	検温で37.5度以上を２回記録した場合、競技会場への入場禁止
	観光地やレストラン、バーなどの訪問、観客として競技会場の入場禁止
	応援は拍手。歌ったり叫んだりは不可
全般	ワクチン接種は参加の義務ではない
	プレーブックのルールを繰り返し破った場合、大会から追放となる可能性がある

2021年２月４日付

なく、受け入れる日本国民にも安心感を持ってもらいたい」と話した。

ＩＯＣ幹部は「力強いメッセージが途絶えると、ＩＯＣ内部でもすぐに、開催に懐疑的な見方が広がる」との危機感を持っていた。あらゆるきっかけをとらえて「Ｈｏｗ」のメッセージを発信しようとしていた。

4　海外からの観客を断念

最悪シナリオの回避に向けて先手

プレーブックの作成と並行する形で、結論を急がなくてはならないことがあった。海外からの観客の来日をどこまで認めるか、という難題である。

ＩＯＣのバッハ会長は21年2月24日のオンライン会見で「チケット販売や入国管理の観点から、4月か5月初めには判断する必要がある」と語った。開幕は7月下旬だから、デッドラインとしては妥当なところだろう。しかし、日本側はさらに決断を急ぐ。

日本国内の世論は、大勢の外国人の入国によって変異した新型ウイルス株が流入しかねないと警戒する声が強まっていた。丸川珠代五輪相が2月26日、菅首相と官邸で面会し、海外観客の受け入れ断念を早期に判断する必要性を指摘すると、菅首相も「その通りだ」と同意した。

「不安を取り除き、安全安心の大会として開催することを国内外に広く発信する意味でも、本日の協議は重要になる」

丸川五輪相は3月3日、ＩＯＣなどとの5者会談の冒頭でそう強調した。「不安を取り除き」という言葉の前には（日本国民の）と挿入した方がいいだろう。日本政府は、感染への危機感から国民の間に大会への中止論や再延期論が浮上するという「最悪のシナリオ」を避けるため、先手を打つ必要に迫られていた。この会談で丸川五輪相は、3月25日の聖火リレー出発式までに結論を出す方針を示す。水面下では「海外客ゼロ」の調整が始まっていた。読売新聞も〈五輪　海外客受け入れ困難〉という見出しで報じている。

当時、五輪に観客を入れるべきかどうか、世論は真っ二つに割れていた。読売新聞が行った世論調査（電話方式）の結果を記しておこう。

五輪「観客あり」　賛成45％　反対48％

読売新聞社の全国世論調査で、東京五輪・パラリンピック大会組織委員会の橋本聖子会長が観客を入れた形での開催を目指す考えを示していることについて聞くと、「賛成」が45％、「反対」が48％と拮抗（きっこう）した。

賛否を男女別にみると、男性は、「賛成」50％が「反対」45％を上回り、女性は「反対」51％が「賛成」41％を上回った。内閣支持別では、

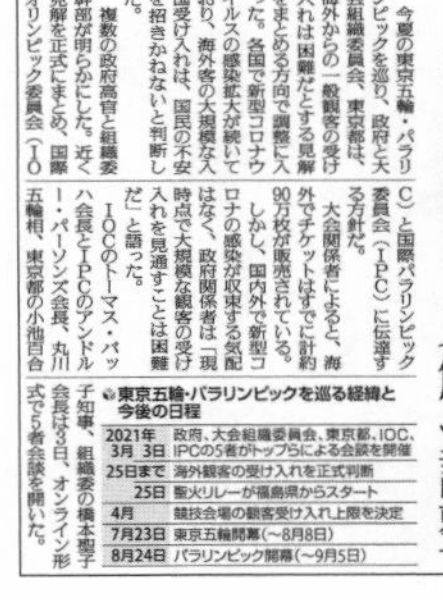

五輪 海外客受け入れ困難

政府・組織委・都 見解へ調整

今夏の東京五輪・パラリンピックを巡り、政府と大会組織委員会、東京都は、海外からの一般観客の受け入れは困難だとする見解をまとめる方向で調整に入った。各国で新型コロナウイルスの感染拡大が続いており、海外客の大規模な入国受け入れは、国民の不安を招きかねないと判断した。

複数の政府高官と組織委幹部が明らかにした。近く見解を正式にまとめ、国際オリンピック委員会（IOC）と国際パラリンピック委員会（IPC）に伝達する方針だ。

大会関係者によると、海外でチケットはすでに計約90万枚が販売されている。

しかし、国内外で新型コロナの感染が収束する気配はなく、政府関係者は「現時点で大規模な観客の受け入れを見通すことは困難だ」と語った。

IOCのトーマス・バッハ会長とIPCのアンドルー・パーソンズ会長、丸川五輪相、東京都の小池百合子知事、組織委の橋本聖子会長は3日、オンライン形式で5者会談を開いた。

東京五輪・パラリンピックを巡る経緯と今後の日程

2021年3月3日	政府、大会組織委員会、東京都、IOC、IPCの5者がトップらによる会談を開催
25日まで	海外観客の受け入れを正式判断
25日	聖火リレーが福島県からスタート
4月	競技会場の観客受け入れ上限を決定
7月23日	東京五輪開幕（～8月8日）
8月24日	パラリンピック開幕（～9月5日）

2021年3月4日付

支持層が「賛成」55%、「反対」41%、不支持層が「賛成」37%、「反対」58%と、正反対の結果だった。

一方、観客を入れて開催する場合に海外からの観客を受け入れることへの賛否を聞くと、「反対」の77%が「賛成」の18%を大きく上回り、否定的な意見が多数を占めた。

（21年3月8日付朝刊）

海外客断念への大きな反響

3月20日に、海外客は受け入れないことが決まった。予想されたことながら、関係各界への衝撃は大きかった。記事は次のように伝えている。

五輪海外客　断念　パラも　5者会談で決定

東京五輪・パラリンピック大会組織委員会は20日、国内外での新型コロナウイルスの感染状況を踏まえ、海外からの一般観客の受け入れを断念すると発表した。

政府、東京都、国際オリンピック委員会（IOC）、国際パラリンピック委員会（IPC）とのオンライン形式の5者会談で、日本側が受け入れ断念の方針を報告し、IOCとIPCの了承を得た。海外在住者が

五輪海外客 断念

パラも 5者会談で決定

東京五輪・パラリンピック大会組織委員会は20日、国内外での新型コロナウイルスの感染状況を踏まえ、海外からの一般観客の受け入れを断念すると発表した。

政府、東京都、国際オリンピック委員会（IOC）、国際パラリンピック委員会（IPC）とのオンライン形式の5者会談で、日本側が受け入れ断念の方針を報告し、IOCとIPCの了承を得た。海外在住者が購入したチケットは払い戻される。

会談には丸川五輪相、東京都の小池百合子知事、組織委の橋本聖子会長、IOCのトーマス・バッハ会長、IPCのアンドルー・パーソンズ会長が出席。日本側は変異ウイルスの出現などコロナの厳しい感染状況が続いており、今夏に海外から日本への自由な入国を保証できないと判断したことを伝えた。IOCとIPCはこれを受け入れることを表明した。

橋本会長は会談後、「残念でならないが、コロナの状況を見ると、国民のみなさんやアスリートの安全と安心を確保するためには致し方ない結論だった」と述

宮城

20日午後6時9分頃、宮城県沖を震源とする地震があり、同県登米市、大崎市、仙台市宮城野区など10市町で震度5強を観測した。気象庁によると、震源の深さは59キロ、地震の規模を示すマグニチュードは6・9と

2021年3月21日付

購入したチケットは払い戻される。

会談には丸川五輪相、東京都の小池百合子知事、組織委の橋本聖子会長、IOCのトーマス・バッハ会長、IPCのアンドルー・パーソンズ会長が出席。日本側は変異ウイルスの出現などコロナの厳しい感染状況が続いており、今夏に海外から日本への自由な入国を保証できないと判断したことを伝えた。IOCとIPCはこれを受け入れることを表明した。

橋本会長は会談後、「残念でならないが、コロナの状況を見ると、国民のみなさんやアスリートの安全と安心を確保するためには致し方ない結論だった」と述べた。海外在住者にはリモートで大会を楽しんでもらう仕組みを検討するという。バッハ会長は「日本のパートナーや友人たちは、結論を軽々に出したのではない」と理解を示した。

組織委によると、各国・地域の国内オリンピック委員会（NOC）を通じて販売した約63万枚（五輪60万枚、パラ3万枚）のチケットが払い戻しの対象となる。

IOCが求めているスポンサーなどの招待客の入国について、組織委の武藤敏郎事務総長は「大会関係者として入国できる可能性はある」と述べた。会談では、会場の観客数の上限について、4月に5者会談を開き、方向性を決める方針も再確認した。

（21年3月21日付朝刊1面）


読売新聞は23日朝刊に「安全の追求が開催国の責務だ」と題した社説を掲げ、「失うものは大きいが、安全な大会を実現するためには避けられない決断だと言えよう。新型コロナウイルスの感染再拡大を食い止め、開催をより確実なものとしたい」と書いている。だが、「おもてなし五輪」として、海外からの来日客が消費する「インバウンド需要」を当て込んでいた経済界をはじめ、関係者の失望は大きかった。以下は国内と海外の反応を伝える記事である。

海外客断念　「おもてなし」したかった

◆ホテル「満室見込んでたのに」　選手は理解「開催が一番大事」

東京五輪・パラリンピックで、海外観客の受け入れを断念することが、20日に行われた政府や国際オリンピック委員会（ＩＯＣ）などの5者会談で決まった。新型コロナウイルスの感染防止のためだが、「おもてなし」の準備をしてきたホテル従業員やボランティアは複雑な表情。選手らは惜しがりながらも「開催が最優先」と理解を示した。

■落胆

コロナ禍で深刻な打撃を被る宿泊業界。数十万人とされる海外観客が来なくなったため、期待していた収益が見込めなくなった。

「感染を防ぐためには仕方がないけれど、五輪の時だけでも部屋が埋まり、海外のお客と盛り上がりたかった……」。英語の旅行誌に紹介され、年間約１００か国・地域から客を受け入れる「サクラホテル池袋」（東京）のフロントスタッフの女性（39）は肩を落とした。

外貨両替機を新設し、レストランには和食の新メニューを用意していたが、20年3月に大会が延期に。全103室の予約はキャンセルになった。その後も、客の8割を占めていた訪日外国人が戻る兆しはない。

大会期間中は、日本人客に国際色豊かな本来の五輪気分を味わってもらえるように、ホテル内の装飾を外国風にする検討を始めた。

影響は東京にとどまらない。「北海道民泊観光協会」代表理事で、マラソンと競歩などが行われる札幌市で民泊を経営する男性（46）は「五輪までは何とか頑張るという同業者が多かったが、これで廃業や賃貸住宅への転換が加速する可能性がある」と漏らす。

■ボランティア

海外客への「おもてなし」は東京大会のキーワードで、一翼を担うのが約12万人のボランティアだ。

英語での道案内などをする予定だった埼玉県の女性（61）はラジオの英会話講座を聞いて耳を慣らしてきた。『日本に来てよかった』と思ってもらえるような手伝いがしたかったのに残念。英語を使えなくても、ほかの形で貢献したい」と話した。

東京大会では、約1万人の外国人ボランティアも採用されている。台湾在住の会社員（49）は日本で働いた経験を生かし、日英中3か国語を駆使して活動する予定。「外国人である私の入国を日本政府は許可するでしょうか。正確な情報が欲しい」と求めた。

■集中

パラ競泳で5回目のパラリンピック出場を目指す鈴木孝幸選手は英国を拠点に活動していたが、コロナ禍で帰国し、トレーニングを積んでいる。

現地の友人や、一緒に練習してきた英国人選手の家族らは入国できない見通しだ。残念がる一方、「今大会はスタンドの風景も、応援スタイルもこれまでと全く違うものになる。どんな形になっても競技に集中したい」と強調した。

星槎（せいさ）道都大（北海道北広島市）に留学し、柔道でブータン初の五輪出場を目指すタンディン・ワンチュク選手とキンレイ・ツェリン選手。「海外客がいなくなれば五輪らしさがなくなって寂しいが、大会の開催が一番大事。母国の家族にはテレビで応援してもらう」と口をそろえた。

日本体育大オリンピックスポーツ文化研究所の冨田幸祐助教（五輪史）の話「約120年の近代五輪史上、海外観客を受け入れないのは極めて異例で、世界から訪れた人と交流し、日本の魅力を伝える機会が失われたのは残念だ。ただ、五輪は本来、選手が力を競い合うスポーツの大会。大会組織委員会は、コロナ禍でも選手が力を発揮できる環境作りに注力すべきだ」

◆変異型阻止に有効

海外の観客の受け入れ断念について、専門家は、感染力が強いとされる変異したウイルスの国内拡大を防ぐために有効だとみる。

政府は1月中旬から、原則として全ての外国人の新規入国を停止しているが、国内の変異ウイルスの感染者は今月16日までに485人（空港検疫含む）に上る。海外で変異ウイルスが猛威を振るう中、入国者が急増すれば、感染者が検疫をすり抜ける可能性が高まる。

慈恵医大の浦島充佳教授（予防医学）は「国内で変異ウイルスの感染者が広がれば、大会中断の恐れもある。当然の措置だ」と話す。

（21年3月21日付朝刊）

海外メディア　「雰囲気損なう」「予算に打撃」

海外メディアも敏感に反応した。2024年パリ五輪・パラリンピックの開催国フランスで、仏紙パリジャン（電子版）は「（東京大会の）主催者は世界中のスポーツファンの希望に終止符を打った」とし、「日本のスタジアムの雰囲気を深刻に損なうリスクがある」などと報じた。

米紙ニューヨーク・タイムズ（電子版）は「（新型コロナウイルスの）世界的流行という現実への大きな譲歩」と評した。大会開催による感染拡大への懸念が日本国内で根強いと紹介し、「（今回の決定が）国民の懸念を和らげることはないだろう」とも指摘した。

ドイツでも、公共放送ARDが「チケット収入の損失は開催予算に厳しい打撃となり、観光産業にも重大な結果をもたらす」と報じた。22年北京冬季大会を開催する中国では、SNS上に「北京五輪はどうなるの」「同じように難しい選択を迫られるはず」と、影響を心配する書き

五輪チケット減収

海外客断念　検疫は負担減

東京五輪・パラリンピックの開幕まで約4か月。政府や国際オリンピック委員会（IOC）などの5者会談が20日開かれ、海外からの観客を入れずに開催することで合意した。チケット収入の減少に加え、ボランティアの活動の場が減ることも予想され、コロナ禍の大会は新たな課題に直面することになった。

〈本文記事1面〉

約1000万枚で計900億円の利益を見込んでいたチケットが、大会組織委員会の収入の柱だ。海外に販売した数十万枚は払い戻すが、損失の穴埋めは組織委には困難で、大会招致時の取り決めに従えば、東京都が負担することになる。

チケットは、各国・地域のオリンピック委員会（NOC）公認の販売事業者を通

2021年3月21日付

込みが相次いだ。（パリ　山田真也、ニューヨーク　寺口亮一、ベルリン　石崎伸生、北京　田川理恵）

（21年3月21日付朝刊）

5　聖火リレー

無観客の中で出発式

２０２１年３月25日午前、１年遅れの国内聖火リレーがスタートした。

出発の地は、福島県のサッカー施設「Ｊヴィレッジ」。かつて、福島第一原子力発電所の事故処理の前線基地となった場所だ。第１走者を務めるのは、東日本大震災の４か月後にサッカー女子ワールドカップ（Ｗ杯）で優勝し、スポーツの力で日本中を元気づけた「なでしこジャパン」の選手たちである。

炎が上がる聖火皿の前に、Ｗ杯で監督を務めた佐々木則夫さんと「なでしこ」たち計16人が並んだ。桜をモチーフにしたトーチに火を移したのは、被災地・岩手県出身の岩清水梓さん。Ｗ杯決勝を制した直後、テレビカメラの前で「東北のみなさんへ」「共に歩もう！　東北魂!!」と記した日の丸を掲げた選手だ。

聖火リレースタート

コロナ厳戒 121日間

Tokyo 2020

福島・Ｊヴィレッジ　なでしこ第１走

２０２１年３月25日付

聖火のトーチを掲げ持って走る岩清水さんを中心に、なでしこたちが笑顔で走る。それは、地震、津波、原発事故という大災害にも負けることなく、復興を果たした日本人の姿を世界に示すという「復興五輪」の聖火リレーにふさわしい光景だった。

しかし――周囲で祝福する人々は少ない。

前年3月に予定通り聖火リレーが行われていれば、観客3000人を集めての華やかな出発式となるはずだったが、感染対策のために無観客で行われ、見守ったのは約160人の関係者のみ。声は出さずに、拍手だけで走者をたたえた。

もちろん、テレビやインターネットを通じてこの光景に歓声を上げた人は大勢いたはずだが、やはり間近に観客のいない出発式には、さみしさもまた漂っていた。

「トーチキス」も対面は禁止

聖火リレーをどのような形で行うかは、東京2020大会の成否にも直結していた。リレーを見るために大勢の人が集まり、そこから感染が拡大すれば、五輪開催に反対の声が強まることは必至である。しかし、聖火リレーを全面的に中止すれば、これもまた、五輪中止の臆測に拍車がかかるだろう。

大会組織委は、聖火リレーのスタートまで2か月となった1月、全国の自治体に対し、リレーが通過する地域に緊急事態宣言などが出ていた場合は公道走行はしないとの案を内示した。

逆に言えば、緊急事態宣言や外出自粛要請が出ない限り決行するということだ。手探りでの協議が始まった。

そうした中、リレーをめぐって一つの騒動が起きる。2月17日、島根県の丸山達也知事が、5月に予定されている県内リレーの中止を検討すると表明したのだ。

理由は政府や東京都のコロナ対策への不満だった。丸山知事は同県の聖火リレー実行委員会の席上で、都が感染経路を調べる「積極的疫学調査」を簡略化したことや、緊急事態宣言の対象地域と対象外の地域で事業者への政府の支援が不公平だと批判。その上で、「東京五輪・パラリンピックの開催につながる聖火リレーに協力することは難しい」と述べた。丸山知事は「東京都は五輪を開く資格がない」などと語ってもいた。結局、丸山知事は4月になるとリレーを容認し、島根県内では予定通り5月に175人が聖火を運んだのだが、五輪の開催を歓迎しない声も少なくないことを印象づけた。

大会組織委はリレーのスタート1か月前、2月25日に感染対策を正式にとりまとめた。要約すると次のような内容である。

到着式典などを事前予約制にして入場者を制限し、居住都道府県以外での観覧は控えるよう要請する。緊急事態宣言の発令時は公道走行を中止する可能性があり、組織委は各都道府県の出発約2週間前に最終判断する。走者は本番の2週間前から当日まで、会食や人混みを避けながら体調を確

認する。発熱などの症状があれば検査を受け、陽性なら参加を取りやめ、担当区間（約200メートル）は前後の走者が代わりに走る。「トーチキス」は対面でなく横に並んで行う。多くの観客が予想される芸能人やスポーツ選手らは、競技場など入場を制限できる場所を走行する。観覧で、居住する都道府県以外に出向くことは控える。沿道や、聖火の出発、到着式典ではマスクを着用し、大声を出さずに拍手で応援する。観客が殺到すればリレーが中断される可能性もある。

（21年2月26日付朝刊より）

聖火リレー 感染対策徹底

五輪組織委

走者 横並びで交代

沿道の応援は拍手

聖火リレーの主な感染対策

走者
・2週間前から会食や人混みを避ける
・走行時以外はマスク着用。高熱があれば参加見合わせ
・聖火の受け渡しは対面でなく、横並びで
・著名人は密集対策ができる場所を走行

観客
・沿道、式典会場はマスク着用。拍手で応援
・居住都道府県以外は控える
・式典は事前予約制。受付で検温、手指消毒

海外観客「4、5
受け入れ可否 IOC会

バッハ・IOC会長

2021年2月25日付

こうした厳しい取り決めの中で聖火は、全国859市区町村を121日かけて巡るリレーの旅に出た。Jヴィレッジでの出発式と直後の区間は無観客だったものの、福島県から栃木県、群馬県へと、3月中は順調に進んでいった。

大阪は公道リレー全面中止に

しかし聖火の背後に、感染拡大の新たな波が迫っていた。コロナ禍の「第4波」である。「第3波」に伴う緊急事態宣言は3月21日で解除されたのだが、まるでリレーのスタートを待っていたかのように、3月下旬からまたじりじりと感染者が増え始める。変異ウイルスが広がりつつあった。

大会組織委は3月30日、長野市で4月1日に行うリレーについて、道が狭く人が密集する可能性が高い「善光寺仲見世通り」と、予約制で600人の観客を集める予定だった市役所での到着式典を、無観客にすると発表した。

また、政府は感染の再拡大が見られる大阪市などに「まん延防止等重点措置」を4月5日から適用することを決める。これを受けて吉村洋文・大阪府知事と松井一郎・大阪市長が「大阪市内でのリレーは中止すべきだ」との意向を表明した。

その後、大阪市内だけでなく、大阪府内の公道リレーはすべて中止された。走者は万博記念公園（大阪府吹田(すいた)市）で行われた「代替リレー」を走ることになった。その様子を読売新聞は次のように伝えている。

大阪の聖火　静かに進む　無観客　代替リレー　ランナー「開催だけで感謝」

東京五輪の聖火リレーは13日、新型コロナウイルスの感染拡大で公道での走行が中止された大阪府で、代替措置となるリレーが万博記念公園（大阪府吹田市）で始まった。公園内を閉めきって一般の観客を入れない異例の形式で行われ、太陽の塔や国立民族学博物館周辺など約3キロを15区間に分けた周回コースをランナーが走った。公道でのリレー中止は全国で初めて。

午前9時15分頃、第1走者の歌舞伎役者・片岡愛之助さんがトーチを手に走り出した。公道でのリレーで実施される予定だった出発式は行われず、スタッフらが拍手をする中でスタートを切った。

府内では13、14両日に大阪市など18市町の計１８２区間で約２００人が走る計画だったが、同公園で無観客で実施されることになった。この日は約１００人が走行予定で、１人約２００メートルずつを走る。入場を認められたのは運営スタッフのほか、ランナーの家族らだけで、沿道に人の姿がない区間も目立った。

太陽の塔の前では、２０１２年ロンドン五輪競泳銅メダリストの寺川綾さんがカメラに向けて手を振った。落語家の桂文枝さんもスタート前に「オリンピック、いらっしゃーい」とポーズを取り、笑顔で走り出した。

大会組織委員会が、公道でのリレー中止の代替措置として万博記念公園での実施を決めたのは６日前の今月７日。組織委と府の実行委員会は急ピッチで準備を進めた。

園内の出入り口４か所はすべて閉鎖され、太陽の塔や国立民族学博物館などの施設も臨時休館に。公園の出入り口には「関係者以外の入園はできません」と記した看板が設置された。

ランナーや応援に訪れた家族らは、異例の実施体制に理解を示しつつ、複雑な心境をのぞかせる人もいた。

午後から走る予定の大阪府箕面市の会社社長(78)は、「他県でのリ

「無観客」厳戒リレー

大阪に聖火

公園封鎖「開催だけでも感謝」

２０２１年４月13日付

レーでは沿道が『密』になっていたようなので、感染が拡大している大阪はこれくらいでちょうどいい」と園内での実施を好意的に受け止めた。駆けつけた社員や家族が「コロナに打ち勝て」との横断幕を掲げて応援する予定で、「地元で応援を受けられず残念だが、リレーが開催されるだけで感謝したい」と話した。

走り終えた男性（40）の応援に駆け付けた母親（74）（大阪府東大阪市）は「地元の沿道で、息子が経営する会社の社員総出で応援しようとしていたので残念。沿道に人もおらず雰囲気はさみしかったが、太陽の塔の前を走る姿を見て、息子の夢がようやくかなったと感じました」と喜んでいた。

（21年4月13日付夕刊）

緊急事態宣言より弱い「まん延防止等重点措置」の地域であっても公道におけるリレーは難しくなった。その後、やはり「第4波」が拡大しつつあった地域で、全面的に、あるいは一部で公道リレーの中止が相次ぐ。しかし、だからといって、日本全国を回る聖火リレーが無意味だったわけではない。オリンピックを長年見てきた編集委員の結城和香子は次のようなコラムを書いた。

コラム［地球遊泳］**日常に染みる力走**

東京五輪の聖火リレーが各地を回っている。日本のどこかの風景に暮らす、ごく当たり前の人々の、思いを込めた約200メートル。でも報道などで一人ひとりの物語に触れ、時々涙が出そうになることがある。

「五輪」という言葉には反応する、認知症の母に見せたいと走る男性。亡くなった子どもや両親などの遺品を身につけ、思いを重ねて走る人々。病や障害を経て、何かを達成できるという証左や、周囲への感謝を伝えたくて挑む「力走」。

誰かのために。そんな当たり前の、でもコロナ禍に疲弊する日々のどこかで忘れてしまいがちな思いやりが、不安や怒りで渇いた心に染み入るようなのだ。

東京大会に向けた選考会に臨む、選手たちにも気づかされることがある。競泳の池江璃花子選手は、現在の記録を新しい自己ベストと呼び、素直に喜ぶ。苦しい闘病の体験が、今ある状況への感謝となっているからだろう。以前の自分と比べてしまえば、すべては負の闘いになる。新たな自分として見つめるなら、日々の小さな達成をプラスと感じることができる――。

先行きの見えない感染状況に、コロナ禍さえなければと、焦燥を感じ続けている私たち。その苦しさの一端は、過去と比べ、本来あるべき姿と比べ続ける「負の闘い」から、生まれているのかもしれない。

大阪府で行われた観客のいない聖火リレー。無念だったろうと思いきや、多くは笑顔で、炎をつなげて良かったと語っていた。こんな日常でも、私たちにはまだできることがある。何かをしてあげられる人がいる。世界を見つめる心がある。

お祭り騒ぎの気分ではないけれど、スポーツが互いの思いに触れ、もう一度私たちの心を動かすきっかけになるのだとしたら。それは大きな意味を持つ。

（21年4月20日付夕刊）

コロナ禍の第4波は5月半ばに山を越えたものの、すぐに「第5波」が来るのは確実と見られ、聖火リレーは厳しい状況の中を進んでいった。全国都道府県の40番目、宮城県に入った段階で、読売新聞が状況をまとめている。

聖火　苦境のまま終盤　公道リレー4割中止

東京五輪の聖火リレーは6月19日、40番目の宮城県に入った。3月25日のスタート後、新型コロナウイルスの感染状況が悪化し、4割（16道府県）が公道走行を中止し、東京都も一部取りやめる方向で調整を始めた。祝賀式典などを無観客にする自治体も相次いでおり、「希望の火」は大きく揺らぎながら進んでいる。

■名前読み上げ

東日本大震災の被災地・宮城県のスタートは気仙沼市の災害公営住宅。小雨の中、マスク姿の観客が集まったが、密にならないようベランダから見守る住民の姿も目立った。

自治会長を務める男性（79）は「華々しくできないのが少し残念だが、震災から10年たって復興した気仙沼でこの日を迎えられ、心の中にも明かりがともったようだ」と語った。

お笑いコンビ「サンドウィッチマン」は密集防止のため、無観客の学校（女川町）の敷地を走行。県内最終日の21日は、帰宅時間と重なって密になるのが避けがたいとして、仙台市の一部で公道走行が中止になる。各道府県や大会組織委員会によると、大阪、福岡、石川、北海道など9道府県が密集や人流抑制のため、全ルートの公道走行を中止し、愛媛、熊本、青森など7県も一部で取りやめた。19道府県は式典を無観客で行い、6県では沿道の一部を無観客にした。

公道を走れなかった走者の多くは、代わりに式典に参加したり、無観客の周回コースを走ったりした。沖縄県で「まん延防止等重点措置」が適用されていた宮古島市の14人には、代替措置もなかった。

緊急事態宣言中の北海道も、公道走行を中止し、白老町と札幌市で無観客の式典を実施。走者の代表1人ずつが、トーチで聖火皿に火をともし、司会者が18市町を走るはずだった約200人の名前を読み上げる様子を動画サイトで配信した。

宮城県を通過すれば、残すところ7都県。23日からの静岡県は公道走行を一部取りやめる。28日からの神奈川県、その後の千葉県は全ルート中止を決めている。

■「常に緊張」

これまでに判明したリレー関連の感染者は、交通整理の警察官や警備スタッフら計11人。佐賀県

Tokyo 2020+

聖火 苦境のまま終盤

公道リレー4割中止

ライブ配信 偽サイトに注意

2021年6月20日付

では関係車両の運転手の陽性が判明し、複数回、ルールに反して同僚らと対面で食事をしていたことが明らかになった。

リレーには東京から約460人のスタッフが同行している。組織委幹部は「感染対策の緩みは厳禁で、常に緊張している」と漏らす。

一方、走者には本番前の2週間、体調管理を徹底し、会食や雑踏を避けるよう組織委が求めており、体調不良で辞退した人はいるが、感染者はいないという。

組織委は、各所で問題になった沿道の密集対策にも苦心する。上空からヘリコプターで沿道を見回り、ツイッターに密集がうかがわれる投稿がないかを確認。混雑しそうなら、走者が通過するまで繰り返し注意を呼びかけている。

◆都内も一部取りやめへ

東京都は7月9日から始まる東京五輪の聖火リレーの一部日程について、公道での走行を取りやめる方向で調整に入った。新型コロナウイルスの「まん延防止等重点措置」が、リレー期間中に都内に適用されるためで、無観客の代替イベントの実施も検討している。

都内のリレーは、7月9日に駒沢オリンピック公園（世田谷区）をスタートし、開会式が行われる23日に会場の国立競技場（新宿区）に到着する。15日間で都内の全62区市町村を巡り、1000人以上のランナーが参加する見通しだ。

6月21日から7月11日まで重点措置が適用されるため、世田谷区や八王子市などを走る最初の3

日間が措置期間と重なる。都はこの3日間は公道のリレーを中止する方向で調整している。11日のコースは重点措置の対象区域外の奥多摩町や檜原村が含まれており、都は大会組織委員会などと協議を進め、対応を決める。

（21年6月20日付朝刊）

東京も公道中止に

7月6日、開催都市・東京もついに、島部を除いて公道でのリレー中止を決断する。

この時期、リレーどころか、本大会の競技会場に観客を入れるべきか否かが大論争になっていた。4日投開票の東京都議選で、無観客での開催を主張する「都民ファーストの会」が善戦し、自民党は苦戦した。世論は急速に「無観客開催」に傾きつつあった。聖火リレーは「とにかく火だけはつなぐ」という選択をせざるを得なかった。

7月23日、東京五輪の聖火リレーは東京都庁に到着。121日間をかけて47都道府県を巡り、計1万515人が火をつないだ。公道を走ることができなかったコースは多かったものの、全国で聖火は歓迎された。

都、聖火公道リレー断念

島部除き　感染拡大受け方針

新型コロナウイルスの感染拡大を受け、東京都は、9日から始まる東京五輪の聖火リレーについて、小笠原村など島部を除き、全域で公道走行を取りやめる方針を固めた。代替措置として、無観客の会場で、走者が隣の人のトーチに火を移す「トーチキス」などを行う。

都内のリレーは9～23日の15日間、全62区市町村を巡り、1000人以上のランナーが参加する予定だった。都は先月29日、感染が再拡大する兆しがあることなどから、多摩地域や世田谷区を走る16日までの公道

2021年7月6日付

聖火ゴール

121日間、1万人リレー

東京五輪の聖火リレーは最終日の23日昼、東京都庁に着いた。式典で小池百合子都知事は「それぞれの思いでつないだ聖火がついに到着した。皆さんの力によるものと感謝している」と述べた。聖火はその後、ランタンに移され、開会式のある国立競技場に運ばれた。

リレーは3月25日、東京電力福島第一原発事故の対応拠点だった「Jヴィレッジ」（福島県楢葉町、広野町）を出発。121日間かけて47都道府県を巡り、都庁まで計1万515人が火をつないだ。新型コロナウイルスの感染防止のため、大会組織委員会は、沿道での観覧はマスクを着用し、前後左右の人と距離を取った上で応援するよう求めた。だが、各地で感染が拡大し、20都道府県が公道走行を中止した。

開催地の東京都も15日間のうち、公道を走ったのは島部の2日間だけ。代替措置として、無観客の会場で走者が隣の人のトーチに火を移す「トーチキス」が行われた。

台風8号発生

気象庁は23日、日本の南海上にある熱帯低気圧が台風8号に変わったと発表した。今後、発達しながら北へ進み、早ければ27日頃に北日本や東日本に接近する恐れがある。

2021年7月24日付

読売新聞は、各地の地域版で聖火ランナー全員の写真を掲載し、その声を伝えた。どの人も聖火のトーチを掲げながら、「参加することの意義」を語っていた。

6　スポーツ界とＩＯＣの動き

全米オープンテニスは無観客で開催

時計の針をいったん戻そう。２０２０年の後半、世界のスポーツ界は徐々にコロナ下での競技開催を模索し始めていた。

20年6月16日、全米テニス協会が8月末から9月にかけて予定するテニスの全米オープンについて、ニューヨーク州から無観客での開催許可を得たと発表した。同協会は8月、感染した選手は10日間隔離することや、大会開幕後に感染した場合はそこで棄権となることなど、新型コロナウイルスの対応指針をまとめ、開催にこぎつけている。そして、この全米オープンテニスでは女子シングルスで大坂なおみ選手が、車いす部門の男子シングルスで国枝慎吾選手が優勝した。

試行錯誤しつつ開催されるようになった国際大会の状況を、記事は次のように伝えている。

コロナ下の国際大会　東京五輪「新たな形」模索

来年に延期された東京五輪・パラリンピックに向けて、新型コロナウイルス感染症対策の具体的な検討が始まった。基本的な考え方の参考となるのが、欧米でこのほど開催されたテニスの全米オープンやゴルフのＡＩＧ全英女子オープン等の国際大会だ。どんな措置が取られ、どんな課題が見えてきたのか。（編集委員　結城和香子）

■ニューヨークで

9月13日、大坂なおみが優勝した全米オープン女子シングルス決勝の翌日昼、記者会見に臨んだステイシー・アラスター大会ディレクターは感慨深げだった。「安全な大会がニューヨークで開けると示せたことは歴史的だ。パンデミックの中で我々のスポーツをどう復活させるか、その青写真となればいい」

東京大会組織委員会の武藤敏郎事務総長も15日、理事会後の記者会見で「全米オープンのような国際大会が開かれたことは大変心強い」と応じた。国、東京都、組織委員会による「新型コロナウイルス感染症対策調整会議」の4日の初会合では、国内外の大会事例も踏まえつつ、年末までに対策をまとめる方針が確認されている。もちろん300人程度の選手が出場した全米オープンや、参加枠144人のＡＩＧ全英女子オープンより、五輪だけで339種目、1万人以上が参加する東京大会ははるかに規模が大きい。競技特性の違いもある。しかし武藤総長は「車いすテニスの国枝慎吾選手が、男子シングルスで優勝して帰国後『ああいう形でやれば東京大会もできるのでは』と言っていた。大変参考になる」と語った。

■特例入国

欧米で開かれている、全米オープンやAIG全英女子オープンなどの国際大会での対策には共通点がある。

最初の関門となる渡航制限措置については、政府が主要大会やリーグを指定し、入国拒否の対象国からでも、参加選手や関係者の入国を認めている。選手が万全の状態で臨めるよう、2週間の自己隔離も免除する。

特例で入国した選手と関係者は、代わりに、指定宿泊先と練習会場、及び試合会場等の「バブル」と呼ばれるエリア内に行動範囲を限定される。許可なく街などに出れば、大会出場資格の剥奪や罰金など厳しい制裁が待つ。到着時を含めてPCR検査を高頻度で受け、万一陽性となった場合は、濃厚接触者を含めた全員に隔離が求められる。マスク着用も必須だ。

全米オープンやAIG全英女子オープンは無観客で行われたが、27日開幕予定のテニスの全仏オープンは観客を入れる方針だ。

全米テニス　課題も　濃厚接触で棄権

全米オープンのコロナ対策は、主催者の全米テニス協会が、競技会場のあるニューヨーク市などと検討した上で策定した。しかし実際には、今も1日3~4万人近い感染者が出る米国への渡航を懸念したトップ選手が参加を辞退したり、陽性事例で競技が混乱したりするなど課題も見えた。

地元メディアが大きく報じたのは、女子ダブルスの第1シード、クリスティナ・ムラデノビッチ（仏）、ティメア・バボシュ（ハンガリー）組の棄権だ。ムラデノビッチが、大会直前にPCR検査で陽性となり男子シングルスを欠場したベノワ・ペール（仏）の濃厚接触者とされ、開幕数日後になって、14日間の自己隔離を命じられたためだった。選手の宿泊先のホテルのロビーで、一緒にトランプに興じたことが理由だった。ムラデノビッチは、女子シングルスなどの試合に出場していた。

その前日には、男子シングルスの試合が、同じく濃厚接触の判定を受けたフランスの男子選手の処遇を巡り、2時間以上中断した。大会総括の記者会見で、全米テニス協会のマイク・ドーズ最高経営責任者は、濃厚接触者に対する措置が大会途中で変わったことを混乱の要因に挙げた。主催者は当初、PCR検査で陰性だった濃厚接触者は、より厳しい行動規制のもと、試合参加の機会を与える方針を打ち出していた。しかし選手の宿泊施設があるニューヨーク州ナッソー郡が、突然14日間の自己隔離を通達。州政府も、その判断に同調した。ムラデノビッチは、「悪夢のようだった」と不満をぶつけた。

■安全が大前提

確かに選手から見れば、不正なドーピングでの「陽性」と異なり、感染経路が不明なことも多い新型コロナウイルスでは、自身に責任があるとは感じにくい場合もある。東京大会でも、陽性や濃厚接触の判定を受けた選手が、長年準備をしてきた競技に出場できなくなる状況は生じ得る。

国際オリンピック委員会（ＩＯＣ）のトーマス・バッハ会長は、ＩＯＣ理事会後の記者会見でこう答えた。「パンデミック下で開かれる大会では、全ての関係者にとって安全であることが開催の大前提で、皆が犠牲を払わざるを得ない。選手たちは、自身だけでなく周囲の人々や社会の健康を守る責任も負っており、個々の利害を超えて連帯を示す必要がある」。会長は、世界の感染状況などの変化に応じ、様々な対策を準備する必要があるとも指摘した。

全米オープンでの大坂の優勝は、コロナ禍の中にある私たちに、多くのメッセージを投げかけた。「新たな形」を模索する東京五輪・パラリンピックの実現には、困難を経ても世界のスポーツの祭典を開くことに意義があるという、選手を含む多くの人々の意識の共有が不可欠だと言えそうだ。

（20年９月18日付朝刊）

全米オープンの開催方式は、大会組織委にとって大きな参考事例となった。記事にもある通り、車いす部門の男子シングルスを制した国枝選手が、組織委の幹部らと意見交換している。国枝選手は、選手や関係者が行動できる範囲を「バブル」と呼ぶエリアに限定し、ＰＣＲ検査も頻繁に行われるなどした全米オープンの様子を説明。「対策をしっかりすれば、選手は集中して試合に臨める」と話した。

選手の行動制限について、アスリートの立場から積極的に支持する意見が出たことは重要であった。国枝選手との意見交換の後、組織委の中村英正・大会開催統括は「東京大会でも選手に行動の制約をお願いしないといけないが、アスリートの気持ちを聞けたことはすごく貴重だった」と語った。海外の対策から得た経験は、20年の11月に東京で開いた体操の国際競技会「友情と絆の大会」に生かされていく。

自信強めるバッハ会長

ＩＯＣのバッハ会長もこの頃から、東京大会の開催に自信を強めたようだ。20年９月22日、バッハ会長は各国のオリンピック委員会や選手など関係者あての書簡を公表した。その中でバッハ会長は、コロナ下でスポーツ大会が再開されていることについて「ワクチンがなくても、大きなスポーツイベントを安全に運営できることを示した」と記し、さらに「東京五輪を含むこれからの大会準備に自信を与えてくれる」と指摘した。

また、年内にもワクチンが承認される可能性にも触れ、「検査とワクチンの発展がスポーツイベントの安全な運営に大いに資する」として、「全般的に慎重な楽観論に立つ十分な根拠がある」とのメッセージを発した。

さらにバッハ会長は24日、スイスのＩＯＣ本部と東京を結び、オンラインで開かれた調整委員会でも冒頭スピーチを行っている。この時

バッハ会長　五輪前向き

ＩＯＣ調整委

「ワクチン　開催の助け」

来夏に延期された東京五輪の大会簡素化や新型コロナウイルス対策などを協議する国際オリンピック委員会（ＩＯＣ）の調整委員会が24日、始まった。会議は東京都内と、ＩＯＣ本部があるスイス・ローザンヌなどをオンラインでつないで行われた。

冒頭、ＩＯＣのトーマス・バッハ会長が世界各地でスポーツの大会が再開していることに触れ、「ワクチンがなくても安全な大会を開催できると証明した。さらに専門家からは、来年に入って数か月で複数のワクチンができる可能性があると聞いており、開催に向けた大きな一助になる」と述べた。バッハ会長が調整委員会で発言するのは異例。

東京五輪・パラリンピック大会組織委員会の森喜朗会長は「史上初の出来事

リモート参加であいさつするＩＯＣのバッハ会長（中央上）。手前は東京五輪・パラリンピック大会組織委員会の森会長（左）、小池都知事（24日午後、東京都中央区で）＝代表撮影

２０２０年９月25日付

のバッハ氏の心境と狙いを分析した記事だ。

ＩＯＣ積極姿勢　五輪への「心証」転換狙う

国際オリンピック委員会（ＩＯＣ）のバッハ会長が24日、ＩＯＣ調整委員会で異例のスピーチを行い、来年に延期された２０２０年東京オリンピック・パラリンピック大会を「成功裏に開催できると確信している」と、踏み込んだ表現で自信を示した。慎重な物言いを続けてきたＩＯＣだが、ここにきて開催可否の不透明さを払拭する転換点にしたいとの思惑もにじむ。その背景には何があるのか。（編集委員　結城和香子）

「スポーツは徐々にだが確実に復活している。主要な競技大会の成功が、ワクチンのない状況でも開催は可能だと示している。他方、複数の専門家によると、来年前半にはワクチンが普及する可能性もある」。バッハ会長は、その確信の根拠に触れた。「10か月後を予見はできないが、諸対策を準備する」とも語り、「この歴史的な五輪を、成功裏に開催できると確信している」と結んだ。

7月までは、中止という選択肢があることを否定しないなど、慎重な言い回しが目立ったバッハ会長。しかし8月以降、テニスの全米オープンなど、コロナ禍が広がる欧米諸国で国際大会が開催される事例が続いた。参加者の安全が大前提としてきたＩＯＣも、コロナと共存する中での競技大会開催を国際世論が容認する方向に動きつつあると判断したとみられる。

五輪の延期で合意した安倍前首相の辞任を経ても、大会開催に向けた日本の姿勢が変わらず、 9

月にはコロナ対策を検討する調整会議が始まるなど準備も進んでいる。こうした状況に、ＩＯＣの信頼度が増したという事情もありそうだ。

実務的な狙いも見え隠れする。日本の国内世論や、選手と各国五輪委員会への働きかけだ。開催国の世論の支持は、大会の盛り上がりやそれに伴う社会変化を呼ぶ。スポンサー企業の動向や、政治の主導力にも影響を与え得る。ＩＯＣ内には6、7月頃、五輪開催の可否を悲観的に捉える日本の世論調査結果に懸念をにじませる声が出ていた。調整委員会の主議題だった、コスト削減のための簡素化への「協力」を含め、開催に向けた人々の理解と支持を得る努力を、印象づけようとしてもおかしくはない。

他方、選手の心証は大会が成り立つ大前提だ。全米オープンでは、コロナ禍への懸念からトップ選手の辞退が相次いだ。23日の菅首相とバッハ会長の電話会談では、対策の徹底とともに、世界の選手に向けた力強いメッセージを送る必要性で一致したという。10月初旬には、ＩＯＣ首脳部とＩＯＣ委員、各国五輪委、国際競技連盟との意見交換も予定される。五輪開催に向けた具体的な道筋が、徐々に見え始めているようだ。

（20年9月30日付朝刊）

東京大会に関するIOC会長発言

2020年3月24日	東京大会の延期を決定
4月29日	声明①「コロナ禍で五輪も変わる。全関係者が犠牲を払う必要」
5月20日	英ＢＢＣに「『来年開催できなければ中止』は理解できる」
7月10日	仏レキップ紙に「ＩＯＣにとっては中止の方が容易。しかし開催に努力」
17日	ＩＯＣ総会。次期会長選に出馬表明し、「コロナ禍の行方に応じ複数のシナリオを準備」
9月22日	声明②「ワクチンがなくても大会が安全に開催できると証明された。東京大会への自信に」
24日	調整委員会「歴史的な大会を開催できると確信」

2020年9月30日付

ワクチンへの期待

20年10月1日、バッハ会長はＩＯＣ委員とのテレビ会議で「東京五輪に参加する選手団ら関係者全員にワクチンを平等に行き渡るようにしたい」との意向を示す。11月、五輪延期を決めてから初めてバッハ会長が来日した。バッハ氏は菅首相と会談し、その後、大会組織委の森喜朗会長とともに記者会見に臨んだ。さらに小池都知事とも会談している。以下は、この動きと発言を報じた当時の記事である。

選手ワクチン　ＩＯＣ負担　バッハ会長　五輪に観客「確信」

来日中の国際オリンピック委員会（ＩＯＣ）のトーマス・バッハ会長は16日、東京都内で記者会見し、新型コロナウイルス対策として、来夏の東京五輪に参加する選手のワクチン接種費用をＩＯＣが負担する意向を表明した。菅首相との会談では、観客を入れて五輪を開催する方針で一致した。

バッハ氏の来日は、新型コロナの世界的な感染拡大で東京五輪・パラリンピックの延期が決まって以来初めて。

バッハ氏は同日夕、大会組織委員会の森喜朗会長らと記者会見に臨み、「ワクチンが入手可能ならＩＯＣがコストを負担する」と明言した。「接

2020年11月16日付

五輪「観客あり」確認へ
きょう会談　首相とIOC会長

菅首相は16日、国際オリンピック委員会（IOC）のトーマス・バッハ会長と首相官邸で会談する。両氏は、新型コロナウイルスの世界的な感染拡大で来夏に延期された東京五輪・パラリンピックについて、観客を入れた形で開催する方針を確認する見通しだ。

バッハ氏は15日に来日した。16日午前に首相と内閣発足後、初めて対面で会談する。午後には、五輪延期を決めた安倍前首相と会う。

菅首相はバッハ氏との会談で、東京五輪を「人類がウイルスに打ち勝った証しとして開催する」との決意

来日したバッハ会長（15日）

種を義務化しない」とも語り、大会の参加要件にはしない方針を示した。

これに先立ち、バッハ氏は同日午前、首相官邸で首相と会談した。首相は、「人類がウイルスに打ち勝った証しとして、東日本大震災からの復興を世界に発信する『復興五輪・パラリンピック』として大会を実現する決意だ」と述べた。バッハ氏は「我々もその決意を十分に共有している。大会を人類の連帯と結束力の象徴としたい」と応じた。

首相はバッハ氏に対し、国際大会などに参加する外国人選手らが入国後14日間の待機を免除される仕組みを作り、今月から運用を始めたことなど、東京五輪の準備が順調なことを伝えた。

会談後、首相は記者団に「観客の参加を想定した様々な検討を進めていることを説明した。極めて有意義なやり取りができた」と語った。バッハ氏は「来年の大会では会場に観客を入れるということについて確信を持つことができた」と評価した。

バッハ氏は同日午後、小池百合子都知事と会談し、大会成功に向けた協力を確認した。ＩＯＣや組織委などによる会議では、選手が来日前にワクチン接種ができる体制を整える考えを明らかにした。

（20年11月17日付朝刊1面）

首相とバッハ氏の会談のポイント

▽首相は「人類がウイルスとの闘いに打ち勝った証し」として、大会を実現する決意を表明
▽バッハ氏は大会成功に向け、首相と決意を共有
▽首相が検討中の総合的な新型コロナ対策を説明
▽観客を入れた開催を目指し、準備を進める方針を確認

2020年11月17日付

この「五輪延期後初のバッハ来日」は、ＩＯＣと日

本のリーダーにとって、東京大会中止論を一掃するために重要なアピールの機会であった。読売新聞は朝刊1面の記事を受けて、2面でバッハ会長と菅首相の思惑を、都民版で小池都知事の表情を、次のように伝えている。

五輪「安全」アピール　IOC会長・首相会談

国際オリンピック委員会（IOC）のトーマス・バッハ会長が東京五輪・パラリンピックの延期後、初めて来日したのは、新型コロナウイルス感染が世界的に再拡大する中、大会実現を引き続き目指す決意を国際社会に示す狙いがある。菅首相も経済再建の象徴として五輪開催を重視しており、思惑が一致した格好だ。

■成功に自信

「参加者全てにとって安全な大会になる環境を担保する」

バッハ氏は16日、首相との会談後、首相官邸で記者団にこう語り、来夏の大会成功に自信を示した。

バッハ氏は首相に対し、新型コロナのワクチンが開発された場合、海外選手が来日前に接種できるよう支援する考えを示した。

五輪「安全」アピール

会長選、経済再建… 思惑一致

IOC会長・首相会談

政府が検討する五輪の主な感染症対策

2020年11月17日付

首相が東京ドームや横浜スタジアムで行われたプロ野球の試合で感染対策の新技術を導入し、入場制限を緩和する試みを行ったことを紹介すると、バッハ氏は「大変心強い」と評価した。

米欧などの感染拡大で五輪への懸念は選手や競技団体、スポンサー企業で高まっており、バッハ氏の来日は「開催に向けた不退転の姿勢を世界にアピールするためだ」（日本政府関係者）との見方が多い。実際、12月にセルビアで開催予定だったレスリングの世界選手権は選手のエントリー数が規定に達せず、中止に追い込まれた。バッハ氏にとっては再選を目指す来年3月の会長選に向け、求心力を高めたいとの事情もあるとみられる。

五輪を是が非でも開催したいのは首相も同じだ。首相は新型コロナ対応で主導してきた経済再開路線の集大成に五輪開催を位置付けている。海外からの観客も入国を許可し、日本の新型コロナ対策の成功を内外に示したい考えだ。

五輪開催は、首相の衆院解散戦略とも密接に絡む。選挙の時期を最も遅らせる場合、大会終了後に五輪ムードの盛り上がりを受けて解散に踏み切るのが有力な選択肢となっている。

■来春が焦点に

政府は9月以降、感染症対策を検討する調整会議（議長・杉田和博官房副長官）を開いており、年内の中間整理に向けて議論は大詰めを迎えている。これまでに国際大会などに参加する外国人選手らが入国後14日

バッハ会長「来春来たい」

国立視察「感動的な会場」

来日中の国際オリンピック委員会（IOC）のトーマス・バッハ会長は17日、東京五輪・パラリンピックのメイン会場となる国立競技場で報道陣に対し、来春に再来日する意向を示した。「（3月25日から）聖火リレーも始まるだろうし、春頃には来たい」と語った。

国立競技場を視察したバッハ会長は、トラックを歩きながら観客席を見回し、施設全体の様子を確認。「すでに五輪のような雰囲気が醸し出されている。感動的な会場だ」と喜んだ。

国立競技場を視察し、記者団の質問に答えるIOCのバッハ会長（17日、東京都新宿区で）＝代表撮影

川内原発1号

九州電力は17日、テロ対策施設が完成した川内原子力発電所1号機（鹿児島県薩摩川内市）の運転を再開した。同施設の完成による運転再開は全国で初めてとなる。国内で運転する原発は現状、玄海原発4号機（佐

2020年11月18日付

間の待機を免除される仕組みを作り、選手村に「発熱外来」を設置するなどの調整が進められている。

観客対策では、観戦チケットを持つ外国人観光客に限って入国を許可し、観客数の上限は国内の大規模イベントの規制に準じて決める案が出ている。

ただ、国内外で感染者増が続く中、観客を巡る議論は停滞しており、方針の決定は来春までずれ込む見通しだ。春は五輪の予選や選手の大会準備が本格化する時期でもある。

バッハ氏は16日夕の記者会見で、観客数について「満員かもしれないし、数値は低いかもしれない。結論を出すのは時期尚早だが、安全を最優先する」と語り、今後の感染状況などを踏まえて決める意向を示した。

（20年11月17日付朝刊2面）

五輪成功へ「一致団結」　知事とバッハ会長会談

小池知事は16日の国際オリンピック委員会（IOC）のトーマス・バッハ会長との会談で、「来年の東京大会をウイルスに打ち勝った大会として開きたい」と述べ、東京五輪・パラリンピックの成功に向けて全力を尽くす考えを強調した。

都庁（新宿区）でバッハ会長を迎えた小池知事は会談の冒頭、笑顔で「肘タッチ」を交わし、大会に向けて都などが新型コロナウイ

五輪成功へ「一致団結」
知事とバッハ会長会談

小池知事は16日の国際オリンピック委員会（IOC）のトーマス・バッハ会長との会談で、「来年の東京大会をウイルスに打ち勝った大会として開きたい」と述べ、東京五輪・パラリンピックの成功に向けて全力を尽くす考えを強調した。

都庁（新宿区）でバッハ会長を迎えた小池知事は会談の冒頭、笑顔で「肘タッチ」を交わし、大会に向けて都などが新型コロナウイルス対策に努力していることや、都内で体操の国際競技会が開催されたことをアピール。「スポーツは人々の心を動かさせる。改めて来年の大会が重要なイベントだと感じている」と力を込めた。

一方、バッハ会長は、新型コロナのワクチン開発・供給が大会までに間に合えば、IOCが来日前の外国人選手への接種を進める考えを明らかにし、「一致団結し、新型コロナ対策を練っていくことが必要だ。聖火を東京で見ることを楽しみにしている」と語った。

▲小池知事（右）と面会するIOCのバッハ会長（16日、都庁で）

世田谷一斉検査　クラスター確認
特養職員ら10人陽性

世田谷区は16日、介護職員らを対象にした新型コロナウイルスの一斉PCR検

2020年11月17日付

ルス対策に努力していることや、都内で体操の国際競技会が開催されたことをアピール。「スポーツは人々の心を熱くさせる。改めて来年の大会が重要なイベントだと感じている」と力を込めた。

一方、バッハ会長は、新型コロナのワクチン開発・供給が大会までに間に合えば、IOCが来日前の外国人選手への接種を進める考えを明らかにし、「一致団結し、新型コロナ対策を練っていくことが必要だ。聖火を東京で見ることを楽しみにしている」と語った。

（20年11月17日付朝刊都民版）

バッハ会長単独インタビューで語る

2021年の年頭、バッハ会長は結城和香子の単独電話インタビューに応じた。バッハ氏は東京五輪について、「開催は、逆境に立ち向かう人間性と世界の結束というメッセージを送るだろう」と述べ、大会の中止は「選択肢にない」と言い切った。

コロナ禍　東京開催の意味

■運動　心身の支え

――コロナ禍の社会で価値観が揺らぐ。新たな日常でのスポーツの価値とは。

「危機から、我々は一つの教訓を学んだと思う。コロナ禍に対抗するには、もっと人々の結束が必要だということだ。社会の中で、そして社会同士の間で。人類が直面する困難な課題には、協力することでしか対抗できないということを」

「スポーツ、特にオリンピックは、我々が結束できることを示す最高の機会になり得る。人々をつなぐ、それはスポーツが持つ核となる価値の一つだ。連帯（ソリダリティー）は相互理解を生み、相手への尊敬を培い、そして助け合おうとする心につながる」

――自身の体験を。

「感染症の広がりの中で、人々は社会的な接触を絶たれ、以前のようなつながりを保てない異質の環境に身を置いた。私もそうだった。その時、心身を支えてくれたのが運動だった」

「（1976年モントリオール五輪のフェンシング金メダリストでもある）私はスポーツが自分の人生にどれだけ大切なものかを知っている。でも感染症が広がった当初、多くの社会活動が停止し、10余年ぶりに初めて『（休みの取れる）週末』を持った。これまでは週末にも、必ず会合や大会があったからね。改めて運動を始めると、体重が減り、持久力が回復した。運動は心を自由にし、異質の環境に耐える力もくれた。（東京五輪の延期という）複雑で歴史的な決定を下さなければならなかった時期の、それは大きな助けになった」

「人々をつなぎ、心身を守る。そんなスポーツの価値は共鳴を呼んでいる。20年6月のオリンピックデーに、体を動かそうとデジタル空間で呼びかけたところ、選手などのメッセージに、数億人もの人々が呼応した。国連は20年12月、スポーツがコロナ禍からの復興に果たす役割についての決議を採択した」

■中止は選択肢外

――日本にとって、今年は2度目の「五輪年」だ。史上初の延期となった五輪。今振り返って、選択は正しかったと思うか。

「決定は非常に難しく、かつ非常に容易だった。どうしたら五輪が開催できるか、競技を減らす、あるいは選手数を減らすことは可能か。そんな検討の中で浮上してきたのが延期論だ。IOCとしては、中止を決めて、損失を保険でまかなう方がはるかに簡単だっただろう。しかしそれでは、参加を目指してきた世界の選手たちにも、日本という開催国の努力にも、そして五輪で選手たちが伝えるメッセージを受け取るはずの世界の人々にとってもフェアではないと考えた。だから私にとって、中止は選択肢には入らなかった」

「IOCにとっての損得ではなく、五輪というものが持つ人類にとっての価値を考えた時、どうすべきかは明らかだった。延期で改めて選手たちに機会を与え、日本開催の大会によって、逆境に立ち向かう人間性と世界の結束というメッセージを伝えたいと考えた」

――現在の日本の世論を見ても、開催に懸念を覚える人々は依然多い。

「今の状況下で懸念が生じないようだったら、私はむしろ驚くと思う。行きつけの店が来週開いているかも分からず、クリスマスや新年のありようが変わってしまうような状況で、五輪のような大きな大会が開けるのだろうかと、自問するのは当然のことだ」

「ただ、その中にあって日本でも野球の試合や競技会は開催されているし、状況が深刻な欧米でもそうだ。ワクチンや効率的な検査の開発も目に見える形で進んでいる。五輪開催時には人々は、延期前よりもさらに熱意を持ち支援してくれるだろうと思う。困難な闘いの末に手にした勝利は、与えられた勝利よりもはるかに嬉（うれ）しいものだからだ」

――競技現場からは、調整の困難さへの懸念も漏れ聞く。選手は、ＰＣＲ検査で陽性になれば、五輪出場の夢を絶たれかねない。

「スポーツも選手も社会の一部だ。だから世界中の多くの選手は困難に直面している。従来のように、五輪にピークを持ってくるための綿密な計画を組むことができにくい。五輪選考の日程が未定の競技さえある。そんな中で選手たちが発揮している柔軟性には頭が下がる。彼らは自らの困難を乗り越えるだけでなく、社会の人々を励ますための発信まで行っている」

「日本と連携し、ＩＯＣは様々な状況に対応できる対策を用意している。選手や関係者は、ルールを尊重するというスポーツの価値が身についている。感染症対策でも、自分や周囲の人を守るための規則を尊重してくれると確信している」

――「東京大会は簡素化し、五輪の必要不可欠な要素に回帰する」と語っていた。五輪の原点とは何か。

「我々が重視する原点とは、安全を確保した上で五輪を開くことそのものだ。困難に耐え、1年の延期を越えて集う選手たちにとって、参加すること自体の喜びが、何にも代えがたい体験になるはずだ」

「20年11月に東京を訪れ、国立競技場を視察し、トラックを一人で歩いた。私は自分を選手の立場に置き、開会式に臨む思いを想像した。喜びだろうか、安堵だろうか、緊張だろうか。それは喜びと安堵の交錯だろうと考えた。何という経験だったろう、でもついに五輪出場の夢がかなうのだと」

■日本人の誇りに

――1920年アントワープ五輪はスペイン風邪と第1次大戦からの復興を託された。東京五輪も、返上された40年大会を含め、震災や戦禍からの復興を掲げてきた。今回はそれに、コロナ禍からの世界の復興というメッセージが加わる。

「再起と連帯のメッセージは、常に五輪と深い関わりを持ってきた。今回の東京大会では、特殊な状況のために、こうした価値やメッセージが、より深い世界の共感を呼ぶだろう。64年の東京大会は、日本の国際社会復帰の象徴となった。東京2020大会は、世界にとって重要な意義を持ち、それを超える存在感を歴史に刻むのではと思う」

――日本が、五輪開催という機会を通じ世界に貢献できるかが問われている。

「日本は今、コロナ禍という長いトンネルの先の、希望の光となる機会を得ている。日本の人々は、人間性の勝利を印象づけるだけでなく、決意と連帯で五輪開催を実現する姿を通じて、世界の国々に、次なる課題をいかに協働して乗り越えるべきかの範を示すことができるだろう」

「スポーツでも人生でも、何かを成し遂げる時に必要なのは、信じる力と情熱だと思う。闘う価値のある何かを信じ、それを貫くことだ。東京五輪は、希望と自信を世界に与え、日本の人々の誇りとなるだろう」

（21年1月6日付朝刊）

大会まで2か月に迫った21年の5月27日、ＩＯＣのバッハ会長はオンライン形式で各国・地域の選手らとの質疑応答に応じ、こう呼びかけた。

「全幅の信頼を持って東京に来てほしい。さあ準備を」

選手たちからは、日本側やＩＯＣに対する感謝の言葉や、東京大会に向けた意欲が語られたが、大会の中止を求めたり、開催に疑問を呈したりする声は出なかった。

7　国内観客も断念

ワクチン接種の本格化

２０２１年になると、米ファイザー社、英アストラゼネカ社などが開発したワクチンが実用化され、まず欧米各国で接種が始まる。接種率が上がるとともに、スポーツイベントも次第に観客の受け入れを増やしつつ開催されるようになった。大谷翔平選手の活躍を伝える米大リーグでは、4月のシーズン開幕当初は大半の球場で人数が制限されたが、夏に向かうとともに徐々に規制が緩和され、スタンドに歓声が戻り始めた。

欧米に比べ、日本のワクチン接種は遅れた。医療関係者の接種は2月に始まっていたものの、高齢者への接種が始まったのは4月12日、64歳以下の一般接種が本格化したのは6月からだ。これはワクチンの確保に出遅れたという面もあるが、コロナ禍の被害が欧米ほどには深刻でなく、ワクチンの安全性にもまだ確信を持てない段階だったから、やむを得ないだろう。先行する欧米の様子を見ながら接種を本格化させる、というのは妥当な選択だった。

しかし振り返ると、この遅れが東京五輪・パラリンピックに大きな影響を及ぼす。感染の「第5波」が大会期間中の8月を直撃することになったからだ。

「第4波」は5月半ばにピークを越えたものの、コロナ禍が収まる様子はなく、聖火リレーの公道走行を中止するケースが相次いだ。6月になると、自治体の首長や感染症の専門家から、五輪本番を無観客にするよう求める声が出始める。

無観客開催論

6月6日、千葉県の熊谷俊人知事が、自身のフェイスブックで「無観客開催」を主張した。

東京五輪・パラリンピックの開催を巡り、熊谷知事は自身のフェイスブックに、「所詮（しょせん）はスポーツイベント」「有観客にしなければならない国民の生活維持上の理由は大きくない」とする文章を投稿した。新型コロナウイルスの感染状況を踏まえ、無観客での開催も検討するよう政府や関係者に促した。

五輪について、「二度とないほどの大きなイベント」「有観客に100％反対しているわけではない」とした上で、6日に投稿された。

熊谷知事は、五輪が有観客で開催された場合には、東京都などの会場に全国から人が集まると指摘。有観客で開催しながら、大会期間中に、行政が不要不急の外出や移動の自粛要請を出すことになれば、矛盾が生じ、国民との信頼関係が損なわれると訴えた。（21年6月8日付朝刊千葉版）

さらに6月18日、感染症の専門家有志が踏み込んだ提言を公表した。

尾身氏提言　医療逼迫予兆なら「五輪無観客望ましい」

政府の新型コロナウイルス感染症対策分科会の尾身茂会長ら専門家有志が18日、東京五輪・パラリンピックに伴う感染拡大の抑制に向けた提言を大会組織委員会の橋本聖子会長と西村経済再生相に提出した。都内で記者会見を開いた尾身氏は「無観客開催が望ましい。次善の策として観客を地元住民に限るべきだ」と述べ、医療逼迫の予兆があれば、政府に機敏に対策を打つよう求めた。

提言では、▽観客を入れる場合は、通常の大規模イベントよりも厳しい基準を採用する▽パブリックビューイングは中止▽感染拡大や医療逼迫の予兆がある場合は無観客とする――などの対策を示した。

◆リスク払拭探る　橋本組織委会長

提言を受け、橋本氏は都内で記者会見を開き、会場の観客数の上限を決める国際オリンピック委員会（IOC）などとの5者会談を21日に開催することを発表した。その上で「五輪・パラは、より厳しさを求められていることを踏まえ、よく協議して決めたい。（会場で）見たいという観客がいる限り、リスクをどれだけ払拭できるのかを最後まで探るのも組織委の仕事」と述べた。

組織委はこの日、コロナ対策のための専門家との会議を開き、観客向けガイドライン（指針）の素案を発表した。アプリによる事前健康管理のほか、観客がどこにも寄り道せずに自宅と会場を往復する「直行直帰」や時差来場を求めた。大声で騒ぐなど会場内での違反には今後、退場などの罰則を盛り込むことも検討する。

（21年6月19日付朝刊1面）

観客1万人まで

各界からのこうした懸念を受け、大会組織委は6月21日、IOCなどとの5者会談で、競技会場に入れる観客を上限1万人とすることで合意した。経緯を伝える記事だ。

東京五輪・パラリンピック大会組織委員会は21日、五輪会場の観客数の上限を収容定員の50%以内で1万人とすることを発表した。政府の大規模イベント開催方針を踏まえ、政府、東京都、国際オリンピック委員会（ＩＯＣ）、国際パラリンピック委員会（ＩＰＣ）とのオンラインでの５者会談で合意した。８月24日に開幕するパラの観客数上限は、新型コロナウイルスの感染状況をみて、五輪開会式の１週間前の７月16日までに決定する。

会談にはＩＯＣのトーマス・バッハ会長、ＩＰＣのアンドルー・パーソンズ会長、丸川五輪相、小池百合子都知事、組織委の橋本聖子会長が参加。10都道府県に出されている「まん延防止等重点措置」の期限となる７月11日より後に緊急事態宣言や同措置が発令された場合は、５者会談で無観客を含めた対応を検討することも決めた。

上限の決定に伴い、販売済みチケットが上限を超えるセッション（時間帯）については購入者を対象に再抽選を行う。不要になったチケットを定価で転売できる「公式リセール」の代わりに払い戻しを実施し、追加販売も行わない。再抽選の対象や払い戻しの方法は23日に公表する。

子どもの観戦用に購入された「学校連携観戦チケット」は、教育上の意義などを考慮し、引率の教職員を含めて上限の対象から除く。組織委によると、五輪では59万枚が販売済みで、今月からキャンセルの受け付けが行われている。

組織委は観客に求める行動などを盛り込んだガイドライン（指針）を今週中に公表する方針で、会場内の酒類の販売についても協議している。人流の拡大を招くとして、屋外で映像を見ながら観

五輪上限１万人合意

チケット 一部は再抽選

５者会談

東京五輪・パラリンピック大会組織委員会は21日、五輪会場の観客数の上限を収容定員の50％以内で1万人とすることを発表した。政府の大規模イベント開催方針を踏まえ、政府、東京都、国際オリンピック委員会（ＩＯＣ）、国際パラリンピック委員会（ＩＰＣ）とのオンラインでの5者会談で合意した。8月24日に開幕するパラの観客数上限は、新型コロナウイルスの感染状況をみて、五輪開会式の1週間前の7月16日までに決定する。〈関連記事2・3・4・19・31面〉

パラ 来月16日までに決定

会談にはＩＯＣのトーマス・バッハ会長、ＩＰＣのアンドルー・パーソンズ会長、丸川五輪相、小池百合子都知事、組織委の橋本聖子会長が参加。10都道府県に出されている「まん延防止等重点措置」の期限となる7月11日より後に緊急事態宣言や同措置が発令された場合は、5者会談で無観客を含めた対応を検討する

5者会談を行う（左から）小池都知事、組織委の橋本会長、ＩＯＣのバッハ会長、丸川五輪相（21日午後、東京都中央区で）＝代表撮影

れた「学校連携観戦チケット」は、教育上の意義などを考慮し、引率の教職員を含めて上限の対象から除く。組織委によると、五輪では59万枚が販売済みで、今月からキャンセルの受け付けが行われている。

組織委は観客に求める行動などを盛り込んだガイドライン（指針）を今週中に

チケット収入

東京五輪・パラリンピック大会組織委員会の武藤敏郎事務総長は21日、5者会

２０２１年６月22日付

戦するライブサイトやパブリックビューイングは中止や規模縮小の方向で検討する。

会場には観客とは別に、大会運営に必要なＩＯＣの関係者らも入場する。

関係者によると、五輪開会式に入る関係者は1万人を超える予定だったが、組織委の武藤敏郎事務総長は「(観客と合わせても2万人より）明らかに少ない数字になるだろう」と述べ、さらに削減に努める意向を示した。

（21年6月22日付朝刊1面）

5者会談での主な合意事項

- ▷五輪会場の観客数上限は収容定員の50％以内で最大1万人
- ▷競技実施時間は現行日程を維持
- ▷7月12日以降に緊急事態宣言、まん延防止等重点措置発令の場合、無観客を含め検討
- ▷感染や医療の状況が急激に変化した場合は5者で協議
- ▷観客向けガイドラインを作成し、マスクの常時着用、直行直帰の要請など注意点を明示
- ▷ライブサイトやパブリックビューイングは中止や規模縮小を検討
- ▷パラリンピックは五輪開会式1週間前の7月16日までに方針を決定

2021年6月22日付

日本のスポーツ界はコロナ下で様々な対策を講じ、有観客での試合を注意深く実施していた。そうした取り組みの成果を生かして、大会組織委は東京大会の「有観客開催」を可能と判断したのだった。

「観客あり」で決着　五輪上限1万人　プロ野球・Jリーグ根拠

無観客も含めて議論が続いていた東京五輪の国内観客問題は、政府や東京五輪・パラリンピック大会組織委員会などが21日に「上限は収容定員50％以内で1万人」と発表し、ようやく一定の結論

をみた。今後の感染状況に伴う無観客の可能性も残しているものの、プロスポーツの実績などを根拠に掲げて、有観客開催の決定にこぎ着けた。（運動部　佐藤謙治、政治部　栗山紘尚）

■判断ギリギリまで見極め

「国内外のスポーツイベントは有観客で行われ、しっかりとしたエビデンス（根拠）が示されている」

政府や国際オリンピック委員会（IOC）などを交えた5者会談後、組織委の橋本聖子会長は記者会見で、まっすぐ質問者を見据えて言い切った。政府の新型コロナウイルス感染症対策分科会の尾身茂会長らが「無観客が望ましい」と提言したことを巡って、記者に「専門家の知恵を採用せず上限を決めた」と指摘されたが、「（尾身会長らから）観客を入れた想定の提言も頂いた」と反論した。

政府や組織委などは当初、国内の一般観客の上限を4月中に固める方針だった。しかし、感染力の強い変異ウイルスの影響により、東京都内などで感染者が急増した。政府は4月25日、3度目の緊急事態宣言発令を迫られた。観客上限の判断時期がずれ込んだのは、宣言解除の可否をぎりぎりまで見極めるためだ。宣言は2回、延長され、それに合わせて国内観客に関する判断も先送りされた。

■情報提供

無観客開催の声が高まる中、有観客で興行を成立させてきた日本野球機構（NPB）とサッカー・Jリーグは繰り返し、組織委に情報を提供し続けた。4月～6月上旬、多くの試合で観客は1万人を超えていたが、客席でのクラスター（感染集団）は発生しなかった。この情報も、6月11日のコロナ対策を協議する組織委の検討会議に示され、五輪の有観客開催に向けた根拠の一つとなった。

プロ野球の読売巨人軍は本拠地とする東京ドーム（東京都文京区）で、国立研究開発法人「産業技術総合研究所（産総研）」と共同で「コロナ下の観戦のあり方」を模索してきた。場内の二酸化炭素濃度の測定などで、混雑しやすい場所や時間帯を事前に分析し、当日の状況をカメラ映像やスタッフの目視で確認して、インターネットの情報提供システムで観客に通知。さらに、密集が発生しないよう、場内アナウンスなどで整然とした規制退場を実現してきた。こうした取り組みの成果も、組織委との間で共有されていた。

■懸念

政府内で方向性が固まったのは6月15日だ。首相官邸で菅首相と丸川五輪相、萩生田文部科学相が観客規模について協議し、都内などの感染状況や感染対策の状況などを踏まえて「上限1万人」を基本線とすることで一致し、最終調整に入っていた。内閣官房の幹部は「宣言期間中に観客規模に言及すれば、猛反発を招き、大会中止論に拍車をかけていた」と語る。

政府の決断を受ける形で組織委は18日、観客向けガイドライン（指針）の素案を発表した。この中で、寄り道せずに自宅と会場を行き来する「直行直帰」や、時差来場、マスク持参などを求め、感染対策強化の姿勢をアピールした。

ただし、緊急事態宣言の解除で、再び感染者が増加する可能性もある。首相は周囲に「感染者はまた増える恐れがある。そうなれば観客数は大胆に絞らざるを得ない」と漏らしており、予断は許さない状況だ。（21年6月22日付朝刊）

第5波拡大し無観客へ

しかし、これで最終決着とはいかなかった。コロナ禍の第5波が拡大しつつあったからだ。この状況で、世論は東京五輪・パラリンピックをどんな形なら開催可能と見るのか、6月25日告示、7月4日投開票の東京都議選が試金石となった。そして選挙期間中の世論調査で、無観客開催を主張する「都民ファーストの会」の善戦が判明すると、政府や組織委の姿勢も無観客に傾き始める。

読売新聞は都議選投開票日直前の慌ただしい動きを報じている。

五輪の一部無観客　調整　再抽選　結果公表延期か

政府と東京五輪・パラリンピック大会組織委員会は、大規模会場や夜間に実施される東京五輪の一部競技を無観客とする方向で調整に入った。東京都などで新型コロナウイルスの感染が再拡大し、感染対策のさらなる強化が必要だとの声が出ているためだ。「上限1万人」の想定で再抽選する販売済みチケットについても、7月6日に予定していた結果公表の延期を検討している。

複数の関係者が明らかにした。菅首相は1日、首相官邸で記者団に「（緊急事態宣言となれば）

無観客もあり得ると明言している」と述べ、「（政府や組織委など）5者協議の中で決められる」と強調した。これに先立ち、公明党の山口代表は都内で記者団に「無観客も視野に対応してもらいたい」と政府に注文を付けた。

10都道府県には、11日を期限として新型コロナ対策の「まん延防止等重点措置」が適用されている。解除されれば、「収容定員の50％以内」かつ「5000人以下」のイベント基準は、「1万人以下」に緩和される。組織委などは6月21日、これに準じて五輪は「1万人以下」にすると決めていた。

しかし、東京では新規感染者数が増加傾向にあり、政府内では首都圏での重点措置の解除は困難との見方が強まっている。重点措置の延長後も感染状況が改善されない場合、五輪期間中に緊急事態宣言の再発令が重なる恐れもある。人流を抑えるために大規模会場や夜間に実施される競技などについては無観客とする方向に傾いている。

政府は重点措置の解除の可否を7日にも判断する。組織委は「1万人以下」を前提に、開閉会式や、サッカー、野球・ソフトボールなど7競技について販売済みチケットを再抽選し、6日に結果を公表する予定だったが、政府の判断後に先送りする方針だ。一方、政府や組織委は、チケット販売が「5000人以下」に収まっている競技などについては、観客を入れられないかどうかを検討している。

（21年7月2日付朝刊1面）

東京都議選を舞台とする政治的な論戦が、東京大会の無観客開催を決定づけることになった。都議選終盤の7月1日、政権与党への逆風を感じた公明党の山口那津男代表が「無観客も視野に」と政府に注文し、菅首相も記者団に「ありうる」と表明する。翌2日には小池都知事が記者会見で「無観客も軸として考えていく必要がある」と話した。さらに組織委の橋本聖子会長も同じ日の会見で「無観客も覚悟しながら、対応できるようにしたい」「何があっても有観客にしたいということではない」と語っている。

都議選の結果は、自民党が当初の予想に反して伸び悩む一方、無観客開催を主張していた都民ファーストの会が、都議会第一党の座こそ失ったものの、予想以上に議席を得た。世論の方向は明らかだった。

有観客を最後まで模索

政府は8日、東京都に4度目の緊急事態宣言を発令することを決めた。これを踏まえ、大会組織委は同日、東京と埼玉、千葉、神奈川の1都3県で行われる五輪競技は無観客にする、と発表した。政府と組織委にとってはぎりぎりまで検討した末の判断だった。政治部と社会

自民 コロナで逆風

都議選

五輪対応に批判も

首相 解散戦略に誤算

小池知事 終盤で都民

2021年7月5日付

東京4度目緊急事態へ

来月22日まで

五輪「原則無観客」浮上

沖縄と4府県 宣言・措置継続

酒提供禁止 地域拡大も

2021年7月8日付

部が舞台裏を報じている。

「人流増加」懸念　世論に配慮

東京五輪は7月23日の開幕が2週間後に迫る状況で、東京都など1都3県での無観客開催が固まった。政府と都、大会組織委員会は観客を入れての開催をぎりぎりまで模索したが、新型コロナウイルスの感染拡大を懸念する世論への配慮を優先させた。（政治部　栗山紘尚、社会部　菅原智）

■異例

「緊急事態宣言の下で、異例の開催となった」

菅首相は8日夜、首相官邸で開いた記者会見で、開幕が間近に迫った東京五輪についてこう表現した。首相は「全人類の努力と英知によって難局を乗り越えていけることを東京から発信したい」とも語ったが、当初目指した「完全な形」の開催とかけ離れた形となる。

観客問題が大きく動いたのは、7日夕だった。首相と田村厚生労働相、西村経済再生相ら関係閣僚が首相官邸に集まり、東京都などに適用中の「まん延防止等重点措置」について議論した。

東京に緊急事態　決定

五輪　1都3県無観客

5者会談

宮城・福島・静岡は上限設定

飲食店へ協力金

5者会談に臨む組織委員会の橋本会長（左）とIOCのバッハ会長（8日夜、東京都中央区で）＝代表撮影

2021年7月9日付

都内では、1日当たりの新規感染者数が増加傾向にあり、近く1000人に達するとの試算もあった。田村、西村両氏は「緊急事態宣言を発令すべきだ」と主張。議論は1時間に及び、閣僚の意見をじっと聞いていた首相は宣言発令を決断し、周囲に「宣言はこれで最後だ」と語った。

都関係者によると、小池百合子知事も2度目の緊急事態宣言が延長された3月上旬の時点で、無観客開催も視野に入れていた。五輪期間中に宣言が発令された場合でも無観客に変更することを含め、水面下で政府などと調整を進めていた。

■人流増加への懸念

ただ、政府は、緊急事態宣言下でも、大規模イベントで「上限5000人」の入場を認めている。観客が間隔を空けて着席すれば感染リスクは「ゼロに近い」との解析結果もある。

このため、組織委などは1都3県での競技の一部でも「有観客」にできないか、ぎりぎりまで模索した。組織委の橋本聖子会長は7日、小池氏に電話で「上限5000人にこだわりたい」との考えを伝えた。8日も、組織委と1都3県の知事らが断続的に調整を重ねた。

判断の決め手となったのは、大会開催に伴う人流増加への懸念だ。通常のスポーツ競技などと異なり、五輪は全国からの来場が予想される。全42会場のうち都内には収容人数6万8000人の国立競技場など25会場が集中する。都によると、都内の観客は1日最大約22万人と見込まれていた。

観客らに感染が広がれば五輪そのものへの批判が噴出しかねず、都に隣接する県の知事からも「東京が無観客なのに隣県が有観客というのは国民の理解を得られない」との声が上がった。

■人員配置見直しへ

一方、組織委などは大がかりな人員配置を急遽変更せざるを得ず、混乱も起きかねない。五輪期間中、競技会場や周辺では1日最大約1万8000人の警備員が働く。観客の手荷物検査などの業務負担が大幅に軽減される見通しだが、大手警備会社の担当者は「まだ何も決まっていない」と戸惑いをみせた。

会場内の警備や感染対策の要員を削減し、入国が本格化した海外選手団への対応や大会関係者の行動管理など、人手不足に陥っている分野に回せる可能性もある。ただ、組織委幹部は「観客に対応する人員を回せれば少し楽になるが、配置の見直しは容易ではない」と語った。

（21年7月9日付朝刊）

バッハ会長も「無観客」を了承したが、「感染状況が改善した場合には有観客を検討するべきだ」とも要望している。バッハ氏は結城和香子の単独インタビューに応じ、「無観客五輪」に対する思いを語った。

無観客「重い心で支持」

――東京大会の準備状況をどう見るか。

「東京五輪は、日本でも世界でも、最も厳格で高度な対策が適用されるスポーツ大会になる。来日前及び到着時の検査。陽性となれば即時に隔離される。85%の選手がワクチン接種を済ませているが、さらに毎日の検査を受けている。私も同じだ」

「約60%の選手は、人生で五輪に出場できるのは一度きりだ。もし東京大会が中止になれば、ひとつの世代の選手に影響を及ぼしたろう。安全を最優先としつつ、開催に努力し続けてくれたことを多としたい」

——感染状況が改善すれば、五輪期間中でも有観客に転じることを望むのか。

「無観客という決断を、我々は重い心で支持した。選手や観客の方々の失意とともにだ。パンデミック（世界的流行）の中で我々が学んだのは、状況は変わるということだ。1週間前の5者会談では状況に応じ、また（5者会談を）開催することを申し合わせている。変化があれば勘案したい」

——様変わりした五輪となることに、失望を感じる人も多い。

「観客そして日本の方々が、海外からの訪問者や選手と直接交わり、五輪精神を体験できる機会を持てたらどんなにすばらしいか。しかし現況では、残念ながらそれは困難だ。代わりに、東京大会はメディアを通じ、史上最もフォローされる五輪になるだろう。世界の何十億もの人々がスクリーンを見つめる。我々としても、直接体験ができなくても五輪の一部になれるような、デジタルで世

無観客「重い心で支持」

バッハ会長 電話インタビュー

「東京大会 最も厳格に対策」

2021年7月17日付

界をつなぐ工夫を予定している」

「世界の選手たちは、この1年半は大会があるのか、いつ選考会が開けるのかも分からず耐え続けてきた。それは日本や世界の人々が経てきた試練とも重なる。彼らは機会を与えてくれた日本に、深い敬意を持つ」

「大会は日本が、こうした困難な状況下で何を達成できるかを示す場にもなる。私は国際社会との対話を重ねてきた。誰一人、希望の象徴としての五輪開催に反対する人はいなかった。ワクチンの製造を担う会社も、接種する過程を担当した人々も、五輪を安全に開催するために協力を惜しまないと言ってくれた。それが世界の願いだからだ」


（21年7月17日付朝刊）

8　感染対策

海外選手団から感染者

東京2020大会の開催が迫り、各国選手団の来日が始まる時期となった。

大会組織委の最大のテーマは、渡航してくる選手・関係者、そして日本社会の双方にとって、東京大会を起点とする感染拡大を起こさず、無事に大会を完遂(かんすい)することだった。国内外からの批判の中には「大会で変異株が発生し、蔓延(まんえん)する」「東京大会が感染爆発を呼ぶ」など懸念をある論調も強く、社説で開催中止を主張する新聞もあった。対策の実効性がまさに問われる時に来ていた。

6月1日、選手団のトップを切って、豪州のソフトボール代表が来日した。選手20人、スタッフ9人の選手団は、全員がワクチン接種を済ませており、空港で抗原検査を受けて全員の陰性を確認した後、到着から約3時間後の午前10時半過ぎ、専用バスでホストタウンである群馬県太田市に向けて出発した。

大会開幕まで1か月以上、移動はホテルと球場の往復に限定される。長い合宿生活の始まりだった。太田市は4日、感染防止に万全を期すため、5日からの練習を非公開とすることを決めた。6日に予定していた来日後初となる練習試合も延期となった。ホストタウンとして、いきなり感染者を出すわけにはいかない。慎重な姿勢が見てとれた。

外国選手団から初の感染者が確認されたのは、アフリカ東部のウガンダから来た選手団だった。豪州のソフトボールに次いで2か国目の来日となった選手団は、ボクシング、水泳、重量挙げの選手とコーチら9人で、全員が事前にワクチンを2回接種していた。

選手ではなく50代の男性関係者が、6月19日の成田空港入国時に受けたPCR検査で陽性となった。症状はなく、宿泊施設で隔離されたが、残る8人は20日未明、ホストタウンである大阪府泉佐野市へ貸し切りバスで出発した。このバスに市職員や添乗員が同乗していた。泉佐野市は22日、選手団の残り8人全員と現地から同行した市職員1人が濃厚接触者に認定

された と発表し、7月3日まで宿泊先のホテルに待機するよう要請した。翌23日にも、選手団の20代の選手1人について、新たに陽性が判明したと発表。陽性者は2人とも、感染力が強いとされているデルタ型だった。

さらに24日、泉佐野市はバスに同乗していた市職員3人と運転手2人、添乗員2人の計7人も濃厚接触者に認定されたと発表した。この事態を受けて厚生労働省は同日、空港検疫で選手らの感染が判明した場合、航空機の席が近いなど、濃厚接触の疑いがある人は合宿先まで別の専用バスで運ぶ方針を決めた。「疑い」の段階で、他のメンバーや自治体職員と隔離し、感染拡大を防ぐのが狙いだ。

この時期、現場での対応ルールがまだ明確ではなかった。来日する選手らの水際対策を定めた指針「プレーブック」の適用が7月からであったことも、この時期の対応を後手に回らせた一因かもしれない。

明らかになった想定の不備

政府は、感染を一般社会に拡大させないため、大会開幕へ向けて、選手らの移動範囲を宿泊先や練習場などに限定する「バブル方式」を採用する方針を打ち出していた。

ウガンダ選手団のケースでは、もし空港での検疫の段階でコーチ以外の選手団メンバーについて濃厚接触者の疑いが検討されていれば、市職員らはバスに同乗しないなどの対策を取れた可能性が高かった。だが、市職員らはバスを降りてからの数日間は普通に生活していたため、一般社会に感染を広げかねなかった。「バブルの穴」が浮き彫りになった格好だ。

当時、政府は観客を入れての五輪開催をあきらめておらず、「安全安心な大会を」という言葉を繰り返していた。

五輪開幕まで1か月を切った時点で、国民の信頼を失いかねない水際対策の問題点が露呈する事態に、6月29日付の読売新聞社説は、「新型コロナウイルスの感染防止策に不備があるようでは、安全な五輪の実現など望めない。海外選手団の来日が本格化する前に、現在の対策を洗い直さねばならない」と批判。「陽性が判明しても、濃厚接触者の認定は、選手を受け入れる自治体の保健所に委ねることになっている」とシステムの欠陥を指摘し、「政府は今後、濃厚接触者を空港内で特定するとしている。対象者を隔離する施設の確保を含め、体制を整えてほしい」と注文をつけた。

翌30日付朝刊1面には早速、「政府は、東京五輪・パラリンピックの新型コロナウイルス対策強化のため、海外選手の合宿先となる自治体（ホストタウン）向けの指針を改訂する方針を固めた」という記事が出た。「1人でも感染者が出れば、選手ら全員をホテルの個室などに隔離し、濃厚接触者ではないことや、ウイルス検査で陰性が確認さ

五輪合宿 コロナ対策強化
1人感染で全員隔離
来日選手
自治体向け指針改訂へ

政府は、東京五輪・パラリンピックの新型コロナウイルス対策強化のため、海外選手の合宿先となる自治体（ホストタウン）向けの指針を改訂する方針を固めた。滞在中に海外選手らに感染者が判明した場合、一緒に合宿するコーチや他の選手ら全員をいったん隔離して、練習の中止を求めることを明記する方向だ。改訂した指針は近く自治体に示す。〈関連記事3面〉

政府が自治体に示す指針改訂案の概要
▶合宿先の自治体滞在中に感染者が出た場合、選手ら全員を隔離し、練習などを中止
▶複数人での食事は「黙食」を徹底
▶空港検疫で陽性が出た場合、空港段階で濃厚接触の疑いのある人を特定し、別のバスで移動
▶移動用バスは仕切りを設け、サービスエリアの利用は避ける

2021年6月30日付

れるまでは活動再開を認めない」ことなどが内容だった。

7月1日から、来日する選手らへの水際対策指針「プレーブック」の適用が始まった。空港の検査で陽性者が出れば、組織委の専用車両で選手村の発熱外来に運ぶ。ここで鼻から検体を採取するPCR検査を行い、再度陽性になった場合、近くの宿泊療養施設や病院に搬送する。

それでも、外国選手団が合宿を行う自治体からは、国の濃厚接触者への対応に反発する声も出た。空港検疫の強化を求める要望書を国に提出した愛知県の大村秀章知事は同日、「（濃厚接触の疑いがある選手は）空港検疫で留め置くのが至極普通だ。感染者以外は現場の保健所に丸投げというのはおかしい」と批判した。4日には、ボート競技に出場するため来日したセルビア選手団5人のうち、30代の男性選手が、羽田空港で受けた抗原検査で陽性と判明したことが発表された。受け入れ先の富山県は、セルビア選手団のほかの4人について濃厚接触者と認定。指針の改訂後、適用される初の事例となった。

人々が感染拡大に敏感になっていたタイミングで、神経を逆なでするような事件もあった。

警視庁は7月3〜5日に、東京五輪・パラリンピックのために来日していた電気技師で米国籍と英国籍の男4人を麻薬取締法違反容疑で逮捕した。都内やその周辺でコカインを使用した疑いだった。4人は、2日午後8時頃から港区六本木のバーで飲酒。3日未明にこのうちの1人が近くのマンションに立ち入り、警報を受けて駆けつけた麻布署員が尿検査を行ったことが逮捕につながった。

菅首相は、五輪開幕まで1週間となった16日、首相官邸で、「海外から入国する選手や大会関係者の検査や行動管理を徹底し、万全な対応を行う」と述べ、新型コロナウイルスの水際対策に全力を挙げると強調した。

政府や大会組織委は、入国した選手や関係者が感染していた場合でも国内に感染を広げないよう、行動を制限し、警備員による監視も行った。

しかし、実態はどうだったか。17日付読売新聞朝刊は1面で、組織委から派遣された若い男性警備員が、英語を話せないため関係者に行き先を聞くことができずに、外出する関係者の後ろ姿を見送る様子を描写し、「コロナ対策の現場は既に漏れが露呈し、首相の言う『万全』とはかけ離れている」と報じた。

連日のように報道される違反事例を見て、野党は政府を責め立てた。立憲民主党などは19日、国会内で「合同ヒアリング」を開き、来日する選手や関係者への感染対策について、「バブル方式に穴が多い」と批判し、外出ルールの厳格化を求めた。

ただ、後からみれば、違反者の数は、報道による印象ほど多くなかった。大会組織委が12月になって公表した大会振り返りの資料には、「報道等では違反事例が取り上げられがちだが、実際はほとんどの海外の大会関係者はルール順守に協力的」で、違反者の割合は5万4250人中89人、割合にして、0・16%と記されている。

また、来日後14日間の隔離期間を過ぎていない大会関係者が街中に出歩いている、という報道があったため、組織委では連日、職員がメディアセンターの最寄り駅で海外からの関係者と見える人たちに対して、スマートフォンにインストールが義務づけられているアプリの提示を求めて、14日間経過しているかどうかを尋ねたという。組織委は一日につき数十人に尋ねたが、14日以内の人が出歩いている状況は確認できなかったとしている。

6時間前ルールの導入

7月16日付読売新聞朝刊は1面で、政府と大会組織委が、「新型コロナウイルス感染者の濃厚接触者と判断された選手について、試合直前のPCR検査で陰性の場合は出場を認める方針を固めた」と報じた。

国内では濃厚接触者は14日間の待機が求められており、特例的な対応といえる。濃厚接触者と判断された選手には毎日、鼻の粘液を採取するPCR検査を実施したうえで、①個室で滞在、②練習や試合を除く外出禁止、③食事は自室で1人でとる――などを条件に試合、練習への参加を許可する。さらに、試合開始前の6時間以内を目安に検査を行い、陰性の場合のみ出場できる、という内容だ。

政府や組織委内では当初、濃厚接触者の選手は、数日間出場を認めない厳しい基準を検討していたが、濃厚接触者が続出すれば大会の混

濃厚接触の選手 出場可

東京五輪　6時間前「陰性」で

政府・組織委

政府と東京五輪・パラリンピック大会組織委員会は15日、新型コロナウイルス感染者の濃厚接触者と判断された選手について、試合直前のPCR検査で陰性の場合は出場を認める方針を固めた。国内では濃厚接触者は14日間の待機が求められており、特例的な対応となる。

決戦の地へ

21日カナダ戦

2021年7月16日付

乱も予想されることから、選手の出場機会の確保を優先させることにした。記事は、6時間前ルールの根拠について、「ＰＣＲ検査で陰性でも感染していないとは言い切れない」が、感染者でも陰性ならウイルスの排出量が少ないと考えられるとの専門家の見方を伝えている。

このルールがあったことで、試合が可能になったのが、サッカーの男子日本代表がグループリーグ初戦で対戦した南アフリカだった。南ア代表チームは、選手村に滞在していた7月18日に、選手２人のコロナ陽性が判明。入村した選手の陽性が確認されたのは初のケースだった。翌19日にはチームの21人が濃厚接触者と認定された（その後18人に変更）。大多数は選手だった。前掲のルール順守を条件に練習参加を許可された濃厚接触者の選手たちは、22日の試合開始6時間前に受けた検査の結果、開始約2時間前に出場が認められ、試合は予定通り行われた。日本代表にとっても、感染が気にならないとは言いがたい、難しい状況だったが、日本の選手たちは動揺することなくプレーし、１－０で勝利をものにした。

組織委によれば、こうした陽性事例からの濃厚接触者は五輪・パラリンピックを合わせて計３７４人、入国時の機内濃厚接触者は８６１人に上ったが、幸い大きな混乱はなかった。

感覚と実態の乖離

いざ大会が開幕すると、無観客のはずの五輪会場や関連スポットに多くの人が訪れ、感染拡大につながると懸念する声があがった。

例えば、開会式の行われた7月23日、都内の上空には、航空自衛隊の「ブルーインパルス」が現れ、五色のスモークで五つの輪を描いた。

その姿を見たい、あるいは開会式で打ち上げられる花火を見たい、として国立競技場周辺には多くの人々が集まった。東京駅前に設置されたカウントダウン時計の周りや、有明の「夢の大橋」に置かれた聖火台付近にも、大会期間中、観光客などが集まった。

報道やSNSなどでそうした場面を見た人からは、「無観客五輪なのに、密が出来ている」と指摘する声もあった。感染の拡大や収束傾向を示す実効再生産数は、開幕前日の22日に1・4という高い数値を記録した。「やはり、五輪が行われれば、気分が高揚して人が集まり、お祭り騒ぎになってしまう」という意見が出ても不思議ではなかった。

だが、大会組織委の資料によれば、実は都内の実効再生産数はこの22日がピークで、それ以降は大会後まで一貫して下落し、パラリンピックの閉会式が行われた9月5日には、0・64まで下がった。都内の新規陽性者数は、五輪とパラリンピックの間の大会移行期間中に最も多くなったが、その後は、急速に減少した。

収束の主な要因として、組織委は「ワクチンの普及と考えられる」としているが、加えて、大会の無観客と、再三にわたる自宅観戦の要請などで、大会期間中の人流が、新型コロナウイルス流行前に比べて平均35%減、大会直前の時期と比べても平均15%減という低い数字に抑えられていたことも挙げている。「五輪が開催されれば、感染爆発が起こる」というような一部の主張は、実態とはかけ離れていたことになる。

結果的には大会中、選手村や会場でクラスターの発生はなく、大会関係者から市中に感染が広がった事例の報告もゼロだった。最も懸念されていた、大会開催がコロナ感染拡大につながり、地域の医療資源が逼迫するという事態も起こらなかった。

海外関係者の都内医療機関への入院者はピーク時で2人（大会前の想定では8・5人）、都内の宿泊療養施設への入所者数もピーク時で49人（同44・6人）と、いずれもほぼ試算に近かった。組織委は大会を振り返り、「世界が格闘を続けるコロナ禍において、安全・安心な環境で大会を完遂した東京・日本の実行力・総合力を世界に示した」と総括した。

プレーブックは機能したのか

コロナ対策で、注目されたのが、大会前の2月から4月、6月と計3回にわたって出されたプレーブックの存在だった。ＩＯＣ、ＩＰＣと大会組織委が、世界保健機関（ＷＨＯ）など専門機関の助言も受けながら作った指針だ。

このプレーブックでは、大会に参加する各組織が少なくとも1人は必ず置かなければいけない Covid-19 Liaison Officer（ＣＬＯ＝コロナ対策責任者）といわれる職務の人物が注目された。

各国選手団のＣＬＯの場合、日本に入国する前は選手の活動計画書や健康管理状況などをまとめ、入国後は、選手団から感染者が出た場合に、その人物の行動履歴や、濃厚接触者などを調べるという、感染対策の要ともいえる役職だ。選手団だけでなく、例えば報道各社にもCLOの任命が求められた。これにはまず、必ずしも医療の専門家でもない人物に、そのような重要な仕事を任せていいものなのか、という問題があった。

また、組織委の関係者自らが、「走りながら考えているところがある」と話したように、刻々と変わる感染状況もあって、プレーブックの内容も2度の改訂で変更された部分があった。CLOの負担は大きかった。自らの組織からの大会参加者に、必ずスマートフォンのアプリを2種類入れて毎日の検温結果を入力するなど健康管理を怠らないように促す。参加者の担当職務によって頻度が違うPCR検査用のキットを確保し、配布する。

だが、選手村へ想定より早く入村した選手団が多かったことなどもあり、検査キットの不足などの事態が起きた。CLOの来日が遅れたり、地方会場でのキット配布が困難になったりする状況も生まれた。

また6月末には、AP通信など米国の主な報道機関のスポーツ担当責任者が連名で、「プレーブックによる行動制限は、感染拡大防止に必要な範囲を超えている」と組織委に抗議の書簡を送る事態も起きた。取材への制約や、アプリによる個人情報の収集などに懸念を示したもので、これに対して組織委側は、厳しい感染状況を考えればプレーブックに書かれたことは重要だとして、理解を求めた。

報道陣は、入国後14日間は公共交通機関の使用が制限され、大会序盤までは輸送手段の面でも不平が出た。

ただ、国際スポーツ記者協会（ＡＩＰＳ）のジャンニ・メルロ会長は、ＡＩＰＳの機関誌に、「当初は（専用）バスの本数が不十分だったこともあったが、その後はすべての問題が解決された。大会の組織は非常によかった。組織委に感謝したい」と記し、大会は成功だったと位置づけている。

結果的に、プレーブックなどの違反によって厳重注意を受けた大会関係者は、五輪で32人、パラリンピックで29人。会場入りなどに必要なカードの一時停止処分を受けた人は五輪９人、パラリンピック１人、カードの剝奪を受けたのは五輪15人、パラリンピック３人と少数だった。海外メディアの評価も高く、東京２０２０大会の取材環境は、ＡＩＰＳによって、21年に開かれたスポーツ大会における「最高の報道施設」に選ばれた。

多くの制限への協力を求めたにもかかわらず、こうした評価を受けたことは、コロナ対策と大会の円滑な運営という難しいテーマの両立に、東京大会の組織委がある程度成功したことを意味するといっていいのではないか。

第六章　世　論

1　コロナ禍への懸念

繰り返した緊急事態宣言

政府は、仕切り直しのオリンピック・パラリンピックイヤーとなった2021年の年明け早々、厳しい選択を余儀なくされた。

前年12月から新型コロナウイルスの感染者が急増し、東京都では大晦日に初めて1000人を超える1300人以上の新規感染者を確認。全国でも過去最多の4500人以上が確認された。小池都知事ら首都圏1都3県の4知事は1月2日、西村康稔経済再生相に緊急事態宣言の再発令を要請した。これを受けて政府は7日、前年の春以来となる2度目の宣言をする。

この時点では、東京大会の関係者はまだ、開催の形について楽観的な見通しを持っていた。

緊急事態宣言下でも、スポーツイベントの開催自体については「観客は上限5000人かつ、収容人数の50％以下」などを条件に認められていた。大会組織委の森会長は、宣言の発令について「オリンピックのために（宣言を）出してくれるわけではないが、我々にとってもありがたい」と述べ、宣言がコロナの感染拡大防止につながると、むしろ歓迎していた。しかし、コロナ禍において、海外から多くの関係者を受け入れる大会の開催に対する懸念は急速に拡大していく。

宣言発令から6日後の1月14日、自民党本部で開催された会議の席上だった。外務省幹部が前年9月から中国や韓国など4か国からの短期出張者について、行動を宿泊先と商談場所の往復に限ることなどを条件に入国を認め、14日間の隔離も免除してきた「ビジネストラック」と言われる枠組みの停止について説明した。しかし、これを聞いた議員からは「緊急事態宣言を解除した後も、外国人の入国全面停止を続けるべきだ」と声が上がった。

当初、政府は隔離免除の対象を短期出張者から少人数のツアー客に広げ、夏にはオリンピック・パラリンピックの観戦客を受け入れるシナリオを描いていた。しかし、与党・自民党内ですら、「国民の不安」を理由に、外国人受け入れ拡大に反対する意見が芽生えていた。「外圧」もかかってきた。英紙ザ・タイムズ（電子版）は1月21日、関係筋の話として「日本政府が非公式に新型コロナウイルスの影響でオリンピックを中止せざるを得ないと結論づけた」と報じた。内閣官房は「そのような事実は全くない」と否定する文書を発表。個別の報道内容に対し、政府が書面で打ち消すのは異例のことだった。

しかし、広がる懸念に対し、国際オリンピック委員会（ＩＯＣ）のトーマス・バッハ会長と28日、電話会談を行った組織委の森会長は「無観客も含めてシミュレーション（検討）している」と明言した。

東京都の緊急事態宣言はその後、２度延長され、解除されたのは３月21日だった。その前日、組織委は国内外でのコロナの感染状況を踏まえ、海外からの一般観客の受け入れを断念すると発表した。

開催都市・東京への緊急事態宣言はその後も４月25日から６月20日まで発令され、宣言は「常態化」していった。

「開催は普通ない」

夏が近づいても収束への道筋が見えないコロナ禍にあって、専門家と政府の考え方の食い違いも目立つようになった。特に政府の新型コロナウイルス感染症対策分科会の尾身茂会長の踏み込んだ発言は、政府や組織委にとって心地よいものではなかった。当時の記事はこう伝えている。

２０２１年１月23日付

政府「五輪中止」英紙報道否定

内閣官房は22日、英紙タイムズ（電子版）が今夏の東京五輪の中止を日本政府が非公式に決めたと報じたことに対し、「そのような事実は全くない」と否定する文書を発表した。個別の報道内容を政府が書面で打ち消すのは異例だ。

文書では「安全・安心な大会の開催に向けて、引き続き、国際オリンピック委員会（ＩＯＣ）や大会組織委員会、東京都などと緊密に連携して、準備をしっかりと進めていく」とした。

これに関連し、橋本五輪相は22日の閣議後の記者会見で「政府としては、この夏の大会開催に向けて全力を尽くす」と強調した。

タイムズ紙は21日、関係筋の話として、日本政府が非公式に、新型コロナウイルスの影響で東京五輪を中止せざるを得ないと結論付けたと報じた。次に開催可能な2032年を目指しているとしている。

ＩＯＣも声明

ＩＯＣは22日、「日本のパートナーや友人らとともに、ＩＯＣは東京五輪・パラリンピックを今年、成功裏に開催することに全力を注いでいる」との声明を出した。（ジュネーブ　杉野謙太郎）

政府の新型コロナウイルス感染症対策分科会の尾身茂会長は2日の衆院厚生労働委員会で、東京五輪・パラリンピックついて、「今の状況で(開催するのは)普通はない」と指摘したうえで、「やるのであれば、規模をできるだけ小さくして管理体制をできるだけ強化するのは主催する人の義務だ」との認識を示した。

尾身氏は、政府と大会組織委員会、東京都に対し、「どういうリスクがあるのか、しっかり見極めたうえで説明する必要がある」と説明責任にも言及した。

(21年6月3日付朝刊)

尾身氏の発言はさらに続いた。

政府の新型コロナウイルス感染症対策分科会の尾身茂会長は4日、東京オリンピック・パラリンピックでの感染対策について、専門家による提言を独自にまとめる考えを示した。尾身氏は対策の不十分さに繰り返し懸念を示しており、政府は開催への否定的な声を喚起しかねないと対応に苦慮している。

「感染リスクについて近々、関係者に考えを示したい」

尾身氏は4日の衆院厚生労働委員会で、政府や大会関係者らに提言を出す考えがあることを明ら

2021年6月3日付

退 五輪・パラ

ボランティアの減少により、国内在住の大会関係者は五輪が約19万人、パラが約11万人となる見通しだ。

現状での開催
「普通はない」
尾身会長

政府の新型コロナウイルス感染症対策分科会の尾身茂会長は2日の衆院厚生労働委員会で、東京五輪・パラリンピックについて「今の状況で(開催するのは)普通はない」と指摘したうえで、「やるのであれば、規模をできるだけ小さくして管理体制をできるだけ強化するのは主催する人の義務だ」との認識を示した。

尾身氏は、政府と大会組織委員会、東京都に対し、「どういうリスクがあるのかしっかり見極めたうえで説明する必要がある」と説明責任にも言及した。

これに対し、菅首相は2日夜、首相官邸で記者団に「感染対策をしっかり講じて安全・安心の大会にしたい」と述べた。

かにした。

尾身氏は2日の同委員会で「今の状況で（五輪を）やるのは、普通はない」と述べて以降、国会で連日、五輪開催時の感染拡大に警鐘を鳴らしている。観客の移動などで人の流れが生まれるほか、海外から多くの報道関係者やスポンサー関係者らの来日が見込まれるためで、規模縮小や対策の徹底が必要だと訴えている。

政府や大会組織委員会は、会場の観客数上限を6月下旬にも決める。尾身氏としては決定に先立って提言をまとめることで、対策に反映してもらいたい考えだ。

尾身氏は、新型コロナ対策の専門家の中心人物で、菅首相の記者会見にも同席するなど、政府に対して大きな影響力を持つ。この1年半近くは、コロナ対策の最前線に立ってきたこともあって、国民の知名度も高い。

尾身氏は「五輪を開くかどうかを判断する立場にないし、権限もない」と強調するが、政府関係者の一人は、提言について「開催に影響を与えるかもしれない」と警戒する。

政府は、五輪開催に向けて「専門的な立場も交えて議論を重ねてきている」（菅首相）と強調している。東京都と組織委、各省庁による調整会議では、感染症の専門家から毎回意見を聞いており、

2021年6月5日付

五輪の感染対策
尾身氏提言へ

政府、開催中止論を警戒

国会で連日懸念

知事選ねじれ どう影響

分科会とは別に専門的な意見は対策に反映しているとの立場だ。

田村厚生労働相は4日の記者会見で、尾身氏の提言について「参考になるものがあれば取り入れていく」とする一方、「自主的な研究の成果の発表だと受け止める」と述べるにとどめた。

自民党内では、尾身氏の言動に対し「余計なことを言っている」（ベテラン）との不満が出始めている。尾身氏は、野党議員の度重なる質問に応じる形で五輪に言及しており、「尾身氏は野党に踊らされている」（自民党幹部）との声も出ている。

（21年6月5日付朝刊）

世論調査、数字は語る

読売新聞は節目節目で、様々なテーマで世論調査を実施している。東京2020大会についても何度も行ってきた。21年初めからの調査結果を振り返ってみよう。

21年1～2月に実施した全国世論調査（郵送方式）で、大会に「関心がある」と答えた人は、「大いに」30%と「多少は」40%を合わせ、70%に上った。

大会開催と新型コロナウイルスの問題を聞くと、「感染拡大の恐れがあるので開催してほしくない」58%が、「感染防止策を徹底して開催してほしい」40%を上回った。男女別では、「開催してほしくない」は女性で62%に上り、男性の53%より多かった。

大会を開催する場合の観客数は、「観客を最小限にとどめて開

五輪に「関心」70%
開催「望まず」58%
「観客 最小限で」47% 本社世論調査

読売新聞社が1～2月に実施した全国世論調査（郵送方式）で、東京五輪・パラリンピックに「関心がある」と答えた人は、「大いに」30%と「多少は」40%を合わせ、70%に上った。

大会開催と新型コロナウイルスの問題を聞くと、「感染拡大の恐れがあるので開催してほしくない」58%が、「感染防止策を徹底して開催してほしい」40%を上回った。男女別では、「開催してほしくない」は女性で62%に上り、男性の53%より多かった。

大会を開催する場合の観客数は、「観客を最小限にとどめて開催する」が47%、「観客を入れずに開催する」が44%で、「なるべく多くの観客を入れて開催する」は8%だった。大会開催で期待する効果（複数回答）は「景気や雇用の改善につながる」48%が最多だった。

金メダルの獲得を期待している選手やチーム（自由回答、三つまで）は、バドミントンの桃田賢斗がトップで、内村航平（体操）、野球日本代表「侍ジャパン」などが続いた。

調査は、新型コロナで東京都、大阪府などに緊急事態宣言が出された期間中の1月19日～2月25日、全国3000人の有権者を対象に実施。2231人（74%）が回答した。

＜詳報20面、関連記事2面＞

2021年3月3日付

催する」が47％、「観客を入れずに開催する」が44％で、「なるべく多くの観客を入れて開催する」は８％だった。大会開催で期待する効果（複数回答）は「景気や雇用の改善につながる」48％が最多だった。

５月上旬に行った調査（電話方式）では、「中止する」59％が最も多く、「開催する」は「観客数を制限して」16％と「観客を入れずに」23％を合わせて39％にとどまった。当時、緊急事態宣言が発令されていた開催都市・東京都に限ると「中止する」は61％だった。

さらに１か月後の調査では、「開催する」が50％、「中止する」は48％で、世論が二分された。「中止」を求める声は、前回調査の59％から11ポイント減った。国内の新規感染者数が減少傾向にあり、ワクチン接種も本格化していた時点での調査だったことで、大会に対して温かい視線を持つ人が増えたとみられる。

しかし、本番が近づくにつれて、感染状況はまたも悪化し、世論は分断されたままになった。オリンピックの開会式まであと11日となった７月12日、東京都に通算４度目の宣言が発令された。

2021年5月10日付

五輪「中止」59%

「無観客開催」は23%

読売新聞社の全国世論調査で、今年夏の東京五輪・パラリンピックについて聞くと、「中止する」59%が最も多く、「開催する」は「観客数を制限して」16%と「観客を入れずに」23%をあわせて39%にとどまった。

地域別に「中止する」の割合を比較すると、緊急事態宣言の対象となる6都府県の平均が64%で、他の41道県の平均57%より高い。

開催都市の東京都に限ると61%で、新型コロナウイルスの感染状況の影響が見られた。

政府は予定通り大会を開催する方針で、東京五輪・パラリンピック大会組織委員会の橋本聖子会長は、会場の観客数の上限について、6月に判断すると表明している。

◆東京五輪の開催について
答えない
観客数を制限して開催する 16%
観客を入れずに開催する 23
中止する 59

2021年6月7日付

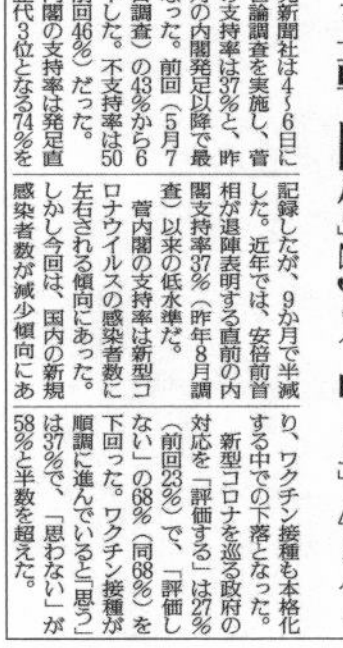

内閣支持最低37%

五輪「開催」50%「中止」48%

本社世論調査

読売新聞社は4～6日に全国世論調査を実施し、菅内閣の支持率は37%と、昨年9月の内閣発足以降で最低となった。前回（5月7～9日調査）の43%から6ポイント低下した。不支持率は50%（前回46%）だった。

菅内閣の支持率は発足直後、歴代3位となる74%を記録したが、9か月で半減した。近年では、安倍前首相が退陣表明する直前の内閣支持率37%（昨年8月調査）以来の低水準だ。

菅内閣の支持率は新型コロナウイルスの感染者数に左右される傾向にあった。しかし今回は、国内の新規感染者数が減少傾向にあり、ワクチン接種も本格化する中での下落となった。

新型コロナを巡る政府の対応を「評価する」は27%（前回23%）で、「評価しない」の68%（同68%）を下回った。ワクチン接種が順調に進んでいると「思う」は37%で、「思わない」が58%と半数を超えた。

その4日前には、首都圏1都3県はすべて無観客で開催されることが決まっていた。

大半の会場で無観客開催が決定された後、7月9～11日に行った世論調査（電話方式）で、どうするのがよかったかを尋ねると、東京都では「中止」が50％（全国41％）となり、「無観客で行う」28％（同40％）を大きく上回った。「少しでも観客を入れる」は19％（同17％）だった。

ただ、競技をテレビなどで見たいと「思う」と答えた人は74％に上り、大会の中止を望んだ人でも55％が観戦する意向を示した。人々は複雑な思いを抱えて、世界最大のイベントを迎えることとなった。

2　政治と分断

不発に終わった政権浮揚

２０２０年9月、安倍晋三前首相の後を継いだ菅義偉首相は、翌10月、就任後初めて、首相が本部長を務める「東京五輪・パラリンピック競技大会推進本部」を開き、高々と宣言した。「人類が新型コロナウイルスに打ち勝った証しとして開催し、東日本大震災の被災地が復興を

世論調査結果の比較

		全国	東京都
政府の新型コロナウイルス対応	評価する	28	24
	評価しない	66	69
政府のワクチン接種対応	評価する	36	31
	評価しない	59	65
4度目の緊急事態宣言は効果があると思うか	思う	38	24
	思わない	56	73
東京五輪をどうするのがよかったか	少しでも観客を入れる	17	19
	無観客で行う	40	28
	中止する	41	50

2021年7月13日付

成し遂げた姿を世界に向けて発信する場にしたい」

この発言には多分に政治的な思惑があったと見るのが自然だろう。当時、与党内には、大会の盛り上がりが政権浮揚につながることへの期待感があった。1年延期されたオリンピック・パラリンピックイヤーは、9月に自民党総裁選、秋までに衆院選が行われるなど、重要な政治日程が控えていた。菅首相は東京大会を成功させた余勢を駆って、衆院選と総裁選で勝利するという戦略を描いていた。

菅内閣は20年9月の発足当初、高い支持率を集めていた。読売新聞が20年9月中旬に行った世論調査（電話方式）では内閣の支持率は74％に達し、内閣発足直後の調査（1978年発足の大平正芳内閣以降）としては、小泉純一郎内閣（87％）、鳩山由紀夫内閣（75％）に次いで歴代3位の高さとなった。不支持率は14％に過ぎなかった。

しかし、新型コロナが猛威をふるえばふるうほど、内閣支持率は低下の一途をたどった。21年7月の都議選も影響した。選挙戦序盤では優勢という見方も出ていた自民党だが、新型コロナの新規感染者が増加に転じる中で、ワクチン供給が遅れ、オリンピック・パラリンピック開催にも不安が広がったことが逆風になり、33議席にとどまった。都議会第1党の座は奪還したが、期待とは異なる結果に終わり、菅首相の求心力低下が懸念された。

2020年9月21日付

菅内閣支持74%

歴代3位

「安倍継承」評価63%

自民支持も上昇　本社世論調査

内閣発足時の支持率上位（敬称略）

小泉	2001年 4月	87%（1980日）
鳩山	2009年 9月	75%（266日）
菅義偉	2020年 9月	74%
細川※	1993年 8月	72（263日）
第1次安倍	2006年 9月	70（366日）
第2次安倍	2012年12月	65（2822日）
野田	2011年 9月	65（482日）
菅直人	2010年 6月	64（452日）

大平内閣以降。※は面接方式、それ以外は電話方式。年月は発足年月。カッコ内は通算在職日数

それでも菅首相はオリンピック開幕直前、米紙ウォール・ストリート・ジャーナルのインタビューで、「競技が始まり、（大半が無観客となっても）国民がテレビで観戦すれば、考えも変わる」と語り、大会によって国内の閉塞感が解消されれば、次期衆院選に向けて弾みをつけられるとの読みを持っていた。

しかし、思惑は外れた。

大会は成功したものの、政権浮揚は不発に終わった。菅内閣の支持率は五輪閉幕前後の8月7～9日の全国世論調査（電話方式）では当時最低の35％に下落。自民党内で「菅首相では衆院選は戦えない」との声が高まり、9月3日には退陣表明に追い込まれた。

菅首相にすれば、就任以来、どこで切るべきか考え続けてきた衆院解散というカードを新型コロナの感染拡大への対応に追われる中、最後まで切ることが出来なかったことも痛かった。

野党側も、政府の五輪対応を批判することで支持拡大を図ろうとしていた。

外国選手らの入国で感染が広がると主張した立憲民主党の枝野代表は6月15日の内閣不信任決議案の趣旨弁明で首相を厳しく批判し、大会の延期か中止を迫った。共産党や国民民主党など他の野党も中止や再延期などを求めたが、野党の多くは、選手らの奮闘が伝えられるにつれて批判をトーンダウンさせた。

政治が分断を助長

与野党の対立は国内世論の分断を助長した。

その点については、東京大学の鈴木一人教授が21年9月、東京２０２０大会の閉幕直後に読売新聞紙上で論じている。

　五輪は国家単位で競い合うものなので、そもそも政治とは切り離せない。冷戦時代は、宇宙開発競争と同じ文脈で米ソのメダル競争があった。ある意味、形を変えた戦争だった。東京オリンピック・パラリンピックでも、米中の金メダル競争が取り沙汰された。東京の空にブルーインパルスが飛び、「日本は金メダルをいくつ取ったのか」が関心事となった。いやが応でも国家を意識させられる。国家がスポーツを通じて競い合うのは戦争よりずっとましであり、悪いことではない。

　しかし、国内政治の中で、オリンピックが過度に政治化されてしまったことは非常に違和感があり、残念だ。

　第2次安倍内閣が発足した直後の２０１３年に招致が決まり、16年のリオデジャネイロ五輪の閉会式に安倍晋三首相（当時）がマリオの姿で登場した。東京五輪は「安倍プロジェクト」の色合いが強くなってしまった。

　このため、国内の「反安倍」勢力が、東京オリンピック

２０２１年９月10日付

鈴木一人・東大教授

「反安倍・菅」が「反五輪」に

　五輪は国家単位で競い合うものなので、そもそも政治とは切り離せない。冷戦時代は、宇宙開発競争と同じ文脈で米ソのメダル競争があった。ある意味、形を変えた戦争だった。

　東京五輪・パラリンピックでも、米中の金メダル競争が取り沙汰された。東京の空にブルーインパルスが飛び、「日本は金メダルをいくつ取ったのか」が関心事となった。いやが応でも国家を意識させられる。国家がスポーツを通じて競い合うのは戦争よりずっとましであり、悪いことではない。

　しかし、国内政治の中で、五輪が過度に政治化されてしまったことは非常に違和感があり、残念だ。

　第2次安倍内閣が発足した直後の2013年に招致が決まり、16年のリオデジャネイロ五輪の閉会式に安

　すずき・かずと　北海道大教授などを経て現職。専門は国際政治経済学、科学技術政策論。「宇宙開発と国際政治」でサントリー学芸賞受賞。50歳。

を攻撃のターゲットにした側面があったのではないか。「五輪が良いか悪いか」という議論ではなく、「安倍・菅プロジェクト」だから駄目だという論理になった。

「パンデミック（世界的大流行）の最中にオリンピックをやるな」という批判は一理あるとは思うが、「オリンピックで外国人が来たら感染爆発が起こる」という主張は行き過ぎだった。外国人差別、排外主義に近いものを感じた。実際は感染防止のルールに違反した海外選手らは少数で、オリンピックが感染拡大につながった証拠はない。

ただ、オリンピックが過度に政治化した最大の理由は、菅首相のメッセージ不足だ。首相は「安全・安心な大会を実現する」と念仏のように繰り返すばかりで、批判に対して「こういう理由で五輪を開きたい」「安全安心とはこういう意味だ」といった具体的な説明が不足した。メッセージが足りないので、批判はさらに過激になった。

大会の運営は成功して日本人のメダルも多く、結果的に良いオリンピックだった。世論に肯定的に捉えられたと思う。無観客であってもボランティアの努力が光った。

オリンピックに反対していた人や一部メディアも手のひらを返したように、あまり文句を言わなくなった。大会が盛り上がって批判しにくいのも理由だろうが、オリンピックが菅内閣の支持率上昇につながらなかったので、目的は達成できたという意味もあるのだろう。（21年9月10日付朝刊）

3　牙をむくＳＮＳ

池江選手に辞退迫る

オリンピック開幕が近づいても、新型コロナウイルスの感染拡大は止まらない。政府や東京都を始めとする各自治体の対策も劇的な効果を上げられず、人々は引き続き、我慢を強いられていた。医療体制の逼迫、外出や旅行の自粛、飲食店の営業制限などに始まり、長期にわたって経済活動が縮小されたことによる所得の減少や雇用の喪失など、事態は深刻さを増していった。

閉塞した状況の中、政府や自治体に対する不満はコロナ禍で開催される巨大イベント、オリンピック・パラリンピックにも向かった。

読売新聞が21年5月に行った世論調査（電話方式）では、大会の開催について「中止する」が59％と最多を占め、「開催する」は「観客数を制限して」16％と「観客を入れずに」23％を合わせても39％にとどまった。

こうした批判は個人がダイレクトにメッセージを発信出来るＳＮＳでも大きなうねりとなっただけでなく、発信する側に匿名性が高いことで、主張や意見は時に過激さを増した。そして矛先はアスリートにも向けられた。

開幕まで3か月を切ったある日、1人のアスリートが悲痛な声を上げた。

白血病を克服して東京大会の出場権をつかみ取った競泳の池江璃花子選手だ。競技復帰を目指していた20年7月、新国立競技場で開かれた「開幕1年前」イベントで世界に向けてメッセージを発信するなど、大会の象徴的な存在といえた。その彼女に対し、大会を辞退するように迫るメッセージが寄せられていた。

池江選手が5月7日、自身の思いをツイッターにつづった。

2020年7月24日付

ランタンの中の聖火を見つめる競泳の池江璃花子選手(23日夜、国立競技場で)＝代表撮影

1年後へ 希望の炎

東京五輪の開幕まであと1年となった23日、東京五輪・パラリンピック大会組織委員会は、国立競技場でイベントを開催した。白血病と闘う競泳の池江璃花子選手(20)(ルネサンス)が、聖火がともされたランタンを手に「1年後の今日、この場所で希望の炎が輝いていてほしい」などと世界へメッセージを発信した。〈関連記事9・13・19・27面〉

読売新聞オンラインに動画

ツイッターのリプライに「辞退してほしい」「反対に声をあげてほしい」などのコメントが寄せられている事を知りました。もちろん、私たちアスリートはオリンピックに出るため、ずっと頑張ってきました。ですが、今このコロナ禍でオリンピックの中止を求める声が多いことは仕方なく、当然の事だと思っています。私も、他の選手もきっとオリンピックがあってもなくても、決まったことは受け入れ、やるならもちろん全力で、ないなら次に向けて、頑張るだけだと思っています。1年延期されたオリンピックは私のような選手であれば、ラッキーでもあり、逆に絶望してしまう選手もいます。持病を持ってる私も、開催されなくて

も今、目の前にある重症化リスクに日々不安な生活も送っています。私に反対の声を求めても、私は何も変えることができません。ただ今やるべき事を全うし、応援していただいてる方達の期待に応えたい一心で日々の練習をしています。オリンピックについて、良いメッセージもあれば、正直、今日は非常に心を痛めたメッセージもありました。この暗い世の中をいち早く変えたい、そんな気持ちは皆さんと同じように強く持っています。ですが、それを選手個人に当てるのはとても苦しいです。長くなってしまいましたが、わたしに限らず、頑張っている選手をどんな状況になっても暖かく見守っていてほしいなと思います。

2021年5月9日付

池江選手「心痛めた」「見守って」

五輪辞退求める投稿にツイート

白血病から復帰し、競泳の東京五輪代表に内定した池江璃花子選手(20)（ルネサンス）＝写真＝が7日、自身のSNSに出場辞退を求める声などが寄せられていることを、ツイッターで明らかにした。その上で、「非常に心を痛めたメッセージもあった。私に反対の声を求めても、私は何も変えることができない。やるべきことを全うし、応援していただいている方たちの期待に応えたい一心で日々練習している」などとつづった。

新型コロナウイルスの感染が広がる中で、五輪中止を求める声には「仕方なく、当然のことと理解を示した。一方、「（五輪を）やるなら全力で、ないなら次に向けて頑張るだけ。暗い世の中をいち早く変えたい気持ちは皆さんと同じ。それを選手個人に当てるのはとても苦しい」と心境を吐露した。最後に「頑張っている選手をどんな状況になっても暖かく見守ってほしい」と呼びかけた。

前年、新型コロナウイルスが世界的なパンデミックとして脅威をもたらし、東京大会は1年延期された。当時も多くのアスリートは悩み、苦しんだ。「練習をしていいのだろうか」「スポーツなど意味があるのだろうか」……。しかし、選手たちは池江選手の言葉通り、自分に出来ることをひたむきに続けた結果として大舞台にたどり着いた。その努力を非難することなど、誰にも出来ないはずだった。

開幕後も続いた中傷

しかし、分断された世論はオリンピック開幕後も悪影響を及ぼし、SNSでは以前にも増して、選手たちに心ない中傷が目立つようになった。記事はこう伝えている。

「見たくなくても、勝手に入ってくる。すごく残念で悲しい」

体操の村上茉愛（まい）選手は7月29日の競技後、記者団の取材に対し、自身のインスタグラムのアカウントに中傷する内容の投稿があったと明かした。詳細な内容には触れなかったが、「アスリートが発信することが難しい。五輪に反対する人がいることも知っている」と涙ながらに語った。

ツイッターやインスタグラムなどのSNSに公式アカウントを持つ選手は多い。競技や大会に対する心境だけでなく、日常生活なども発信されることがあり、人気を集めている。

一方で、批判的な文言を投稿したり、他の利用者に見られずに直接メッセージを送る機能「ダイレクトメッセージ」（DM）を使って中傷したりする行為が以前から問題になっていた。

卓球の水谷隼選手は、混合ダブルスで中国選手に勝利して金メダルを

SNS中傷 選手は涙

「審判買収」「メダルに値しない」

五輪への賛否 ■ 採点に不満

橋本「金」の採点 中国で批判噴出

国際体操連盟「公正」

2021年7月31日付

獲得した後、DMで「くたばれ」「消えろ」といったメッセージが殺到したと明かした。

競技の採点に対する不満が中傷につながったとみられるケースもある。

「審判をいくらで買収したのか」「あなたはこのメダルに値しない」

体操男子個人総合で金メダルに輝いた橋本大輝選手やサーフィン男子銀メダルの五十嵐カノア選手のSNSには、こうした書き込みが殺到した。

競泳の瀬戸大也選手はメダルの期待があった種目で予選落ちするなどしたことから、ネット上で批判されていた。30日、男子200メートル個人メドレー決勝で4位となった後の取材で、瀬戸選手は「携帯電話とかは見ずに、自分に集中しようと。周りにいる現実の人だけの言葉をプラスに取ったことが、この泳ぎにつながったと思う」と語った。

選手に対するSNSでの中傷は世界的にも問題となっており、国際オリンピック委員会は選手向けの相談電話を設けている。

ネット上の権利侵害に詳しい田中一哉弁護士（東京弁護士会）は「コロナの影響でネットの利用時間が増え、五輪の賛否が分かれていることが中傷の増加につながっている可能性がある。選手個人が対応することは難しく、競技団体などが支援体制を整え法的措置を含む毅然とした対応を取ることが大切だ」と話した。


（21年7月31日付朝刊）

相次いだ差別

ＳＮＳによる選手への中傷は、日本だけでなく、海外でも問題になっていた。競技に関することだけでなく、人種やジェンダーに起因する差別的な書き込みも少なくなかった。

韓国では、アーチェリー女子で金メダル３個を獲得した安山(アンサン)選手が過去のＳＮＳ投稿などを巡り、女性解放主義者だとの批判を受けて問題となった。

安選手の快挙は、お家芸テコンドーの不振が続いた韓国の国民を熱狂させた。一方で、インターネット上での中傷の的となる。特に、女性解放運動の急進的な活動家らを指す「フェミ」という呼び名で安選手を批判する投稿が相次いだ。安選手が過去にＳＮＳで、男性を卑下する意味を含むとされるスラングを使ったことが問題視された。安選手が短髪であることまで批判の的となり、「メダルを返上しろ」などの声も噴出した。

こうした動きに対し、韓国の有名女優が自分の短髪の写真をＳＮＳに載せて反発を示すと、8月2日までに22万件以上の「いいね！」が付いた。アーチェリー協会のサイトには「安選手を守れ」などの投稿が相次いだ。安選手は騒動に動じることなく三つ目の金メダルを獲得し、「競技に集中できるよう努力した」とコメントした。

8月3日付の読売新聞朝刊は「韓国では、若年層の失業率が高い中、男性は約2年間の兵役義務を課されており、不公平感を抱く男性が少なくない。かつては兵役を終えた男性に公務員試験で加点する制度があったが、1999年に憲法裁判所が違憲と判断し、廃止となった。この頃から、女性ばかりが優遇されているとして〝逆差別〟を主張する男性が増えたとされる」と報じている。

ロシアではロシア国営や政府系テレビ局が討論番組で、東京五輪に出場した性的少数者（LGBTQ）の選手らを中傷したことが国際的な波紋を呼んだ。

政府系テレビが7月下旬に放映した番組は、心と体の性が一致しない「トランスジェンダー」であることを公表して女子重量挙げに出場したローレル・ハバード選手（ニュージーランド）を取り上げた。男性司会者が三つ編みのカツラをかぶってやゆしたり、トランスジェンダーについて「精神病」と発言したりした。国営テレビの番組でも、下院議員がLGBTQの選手に関し「性的偏向に強く反対する」とまくし立てた。

プーチン政権は同性婚を否定するロシア正教に基づき、2020年7月発効の改正憲法で結婚は「男女の結びつき」だと明記した。LGBTQの権利拡大に否定的な姿勢が、テレビ局の放送内容に反映された可能性がある。14年のソチ冬季五輪では、プーチン政権の同性愛に関する政策が問題視され、欧米諸国の首脳が開会式への出席を取りやめている。

ソチ五輪での問題を受けて、五輪憲章には「性的指向」による差

2021年8月8日付

露でLGBT選手中傷

五輪番組　中国では性差別質問

【モスクワ＝田村雄、ロンドン＝池田慶太】ロシア国営や政府系テレビ局が討論番組で、東京五輪に出場した性的少数者（LGBT）の選手を中傷したことが波紋を呼んでいる。五輪憲章はあらゆる差別を禁止しており、国際オリンピック委員会（IOC）は5日、

発言したりした。国営テレビの番組でも、下院議員がLGBTの選手に関し「性的偏向に強く反対する」とまくし立てた。

プーチン政権は同性婚を否定するロシア正教に基づき、昨年7月発効の改正憲法で結婚は「男女の結びつき」だと明記した。LGBTの権利拡大に否定的な姿勢が、テレビ局の放映内容に反映された可能性がある。2014年のソチ冬季五輪では、ロシアの同性愛に対する規制強化を問題視し、欧米諸国の首脳が開閉会式への出席を拒否した。

一方、中国中央テレビ（CCTV）の女性記者が、陸

別の禁止が盛り込まれており、ＩＯＣは「全ての五輪参加者を尊重する」よう求めた。

深刻化する状況にＩＯＣも対策に乗り出した。カースティ・コベントリー選手委員長は記者会見を開き、選手の精神面をケアするために「選手村では24時間態勢でホットラインを設け、世界中の専門家に相談出来る。大会終了後３か月以内は、６回まで無料でカウンセリングが可能」と語った。また、日本オリンピック委員会（ＪＯＣ）は日本選手らへの中傷を監視・記録し、悪質なものは警察への通報を検討していることを明らかにした。

大半の会場が無観客となった東京大会では、スタンドで味わえない臨場感を、ＳＮＳによる「つながり」で埋める人が多かったかもしれない。その点でＳＮＳは大きな役割を果たした。オリンピック・パラリンピックが、これほどまでにツイッターやフェイスブック、ティックトックなどのＳＮＳで発信され、語られた大会はない。しかし、「選手ファースト」を掲げた大会で生まれたＳＮＳを介した選手への中傷は、今後の大会に重い課題を残した。

4　森会長辞任、橋本新会長へ

不適切発言

大会組織委とＩＯＣに対しても世論は厳しく反応した。組織委トップの失言が波紋を呼ぶ。

２０２１年２月３日、オンラインで開催されたＪＯＣの評議員会の席上だった。組織委の森喜朗会長は、ＪＯＣがスポーツ庁の定めた「スポーツ団体ガバナンス（組織統治）コード」にのっとり、６月の役員改選で女性理事40％以上を目指していることに対して、私見として発言した。

「女性理事を選ぶというのは、日本は文科省（文部科学省）がうるさく言うんでね。だけど、女性がたくさん入っている理事会は、理事会の会議の時間がかかります。（日本）ラグビー協会、今までの倍、理事会に時間がかかる。女性っていうのは競争意識が強い。誰か１人が手を挙げて言われると、自分も言わなきゃいけないと思うんでしょうね。それでみんな発言されるんです。前の発言者に続いて、思いのままどんどん言われていく。あんまり言うと、『また森が悪口言った』となりますけど、女性の数を増やしていく場合は、発言の時間もある程度、規制を何かしておかないと、なかなか終わらないで困ると言って（いた）。誰が言ったか言いませんけど。私どもの組織委員会にも女性（理事）は７人くらいおられますが、みんなわきまえておられて。みんな競技団体からのご出身であり、国際的に大きな場所を踏んでおられる方々ばかりです。ですから、お話も的を射た発言をされて、非常に我々は役立っております」

（21年２月５日付朝刊）

２０２１年２月４日付

森会長発言 波紋

「女性多いと……」 海外からも批判

森喜朗会長

東京五輪・パラリンピック大会組織委員会の森喜朗会長が、日本オリンピック委員会（JOC）の3日の会合で「女性がたくさん入っている理事会は時間がかかる」と発言したことを受け、国内外で波紋が広がっている。

SNS上では、発言を批判する声などが相次いだ。2000年シドニー五輪競泳女子代表で、組織委のアスリート委員を務める荻原智子さんは、ツイッターで「残念、ショック」とコメントした。

海外メディアも批判的に報じた。米紙ニューヨーク・タイムズ（電子版）は、「コストの上昇と大会開催への反対に直面している東京五輪・パラリンピックの主催者が、新たな怒りに直面した」と伝えた。

AFP通信は「東京五輪の会長が性差別発言」の見出しで、JOCが女性理事の割合を40％以上とする目標を掲げているが、「（25人中）女性は5人にすぎない」と指摘した。

組織委の武藤敏郎・事務総長は4日午前、報道陣に対し、「私が直接発言を聞いたわけではないので、コメントは控えたい」と話し以前から失言の多かった森会長だが、組織委トップの発言としては耳を疑う不適切なものだった。しかし、この時点で組織委や政府も含めた多くの関係者には、この発言が命取りになるという認識までは持っていなかった。読売新聞は森発言について、翌4日朝刊で掲載してはいたが、社会面のベタ記事で行数はわずか19行に過ぎなかった。これも問題意識が乏しかったということだろう。5日付朝刊に掲載した発言要旨は1日遅れとなったが、事態を重く見て、改めて詳報したものだ。

国内外から批判が相次いだ。全豪オープンに出場していたテニスの大坂なおみ選手は、現地での記者会見で「彼のような立場なら、何かを言う前に考えるべきだ。無知から生じた発言だと思う」と発言。２０００年シドニー五輪競泳女子代表で、組織委のアスリート委員を務める萩原智子さんは、ツイッターで「残念、ショック」とコメントした。

海外メディアも批判的に報じた。米紙ニューヨーク・タイムズ（電子版）は、「コストの上昇と大会開催への反対に直面している東京オリンピック・パラリンピックの主催者が、新たな怒りに直面した」と伝えた。ＡＦＰ通信は「東京オリンピックの会長が性差別発言」の見出しで、ＪＯＣが女性理事の割合を40％以上とする目標を

2021年2月5日付

五輪組織委

森会長が発言撤回

「女性多いと…」

辞任は否定

東京五輪・パラリンピック大会組織委員会の森喜朗会長は4日、女性に対する自身の発言について東京都内で記者会見を開き、謝罪した上で撤回した。進退については「辞任する考えはない」と話し、組織委会長職にとどまる意向を示した。

森会長は3日、日本オリンピック委員会（ＪＯＣ）臨時評議員会にＪＯＣ名誉委員として出席し、主なスポーツ団体で女性理事の比率を40％以上とするスポーツ庁の目標に言及。「女性がたくさん入っている理事会は時間がかかる」「女性は競争意識が強い。1人が手を挙げると、自分も言わ

ＪＯＣの会合での発言について、記者会見で謝罪し撤回する森喜朗会長（4日午後、東京都中央区で）＝代表撮影

掲げているが、「（25人中）女性は5人にすぎない」と指摘した。

組織委や都には、「大会のトップが本当にあれでいいのか」といった苦情の電話やメールが殺到した。

これを受けて、森会長は4日、都内で記者会見を開き、「（男女平等をうたう）オリンピック・パラリンピックの精神に反する不適切な表現だった。深く反省している」と謝罪した上で、発言を撤回した。

しかし、進退については「辞任する考えはない」と話し、組織委会長職にとどまる意向を示した。会長続投は大会の開催準備に支障を及ぼしかねないとの指摘には、「一生懸命、献身的にお手伝いしてきた。自分からどうしようという気持ちはない。老害が粗大ゴミになったのかもしれないから、そうしたら掃いてもらえばいい」とした。IOCのマーク・アダムス広報担当は読売新聞の取材に「森会長は、発言を謝罪した。問題は終結したと考えている」と回答し、発言の撤回と謝罪を受け入れた。

開幕が近づく中での組織委トップの交代は、IOCのみならず、政府にとっても打撃だ。菅首相は4日の衆院予算委員会で、森発言について、「あってはならない発言だ」と述べた。その一方で首相周辺は「いま森氏が辞めれば組織委はガタガタになる」として、森会長続投を容認していた。

だが、森会長が記者会見で謝罪した後も批判はやむどころか、さらに増した。それでも組織委は5日午前、「様々な問い合わせや意見を頂戴しているが、個別の件数や内容については回答を差し控える」とコメントしただけだった。大会を支えるボランティアからも辞退を申し出る人が相次いだ。

森会長の辞任を求める声は強まっていった。それは日を追うごとに、というよりも、インターネットとSNSによって、時間を追うごとに強まっていった。オリンピックの米国向けテレビ放送権を持ち、IOCに対して大きな影響力があるとされる米NBCも10日、公式ニュースサイトで「森氏は去るべきだ」とする意見記事を掲載した。

さらに決定的だったのは、大会を支えるスポンサーの反応だ。トヨタ自動車は10日、決算発表記者会見の席上で豊田章男社長が「誠に遺憾」とのコメントを公表するという異例の対応をとった。その前日、9日夜には、NHKがスポンサー企業への取材結果として、回答した54社のうち36社が「発言は容認できない」などと答えたと伝えていた。

辞任、さらなる混乱

森会長は11日、組織委幹部に電話し、「（自らの発言が）反発を招き、迷惑をかけた」と陳謝し、会長を退く意向を示した。側近には「スポンサーに迷惑をかけることは本意ではない。明日、緊急会合の冒頭で

森会長辞任へ

五輪組織委

「女性蔑視」発言 引責

後任 川淵氏を指名

開催5か月前 異例事態

2021年2月12日付

私の思いを皆さんにお伝えしたい。色々と心配をかけて悪かった」と語ったという。

だが、森会長が辞任を決意した後にとった行動が、さらなる混乱を招く。独断で自身の後任に川淵三郎・元日本サッカー協会会長を指名したのだ。森氏は11日午後、東京都内で川淵氏らと約1時間にわたって会談。森氏は川淵氏に「引き受けてくれたら全てうまくいく。後見人役は務める」と語り、後任会長を引き受けるよう要請した。

川淵氏は元々、森氏に頼まれ、東京２０２０大会の選手村村長の任に就いていた。会長職には自分より若い世代が就くべきだと考えており、意中の人物もいた。しかし、交流の深い森氏から切々と求められ、「人生最後の大役」と受諾した。

しかし、森氏が川淵氏を指名したことがわかると反発の声が相次いだ。組織委の定款では、会長は理事会が理事の中から決めることになっている。そうした手続きを経る前に、川淵氏が記者団に後継会長就任を受け入れたと語ってしまったのだ。伝え聞いた組織委幹部からは「森氏が密室で後継指名したとの批判が広がってしまう」と懸念する声が出た。

森氏の動きとは別に組織委には、新会長選出のための「選考委員会」を設置する案が浮上していた。だが、森氏が川淵氏に「密室人事」とも取れる打診をしたことで、組織委からは「出来レースだとの批判を招いて逆効果だ」との声も上がった。

懸念通り、「密室人事」に対しても、批判は集まった。米紙ワシントン・ポストは、森氏の発言を問題視して署名活動を行う日本人女性の言葉を引用して「女性を排除するやり方で、密室で決まった」と伝えた。

川淵氏のもとには、組織委の武藤敏郎事務総長から何度も電話があった。暗に辞退を求めていると感じた川淵氏は、緊急会合で「白紙撤回」と言おうかと考えたという。それは後任候補から降りるという意味ではなく、ゼロから考え直してもらおうという意図だった。しかし、83歳の森氏よりさらに一つ年上の川淵氏が会長に就くことへの反発があり、推薦する声が出ない可能性も感じ取って辞退を決めた。

大阪体育大学学長でスポーツマネジメントに詳しい原田宗彦氏は当時、読売新聞の取材に対し、「世界が注視する後任選びには極めて緻密な手続きが求められるのに、森氏は『密室』で後継を指名してしまった。高い透明性が求められる公益財団法人のあり方とは異なる『ムラ政治』の典型だと感じた。女性蔑視の発言と組織委のガバナンス（統治能力）欠如というダブルパンチで、東京大会のイメージは悪化してしまったが、挽回は可能だ。非常事態で時間はないが、周りから広く推薦を募るなど、透明性の高い選出が求められている」と指摘している。

12日午後3時に始まった組織委の評議員と理事による緊急会合の冒頭、森会長は「私の不適切な発言が原因で大変混乱した。本当に申し訳ない」と述べ、正式に辞意を表明した。

2014年の組織委発足と同時に会長に就任した森氏は時折、手元のメモに目を落としながら手がけた仕事を列挙し、会長を務めた7年を振り返った。辞任の引き金になった3日の会合での発言については、「女性を蔑視する気持ちは毛頭ない」と強調。「女性をできるだけたたえ、男性より発言してもらえるよう絶えず、すすめてきた」と主張し、「多少、意図的な報道があった」などと不満も口にした。

緊急会合終了後、武藤事務総長は森氏が記者会見に出席しない理由を問われると、「(会合冒頭で) 大勢の前ではっきり言ったので、会長は十分だと判断されたのだと思う」と答えた。森氏が別のポストで組織委に残る可能性については「全く決まっていない」と話した。

開催都市である東京都の小池百合子知事は12日の定例記者会見で、「スポーツ界、何よりも東京大会を引っ張ってきたのは森会長だ。これまでの積み重ねには敬意を表したいと思う」と述べた上で、後任会長の選考は世界からも注目されているため、透明性の確保が重要だと指摘。「女性か男性かという問題ではない。多様性と調和について発信し、先頭に立つということが必要ではないか」と語った。

森発言は男女同権が道半ばである日本社会の問題を改めて浮き彫りにし、海外からは、その点についての論評も目立った。

ドイツの有力紙フランクフルター・アルゲマイネ(電子版)は11日、スイスの民間研究機関「世界経済フォーラム」による男女平等の度合いを示す指数で、日本は153か国中121位にとどまっていることを紹介し、森氏の発言などが「男女同権がうまくいっていない日本社会に光を当てることになった」と評した。

フランスのル・モンド(電子版)は、「女性差別の発言で辞任する森会長は、日本に根付く男性優位の象徴だ」などと伝えた。一方、森氏の発言に対して各界から批判が出たことも挙げ、「日本の世論の変化を示している」とも報じた。

組織委は男女平等を推進するプロジェクトチームを設置し、女性の役員増員や副会長以上への登用を検討する方針を決めた。大会関係者は読売新聞の取材に対し、「組織委の職員らに対し、男女平等や多様性を学ぶためeラーニングを受講するように指示した」と語った。

五輪の申し子

組織委は森会長が辞任した2月12日、組織委の御手洗冨士夫名誉会長や評議員、理事らが出席した緊急会合で後任候補を選ぶ「候補者検討委員会」（座長・御手洗名誉会長）を設置し、新会長を選出することを決めた。新会長候補を選ぶ委員会は理事会のメンバーで構成し、委員はアスリート出身者を含め、男女がほぼ同数になるように配慮して決めるとした。

組織委の武藤事務総長は新会長の条件として、オリンピック開幕が約5か月後に迫る中、適任者はオリンピックやパラリンピックに関わった経験があり、男女平等や多様性への意識が高いことを挙げた。組織委内には、この時点で後任候補として橋本聖子五輪担当大臣の名が

会長後任に橋本氏浮上

森氏辞任 川淵氏は辞退

五輪組織委

候補選び 検討委設置

2021年2月13日付

浮上していた。組織委では「女性の橋本氏は元五輪選手で行政経験もあり、会長に適任だ」との声が上がっていた。

とはいえ、森氏による川淵氏の後継指名が批判を受けたこともあり、組織委や政府は選考の透明性を強調し、名前が挙がった橋本五輪相も16日、「組織委員会は公益財団法人として、人事を含めた運営についても透明性のある形で対応されていくべきだ。（自身への会長就任の打診などは）まったくそのようなことはございません」と語った。

「候補者検討委員会」の初会合は16日に開かれた。検討委のメンバーは当初は非公表で、候補者の選定を終えた後に公表されている。御手洗座長のほかはＪＯＣの山下泰裕会長、東京都の多羅尾光睦（たらおみつちか）副知事、ＩＯＣの荒木田裕子オリンピックプログラム委員、元五輪体操代表の田中理恵氏、元五輪柔道代表の谷本歩実氏、パラ競泳の成田真由美選手、スポーツ庁の室伏広治長官で男女同数だった。メンバーは御手洗座長の素案を基に新会長選考のポイントを議論。総意として、新会長に求める資質を確認し、「五輪・パラリンピック、スポーツへの造詣の深さ」「男女平等や多様性など五輪憲章の理念を実現できる」「国際的な知名度や国際感覚がある」「東京大会の経緯や準備状況への理解がある」「組織運営能力や調整力がある」――の5項目を挙げた。

検討委は翌17日の第2回会合で新会長候補を橋本氏に一本化した。五つの基準に沿って、候補について協議した結果、選手として夏冬の五輪に計7回出場し、ＪＯＣ副会長などスポーツ界の要職も歴任してきた橋本氏を候補に選んだ。

北海道出身の橋本氏は1992年アルベールビル・オリンピックのスピードスケート1500メートルで3位に入り、冬季オリンピックの日本女子選手で初のメダリストになった。冬季大会に4回出場し、夏季大会にも自転車競技で3回出場した。前回東京大会の64年に生まれ、名前の「聖子」はオリンピックの聖火にちなんで名付けられたという「五輪の申し子」だ。政治家としても、95年の参院選に自民党から立候補して当選し、翌96年のアトランタ夏季大会は、現職の国会議員として初めてオリンピックに出場を果たした。日本スケート連盟会長や日本自転車競技連盟会長などを歴任し、2019年9月から五輪・女性活躍担当大臣を務めてきた。

他に誰がいるのか、橋本氏以外はいない、という人事案だった。

翌18日、組織委臨時理事会が開かれ、森前会長の後任に橋本氏を選出した。閣僚は公益法人の役職員との兼務が禁止されているため、橋本氏は同日、菅首相に五輪相の辞職を申し出た。後任の五輪相には丸川珠代・自民党参院議員が決まった。

橋本新会長は就任が承認された臨時理事会で、「身の引き締まる思い。大臣辞職は大きな決意だったが、その思いを胸に抱きながら大会の成功に向けて尽力したい」と抱負を語った。さらに「会長を引き受けさせていただく背景には男女平等の問題があった」と述べて、同月中に理事会の女性比率向上や男女平等を推進するチームの発足に取り組む方針を表明し、前会長の発言で失った信頼の回復に努める姿勢を示した。

記者会見では「開催に向け前に進めるためには、私自身が引き受けることが必要だと思い、決断した。私の任務は安全最優先の大会を実現し、アスリートが迷うことなく夢の舞台に立てるように、今の社会の空気を変えていくことだ」と語った。ＩＯＣのトーマス・バッハ会長に就任を報告し、政治的中立を求めるＩＯＣからも、参院議員と組織委会長の兼務が認められたことも明らかにした。ボランティアや聖火ランナーの辞退者に向け、「もう一度、２０２０の一翼を担っていただけるのであれば、ぜひ参加していただけるよう準備を整えたい」とも呼びかけた。

スピード決定の内幕

その内幕を政治部、社会部、運動部の記者が次のように解説している。

競技・政治経験　政府、当初からの本命

東京五輪・パラリンピック大会組織委員会の会長人事を巡る混乱は、橋本聖子氏の会長就任でひとまず、区切りがついた。森喜朗・前会長による川淵三郎氏への「後継指名」が「密室人事」との批判を招いたことから、組織委と政府、東京都は手続きの適正さに疑念を持たれないよう、

五輪組織委

新会長に橋本氏

「大会　前に進める」

五輪相辞任　後任は丸川氏

東京五輪・パラリンピック大会組織委員会は18日、臨時理事会を開き、女性蔑視と受け取れる発言で引責辞任した森喜朗・前会長(83)の後任に五輪相を務めてきた橋本聖子氏(56)を選出した。閣僚は公益法人の役職員との兼務が禁止されているため、橋本氏は同日、菅首相に閣僚の辞任を申し出た。後任の五輪相には丸川珠代・自民党参院議員(50)が決まった。△関連記事2・3・4・18・31面▽

2021年2月19日付

慎重に調整を進めた。（政治部　藤原健作、社会部　菅原智、運動部　下山博之）

■理想の人

「（橋本氏の）記者会見の様子をパソコンで見ていたが、非常に立派な内容だった。五輪に7回出ている理想の人だ」

候補者検討委員会の座長を務めた御手洗冨士夫・組織委名誉会長は18日の記者会見で、満足げに語った。

会長人事は、12日に森氏が辞任し、川淵三郎・日本サッカー協会相談役が後継会長を辞退してから、約1週間で決まった。

政府は12日の時点で既に、「橋本組織委会長、丸川珠代五輪相」という人事案を最適だと判断していた。森氏の女性蔑視と受け取れる発言が批判を巻き起こしているため、「閣僚経験者として実務能力も備えた女性2人のタッグが最適」（首相周辺）と判断したからだ。橋本氏は国際オリンピック委員会（IOC）のトーマス・バッハ会長や、日本オリンピック委員会（JOC）関係者らとの人脈も豊富だ。

しかし、政府主導の人事だとの印象が広がれば、世論のさらなる反発は避けられない。候補者検討委による議論は「真剣勝負で、どう転ぶか分からない」（政府筋）との見方も強かった。

このため、政府高官が水面下で組織委幹部と面会するなどして連携し、根回しした。首相は17日の衆院予算委で「私がまた口を出すべきではない」と静観の構えを見せた。

■都とも一致

これまで、大会運営を巡って政府と開催都市・東京都の小池百合子知事がぎくしゃくする場面が、多く見られた。だが、会長人事については、最終的には両者の思惑は一致した。

都は多羅尾光睦副知事が候補者検討委に加わった。検討委の前には小池氏らと協議を重ね、その意向を踏まえて出席した。都関係者によると、都側は複数の候補者を提示したが、そのうちの一人は橋本氏だった。

橋本氏は、昨年9月に菅内閣で五輪相再任の直後に小池氏を訪ね、「ご指導いただきたいことがたくさんある」とあいさつした。小池氏も「とても心強い」と応じて、笑顔でグータッチを交わした。

両氏は電話で直接連絡を取り合う仲で、都幹部は「橋本さんが組織委会長なら、小池知事とコミュニケーションが密になる」と就任を歓迎した。

■火種

16日から3日連続で開かれた検討委の会合では出席者は積極的に発言し、4人の女性メンバーは口々に「女性ありきで選ぶべきではない」と述べた。

それでも、橋本氏への候補者一本化は17日の会合で決まった。基準を満たす人物として9人の名前が挙がったが、1時間半で結論に至った。組織委関係者は「政府と組織委が連携する上でも橋本氏以上の人はいない。落ち着くところに落ち着いたということだろう」と語った。

ただ、橋本氏には、2014年のソチ五輪で酔ってフィギュアスケートの男子選手に無理やりキスしたと週刊誌で報じられるなど、不安材料もある。橋本氏は18日の記者会見で「軽率な行動について深く反省している」と述べたが、政府内には再び火種となることを懸念する声もある。

◆透明性と候補者配慮　苦心

新会長の選考を巡る混乱で、キーワードになったのが「透明性」だ。組織委の武藤敏郎・事務総長は迅速な意思決定や候補者への配慮を頭に入れた上で、透明性のアピールに苦心しなければならなかった。

発端は森喜朗前会長による「密室人事」。辞任の意向も表明していない段階で川淵三郎・日本サッカー協会相談役に後継を打診し、各界から批判が噴出した。受諾した川淵氏は翌日、辞退せざるを得なかった。

組織委は「候補者検討委員会」を設置したが、検討委の人数も個人名も、会合の日時や場所も非公開とした。これらが密室人事とひとくくりになり、「何もかも公開すべきだ」(組織委理事)と批判の対象になった。武藤事務総長は記者団の取材に「(名前の挙がった候補者が)結果的に違うと人権問題になる」と述べ、方針は変えなかった。

武藤事務総長の姿勢について、複数の関係者の見方は「総長自身の過去の経験があるからだろう」で一致している。元財務次官で日銀副総裁を務めていた武藤事務総長は2008年、自らの同総裁就任の人事案が、旧大蔵省出身であることを理由に野党が多数を占める参院で否決された。疲れ切った川淵氏の表情も目の当たりにしており、大会関係者の一人は「あえて『人権』という強い言葉を用いたのではないか」とみる。

組織委内部から「検討委のメンバーぐらいは公表した方がよかった」との声も上がる中で、ある幹部は「人事という性格上、ある程度は非公開でも仕方ない。平時の選考ではなく、活発な意見をぶつけ合う環境が必要だった。決定後、丁寧に説明をしていた。決して透明性がなかったとは思わない」と言い切った。

（21年2月19日付朝刊）

多様性実現への改革

森会長の女性蔑視とも取れる発言に端を発したトップの交代が橋本氏で決着したことは多方面から好意的に受け止められた。

東京大会の最高位のスポンサーであるトヨタ自動車の豊田章男社長は2月18日、「心より歓迎する」とのコメントを発表した。その上で、「アスリートと国民のための東京大会が実現し、日本から世界中の人々に笑顔を届けることができるよう、私たちも全力で取り組む」とした。

他のスポンサー企業も、「多様性の尊重などの理念が共有されるよう、リーダーシップを発揮してほしい」（三井不動産）、「『多様性と調和』の実現を期待」（東京海上日動火災保険）など、新会長への期待感を示した。

海外からはＡＰ通信が、日本では女性の社会参画が進んでいないとし、女性の会長就任が

「男女平等に向けた突破口になるかもしれない」との見方を示した。

アスリートも反応した。テニスの大坂なおみ選手は、全豪オープン会場での記者会見で「特に女性にとって、障壁が壊されてきていると感じる。今までは受け入れられたことでも新たな世代は許容しない。私たちは多くのことが平等になるよう闘ってきた。まだ平等ではないことも多いけど、（橋本氏の就任は）いいことだと思う」と歓迎した。

しかし、森発言により組織委が失った信頼を取り戻すため、迅速な改革が求められていた。橋本新会長も就任した当日、2月中に理事会の女性比率向上や男女平等を推進するチームを発足させる方針を表明していた。

橋本会長は自身が進めてきたジェンダー平等の取り組みの一環として、2月末までに組織委の女性の理事を10人程度増やし、理事の女性比率を40％超に引き上げる方針を固めた。当時の組織委の理事は34人。そのうち女性は約20％の7人にとどまっていた。

そして組織委は3月2日、臨時理事会を開き、各界で活躍する女性12人を新理事候補として評議員会に推薦することを決めた。定款で決められた理事定数の上限を35人から45人に変えることも評議員会に諮り、女性理事を現在の7人を含めて19人とする案だった。理事45人のうち、女性の比率は42％となり、スポーツ庁が競技団体に指針として掲げた40％を達成することにな

五輪組織委

新理事に女性12人

高橋尚子氏ら　構成比42％に

東京五輪・パラリンピック大会組織委員会が選任する女性の新理事候補12人の顔ぶれが2日、大会関係者への取材でわかった。五輪マラソン金メダリストの高橋尚子氏(48)、パラリンピック・アルペンスキー金メダリストの大日方邦子氏(48)などアスリート出身者や大学教授、弁護士、企業の経営者らで、組織委は3日の臨時評議員会で承認する見通しだ。

組織委は2日、東京都内で臨時理事会を開き、各界で活躍する女性12人を新理事候補として評議員会に推薦することを決めた。定款で決められた理事定数の上限を35人から45人に変えることも評議員会に諮り、女性理事を現在の7人を含めて19人とする。理事45人のうち、女性の比率は42％となり、スポーツ庁が競技団体に指針として掲げた40％を達成する。理事会ではバレーボール女子金メダリストで現理事の荒木田裕子氏(67)を「ジェンダー平等の推進」を担当する副会長に起用することも決めた。現

２０２１年３月３日付

った。

理事会ではバレーボール女子金メダリストで現理事の荒木田裕子氏を「ジェンダー平等の推進」を担当する副会長に起用することも決めた。それまで組織委の副会長は6人全員が男性だった。

翌3日、シドニー・オリンピックのマラソン女子金メダリストの高橋尚子氏ら女性12人を新理事に選任した。森前会長の女性蔑視と受け取れる発言から1か月。組織委は理事の女性比率を約20％から42％に上げることになった。

ほかに選ばれたのは、パラリンピック・アルペンスキー金メダリストの大日方(おびなた)邦子氏、日本スケート連盟副会長の斎木尚子氏ら。大学教授や感染症の専門医も含まれた。

3日夜のIOC、国際パラリンピック委員会（IPC）、国、東京都との5者会談でも冒頭に報告。東京大会で、選手にメダルを授与する人を男女同数にする案を披露するなど、ジェンダー平等をアピールした。橋本会長は記者会見で「女性比率を上げればいいわけではなく、大事なことは何をすべきかだ。専門家である理事の意見をまとめ、しっかりと発信する」と述べた。

開幕まで半年を切った中でトップが辞任するという危機に直面した組織委は、橋本体制で再スタートを切り、本番に向かうことになった。

5　反発招いたＩＯＣ

辛辣なあだ名

「ぼったくり男爵」。２０２１年の「ユーキャン新語・流行語大賞」でトップテンに選ばれた言葉は、この年5月、米紙ワシントン・ポストのコラムから生まれた。オリンピック開催の是非を巡って世論の分断が明確になっていったタイミングだった。

このコラムは、ＩＯＣを領民を搾取する王侯貴族にたとえ、「痛手を負っても、日本は開催地を返上すべき」と主張するものだった。その中で、ドイツ人のバッハＩＯＣ会長のことをあえてドイツ語を交えて「Baron Von Ripper-off」と呼んだ。「Baron」は男爵。「Von」は王侯貴族の姓に冠する称号だ。「Ripper-off」は「不当に略奪する人」といった意味である。

このコラムを邦訳した共同通信の記者が、「ぼったくり男爵」という辛辣（しんらつ）な日本語で表現したところ、マスメディアだけでなく、ＳＮＳでも、あっという間に拡散し、世間に知られる言葉となった。

読売新聞はパラリンピック閉幕後、「東京２０２０大会」を総括する記事を掲載した。その中で、ＩＯＣがなぜこれほどまで日本国内で反感を買ったかについて、以下のように指摘している。

ぼったくり男爵――。

今年5月、米紙ワシントン・ポストのコラムニストが使ったIOCのバッハ会長のあだ名は、日本国内の報道やSNSで瞬く間に広がった。「商業主義に染まり、利益のため開催国を食い物にする」などの典型的な批判にイメージが重なったのだろう。

新型コロナウイルスの感染が拡大したことで拍車がかかり、反発は五輪そのものにも及んだ。「開催を強行するのは誰の金もうけのためなのか」と。

オリンピック・IOC批判の根底には、ほぼ必ず商業主義がある。開催でIOCが得る収入は、2014年ソチ・16年リオ大会を含む4年間で57億ドル（約6280億円）と莫大だ。だがこの収入は、4年間の国際スポーツ界を支える命綱でもある。

IOCの収入の90%は、五輪競技を担う国際競技連盟、選手を派遣する各国五輪委などに再分配される。国際トライアスロン連合の大塚真一郎副会長は、その分配金が「国際競技連盟の予算の主軸になっている」と語る。大会組織委にも支払うほか、世界反ドーピング機関の年間予算の半分など競技の公平性を保つ仕組みも支える。途上国や難民選手の支援にも使われる。

コスト面で批判の矢面に立つことが少ないパラリンピック。それは五輪施設の使用など、IOCとの合意が開催を支えるからだ。国際パラリンピック委員会のアンドルー・パーソンズ会長は「I

ＯＣの協力は、パラリンピック運動に多大な恩恵をもたらした」と語る。

ＩＯＣに対する「傲慢（ごうまん）」との指摘は、ＩＯＣが開催都市とは別の目的を持つ組織であることに起因する。

ＩＯＣにとって大切なのは五輪運動の継続だ。ＩＯＣから見れば東京は、大会を開くための多くのパートナーの一つ。開催国が抱える問題への対応でも、ＩＯＣの目的のためになるかを戦略的に判断しがちだ。内部からも「会社組織に近くなってしまった」（最長老委員のディック・パウンド氏）との評が漏れる。

一介の民間組織が、五輪を通じて開催国に大きな影響を及ぼす。そのギャップが、ＩＯＣへの反感の本質かもしれない。五輪好きとされてきた日本人の心がなぜ離れたのかを、ＩＯＣにはぜひ見つめてほしい。


（21年9月9日付朝刊）

批判呼んだ言動

バッハ会長らＩＯＣ幹部の言動が、世論の反発を呼んだ部分もある。

バッハ会長は5月22日、国際ホッケー連盟の総会に寄せたビデオメッセージで、「選手たちの夢を叶えるため、我々は犠牲を払わなければならない」と発言。これが転電され、日本のネット上やメディアで「日本国民に犠牲を払えということか」などと批判が沸き起こった。

実はこの「犠牲」発言は、バッハ会長が１年以上前からスピーチで繰り返していたものだった。「コロナ禍の下で開催される東京大会は、様々な制約や感染症対策などで大きく変容する大会になる。国際スポーツ界は大会開催のために、皆が何らかの犠牲を払わなければならない」という趣旨だ。IOCもそのように説明したが、いったん炎上した批判は、ネット上で独り歩きした。

同時に「IOCの傲慢さの証拠」として挙げられたのが、21日のジョン・コーツ副会長の記者会見での発言だった。オンラインで出席したコーツ氏は、日本の記者から「緊急事態宣言が出されても五輪を開催するのか」と問われ、「その答えはイエスだ」と即答した。緊急事態宣言発令期間中でもテストイベントやプロスポーツの試合が行われていることや、コロナ対策の指針「プレーブック」で定める厳しいルールを守ることで「安全で安心な大会を開催できる」ことなどを理由に挙げた。会見から約10日後の6月1日には、豪州のソフトボールチームが事前合宿第1号として日本に入る予定だった。コーツ氏は豪州五輪委会長でもあり、選手を動揺させたくないという思いがあったかもしれない。

バッハ、コーツ両氏の発言に、ネット上では多くの厳しい批判が上がった。読売新聞の投書欄にも、6月1日、「強い違和感を覚えた。国内の死者はすでに1万人を超え、変異ウイルスによって感染者は増えている。コーツ氏は、日本の現状に対する理解と配慮が足

2021年5月22日付

「五輪　緊急事態下でも開催」

IOC・コーツ氏「安全な大会できる」

東京五輪の運営方法を協議する国際オリンピック委員会（IOC）調整委員会のジョン・コーツ委員長は21日、3日間の委員会終了後にオンラインで記者会見を開き、「五輪期間中に日本で緊急事態宣言が出されていても大会は開催する」と述べた。海外の選手らの8割以上が新型コロナウイルスのワクチンを接種してから来日すると強調、改めて大会開催への意欲を示した。

コーツ氏は「日本では緊急事態宣言発令期間中でもテスト大会が安全に行われた」と述べ、コロナ対策の指針「プレーブック」で定めた厳しいルールを守ることで「全ての参加者にとって安全で安心な大会を開催できる」と自信を示した。日本の世論で五輪開催に否定的な意見が多いことについては、「ワクチン接種者が増えれば支持も増えるのではないか」と語った。

東京五輪・パラリンピック大会組織委員会の橋本聖子会長は、大会期間中に1日あたり最大で医師約230人、看護師約310人が必要になるとの試算を公表し、既に全体の8割は確保できる見通しだとした。選手や関係者向けの検査数は1日最大6万件程度を想定するが、「公的な検査体制

りないのではないか」と批判する札幌市在住の男性の意見が掲載された。

　またバッハ会長はオリンピック閉幕翌日の8月9日、東京・銀座を散策した。都内は緊急事態宣言発令中で、不要不急の外出を控えるように呼びかけられていた。大会関係者は入国後14日間経過すれば行動制限はなくなるルールが定められていた。バッハ会長は来日から14日以上経過していたが、選手に対しては大会中の観光を禁じていたのだから、批判を浴びるのは当然だろう。

　バッハ会長が、五輪が終わっていったん日本を離れた後、パラリンピック開会式のために再来日したことまでも、批判の対象となった。パラリンピックの開催は、五輪施設の利用や同じ組織委による運営など、ＩＯＣとの合意が支えており、通例ＩＯＣ会長はパラリンピックの開会式にも出席している。しかしコロナ禍の時にそれは不可欠なのか？　という指摘だ。

　政府の新型コロナウイルス感染症対策分科会の尾身茂会長も8月25日の衆院厚生労働委員会の閉会中審査で、「（国内では）テレワークを要請している。（パラリンピック開会式で）あいさつが必要ならばなぜオンラインでできないのか」と指摘した。「（五輪で）1回来た。銀座も行ったでしょ」と皮肉も込めた。

2021年8月26日付

バッハ氏再来日
尾身会長が苦言
「オンラインで」

政府の新型コロナウイルス感染症対策分科会の尾身茂会長は25日の衆院厚生労働委員会の閉会中審査で、東京パラリンピック開会式のために再来日した国際オリンピック委員会（IOC）のトーマス・バッハ会長について、「（国内では）テレワークを要請している。あいさつが必要ならばなぜオンラインでできないのか」と指摘した。「（五輪で）1回来た。銀座も行ったでしょ」とも述べた。

コーツ氏の回想

では、当人たちはどのように感じていたのだろう。「東京2020大会」がすべて終了した後、IOCへの批判について、コーツ副会長が読売新聞にこう語った。

オリンピック好きとして知られていた日本の人々が、開幕が近づいても懸念や反対を示し続けたことには驚いた。世論の反発がIOC、特にバッハ会長と私に向いたことも分かっている。私が「緊急事態宣言下でも開催する」と言ったのは、すでに宣言下でテストイベントが開催されていたこと、世界の選手に不安を与えたくなかったことが理由だったが、反感を覚えた方がいたら申し訳ない。我々は、日本の関係者からの情報と助言を受け、以後日本国民に対し何かを言うのを極力控えるようにした。

コロナ禍への懸念や不安は理解できる。ただ私の住む豪州を含め、国内外の批判の声の中には、開催を信じて訓練を続ける世界の選手たちへの配慮が欠けていると感じるものもあった。

批判は、政治対立にも利用された。政界には常に、機会を捉えようとする人々がおり、防ぐ手立てはない。開

2021年9月9日付

コロナ下 世界に希望

ジョン・コーツIOC副会長

国際オリンピック委員会（IOC）の調整委員長として、日本を計39回訪れた。延期決定以降の約1年半は、最も困難な体験だった。

五輪好きとして知られていた日本の人々が、五輪開幕が近づいても懸念や反対を示し続けたことには驚いた。世論の反発がIOC、特にバッハ会長と私に向いたことも分かっている。私が「緊急事態宣言下でも開催する」と言ったのは、すでに宣言下でテストイベントが開催されていたこと、世界の選手に不安を与えたくなかったことが理由だったが、反感を覚えた方がいたら申し訳ない。我々は、日本の関係者からの情報と助言を受け、以後日本国民に対し何かを言うのを極力控えるようにした。

コロナ禍への懸念や不安は理解できる。ただ私の住む豪州を含め、国内外の批

John Coates　IOC副会長、2020年東京大会調整委員長。豪州五輪委会長。スポーツ仲裁国際理事会会長。豪州出身、弁護士。71歳。

催都市契約への批判もあったが、こうした形態は他の国際競技大会や、一般的なフランチャイズのビジネス契約でよく見られるものだ。逆風の中で開催を貫いた菅義偉首相、小池百合子都知事らには、深い敬意しかない。

ＩＯＣにとって重要な責務は、五輪予選や代表選考がコロナ禍で影響を受け、海外の観客受け入れ断念や大会中止論が報じられる中、各国五輪委と、それを通じた世界の選手たちの不安を払拭することだった。我々はコロナ対策も含めた情報と支援を直接伝え続けた。

東京大会は、我々が想定した世界の感染状況のうち、「最悪のシナリオ」の中で開幕した。世界保健機関（ＷＨＯ）の助言も得て構築してきた、前例のない感染症対策。我々は連日、関係者の到着や選手村での検査結果を見守った。次第に対策が、この状況下でも実効性を上げることが明確になった。閉会式が終わった夜、本当に安堵した。

開催を後悔してはいない。コロナ禍の中での開催遂行に、日本だからこそできたという称賛が世界から寄せられている。それはコロナとの共存を強いられる世界の人々に、大きな希望や自信を与えた。選手たちは互いを応援し、より結束を深めていた。特別な大会だったからこそ、彼らは東京大会での体験を、忘れ得ぬものとして心に刻むだろう。

（21年9月9日付朝刊）

コーツ氏の回想をどう捉えるかは、人によって様々だろう。

インターミッション　12幕の交代劇

途中退場したリーダーたち

２０１３年9月、アルゼンチンの首都ブエノスアイレスでのＩＯＣ総会で、東京２０２０大会の開催が決まった。ＩＯＣのロゲ会長が「トウキョウ！」と告げた瞬間に、喜びを爆発させた日本招致団。その写真（本書冒頭の口絵）を改めて見てみよう。

両手を高々と上げて椅子から立ち上がる安倍晋三首相。その右にはのちに東京大会組織委員会の会長を務める森喜朗元首相、そして左には猪瀬直樹東京都知事が、やはり歓喜の声を上げている。何度見ても、あの時の興奮がよみがえってくる。

しかし3人は皆、２０２１年夏の東京オリンピック・パラリンピックを、責任ある立場のまま迎えることはできなかった。この３人だけではない。東京２０２０大会をめぐっては、主役級やそれに近い人の途中交代劇が次々と繰り広げられたのである。

辞任、退任、解任などが大きなニュースになった人物は12人。多くは各章の中でもいきさつを記しているが、触れていない人も含め、ここにまとめておきたい。

始まりは石原都知事

東京2020大会の起点を2005年9月として、2021年9月までの16年間を振り返ると、前半の招致リーダーは石原慎太郎東京都知事である。

その石原知事は、2度目の招致挑戦が成就する前、12年10月に電撃辞任する。理由は国政への復帰だった。何か責任を問われて辞めたケースではないが、都知事が任期途中で辞職するのはそれまでなかったことであり、五輪招致という大仕事を控えながらの転身には驚かされた。これが相次ぐ交代劇の始まりだった。

続いて退場した人が、またしても都知事である。ブエノスアイレスでの歓喜からわずか3か月後の13年12月、石原氏から引き継いで招致を実現させた猪瀬知事が、選挙資金のスキャンダルで引責辞任した。

その後、東京大会の組織委員会が発足し、開幕まであと5年と迫った15年の夏、ザハ・ハディド氏設計の新国立競技場建設に3000億円を超える費用がかかることが判明し、「新国立」は迷走に迷走を重

讀賣新聞 号外

石原都知事 辞任

新党結成

衆院選出馬へ

2012年10月25日付

THE YOMIURI SHIMBUN

夕刊 讀賣新聞

2013年(平成25年) 12月19日 木曜日

猪瀬都知事 辞職

「都政停滞 許されぬ」

5000万円引責 知事選2月2日軸

2013年12月19日付

ねる。

同年9月、国立競技場を運営する独立行政法人「日本スポーツ振興センター」（ＪＳＣ）の河野一郎理事長が任期の切れる同月いっぱいで退任した。河野氏は東京が最初に挑戦して敗れた16年大会の招致活動で、招致委員会の事務総長を務めたスポーツ界の重鎮の一人。当時まだ68歳であり、東京大会を見届ける前に交代しなければならない年齢でもない。新国立をめぐる迷走の責任を取ったことは明らかだった。

河野氏の退任が決まった9月下旬、ＪＳＣを主管する下村博文・文部科学大臣も辞意を表明している。安倍首相は慰留したが、それは翌10月早々に内閣改造が予定されていたからだ。下村氏も引責退場だった。

都知事は3代続けて途中退場

次は翌16年6月、またまた都知事である。猪瀬氏の後任である舛添要一知事が、公費の使用をめぐるスキャンダルで辞職した。都知事の任期途中の辞任は、初のケースだった石原氏の時はともかく、3代も続けば、そのこと自体はもはや驚くに値しない。しかし、東京２０２

下村文科相が辞意
首相慰留、改造で交代
新国立問題
大臣給与6か月返納

２０１５年９月25日付

読売新聞　号外
舛添都知事辞職
政治資金流用問題で

２０１６年６月15日付

0大会の開催準備にとって、開催都市のトップがくるくると交代する状況が好ましいはずはなかった。

さらなる退場劇は19年3月、日本オリンピック委員会（JOC）の竹田恒和会長の退任だ。竹田氏は、第1章の冒頭で記した通り、「2020年夏季五輪を招致する」と宣言し、招致委の理事長を務めた人物である。その人がフランス司法当局の捜査対象になった。招致委員会がコンサルタントに支払った約2億3000万円が賄賂にあたる疑いがあるというのだ。竹田氏は否定したが、東京大会への影響を考慮して退くことを表明する。

竹田氏の退任について、オリンピックを担当する桜田義孝五輪相は「正直なところ、イメージとしては良くない。非常に残念だ。イメージを払拭するようなこれからの行動が最も大事ではないかと思っている」と会見で語っていた。ところが翌4月、今度はその桜田五輪相である。同僚議員の政治資金パーティーであいさつし、岩手県出身のその議員を「復興以上に大事」と持ち上げ、応援するよう呼びかけたのだ。「復興五輪」を掲げる東京大会の担当大臣としてあるまじき発言であり、安倍首相は即座に桜田氏を更迭した。

竹田JOC会長 退任表明

招致不正疑惑 五輪影響 考慮

IOC委員も辞任へ

2019年3月20日付

桜田五輪相 更迭

「復興より議員」発言

後任に鈴木前五輪相

2019年4月11日付

ついに安倍首相も去る

退場劇はまだ収まらない。次は安倍首相だ。コロナ禍がなければ東京大会が開催されていたはずの20年8月、持病の潰瘍性大腸炎が悪化したことにより、退陣を表明した。難病とあっては辞任もやむを得ないことだが、安倍氏は東京招致に積極的に関わり、リオ五輪閉会式ではマリオにふんして東京をアピール、またコロナ下での1年延期を決断するなど、強いリーダーシップを発揮してきただけに大会関係者の衝撃は大きかった。

さらに大会組織委の森喜朗会長もつまずく。21年2月、ＪＯＣの臨時評議員会で「女性がたくさん入っている理事会は時間がかかる」などと女性蔑視と受け取れる発言をした。これが海外からも批判され、辞任に追い込まれた。

まだ終わらなかった。3月には五輪・パラリンピックの開閉会式で演出の統括役を務める佐々木宏氏が、女性タレントの容姿を侮辱するような構想を示していたことが分かり辞任した。

そして五輪開幕目前の21年7月、開会式の楽曲を制作した小山田圭

読売新聞　号外

安倍首相退陣へ

コロナ下　持病悪化

歴代最長政権に幕

2020年8月28日付

森会長辞任へ

五輪組織委

「女性蔑視」発言　引責

後任　川淵氏を指名

開催5か月前　異例事態

2021年2月12日付

吾氏が過去にひどい「いじめ自慢」をしていたことで辞任。開閉会式の演出を担当する小林賢太郎氏も過去にホロコーストをコントで揶揄していたことが分かり、こちらは解任されてしまった。

以上で12人になる。だが、もう1人加えるべきかもしれない。安倍氏の後を継いだ菅義偉首相だ。菅氏は東京パラリンピックが閉幕する前々日の9月3日、同月下旬の自民党総裁選で再選の見込みがなくなり退陣表明している。

このほか、大きくは報じられていないものの、新国立競技場建設を担当していた文部科学省の局長や、大会組織委でエンブレム選考を担当していた局長も、事実上の更迭と見られる形で退任している。

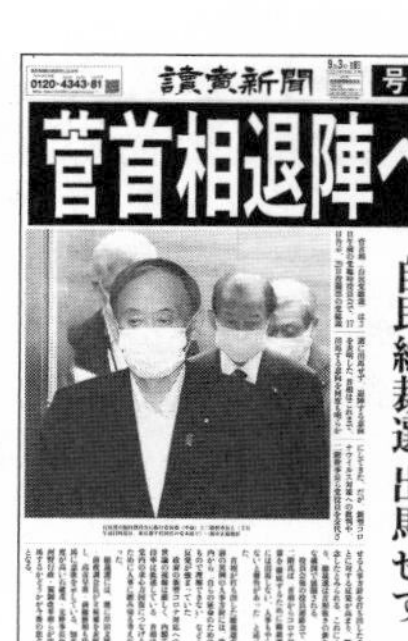
読賣新聞 号外

0120-4343-81

菅首相退陣へ

自民総裁選 出馬せず

2021年9月03日付

第七章　開　催

1　オリンピック開会式

五輪への関心高まる

2021年7月23日、ついに東京2020大会開会式の日を迎えた。まず、オリンピックである。

競技の一部は先行して始まっており、ソフトボールとサッカー男子で日本チームが白星発進していた。選手の活躍もあって、コロナ下でも五輪への関心は急速に高まっていく。

読売新聞は翌日朝刊で、1面と最終面を連結させた「ワイド面」を制作して、開会式の模様を報じている。

東京五輪開幕　コロナ厳戒下　57年ぶり開催

新型コロナウイルスの影響で史上初の1年延期となった第32回夏季五輪東京大会は23日、開幕した。午後8時に東京・国立競技場で始まった開会式で、天皇陛下が開会を宣言された。日本選手団は開催国として最後に入場行進。国際オリンピック委員会（ＩＯＣ）によると、大会には205か国・地域と難民選手団から選手約1万1000人が参加し、過去最多の33競技339種目に臨む。

国内での夏季五輪は1964年東京大会以来、2度目。開会式の入場行進は、五輪発祥の国としてギリシャが先頭に立ち、原則として各国・地域の日本語表記の50音順で進められた。参加したのは選手団約6000人で、日本選手団は計1060人のうち155人だった。宣誓は陸上男子の山縣亮太（29）（セイコー）らが務め、テニス女子の大坂なおみ（23）（日清食品）が聖火台に火をともした。

参加国・地域数は北朝鮮の不参加で当初予定の206から一つ減った。組織的なドーピングに対する制裁により、ロシア選手は「ロシア・オリンピック委員会」（ＲＯＣ）に所属する個人資格の選手として出場する。難民選手団は、前回の2016年リオデジャネイロ大会に続いて編成さ

讀賣新聞

日本 金30個目標

東京五輪 開幕

コロナ厳戒下 57年ぶり開催

聖火点火 大坂なおみ

2021年7月24日付

れ、11か国・地域出身の計29選手が出場登録した。

ウイルス感染防止策として全42会場のうち、国立競技場を含む37会場が無観客となった。参加選手は毎日検査を受け、外部との接触を避けるなど徹底した対策のもとで競技を行う。

（2021年7月24日付朝刊）

無観客の中でセレモニー

開会式ももちろん、無観客であった。6万8000人を収容できる観客席にいたのは、大会関係者約900人と報道関係者約3500人のみだ。

歌手のMISIAさんによる国歌独唱の後、コロナ禍によって亡くなった人々に対する黙禱（もくとう）が行われた。

セレモニーは、新型コロナウイルスによる延期を受けて、アスリートの複雑な思いや人同士のつながりなどが表現された。

日本の伝統的な職人にスポットを当てた演出もあった。大工たちが棟梁（とうりょう）の号令で作業を始め、槌音（つちおと）などのリズムがそろっていくさまは、多様性や調和を訴えるメッセージとなった。台車に載せた直径4メートルの木製リングを五つ集め、巨大な五輪シンボルが完成すると、花火が打ち上げられた。

旗手は男女ペア

選手団の入場行進は、人気ゲーム「ドラゴンクエスト」の勇壮なテーマ曲とともに始まった。行進の先頭は古代五輪発祥の地ギリシャ、次いで難民選手団、その後を日本の50音順で各国が続く。国や地域名を記したプラカードは漫画の吹き出しを模したデザインで、日本らしさをアピールした。

感染防止のために多くの選手はマスクを着用し、前後左右の人と距離を取りながら入場したが、やはり五輪のお祭りムードには抗しきれないのだろう、中には肩を組んで声を上げながら歩く選手もいた。

各国選手団の旗手は男女がペアとなって務めた。大会テーマの柱となる「ジェンダー平等」をアピールするためだ。

2番目に入場した難民選手団は、シリア出身で競泳女子のユスラ・マルディニ選手と、エリトリア出身で陸上男子のタクロウィニ・ガブリエソス選手の2人で五輪旗を掲げて行進。ガブリエソス選手は「私にとって、夢がかなったようだ」と大役に興奮を隠さない。

最後に登場した日本選手団は、白のジャケットに赤のズボンやキュロットを着ている。観客のいないスタンドから撮影するカメラに向けて手を大きく振って歩いた。

日本の旗手はバスケットボール男子の八村塁選手とレスリング女子の須崎優衣選手。八村選手は、西アフリカ・ペナン出身の父と日本人の母を持つ。小柄な須崎選手との約50センチの身長差もまた「多様性」を感じさせる光景だった。

「祝い」のない開会宣言

選手たちの入場が終わると、天皇陛下が「第32回近代オリンピアードを記念する、東京大会の開会を宣言します」と開会のお言葉を述べられた。１９６４年の前回大会では昭和天皇のお言葉は「近代オリンピアードを祝い、」となっていたが、今回は新型コロナウイルスが流行する状況を踏まえ、祝祭感を抑えるため「記念する、」と言い換えられた。

開会宣言は、五輪憲章で開催国の国家元首が行うと規定され、文言も英語で定められている。定型文にある英語の「celebrating」については、これまで「祝い、」と訳していた。今回も英文は定型通りだが、日本語については、コロナ禍で多くの人が苦しんでいる状況に配慮し、大会組織委が「記念する、」と訳したという。お言葉の原案は組織委が作り、陛下は手を加えずに原案のまま読み上げられた。

宣誓を行ったのは、日本選手団主将の山縣亮太選手（陸上）、副主将の石川佳純選手（卓球）、井上康生・柔道男子代表監督、宇津木麗

陛下開会宣言「祝い」用いず

「記念」に

組織委案通り

コロナ下踏まえ

東京五輪の名誉総裁を務める天皇陛下は23日夜、開会式で「第32回近代オリンピアードを記念する、東京大会の開会を宣言します」と、開会のお言葉を述べられた。1964年の前回大会の時は、宣言に「祝い」という言葉が使われたが、今回は新型コロナウイルスが流行する状況を踏まえ、祝祭感を抑えるため「記念する」と言い換えられた。

開会宣言は、五輪憲章で開催国の国家元首が行うと規定され、文言も英語で定められている。定型文にある英語の「celebrating」について、これまで「祝い」と訳され、64年大会では昭和天皇が「近代オリンピアードを祝い……」と開会を宣言した。

宮内庁によると、今回、英文は定型通りだが、日本語では、大会組織委員会がコロナ禍で多くの人が苦しんでいる状況に配慮し、「記念する」と訳した。

お言葉の原案は組織委が作り、陛下は手を加えずに原案のまま読み上げられた。

過去の五輪でも、2008年の北京五輪で、胡錦濤国家主席が「第29回オリンピックがここに開幕する」とし、「祝い」の言葉を使

◆開会宣言の全文

◆天皇陛下（今回の東京五輪）

私は、ここに、第32回近代オリンピアードを記念する、東京大会の開会を宣言します。

◆昭和天皇（1964年東京五輪）

第18回近代オリンピアードを祝い、ここにオリンピック東京大会の開会を宣言します。

東京五輪の開会を宣言される天皇陛下（23日午後11時13分、国立競技場で）＝若杉和希撮影

2021年7月24日付

華・ソフトボール代表監督、そして審判代表2人の計6人。「スポーツを通じて、世界をよりよい場所にするために、このオリンピック競技大会に参加することを誓います」と声を合わせた。

その後、ドローン約1800台を使って、国立競技場の上空に市松模様の大会エンブレム、そして地球が浮かび上がった。前回東京五輪が開かれた1964年に誕生した「杉並児童合唱団」が、平和への願いが込められた名曲「イマジン」を歌い、映像で登場した世界の著名な歌手が歌いつないでいく。

セレモニーの終盤には、顔まで覆われた白と青の衣装を着たパフォーマーたちが、各競技を表示するピクトグラム（図記号）をコミカルに再現。小道具を使いながら、33競技50種目をテンポ良く紹介した。

長嶋、王、松井も聖火をつなぐ

聖火リレーは、ともに五輪3連覇を果たした柔道の野村忠宏さんとレスリングの吉田沙保里さんがペアとなって、トーチを手に競技場へ。医療従事者の代表、東北出身の子どもたち、パラリンピックのアスリートなど多様な人々が炎をリレーしていく。

プロ野球界のレジェンド、長嶋茂雄さん、王貞治さん、松井

聖火をつなぐ（左から）王貞治さん、長嶋茂雄さん、松井秀喜さん

ミスター 聖火つなぐ

王、松井さんと 一歩一歩前に

競技場内の聖火リレーでは、プロ野球・読売巨人軍終身名誉監督の長嶋茂雄さん(85)、世界記録の通算868本塁打を放った王貞治さん(81)（現ソフトバンク球団会長）、巨人や米大リーグ・ヤンキースなどで活躍した松井秀喜さん(47)が登場。国民栄誉賞を受賞した3人で歩き、大役を果たした。

1964年東京五輪では、長嶋さんは王さんと共に、報知新聞の特別記者として大会を取材。2004年アテネ五輪では野球の代表監督に就任し、予選を勝ち抜いた。しかし、大会を前に脳梗塞で倒れ、本番での采配は断念せざるを得なかった。

聖火リレーでは、自身が球界屈指のスラッガーに育てた松井さんに体を支えられながら、ゆっくり一歩一歩、前に進んだ。松井さんが次走者の医療従事者へつなぐと、うれしそうに笑顔を浮かべ聖火を見つめた。

2021年7月24日付

秀喜さんも聖火をつないだ。

長嶋さんは、２００４年アテネ五輪では野球の代表監督に就任して出場権を得たが、大会を前に脳梗塞（のうこうそく）で倒れ、五輪本番の舞台を踏むことができなかった。松井さんに体を支えられながら、王さんと並んで、ゆっくり一歩一歩、前に進むミスター。松井さんの手で聖火が医療従事者のトーチへ移されると、うれしそうに笑顔を浮かべて炎を見つめた。

そうして引き継がれた聖火を最終走者として受け取り、太陽をモチーフにした聖火台にともしたのは、テニスの大坂なおみ選手である。

聖火点火　大坂なおみ

３月に福島県からスタートした聖火リレーの最終走者を務めたのは、テニスの四大大会女子シングルスを４度制した大坂なおみだった。東日本大震災の被災３県の子供たちから聖火を受け継いだ大坂は、真剣な表情で聖火台に火をともすと、トーチを持った右手を高々と掲げた。

ハイチ出身の父と日本人の母との間に生まれた大坂。アジアで初めて世界ランキング１位となるなど数々の実績を重ねた一方、コート内外で世界の調和や男女平等を訴えてきた。

昨年の全米オープンでは、過去に白人警官らに殺害された黒人の名前

2021年7月24日付

大坂「経験のない名誉」

聖火最終走者

聖火リレーの最終走者はテニスの四大大会女子シングルスを4度制した大坂なおみ（日清食品）が務めた。開会式終了後の24日、自身のツイッターを更新。「人生で経験することができないくらいの名誉。言葉が見つからない。今は感謝の気持ちでいっぱい」と喜びを表現した。

開閉会式の演出を担当するチームでエグゼクティブプロデューサーを務めた日置貴之氏は記者会見で「いろいろなメッセージを出しているし、最もふさわしい最終走者の方だと思った」と述べ、実績とともに強い発信力に期待して起用したことを明らかにした。

開会式でトーチキスをする最終走者の大坂なおみ（23日午後11時45分、国立競技場で）＝上甲鉄撮影

入りマスクを着用し、人種差別の問題提起を続けた。大坂の姿勢や活動は、東京五輪が掲げる「多様性と調和」という理念に重なり、大会を象徴する存在と言える。

「日本代表として五輪に出場できることに誇りを持っている」としていた大坂。「幼い頃から夢だった」という憧れの舞台で大役を果たした。

（２０２１年7月24日付朝刊）

読売新聞は五輪の開会式に際して、作家の浅田次郎さんに特別寄稿を依頼した。無観客は悲劇ではない、と説いた文章に心を動かされる。本書に改めて掲載したい。ちなみに、１９６４年東京五輪の開会式では作家の井上靖さんが寄稿している。

〔特別寄稿〕無観客　悲劇ではない――作家　浅田次郎

生まれ育った町で二回のオリンピックが開かれるとは、よほどの幸運であろう。

しかし、その二度にわたって観戦する機会がなかったのは、よほどの不運とも思える。

五十七年前の東京オリンピック・パラリンピック大会の当時、私は中学一年生だった。１９６４というポスターの西暦表記が、まだ何となく新鮮に感じられた時代である。日本は高度成長の真只（まっただ）中（なか）にあって、オリンピックの開催はまさしく歴史のモニュメントだった。

耳を澄ませば開会式の歓声が聴こえそうな都心に住んでいた。自衛隊機が青空に描いた五輪もこの目で見た。だのに競技を観戦したいとは思わず、また周囲にチケットを入手した人も知らなかった。

荒廃から繁栄へと一気にせり上がった世の中は経済の二重構造によって支えられており、多くの国民は高価なチケットを購入する余裕も、仕事を休んで競技会場に足を運ぶ時間のゆとりもなかった。

それでも、オリンピックはけっして絵空事ではなかった。一般家庭に普及したテレビ受像機の前で人々は熱狂し、歓喜し、感動した。もっとも、終戦から十九年目の秋の話であるから、私たち戦後生まれよりずっと数が多かった戦争体験者の感慨は、また異なっていただろうけれど。

かにかくに顧みれば、私には無観客開催というこのたびの事態が、さほどの悲劇とは思われない。理由の第一は、オリンピックという究極の肉体表現において、選手たちは観客の存在や声援に恃（たの）む必要がないはずである。理由の第二は、かくも進化をとげたテレビを通して、私たちは観客にまさるとも劣らぬ臨場感を得られる。そして理由の第三として、一九六四年当時の経済の二重構造、すなわち大企業と中小零細企業の格差が改められたとは思えない。ましてコロナ禍でダメージをより蒙（こうむ）るのは後者で、少なからずの国民が、オリンピックどころではないのである。

十二歳の私が実見した東京オリンピックは、青空に描かれた

特別寄稿
無観客 悲劇ではない
作家 浅田次郎さん

2021年7月24日付

五輪の航跡だけだった。それでもやはり、絵空事ではなかった。

十五インチの箱型テレビが伝えた感動と興奮は胸の奥に鎮(しず)まって、その後の人生のことごとに耀(かがや)き続けた気がする。

とにもかくにも、一年遅れで東京オリンピックは始まった。前例がないだの前代未聞だのと世間は言うが、私の記憶する限りでもモスクワ大会における各国の参加ボイコットや、多くのアスリートが犠牲になったミュンヘン大会のテロ事件等があって、その歴史は思いのほか多難である。

今回の東京大会に通ずるケースと言えば、一九二〇年のベルギー・アントワープ大会であろうか。四千万人の犠牲者を出したとされるスペイン風邪の時代である。パンデミックはいくぶん鎮静化(ちんせいか)していたものの、日本ではいまだ猖獗(しょうけつ)をきわめていた。加うるに、同地は第一次世界大戦の激戦地であった。

つまり、第一次大戦の終盤にスペイン風邪のパンデミックが始まり、収束せぬまま焦土にスタジアムを建設して、アントワープ大会は開催されたのである。

時空を超えて、フランス軍から復員したクーベルタン男爵に訊(たず)ねてみよう。「なぜ?」と。答えは決まっている。「オリンピックは平和の祭典だから」。なるほど、この議論は難しい。

時は下って、一九四〇年の大会が東京開催に決定していたのはよく知られるところである。しかし日中戦争に対する批判と資材不足により中止となった。同時開催の予定だった東京万国博覧会も、その冬の冬季オリンピック札幌大会も中止された。諸先輩の中には、二度の東京開催に加えて、その幻のオリンピックを思い返す方もいらっしゃるにちがいない。

しばらくは日がな一日、テレビの前で過ごそうと思う。静謐（せいひつ）なスタジアムと明瞭な映像は、文学の永遠に表現しえぬ肉体の尊厳を、つぶさに伝えてくれるはずである。

あさだ・じろう　1951年、東京生まれ。「鉄道員」で直木賞、「壬生義士伝」で柴田錬三郎賞、「お腹召しませ」で中央公論文芸賞と司馬遼太郎賞を受けた。2018年から19年には、読売新聞朝刊に「流人道中記」を連載した。

（2021年7月24日付朝刊）

2　オリンピック日本選手団の活躍

史上最多のメダル獲得

今回の東京オリンピックに参加した日本選手は過去最多の583人。各競技で素晴らしい活躍を見せた。

獲得した金メダルは27個、そのうち女子種目は14個でいずれも歴代最多である。さらに、銀14個と銅17個をくわえた総数58個も、夏冬を通じて史上最多だった前回リオデジャネイロ大会の41個（金12、銀8、銅21）を大きく更新した。

メダルランキングでも、リオ大会の金メダル数は6位だったが、今大会は米国の39個、中国の38個に次ぐ3位に躍進。メダル総数でも5位となった。

日本オリンピック委員会（ＪＯＣ）は8月8日、メインプレスセンターで記者会見を開き、日本選手団の尾県貢（おがたみつぎ）総監督が「限りなく目標に近い成績を残すことができた。全ての競技においても心に残る大会だった」と総括した。

ＪＯＣの山下泰裕会長も8月18日、東京都内でオリンピックの総括会見を開き、「大会延期前に掲げた目標にかなり近い成績を収めることが出来た。ひたむきに努力を重ねた選手、支えた指導者、スタッフの皆さん一人ひとりをたたえたい」と述べている。

実は山下会長は大会前には、金メダルの目標数を公言しなかった。

6月28日の会見では、２０１８年に目標として掲げた「金メダル30個」について問われ、「目標の達成が重要かと言われると、『ノー』と明言したい」と述べていた。山下会長は、コロナ禍によって日本勢が万全の状態で大会や練習に臨めていない点や、海外勢の状況を正確に把握できない点を指摘し、「前提条件が大きく変わった」と控えめだった。

「一人ひとりが自己ベストを目指して全力を尽くすことが重要。夢に向かって己を信じ、チャレンジしてくれれば、それで十分」とも語っていた。しかし、胸の中にあったのは、やはり18年に設定した「金30個」だったのだろう。「目標にかなり近い成績を収めることができた」という表現は、思わずこぼれた本音である。

連日のメダルラッシュ

日本は、お家芸の存在感が際立った。柔道は1大会で史上最多の金9個を含む12個。阿部一二三（ひふみ）（パーク24）と詩（うた）（日本体育大）はきょうだいで同日金の快挙を遂げた。レスリングは金5個を含む7個で、川井梨紗子（ジャパンビバレッジ）、友香子（ジャパンビバレッジ）の姉妹がそろって金メダルに輝いた。体操は橋本大輝（順天堂大）が二つの金を勝ち取った。

新競技の躍進も目立った。スケートボードは13歳の西矢椛（もみじ）（ムラサキスポーツ）が日本選手史上最年少の金、12歳の開心那（ひらきここな）（WHYDAH　GROUP）が最年少メダルとなる銀を手にするなど計5個を獲得。空手は金1を含む計3個。サーフィン、スポーツクライミングも表彰台に上がった。3大会ぶりに行われた野球とソフトボールも頂点に立った。

日本のメダル獲得は、競技が本格的に始まった大会第2日の7月24日から最終日の8月8日まで、途切れることなく続いた。

地の利を生かす

躍進の秘密は何だったのか。

もちろん、アスリートたちの情熱と努力、選手たちが所属する各競技団体やチーム、企業、学校の献身的な支えに負うところは大きい。

一方で57年ぶりの国内開催となった夏季オリンピックで、間違いなく「地の利」はあった。尾県総監督が例として挙げたのが、08年に東京都北区に開館した「味の素ナショナルトレーニングセンター」（NTC）だ。

日本レスリング協会の西口茂樹強化本部長は、「NTCで調整できたことが成果につながった」と振り返る。代表メンバーは選手村に入らず、本番までNTCを拠点に調整を続けた。階級制のスポーツは、減量を始め、繊細な体調管理を求められる。ふだんの強化合宿と同じ環境で過ごし、気心の知れた担当のトレーナーから助言をもらい、万全の状態で試合に臨むことができた。金9個の柔道や初めて金を獲得したフェンシングもNTCをフル活用し、好成績につなげた。

橋本の2冠に沸いた体操男子は6月末、東京オリンピック・パラリンピック大会組織委員会の会場チェックに協力する形で、代表の一部が有明体操競技場（東京都江東区）に足を踏み入れていた。5月に予定されていたテスト大会がコロナ禍で中止となっていただけに、新設会場の情報をメンバーに伝達できたことは大きなメリットだった。

未来に向けて

しかし、東京大会を区切りに、日本スポーツ界はまた大きな転換の時を迎えることになる。

文部科学省の当初予算で、選手強化に充てる競技力向上事業費はこの数年間、100億円台を確保してきた。それは当然、東京大会をにらんだものであり、今後は規模が縮小されるだろう。減少する予算をより有効に使わなくてはならない。JOC常務理事でもある尾県総監督は「無駄は一切なかったが、使ったお金が成果につながったかどうかの検証は必要」と指摘する。

今大会の好結果に安心もしていられない。

金9個の柔道にしても、優勝者のうち若手と言えるのは、大会時に24歳になったばかりだった男子の阿部一二三、女子で21歳の阿部詩、同じ21歳の素根輝（あきら）（パーク24）ぐらいで、世代交代が急務だ。

全日本柔道連盟の強化関係者は「東京オリンピックの代表をいかに勝たせるか。それを考えていた分、（後に続く）若手を国際大会に派遣できず、海外勢との対戦感覚をつかませることはできなかった」と打ち明けた。

体操男子は19歳だった橋本、18歳だった北園丈琉（たける）（徳洲会）の活躍が団体総合での銀メダルにつながった。しかし、今後について決して楽観はしていない。オリンピックの大会ごとに実施される採点規則の改定を見越し、主力も東京大会への準備と並行して、パリ大会用の新技習得に着手していたという。

パンデミックによる東京大会の1年延期により、次回24年パリ大会まで、残された時間は多くない。選手や競技団体は、すでに次を見据えてスタートしている。

東京オリンピック　金メダルへの道

読売新聞は今大会、すべてのメダルで号外を発行した。五輪の頂点に立ったアスリートたちの姿を、金メダル物語とともに振り返ってみたい。

●高藤直寿（所属／パーク24）――7月24日　柔道男子60キロ級

開会式の翌日から競技が本格的に始まった。日本選手団の金メダル第1号は、柔道男子が獲得した。

自身の柔道貫く

派手さはないが勝負に徹する。高藤の柔道が凝縮された試合ぶりだった。

準決勝の相手はエルドス・スメトフ（カザフスタン）。互いのプライドがぶつかり合う11分を超える激闘だ。高藤が3回にわたり抑え込んでも、スメトフは必死の形相で逃れた。しかし延長で、高藤の一瞬のカンがさえる。相手の動きに対応し、隅落としで技ありを奪った。

決勝の相手は台湾の楊勇緯。これも延長戦に突入し。試合時間が7分40秒に達したが、ベテランらしい戦いで相手に3度の指導を受けさせて反則勝ち。きれいな一本勝ちではない。しかし見事な粘り勝ちである。

「高藤らしい、高藤にしかできない優勝だった。抜群の粘りがあり、いつもと違った執念を見せてくれた。柔道家として駆け引きの天才だった」。日本男子の井上康生監督がたたえた。

自信満々だった2016年リオデジャネイロ五輪は、不本意な銅メダルに終わった。高藤はそれから、あらゆることを見直した。

以前は必ず受け身を取って心身の状態を整えてから、試合に臨むスタイルだった。しかし「ルーチンは本当に必要なのか。試合が始まって投げるまでの間に、ルーチンをしたからといって勝つことはない」と自問自答した。体重調整も綿密になった。20年12月、試合がない時期に、計画的に60キロに減量した。栄養の知識を深め、練習時間を調整した。

五輪延期で満足な稽古ができなかった間は、本来の動きとは反対方向にかける「逆技」を磨いた。左右両方に技をかけられるように稽古。得意の小内刈りや小外刈りだけでなく、大外刈りや払い腰も強化した。

「リオのときは勢いだけだった。今は心技体そろっている」

この日の4試合は、すべてが凝縮された戦いぶりだった。5年間の努力は無駄ではなかった。もろさが消え、しぶとさとたくましさを身

読賣新聞　号外

0120-4343-81

高藤金

延長死闘制す

柔道男子60キロ

Tokyo 2020

東京五輪は第2日の24日、柔道男子60キロ級で高藤直寿(28)(パーク24)が金メダルを獲得した。全競技を通し、今大会の日本勢の金メダル第1号。高藤は2大会連続のメダルで、初めて金メダルに輝いた。

五輪の男子60キロ級での日本選手の金は、2004年アテネ大会で3連覇を達成した野村忠宏以来、4大会ぶり。直前に行われた女子48キロ級で銀の渡名喜風南(25)(パーク24)とそろってのメダル獲得となった。

高藤は初戦の2回戦でベルギー選手に内股で一本勝ちするなど順調に勝ち上がり、準決勝ではエルドス・スメトフ(カザフスタン)との、延長を含め11分を超える熱戦を制し決勝進出。最後は楊勇緯(台湾)を延長で破り、頂点に立った。

栃木県出身の高藤は、初出場だった16年リオデジャネイロ五輪では準々決勝で敗れたが、3位決定戦を制して銅メダルを獲得。2度目の五輪で悲願を達成した。

2021年7月24日付

につけた。

小学1年生の時、テレビで見た現役時代の井上監督らが輝いて見えた。それから、ずっと抱き続けた金メダルの夢。ついに、かなえてみせた。

「豪快に勝つことはできなかったが、これが僕の柔道です」

●大橋悠依（所属／イトマン東進）——7月25日 競泳女子400メートル個人メドレー ——7月28日 競泳女子200メートル個人メドレー

日本女子では初めて夏季1大会での複数金メダル。競泳の個人2冠は2004年アテネ、08年北京両大会の北島康介に続き2人目となった。

名伯楽を信じて、つかんだ栄冠

「夢みたい」。涙があふれ出た。

400メートル個人メドレーの勝因は3泳法目の平泳ぎから最後の自由形へのターンだった。体一つ分以上リードしていても、後先を考えず、力を振り絞った。

最後の50メートルを残して2位以下に2秒以上の差をつけ、逃げ切った。競泳日本勢で今大会初のメダルは最高の色になった。

二つ目の金メダル、２００メートル個人メドレーは逆転で制した。

平泳ぎまでは、わずかに後れを取ったが、自由形の最後では息継ぎをやめ、競り勝った。スタミナを使い果たしても体が動いたのは、「金」を一つ手にして生まれた自信と余裕があればこそ。「体の硬さが誰よりも少なかった」と粘り切れた要因を自己分析した。

２冠達成後、プールサイドで日本代表の平井伯昌（のりまさ）監督の胸に飛び込んだ。滋賀・草津東高時代に才能を見込まれ、北島康介、萩野公介らを育てた平井監督が指導する東洋大に進んだ。「すぐくよくよする」という大橋は大学時代から泳ぎで悩むと「もう無理です」と何度も泣き、「辞めます」と言ったこともある。その度に平井監督は「お前には才能があるんだから」と説得した。

ずっと見守ってきたからこそ、見えるものがある。

讀賣新聞　号外

0120-4343-81

大橋 金

競泳日本勢1号

女子400個人メドレー

Tokyo 2020

2021年7月25日付

讀賣新聞　号外

0120-4343-81

大橋 金

200メドレーも制し2冠

Tokyo 2020

2021年7月28日付

400メートル個人メドレー予選前日、平井監督は大橋の泳ぎを見た後、トレーナーに「首と肩回りをマッサージしておいて」と頼んだ。不安から無意識のうちに首と肩に力が入り、腕が内側にねじれていたのを見抜いていた。

レース当日、泳ぎは好調時に戻っていた。「400メートルの予選が全てのきっかけだった」と大橋。快挙の陰に、平井監督の導きがあった。

「紆余曲折あったけれど、きれいにまとまったね」。名伯楽はまな弟子の背中をポンポンとたたいてねぎらった。

●堀米雄斗（所属／XFLAG）――7月25日　スケートボード男子ストリート

東京大会で初採用されたスケートボード。男子ストリートで堀米雄斗が高難度のトリック（技）を次々に決め、初代王者に輝いた。

地元・江東区から世界の頂点へ

スケートボードの選手は誰にとっても初めての五輪。独特の緊張感の中で、優勝候補筆頭とみられた世界1位のナイジャ・ヒューストン（米）が連続してトリックを失敗し、脱落する。その中で「ベストな滑りができた。自分を信じられた」という堀米が頂点に立った。

45秒間自由に演技する2回の「ラン」では細かなミスが重なり、2回滑って8人中4位と出遅れた。逆転を狙い、一発の技を競う5回の「ベストトリック」（ＢＴ）で、難度の高い新技に挑戦することを決断した。

ＢＴ3回目。体を２７０度ひねりながら手すりに飛び乗る得意の大技を、いつもとは反対側から仕掛けた。階段12段分を滑り降りると、鮮やかに着地を決めた。

「初めてのトリックだったが、自信があるから乗れると思った」。９・35の高得点をマークして勢いに乗る。４回目、５回目も9点台をたたき出した。

競技会場となった東京・江東区で生まれ育った。

タクシー運転手の父、亮太さんに連れられて、物心つく前から地元の公園でスケボーに乗った。めきめき腕を上げ、小学生の時から海外の大会に参戦した。亮太さんは休みなく働き、運転手仲間から洗車を請け負って遠征費を稼いだ。父の苦労は実る。２０１６年、堀米は17歳で米国に拠点を移すと、プロリーグで優勝を重ねるようになり、20年にはロサンゼルスに練習場付きの家を購入するまでになった。

讀賣新聞
号外
堀米 金
スケボー男子ストリート
Tokyo 2020+

２０２１年7月25日付

今も少年時代の父の教えを大切にする。ライバルたちの動画を見て研究はするが、まねだけでは勝てない。「世界で成功するには、独創性が欠かせない」という亮太さんの言葉通り、この日もオリジナルのトリックで栄冠をつかんだ。

「江東区で生まれたので、ここで金メダルを取れてうれしい」

試合後、地元への思いをそう語った若者は国内でマイナーだったスケートボードの知名度をたった1日で押し上げ、Z世代（21世紀に生まれた若者）の憧れとなった。

●阿部詩（あべうた）（所属／日本体育大）――7月25日　**柔道女子52キロ級**

●阿部一二三（ひふみ）（所属／パーク24）――7月25日　**柔道男子66キロ級**

柔道で阿部一二三（兄）と阿部詩（妹）が、同じ日に金メダルを獲得。念願だったきょうだい優勝を果たした。日本の男女のきょうだいによる五輪でのメダル獲得は、夏冬を通じて初めてのことである。同じ家で育ち、同じ畳の上で、同じ日にオリンピックに挑んだ阿部きょうだいが、ゴールドに輝く同じメダルを首から下げた。

詩、ライバル倒して歓喜

先に登場したのは妹の詩だった。決勝戦の直前、兄から「頑張って」と声をかけられ、うなずいた。2人に多くの言葉は必要ない。
決勝の相手はオール一本勝ちで進んできた最大のライバル、アマンディーヌ・ブシャール（仏）。詩は2年前、世界選手権に2連覇した後の大会で彼女に敗れていた。ブシャールも当然、詩を研究している。詩は右の釣り手を切られ、投げ技がかけられない。しかし耐え抜いた。延長にもつれ込んだものの、最後は寝技に引き込み、崩れけさ固めで一本。8分27秒の激闘を制した。

「最後の相手にふさわしい。勝てて良かった」

2年前にブシャールに敗れた時、「守りに入ってしまった。積極的に攻める柔道を追求していく」と誓い、苦手だった寝技を徹底して磨いてきた。その成果が五輪の舞台で発揮されたのである。

勝利した後、何度も畳をたたいて喜んだ。

一二三、過酷な代表争いの末

普通の選手では考えられないほど反った体勢から担ぎ技を繰り出すパワー。抜群の

讀賣新聞　号外

阿部詩 金

延長 寝技で一本

柔道女子52キロ

2021年7月25日付

讀賣新聞　号外

阿部一二三 金

鮮やか技あり

柔道男子66キロ

2021年7月25日付

肩の柔軟性。この日は、一二三の持ち味を生かした大外刈りが効果的だった。

初戦の2回戦では大外刈りで一本勝ち。準々決勝も、しぶといモンゴル選手から同じく大外刈りで技ありを奪った。決勝でも一瞬のチャンスを逃さず、組み際の大外刈りで技あり。4試合中3試合でポイントを奪ったのが大外刈りだった。

2017年に世界選手権を初制覇した頃は、「東京五輪まで無敗で行く」と語っていた。しかしその後、同じ階級に丸山城志郎（ミキハウス）というライバルが現れる。一時は丸山に3連敗を喫し、五輪代表をかけて争うことになる。

20年12月、代表決定戦で強敵の丸山を倒した。左組みの丸山を克服するために、タイプの異なる左組みの選手を「仮想丸山」に見立てて稽古し、対策を積み重ねた。担ぎ技だけに頼らずに足技も磨いた。

オリンピック決勝の相手も丸山と同じ左組みだった。国内のライバルに負けぬよう、積み重ねてきた努力が結実した。

「ワンチャンスをものにできたことが自分自身の成長です」

一二三は、妹とは対照的に表情を崩さなかった。

「僕自身も詩も強い気持ちで、自分を信じてやってきたからこその結果だと思う」

日本初のオリンピック男女きょうだいV

兄の一二三は、幼稚園の時にテレビで見て「格好いい」と思い、柔道を始めた。だが小柄だったこともあり、小3くらいまでは女子に負けていたという。しかし、「一番になりたい」とチューブや重いボールを使って体幹や腰回りを鍛え、自宅から道場まで3キロの道のりを走って通った。

妹の詩が、兄を追って道場に通い始めたのは5歳の時だ。だが「友達とおしゃべりするのが楽しかった。柔道には興味がなかった」と笑う。

転機は兄の活躍だった。中学で一二三が全国大会を連覇したのだ。

「お兄ちゃんばかり、ちやほやされて悔しかった。私にもできるぞって思った」

詩も、中2の全国大会は決勝で敗れたが、翌年は見事に優勝した。

2人は、18年の世界選手権で、日本選手として史上初のきょうだい優勝を達成し、東京オリンピックでその再現を強く意識していた。しかし、ともにライバル選手に敗れて悔し涙を流したこともあった。

それでも前向きな兄と負けず嫌いの妹は、ひたむきに努力を続けてきた。日本スポーツ史に残る快挙を成し遂げられた理由を問われた妹はシンプルに言い切った。

「2人で金メダルを取ろうという気持ちが強かったから優勝できた」

●西矢椛（にしやもみじ）（所属／ムラサキスポーツ）——7月26日　スケートボード女子ストリート

13歳での金メダル獲得は、日本選手として史上最年少。テレビの実況アナウンサーは、西矢が大技を決めた瞬間、「13歳、真夏の大冒険！」と叫んだ。

悲壮感とは無縁、楽しんで

「世界で知らない人がいないくらい有名なスケーターになりたい」

五輪前、無邪気に夢を語っていた少女が、言葉通り、世界にその名を知らしめた。

スケボーの種目「ストリート」は、街中の階段や手すりの形をした構造物をコースに設置し、それらを使ったトリック（技）の難度や独創性、全体の流れなどを採点する。自由に45秒間滑る「ラン」を2回行った後、単発の技で競う「ベストトリック」（ＢＴ）を5回実施し、計7回のうち高得点の4回の合計得点で順位を決める。

西矢はＢＴを2回連続失敗し、全7回の試技のうち4回を終えた時点で8人中最下位。さすがに「焦りがあった」という。

だが、そこから集中力を高めた。攻略が難しいとされた階段12段分のレールに果敢に挑んで難度の高いトリックを3本連続で成功させ、初代女王の座をつかんだ。

6歳の時、二つ上の兄を追ってスケボーを始めた。日本代表の早川大輔コーチによると、「天性のバランス感覚」が強み。成長期で身長が伸び、ダイナミックな技も出来るようになった。6月の世界選手権で2位に入って、オリンピック出場を決めた。

この種目のメダリストが3人とも10代だったように、スケボーは10代の活躍が著しい。早川コーチが言うように、「1秒ずつ進化しているのがスケートボード」だ。一気に女王へと上り詰めた西矢は、その象徴だろう。

しかし、スケボーの選手たちには、4年に1度の本番に向けて、生活の大部分をささげるような悲壮感はどこにもない。

西矢も「みんなが『おおっ』とか言ってくれるから楽しい」と笑う。スケーターたちは、「スケボーはスポーツ競技であると同時に、カルチャー（文化）だ」と言う。そして「みんなで楽しむものだ」と口をそろえる。時代はオリンピックにも変化を促している。

読賣新聞　号外

西矢　金

13歳　日本勢最年少

スケボー女子ストリート

2021年7月26日付

●大野将平（所属／旭化成）――7月26日　柔道男子73キロ級

日本柔道男子史上4人目のオリンピック連覇を果たした。女子も含めた日本勢としては史上

7人目の快挙となった。

最強の柔道家　連覇で証明

ラシャ・シャフダトゥアシビリ（ジョージア）との決勝は延長に入り、9分25秒に及ぶ死闘となった。

準決勝に続く長い戦いに、「今まで感じたことのない恐怖の中で戦っていた」。

しかし、最後は左右の腕でがっちりと相手をつかみ、支え釣り込み足で技あり。「自分でも覚えていない。最後に助けてくれるのは内股か大外刈りかと思っていたが、そうじゃなかった」。本能に任せ、体が動いた。

勝利して畳に深々と礼をした後、日本武道館の八角形の天井を見上げた。「この景色を目に焼き付けておこうと思った。やっと胸を張って、時代を作った、歴史を作ったと言える」と偉業達成の余韻に浸った。

２０１６年のリオデジャネイロ大会で金メダルを取った後、「人間、毎日は頑張れない」と、いったん畳から離れる決断をした。

天理大大学院で柔道を学び直した。技術だけでなく、歴史や所作に至るまで見つめ直した。

讀賣新聞　号外

大野金

Tokyo 2020+

柔道男子73キロ連覇

２０２１年７月26日付

修士論文のテーマは得意の大外刈り。相手を崩し、技の姿勢を取って、決めるまでの一連の動きを科学的に解析した。

研究を実践しようと約1年後に復帰したが、技のキレが戻るのに時間がかかり、国内大会で一本負け。柔道への理解が深まり、精神的にも充実していたのに――。周囲から「大野は終わったな」という声も聞こえた。

だが復調するや、それ以降は無敗で駆け抜け、20年2月、五輪代表の内定を勝ち取る。「連覇の難しさを感じながら最高の準備をして、最高の結果を出したい」と決意を語った。その1か月後、コロナ禍で東京大会の延期が決まったが、1人で黙々と稽古に打ち込んだ。

五輪は1年5か月ぶりの実戦となったが、柔道家として一回り成長した姿を世界に示した。

日本男子の井上康生監督が大野に最大級の賛辞を送った。

「私がこれまで見てきた柔道家の中でも最強だ」

――7月26日　卓球混合ダブルス

●水谷隼（みずたにじゅん）（所属／木下グループ）

●伊藤美誠（いとうみま）（所属／スターツ）

日本勢として卓球初のオリンピック金メダルを新種目の混合ダブルスで獲得した。前回大会で水谷は男子団体で「銀」、男子シングルスで「銅」、伊藤は女子団体で「銅」をそれぞれ獲得しており、2大会連続でメダルをつかんだ。

最強中国、絆で倒す

日本卓球界の悲願に挑んだ2人の前に立ちはだかったのは、やはり、中国だった。2008年の北京大会以降、卓球で全種目の金メダルを独占してきた最強の相手だ。

水谷と伊藤のペアは、2ゲーム先取されて迎えた第3ゲーム、一進一退の攻防を粘り強く戦って制した。

「それまで流れが悪かったが、3ゲーム目を取れたことで、僕らに流れが来た」と水谷。

そこから攻撃的なプレーが目に付くようになり、正確なプレーが持ち味の中国ペアが何度もミスを繰り返した。

最終第7ゲームは、水谷・伊藤ペアが8連続得点するなど、勢いに乗って頂点に立った。

「中国には今まで、オリンピックや世界選手権でたくさん負けてきたけど、東京で全てのリベンジができた」。水谷は感慨深げに勝利をかみしめた。

交互に球を打つダブルスは、2人のコンビネーションが重要になる。勝ち切るための絆が2人にはあった。

ともに静岡県磐田市出身。伊藤は、水谷の父・信雄さんと母・万記子さんがコーチを務める卓球スポーツ少年団で卓球を始めた。伊藤が4歳で少年団に通い始めた頃、12歳年上の水谷は日本の若きエース候補。互いの自宅は歩いて10分程度の距離にあり、家族ぐるみの付き合いを続けてきた。水谷は「妹」をおんぶしてかわいがった。今も冗談めかして「僕の中で彼女は5、6歳で止まったまま」という。

スポーツ少年団で腕を磨いていた頃、2人は浜松市の「ヤマハクラブ」へ出稽古に通い、実業団で活躍した今福護さんの下で教わった。どんな回転のボールも返す水谷は天才肌。一方、負けず嫌いの伊藤は、大人と試合をして負けても何度も勝負を挑んだという。今福さんは、個性の違う2人について、「タイプが違うから対応力が高い。気心も知れているから、うまくカバーし合える」とみる。

新型コロナウイルスの感染拡大により、ダブルスの練習は一時、出来なくなった。それでも伊藤が、「私たちは一緒に練習をやらなくても多分できる。気を使うこともない。女子選手で、わかり合えるのは私だけ」と自信を見せ、水谷も「彼女はこれと決めたら必ず強気に攻めてくれる」と信頼を置いてきた。

オリンピックでも息の合ったプレーは変わらず、ラリーで水谷が粘り、伊藤が大胆に強打を決めた。磐田市の自宅でテレビ観戦した水谷の母・万記子さんは、「2人

読売新聞　号外
0120-4343-81
水谷・伊藤組　金
卓球日本初
Tokyo 2020

2021年7月26日付

の息がどんどん合ってきて、楽しそうに戦っていた。こんなに幸せなことはない。感謝しかない」と喜んだ。

水谷、失意からの再起

水谷は東京五輪の個人戦では代表になれず、団体戦要員という3番手でつかんだ代表の座だった。しかし、新たに輝ける場所があった。それが新種目の混合ダブルスだ。

19年、水谷は2枠あるシングルス代表の座を逃す。逆転のチャンスがあった選考対象大会が中止になったり、目の不調に見舞われたりして、心は折れかけていた。「今までにないくらい卓球が嫌い」とネガティブな言葉も漏らした。

男子の倉嶋洋介監督は代表選手の3人目を選ぶにあたって、過去3大会に出場した水谷の経験は何ものにも代えがたいと思いつつ、彼の戦う意志を確認する必要があった。水谷と長時間にわたって話し合う席で倉嶋監督は説いた。

「混合でメダルを取って、全3種目でメダルを取った初の日本人になればいいじゃないか」

奮い立たされたベテランは、東京五輪を集大成とする決意を固め、伊藤と最強ペアを組んで、再び歩み始めた。

五輪準々決勝のドイツ戦では、劣勢をはね返すフォアハンドの「チキータレシーブ」で逆転勝利を呼び込んだ。中国との決勝でも伊藤をリードし、日本に初の金メダルをもたらした。

子供のころ、水谷の背におんぶされていた伊藤が、表彰台の一番高い位置に上った水谷に笑顔で金メダルをかけた。

●永瀬貴規（ながせたかのり）（所属／旭化成）――7月27日　柔道男子81キロ級

柔道男子のこの階級は、日本勢として2000年シドニー大会以来、5大会ぶりの金メダル。永瀬は「銅」だった前回大会に続くメダルを獲得した。日本男子は今大会4個目の「金」で過去最多に並んだ。

挫折乗り越え、激戦階級制す

81キロ級は、大会ごとに表彰台のメンバーが入れ替わるほど強豪がそろう。

永瀬の戦いも5試合中4試合で延長に突入した。しかし、「初戦から決勝のつもりで戦った」と振り返ったように高い集中力を保ち、勝ち抜いていった。

18年世界選手権王者のサエイド・モレイ（モンゴル）との決勝は延長で得意の足技を繰り出し、技ありを奪っ

0120-4343-81
讀賣新聞　号外
永瀬　金
延長　足技で技あり
Tokyo 2020

2021年7月27日付

て優勢勝ち。「柔道をやってきて本当によかった」。悲願の金メダルに素直な気持ちを口にした。

「金」を逃した16年リオデジャネイロ大会の悔しさを胸に挑んだ17年の世界選手権で前十字靱帯などを損傷する大けがを負った。

リハビリは患部に超音波を1日2~3時間あてる治療から始まり、チューブを使ったり、スクワットをしたり……。単調なメニューを4~5時間こなす日々だった。同様のけがを経験した旭化成の吉田優也監督は「同じことの繰り返しで頭がおかしくなりそうになるものだ。でも、永瀬は弱音を吐かずに続けていた」と振り返る。

リハビリの間、日本男子の金丸雄介コーチから勧められて読書にも打ち込んだ。アスリートの自伝や指導者の教本、小説、睡眠に関する学術書、何でも手に取った。

東京五輪の代表に決まり、リオ大会の敗因を改めて整理した。

「(前回は)ひたすら突っ走るだけだった。『これでいいだろう』と甘く考えていたと気づいた」

苦労を重ねた分だけ、柔道家としての器が大きくなっていた。

日本男子の井上康生監督が感慨を込めて言った。「彼ほど努力を重ねた男もいない。努力は人を裏切らないことを証明してくれる戦いだった」。畳を下りた永瀬は涙と大粒の汗を柔道着でぬぐうと、かみしめるように言った。「5年間、色々な挫折を経験し、成長できたので金メダルを取れたと思う」

●日本チーム――7月27日　ソフトボール

追加競技として3大会ぶりにオリンピックで実施され、日本は2008年北京大会以来、2度目の優勝を「13年越しの連覇」で飾った。

エース上野、再び君臨

413球を投げ抜き、悲願の優勝を果たした北京大会から13年。39歳の上野由岐子（ビックカメラ高崎）が再びエースとして日本を「連覇」に導いた。

宿敵・米国との決勝では、初回、一死三塁のピンチを切り抜けると、その後は米国打線を封じた。六回、2本目の安打を許したところで20歳の後藤希友（みう）（トヨタ自動車）に交代したが、最終の七回、再び登板して最後を締めた。

東京五輪での389球は、剛速球で圧倒した北京五輪

読賣新聞　7月27日　号外

0120-4343-81

ソフト金

北京以来　連覇

Tokyo 2020+

東京五輪は第5日の27日、ソフトボール決勝で日本が米国を2－0で破り、2008年の北京大会以来2度目の金メダルを獲得した。ソフトボールは北京大会以降実施競技から外れていたため、日本は13年ぶりに、事実上の「連覇」を果たした。

日本は1次リーグを4勝1敗の2位で通過した。決勝は北京五輪の決勝でも先発した上野由岐子（39）（ビックカメラ高崎）が先発。四回、日本は渥美万奈（32）（トヨタ自動車）の内野安打で先制し、五回には藤田倭（30）（ビックカメラ高崎）の適時打で1点を追加した。

上野は六回途中まで無失点の好投。その後は後藤希友（20）（トヨタ自動車）をはさんで最終七回には再び上野が登板し、米国打線を抑え逃げ切った。

ソフトボールは次の24年パリ五輪で再び実施競技から外れることが決まっており、28年ロサンゼルス五輪での復活を目指している。

2021年7月27日付

とは違い、多彩な変化球と熟練の投球術が光った。

「最後の最後まで一球一球に思いを込めて投げることができた」

上野は、おそらく最後になるだろうオリンピックを振り返った。

北京の後、ロンドン大会からソフトボールはオリンピックから除外され、上野もいったんは進む道を見失った。そんな時、所属チームの宇津木麗華監督から「(競技や周囲への)恩返しの気持ちでやってみたら」と声を掛けられた。

東京五輪での復活が決まっても「大会に向かう苦しさをもう一度味わう覚悟がつかない」と後ろ向きだった。それでも、宇津木監督の代表監督就任が決まると、「力になりたい」と意味を見いだした。宇津木監督はいつも、道標(みちしるべ)のような存在だった。

その恩師が金メダルを首にかけたエースをこう評した。

「東京五輪でも上野が必ずやってくれると思った。神様です」

ソフトボールは24年パリ大会では再び除外される。東京大会は未来への架け橋であり、インパクトを残すためにも「金」が必要だった。

宇津木監督は「レジェンド」上野の姿を見せるため、若い後藤を代表に入れた。決勝では、上野から後藤、再び上野へリレー。2人の投手で米国を2―0で完封した。バトンは次の世代に引き継がれた。

●新井千鶴（所属／三井住友海上）――7月28日　柔道女子70キロ級

2016年リオデジャネイロ大会の田知本遥に続き、日本勢として、この階級で2大会連続の金メダルを獲得した。柔道では今大会6個目の金となった。

正統派が磨いた不屈の心

マディナ・タイマゾワ（ロシア・オリンピック委員会）との準決勝は、延長を含めて16分41秒の死闘だった。新井が寝技で抑え込もうとしても驚異的な柔軟性で何度も切り抜ける。

最後は送り襟絞めで仕留めた。しかし新井は、「（絞め技は）指3本くらいしか持てていなかった。必死さだけだった」と振り返った。

疲労が抜けないまま迎えたミヒャエラ・ポレレス（オーストリア）との決勝は、気力だけで戦った。

開始1分過ぎに小外刈りで技ありを奪う。だが、守り

0120-4343-81

讀賣新聞　号外

新井金

決勝　小外刈り技あり

柔道女子70キロ級決勝、オーストリアのミヒャエラ・ポレレス（右）を破り金メダルを獲得した新井千鶴（28日、日本武道館で）

柔道女子70キロ

東京五輪は第6日の28日、柔道女子70キロ級で、初出場の新井千鶴（27）（三井住友海上）が金メダルを獲得した。全競技を通じ、今大会の日本勢12個目の金メダルで、柔道では6個目。この階級を日本勢が制するのは、2016年リオデジャネイロ大会の田知本遥に続き2大会連続となった。

新井は準決勝で、ロシア・オリンピック委員会（ROC）のマディナ・タイマゾワとの延長を含めた16分超の激闘の末に、送り襟絞めで一本勝ち。決勝ではミヒャエラ・ポレレス（オーストリア）から開始1分過ぎに小外刈りで技ありを奪い、優勢勝ちした。

埼玉県出身の新井は、15年の世界選手権で2位。リオ五輪代表は逃したが、17年世界選手権で初優勝し、18年世界選手権で連覇を達成した。現在は所属先で、この階級で五輪2連覇の上野雅恵監督の指導を受けている。

Tokyo 2020+

2021年7月28日付

には入らない。「最後に悔いを残して終わらないように」との思いで最後まで攻め抜いた。試合終了の瞬間、満面の笑みを浮かべ、左拳を突き上げた。「諦めずにやってきて、それが報われた。最高にうれしい」と感慨に浸った。

海外勢にひけをとらない身体能力を持ち、強烈な内股を得意技にする正統派。しかし、真面目すぎる性格が災いし、精神面に課題を抱えていた。

それが前回リオ大会の出場を逃した一因でもある。日本女子の増地克之監督は、自信をつけさせるために国際大会を連戦させた。その甲斐あって組み手も寝技も鍛えられ、17年と18年の世界選手権を連覇。「リオまではがむしゃらにやってきたけど、今は積み上げてきたものが違う」と言えるまでに成長した。

高校2年だった11年、初の全国高校選手権の出場権を得たが、東日本大震災が発生し、大会は中止となった。自宅に数日間引きこもっていた時、母の昌代さんに諭された。「亡くなった人も、苦しんでいる人もいる。普通に生活ができて、好きな柔道をやれることは、ぜいたくなことよ」。その言葉がストンと胸に落ちて、畳に戻った。5か月後の高校総体で優勝した。

だから東京大会が1年延期になっても、心を切らさなかった。「苦しんでいる人がいる中、柔道ができ、目標がある生活を当たり前と思ってはいけない」

試合後、カメラを前に大きな声で家族に報告した。「(金メダルを)取りました!」

●橋本大輝（所属／順天堂大）――7月28日　体操男子個人総合
――8月3日　体操男子個人種目別鉄棒

個人総合で日本体操史上最年少の19歳で五輪王者に。日本は体操で通算100個目のメダルを獲得。橋本はさらに鉄棒で二つ目の金に輝く。

無双の鉄棒、逆転で王者継承

個人総合決勝で橋本は、ゆか、あん馬で首位に立ったが、つり輪と跳馬で後退した。しかし平行棒で着地を止め、首位に0・467点差の暫定3位につける。

最終種目の鉄棒は得意とはいえ、重圧のかかる局面。だが「この場面を楽しもう」と、高難度の手放し技を連続して決めた後、フィニッシュの後方伸身2回宙返り2回ひねりをまとめ、逆転で金メダルを勝ち取った。12年ロンドン、16年リオデジャネイロと連覇した内村航平に続き、日本勢の3連覇を達成し、王者を継承した。

6歳の時、千葉県香取市の地域クラブで体操を始めた。練習場所は廃校になった体育館。設備が十分でなく、難しい危険な技には挑戦出来なかった。代わりに倒立や着地を止める技術などの基礎をたたき込まれた。

基本技術を固めたうえで千葉・市立船橋高に進むと、高難度の技を次々に習得した。同校の大竹秀一監督は「乾いた砂が水を吸収するようだった」と語り、神田真司総監督は「あきれるぐらいの負けず嫌い。できない技があると成功するまで帰らなかった」と振り返る。

個人種目別鉄棒決勝では、G難度の手放し技、カッシーナを決めると、その後もミスなくつなぎ、伸身の新月面宙返りでの着地もピタリ。ただ一人、15点台をマークし、この種目で1984年ロサンゼルス大会の森末慎二以来となる、日本勢の金メダルを獲得した。

東京五輪の開催が決まった時は小学六年生。人ごとのようにニュースを見ていた。リオデジャネイロ大会は中3。足のけがの影響で全国大会では最下位の107位となり、「オリンピックは夢のまた夢だった」。それからわずか5年。誰もが認める「練習の虫」は想像以上の成長曲線を描き頂

讀賣新聞 号外
0120-4343-81
橋本 金
最終 鉄棒で逆転
個人総合
Tokyo 2020+

2021年7月28日付

讀賣新聞 号外
0120-4343-81
橋本 金
鉄棒 37年ぶり
Tokyo 2020+

2021年8月3日付

点に立った。

●浜田尚里（所属／自衛隊）――7月29日　柔道女子78キロ級

4試合オール一本勝ちで、2004年アテネ大会の阿武教子以来、この階級で4大会17年ぶりの優勝を果たした。

世界にアピール「寝技の女王」

浜田は寝技からの攻めで4試合すべてを3分以内で圧勝。完璧な戦いで「寝技の女王」をアピールした。

順調に勝ち上がった決勝。2年前、同じ日本武道館で開催された世界選手権決勝で敗れたマドレーヌ・マロンガ（仏）に対した。寝技を警戒する相手は、立ち技で勝負を決めようと前に出たが、問題にしなかった。あっという間に寝技に引きずり込み、抑え込んだ。

「絶対に逃がさない」。開始わずか1分9秒で決着をつけ、「他の国際大会や世界選手権とあまり変わらない気持ちだった」と淡々と喜びをかみしめた。

「何でもいいから習い事がしたい」と、10歳の時、鹿児島県霧島市の自衛隊の柔道教室に通い始めた。不器用で、ほかの子より技の習得に時間がかかったが、体の使い方、技のかけ方など、指導者の谷口忍さんを質問攻めにした。

谷口さんは言う。「運動神経がいいわけではなく、素質はなかった。だが、決めたことを最後までやり抜く才能があった」

鹿児島南高では、寝技に取り組んだ。午前7時半から始まる朝練の1時間前から、幻のモスクワ五輪代表で、「寝技師」と呼ばれた柏崎克彦さんの映像教材を見て研究した。山梨学院大1年の時、出稽古にやって来た当時現役選手の池田ひとみコーチ（自衛隊）を抑え込んだことがあった。「とにかく力が強くて、瞬発力が違う。得意の形に入られると逃げられない『技力』があった」と池田コーチは振り返る。

さらに、寝技への導入に生かすため、大学時代には投げ技や関節技が特徴のロシアの格闘技「サンボ」に取り組む。14年にはサンボの世界選手権で優勝するまでになった。

普段は物静かだが、畳に上がれば性格が一変し、闘争本能が全開になる。「もっと強くなれる」

讀賣新聞 号外

0120-4343-81

浜田金

オール一本

柔道女子78kg

Tokyo 2020

2021年7月29日付

遅咲きの30歳は、さらなる高みを目指す。

●ウルフ・アロン（所属／了徳寺大職員）――7月29日　柔道男子100キロ級

この階級では、2000年シドニー大会の井上康生以来の「金」。男子では、史上8人目となるオリンピック、世界選手権、体重無差別の全日本選手権と合わせた3冠を達成した。

驚異的なスタミナ＋緻密な戦略

時間が経過するとともに強さを増していった。

決勝の相手は、過去に不覚を取ったことがある趙（チョ）グハム（韓国）。9分半を超す死闘となったが、趙が得意とする背負い投げを封じたうえで、大内刈りで一本勝ちした。

真骨頂は第1シードのバルラム・リパルテリアニ（ジョージア）との準決勝だった。

開始2分半過ぎに大内刈りで技あり。その後は絶対にポイントを奪われないよう、巧みな防御に徹し、見事に逃げ切った。「僕の持ち味は泥臭い柔道。最後まで貫けた」と

讀賣新聞　号外

ウルフ金

延長　大内刈り一本

柔道男子100キロ

Tokyo 2020

2021年7月29日付

胸を張った。

軽量級や中量級は、速さと技がものをいう。一方、最重量の100キロ超級はパワーだ。その間にある100キロ級はすべてを求められるから難しい。

しかしウルフは、本人が「研究が3割、対応力が7割」と語る通り、持ち前のパワー、スタミナに加え、戦略と状況判断の巧みさを備えている。井上監督も、「私が現役の時と比較しても、これほど緻密に努力を重ねた選手はいない」とたたえるほどだ。

米国人の父と日本人の母の間に生まれ、東京の下町、葛飾区新小岩で育った。英語は話せない。柔道は祖父に勧められ、6歳で始めた。稽古熱心ではなく、小学校卒業時の体重は86キロに達した。「完全に肥満。私の黒歴史です」と苦笑する。

だが中2の時、強くなるためにスポーツアニメの主人公が走り込む姿をイメージしながら、毎朝、自宅と、建設中の東京スカイツリー（墨田区）の往復10キロを走った。「ほかに思いつかなかった。でもあれが、自分のスタミナの基盤になっている」と振り返る。ふだんはお笑いが好きな若者だが、愚直な努力を欠かさず続けてきた。

日本柔道界において、21年間に及んだ100キロ級の「金メダルの空白」を埋めた新王者の夢は「柔道を世界に広めること」だ。

気迫にあふれた戦いぶりで、柔道の魅力を存分に発信した。

●素根輝（所属／パーク24）――7月30日　柔道女子78キロ超級

日本勢として、この階級では２００４年アテネ大会の塚田真希以来、４大会ぶりのV。柔道の「金」は今大会9個目となり、過去最多を更新した。

強さの陰に「3倍努力」

身長1メートル62。この階級では小柄だが、堂々と戦い抜いた。「信じられない気持ち。小さくても、努力すれば必ず勝てることを証明したいと思っていた」。うれし涙は、やがて笑顔に変わった。

豊富な運動量に加え、軽量級顔負けのスピードで、背負い投げや大内刈りを連続で繰り出す。妥協しない組み手も持ち味の一つだ。

決勝の相手はロンドン五輪の金メダリスト、イダリス・オルティス（キューバ）。「組み手を徹底して先に攻めることだけ考えた」と、けんか四つの相手の懐に入っ

読売新聞　号外

0120-4343-81

素根　金

女子78キロ超級　4大会ぶり

東京五輪は第8日の30日、柔道女子78キロ超級で素根輝（21）（パーク24）が金メダルを獲得した。全競技を通じ、日本勢は今大会16個目の金メダルで、1964年東京大会、2004年アテネ大会の最多記録に並んだ。

柔道で日本は今大会9個目の金で、アテネ大会の8個を抜いて1大会の最多を更新した。女子78キロ超級を日本選手が制するのはアテネ大会の塚田真希以来、4大会ぶり。

素根は順調に一本勝ちで勝ち進み決勝へ。12年ロンドン五輪金メダルのイダリス・オルティス（キューバ）との決勝は延長にもつれ込んだが、技を繰り出す素根に対し、消極的な相手に3度目の指導が出て、素根が勝利した。

福岡県出身の素根は19年の世界選手権で初優勝。体重無差別で争う全日本女子選手権で18、19年に2連覇した。19年11月に東京五輪日本代表内定第1号となり、初出場の五輪で実力を発揮した。

Tokyo 2020+

２０２１年7月30日付

てプレッシャーをかけ続け、釣り手の位置を変幻自在に変えた。延長に突入すると、猛練習で培ってきた持久力が生きた。根負けしたオルティスに三つ目の指導が与えられ、8分52秒の戦いに決着がついた。

柔道経験のある父・行雄さんや3人の兄の影響で、小学1年の時、福岡県久留米市の道場に通い始めた。娘の素質を見抜いた父は、「史上最強の柔道家」と呼ばれた木村政彦さんのモットー「3倍努力」という言葉を伝え、「人より練習しないと勝てない」と発破をかけた。

道場以外でも、父が倉庫に畳50枚を敷いて造った練習場で毎日1~3時間練習した。2歳年上の兄をおぶって5周し、さらにロープを使って打ち込みを繰り返した。中学2年と3年の時、全国大会を連覇。地元の市立南筑高に進んだが、相手はほとんど男子生徒で、帰宅してもトレーニングを欠かさなかった。東京五輪が1年延期になると、心身を立て直すため、大学を退学して地元に戻り、南筑高を拠点に練習を重ねた。

金メダルを胸にしみじみと言った。「何があっても努力する大切さを今回、改めて感じた」。まだ21歳。3年後のパリ大会はもちろん、その先も期待できる存在になりそうだ。

●日本チーム――7月30日　フェンシング男子エペ団体

この競技の日本勢の金メダルは史上初。この時点で日本が獲得した金メダルの数は17個目となり、１９６４年東京大会、２００４年アテネ大会の16個を上回り、史上最多となった。

世界を驚かせた「エペジーン」

エペはフェンシングの本場・欧州で最も競技人口が多く、「キング・オブ・フェンシング」と呼ばれる。その牙城に、日本チーム（加納虹輝（こうき）＝ＪＡＬ、見延和靖＝ネクサス、山田優（まさる）＝自衛隊、宇山賢（さとる）＝三菱電機）が風穴を開けた。

団体戦は各３人が総当たりで戦う。世界ランキング８位の日本は、準々決勝では同１位で大会４連覇を目指すフランスと対戦。44―44の大接戦となったが、最後の１点をチーム最年少の加納が決めて、大金星を挙げた。準決勝は同５位の韓国を圧倒、同７位ロシア・オリンピック委員会（ＲＯＣ）との決勝も45―36で制し、歴史的な快挙を達成した。

得点となる「有効面」が胴体のみのフルーレ、上半身のみのサーブルに対し、エペは頭からつま先までの全身で、体格に左右される面もあり、日本では敬遠されてき

読賣新聞　号外

男子エペ金

史上最多　金17個目

２０２１年７月30日付

た。

しかし、08年北京大会で太田雄貴がフルーレで銀メダルを取ったのを機に競技全体の底上げが始まった。10年に実績があるウクライナ人コーチを招き、有望な若手の適性を見極めたところ、エペ向きの選手も見つかった。当時は中学生だったが、腕が長く俊敏な山田もその1人だった。

主将の見延は19年には年間ランク1位になった。しかし、「個人より団体で勝つ方が喜びが大きい」と団体戦にこだわってきた。チームメートと何度もミーティングを重ね、「見延さんの団体への思いを聞くうち、みんな本気になった」と山田は振り返る。

優勝が決まると、4人は競技台に駆け上がって抱き合った。「競技人生で最高に濃くて熱い1日だった」と見延が声を震わせて、その時を振り返る。

その時――。4人は剣をかかげて、声を合わせた。

「エペジーーン！」

〝エペ陣〟と〝ジーンと感動させる〟をかけた見延の造語は、年末の「ユーキャン新語・流行語大賞」にもノミネートされ、フェンシングの存在感を大いに高めた。

●入江聖奈（いりえせな）（所属／日本体育大）――8月3日　ボクシング女子フェザー級

ボクシングでは、１９６４年東京大会の桜井孝雄、２０１２年ロンドン大会の村田諒太に次ぐ、日本勢３人目の金メダリストに。女子では初の快挙となった。

「がんばれ元気」に憧れて

20歳の女子大生が、準決勝では19年世界選手権３位のカリス・アーティングストール（英）を、決勝では同選手権優勝のネスティ・ペテシオ（フィリピン）を倒し、一気に頂点に立った。豊富なスタミナを武器に突進してくる難敵・ペテシオに対し、小２でボクシングを始めて以来、何千回、何万回と打ち込んできた左ジャブが輝きを放った。地道に手首の強化に努め、時には男子ボクサーの映像を見て研究してきたパンチだ。接近して圧をかけてくる相手を押しとどめただけでなく、的確な有効打にもなった。

５―０の判定で快勝し、勝利が決まると、こよなく愛するというカエルのように飛びはね、喜びを爆発させた。「何回もほっぺをつねったけど、夢みたい。今も夢の中にいる気がする」と金メダルをかけ、優勝の余韻に浸った。

読賣新聞　号外

入江　金

ボクシング女子初

フェザー級

東京五輪は第12日の3日、ボクシング女子フェザー級で入江聖奈（20）（日体大）が金メダルを獲得した。決勝でネスティ・ペテシオ（フィリピン）に5－0で判定勝ちした。

ボクシングの日本のメダルは2012年ロンドン大会男子ミドル級金の村田諒太、男子バンタム級銅の清水聡以来2大会ぶりで、女子では初めて。すでに1大会史上最多を更新している今大会の日本の金メダルは18個となった。

入江は7月31日の準決勝で19年世界選手権3位のカリス・アーティングストール（英）を3－2の僅差で破り決勝進出。同選手権覇者のペテシオとの決勝では、第1ラウンドから正確なパンチを繰り出し快勝した。

鳥取県米子市出身の入江は昨年3月、アジア・オセアニア予選で五輪代表に内定。ロンドン大会から五輪正式種目となった女子で、日本勢として初出場で快挙を成し遂げた。

Tokyo 2020+

２０２１年８月３日付

鳥取県米子市で育った。小学2年生の時、母のマミさんが持っていた漫画「がんばれ元気」を読んだ。主人公の少年・堀口元気が、亡き父の背中を追って世界チャンピオンになるストーリーだ。全巻を読破すると、「私もボクシングをやりたい」と目を輝かせた。

マミさんは反対したが、「絶対やる」ときかない娘に根負けし、地元のジムに入れた。練習に打ち込んでいた小6の時には「ひみつの計画書」と題し、こうつづった。「20才で五輪代表に選ばれて金メダルをとる!!」

有言実行でつかんだ栄冠。ジム会長の伊田武志さんは「ジャブとストレートを打つ練習を何時間でも続けることができた。根性と体力はずば抜けていた」と振り返った。

一躍人気者になったが、3年後のパリ大会は考えていないという。

「ボクシングは大学でやめるつもり。カエル関係（の仕事）に就きたいけど、なかなか見つからない。ゲーム会社で就活かな」

でも、こんな爽やかな笑顔を見せる新星を、ボクシング界が放っておくはずがない。

●四十住（よそずみ）さくら（所属／ベンヌ）――8月4日　スケートボード女子パーク

メダル2個を獲得した女子ストリートに続き、パークでも四十住が「金」と開心那（ひらきここな）（WH

ＹＤＡＨ　ＧＲＯＵＰ）が「銀」と1、2位を占めた。これで今大会の日本の「金」は20個に達した。

さくら「満開になりました」

大舞台へ向かう意気込みを自身の名前にかけ、「さくらの花を咲かせたい」と表現してきた。この種目の初代女王に輝き、「満開になりました」とはじけるような笑みを見せた。パークは複数のおわんを組み合わせたような複雑なコースでジャンプや回転などの技を繰り出し、難度、スピード、独創性、全体の構成などを採点制で争う。決勝は45秒間の演技を3回こなし、最高点で勝負を決する。

予選では、難度の高い回転技をあえて出さず、仕切り直しの決勝でインパクトのある技を出して、高得点を狙った。

決勝は攻めた。抜群のスピードに乗って華麗に大技を繰り出す。作戦がピタリとはまった。高さのあるジャンプで正確に滑りきり、1回目に唯一の60点台となる60・09をマークして優勝した。

讀賣新聞　号外

四十住金

スケボーパーク初代女王

Tokyo 2020+

東京五輪は第13日の4日、スケートボード女子パークで、四十住さくら（19）（ベンヌ）が金メダルを獲得した。開心那（12）（WHYDAH GROUP）も銀メダルで、日本勢が1、2位を占めた。

スケートボードは今大会からの新競技で、四十住はこの種目で初代女王に輝いた。全競技を通じ今大会の日本の金メダルは20個目、スケートボードでは3個目の金メダル。

今大会で行われる2種目のうち、パークはおわんを複数組み合わせたようなコースで滑り、技の難易度や速さ、全体の構成、独創性などを競う。

四十住は、予選は全体4位で8人による決勝に進出。決勝では計3回の試技の1回目に、切れのある回転技を繰り出すなど100点満点で出場選手中ただ1人の60点台となる60・09点をマークした。

四十住は和歌山県出身。2018年アジア大会や同年の世界選手権を制するなど実績を残し、現在の世界ランキングは7位。

2021年8月4日付

和歌山県生まれ。兄と遊んでもらうために小6で板に乗り始めた。「日本でのオリンピック開催が決まり、みんな本気で練習していた」両親は懸命にサポートしてくれた。「日本一になる」と誓う娘のため、百万円以上をかけて庭に小さな練習場を作ってくれた。2017年1月には「最初で最後」と約束し、米国の大会に出場する。両親は保険を解約し、旅費や道具代を捻出してくれた。

ここで3位になり、賞金3000ドルを得た。それを元手に次々に大会出場を重ね、翌年の世界選手権に優勝。これを機にスポンサーの支援を受けられるようになったが、苦しかった頃を忘れはしない。

母の清美さんはケガをいつも心配する。そんな母を見て、「自分の代わりに緊張してくれている」と思う。だから大舞台でも普段の演技が出来た。夢をかなえて、感謝の気持ちがあふれ出た。

「金メダルを家族にかけてあげたい」

●**川井友香子**（かわいゆかこ）（所属／ジャパンビバレッジ）――**8月4日　レスリング女子62キロ級**

東京大会のレスリング日本勢の金メダル第1号。オリンピック2連覇を目指す姉の梨紗子（ジャパンビバレッジ）より一足先に頂点に立った。

姉から刺激、フィジカル強化

「姉妹で金をとる」。姉の梨紗子と互いにそう約束していた。まずは妹が約束を果たした。

3日の準決勝で、2018年世界選手権王者のタイベムスタファ・ユセイン（ブルガリア）を3－2で破り、決勝の相手は19年優勝のアイスルー・ティニベコワ（キルギス）。先にポイントを許したが、すぐにタックルを決めて逆転し、第2ピリオドでは相手のタックルを潰して背中に回って加点。終盤追い上げられたが、4－3で競り勝った。

長年の課題だったフィジカルで勝った結果だった。逆転のタックルについて試合直後は「記憶がなく、気づいたらタックルに入っていた」と話していたが、映像を見返し、「練習で反復したことが出せたと思う」と振り返った。

18年の世界選手権を前に、62キロ級で東京大会を目指すと決めた。しかし、その時の体重は59キロ台。食が細い方だったが、栄養士と相談して1日6食にした。それまでは走り込みを中心に下半身を鍛えてきたが、ウェートトレーニングも導入して強化。今では体重が64キロま

讀賣新聞　号外

0120-4343-81

川井友　金

レスリング女子62キロ

東京五輪第13日の4日、レスリング女子62キロ級で川井友香子(23)（ジャパンビバレッジ）が金メダルに輝いた。決勝でアイスルー・ティニベコワ（キルギス）に4－3で競り勝った。

今大会のレスリング日本勢の金メダル第1号。すでに1大会最多を更新している全競技を通した日本勢の金メダルは、今大会21個目となった。

川井友は3日の準決勝で、2018年世界選手権を制したタイベムスタファ・ユセイン（ブルガリア）を3－2の僅差で破り決勝へ。19年世界選手権優勝のティニベコワとの決勝では、先にポイントを奪われたが第1ピリオドで逆転し、終盤の相手の攻めをしのいで逃げ切った。

石川県出身の川井友香子は、五輪2連覇が懸かる女子57キロ級の姉の梨紗子(26)とともに、初の五輪となる今大会に臨んだ。4日は姉も登場し、5日の決勝進出を決めており、姉妹での金メダルに期待がかかる。

2021年8月4日付

でアップし、試合前に絞って仕上げるまでになった。

パワー、スピード、スタミナ……。全てにおいて進化を遂げた。金浜良コーチは「相手は組んだ瞬間、どうして良いか分からなくなると思う」と、19年の世界選手権では敗れたティニベコワに雪辱した強さを表現した。

姉と同様、小2でレスリングを始めた。1歳下の妹もすでに始めていたため、「本当はやりたくなかったけど、遊び相手がいなくなって寂しかったから」。

以来、3歳上の姉の背中をずっと追ってきた。16年のリオ大会で、金メダルに輝いた梨紗子の姿を見て、「絶対に勝ちたいという気持ちがより強くなった」と5年間、努力を続けてきた。「本当に夢みたい。梨紗子にいい形でつなげられた」と声を弾ませた。

●川井梨紗子（りさこ）（所属／ジャパンビバレッジ）——**8月5日　レスリング女子57キロ級**

2016年リオデジャネイロ大会に続く連覇を達成した。62キロ級優勝の妹・友香子との姉妹V。柔道の阿部一二三、詩に続くきょうだい優勝を飾った。

姉妹で「金」、最良の日

「姉妹で金メダル」。前日の妹・友香子に続く「金」で、その約束を果たした姉は「こんなに幸せな日があっていいんだろうか」と喜びに浸った。

イリーナ・クラチキナ（ベラルーシ）との決勝は、序盤から積極的に仕掛け、第1ピリオドで2点をリード。第2ピリオドも攻撃の手を緩めずリードを広げ、5―0で完勝した。

それまで、オリンピックよりも厳しい戦いを経験してきた。五輪4連覇を果たした伊調馨（いちょうかおり）との代表争いだ。前回のリオ大会は代表の強化方針もあって、川井が一つ上の階級に変更して出場し、優勝した。しかしそれは川井本来の階級ではない。リオ大会で「金」を手にした直後、「元の階級に戻る」と決めた。伊調を超えなければ、本物になれないと考えていたからだ。

18年12月の全日本選手権は、決勝で伊調に敗れた。だが、翌年7月の世界選手権代表決定プレーオフで雪辱し、同年9月の世界選手権決勝進出で東京オリンピックの切符を勝ち取った。

「あの代表争いを乗り越えられたから、絶対に大丈夫」。確固たる自信を胸に堂々と戦い抜き、2個目の金メダルを手にした。

オリンピック初出場で不安を隠せない友香子に言った。

讀賣新聞　号外

0120-4343-81

川井梨　金

レスリング女子　連覇

Tokyo 2020+

2021年8月5日付

「マットにオリンピックのマークが付いているだけ。やることは変わらないよ」

それはかつて、梨紗子自身が伊調からもらった助言だった。大先輩の背中を追った姉が、今度は妹を引っ張る番。でも、前回リオ大会53キロ級の覇者、ヘレンルイーズ・マルーリス（米）との準決勝の前、妹に「いつも通りやれば大丈夫。ずっと見ているから」と声をかけられて気づいた。「姉だから引っ張らなくてはと思っていたけど、本当は友香子に支えられているんだな」

試合が終わった瞬間は「ああ、レスリング最高と思った」。そしてまた、言った。「こんなにいい日があっていいのかな」

●喜友名諒（きゆなりょう）（所属／劉衛流龍鳳会）——8月6日　空手男子形

今大会の追加競技として採用された空手で「金」。世界選手権3連覇の本命が、沖縄県出身者として初の金メダリストになった。

鬼気迫る演武　沖縄空手ここにあり

「オーハンダイ！」

決勝のコート（畳）に上がると、気合のこもった声で形の名を叫び、演武が始まった。形の得点は、技そのものや一連の動きなどを見る「技術点」と力強さやスピードなどの「競技点」が、計30点満点で評価される。

約１００種類の演武から選んだオーハンダイは、一歩出る間に突きや防御など三つの技を繰り出すなど、手数が多く難度が高い。

だが、小刻みに方向転換を繰り返しながらも、仮想の敵を砕くような突きや蹴りを正確無比に出し続ける。力強さは、実際にミットをたたいたり、古武術の動きを取り入れたりした稽古から生み出された。しなやかさや粘り強さは、琉球舞踊を踊って体に染みこませてきた。

得点は28・72の高得点。27・66点だった決勝の相手、ダミアン・キンテロ（スペイン）を圧倒した。師匠の元世界王者、佐久本嗣男さんが「満点をあげたい」とうなるほどの出来栄えだった。

演舞には、沖縄が発祥とされる空手への思いも込めた。空手は次回のパリ大会で競技から外れる。しかし「五輪に復活すると信じ、次世代の選手たちのためにも東京で最高のパフォーマンスを」と決めていた。

5歳で空手を始めた喜友名は中3から佐久本さんの指導を受け、腕を上げた。順調に成長していた高3の時、

讀賣新聞　号外

喜友名金

空手形　初代王者

Tokyo 2020+

沖縄出身初「金」

2021年8月6日付

毎日、道場まで片道1時間の道のりを送り迎えしてくれていた母・紀江さんに乳がんが見つかる。

2016年に空手が五輪に採用されると、「オリンピックまで頑張ろう」が紀江さんと夫の勇さんの合言葉になった。しかし、病状は徐々に悪化し、19年3月、紀江さんは「金メダル、頑張ってね」と言い残して、息を引き取った。

表彰台では母の遺影を掲げ、一緒に君が代を聴いた。「今は全てに感謝しかない」。沖縄の魂を世界に示した王者の表情から厳しさが消え、柔らかな笑みが浮かんでいた。

●向田真優（むかいだまゆ）（所属／ジェイテクト）――8月6日　レスリング女子53キロ級

前回リオデジャネイロ大会でオリンピック4連覇を逃したレジェンド・吉田沙保里の階級である。2016年から世界選手権4大会連続メダルの実力者が、日本に金メダルを取り戻した。

コーチが婚約者　二人三脚でつかんだ栄冠

決勝の相手、龐倩玉（中国）はフィジカルが自慢の強豪。組みつかれて動きを封じられ、0―4とリードされた。それでもウェートトレーニングで鍛え上げてきたパワーで追いつく。4―4の同点で迎えた残り約30秒、追加点を狙ったタックルで仕留め損なった。一転、大ピンチに。しかし歯を食いしばって両手を相手の片脚から離さず、場外に押し出して決勝点を奪った。「決勝は気持ちが強い選手が勝つ」。気迫が大逆転につながった。

16年以降、世界選手権に4度出場し、55キロ級で金メダル二つを獲得したが、53キロ級では銀メダルが二つ。53キロ級では動きが悪くなる。しかし、階級の少ない五輪では55キロ級がない。このため減量法が課題になった。

血液検査をすると、足裏への衝撃が貧血を招くらしいことが分かった。減量するためのトレーニングを、走り込みからバイクに切り替えた。それが功を奏し、志土地（しどち）翔大（しょうた）コーチは「今回は減量に関して全く不安はない」と自信を見せていた。最後に踏ん張れたのは、調整がうまくいったことも一因だろう。志土地コーチは向田の婚約者である。

中1でＪＯＣの「エリートアカデミー」に入校。向田は、至学館大の先輩で同じ階級、同じ三重県出身である吉田の後継者と言われてきた。五輪出場権がかかった19年の世界選手権の前、志土地コーチと恋愛関係になる。コーチは大学を去ることを余儀なくされ、自身も「みんなが敵に見えた」と言うほど追い詰められた。

大学卒業を機に拠点を母校の安部学院高（東京）に移

読売新聞　号外
向田　金
レスリング女子53キロ
Tokyo 2020+

2021年8月6日付

し、志土地コーチとともに大舞台を目指した。「(コーチと選手の恋愛に)反対の意見があるのはわかる。でも、一生一緒にいたいと思える人に出会った。恋愛も競技も諦められない」ともに目指した夢をかなえた2人は試合後、涙で抱き合った。

●乙黒拓斗(おとぐろたくと)(所属/自衛隊)――8月7日 レスリング男子フリースタイル65キロ級

19歳で世界選手権を制した乙黒が、五輪初出場で「金」。レスリング男子日本勢の金メダルは、2012年ロンドン大会フリースタイル66キロ級優勝の米満達弘以来だ。

冷静さ身に付けた天才

残り31秒でポイントは2―2。ただ、このままでは最後に点を取ったハジ・アリエフ(アゼルバイジャン)の勝利となる。追い詰められた状況で十八番が飛び出した。相手タックルを抜群の反応でいなすと、間髪入れずに右足をキャッチ。そのまま勢い余って1回転するほどの強烈なタックルで勝ち越した。

「大会が開催されると信じて、できる準備をした。その準備が生かされた」。冷静に勝機を探り、世界が警戒するスピードを最後に見せつけた。

筋骨隆々の選手同士が、がっちり組み合う力比べ――。そんな従来のレスリング観を覆した選手だ。タックルを横っ跳びでかわし、アクロバチックなカウンターで攻撃に転じる。そのスタイルで18年の世界選手権に優勝し、一躍、名をはせた。

しかし、その後は乙黒の動きを研究して防御の構えを固める相手を崩せず、焦りから何度も自滅した。その経験から、五輪開幕前には「相手より1点多く取れば良い」と冷静に勝ちを目指す姿勢を身に付けた。

山梨県の笛吹市出身。兄の圭祐（自衛隊）を追うように、幼稚園から競技を始めた。小学生になると全国大会に出場し、小5からは地元の強豪・山梨学院大に兄弟で通った。関係者は「大学生以上に練習していた」と振り返る。

日本男子最年少の19歳で世界選手権王者になっても「圭祐とやれば自分は負ける。かなわない」と兄を意識してきた。その兄は自らの五輪選考レースを抱えながらも、弟の練習パートナーとして支えてくれた。弟に刺激された兄もより練習に打ち込み、五輪切符を勝ち取って兄弟でオリンピック出場を果たした。

74キロ級フリースタイルに出場した兄は奮闘むなしく、初戦で敗退。だが、その姿を見た弟が奮起し、見事に頂点に立った。うれし涙をぬぐった弟が言った。

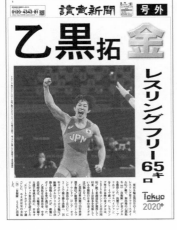

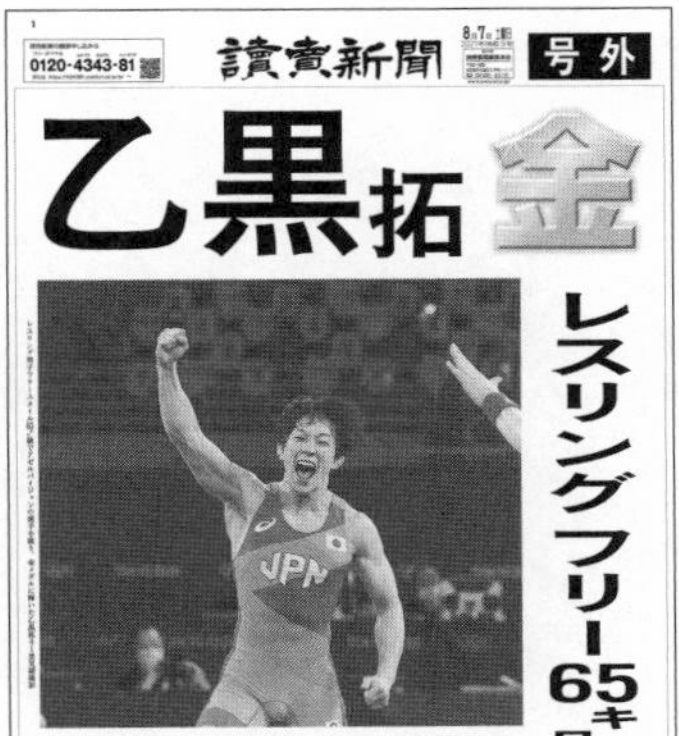

2021年8月7日付

「全力を出して、兄の借りも返したいと頑張りました」

●須崎優衣（すさきゆい）（所属／早稲田大）――8月7日　レスリング女子50キロ級

開会式の入場行進で旗手を務めた期待の若手が、五輪初出場で栄冠を手にした。レスリングの日本勢は「金」5個を獲得し、最多だった1964年東京大会に並んだ。

22歳、異次元の強さ

4試合すべて無失点のうえ、10ポイント差以上がついた時点で試合終了となるテクニカルフォール勝ち。快挙に「なんか夢みたい」と笑顔がはじけた。

決勝の相手はリオデジャネイロ五輪48キロ級銅メダルの孫亜楠（中国）。しかし、まったくつけいる隙を与えなかった。素早く背中を取って先制すると、そのままマット中央へ引き戻しながら、アンクルホールドで4回転がして次々に加点。わずか1分36秒で決着をつけた。「プレッシャーは逆に力になる」。初出場とは思えない落ち着きぶりだった。

千葉県松戸市で育ち、小1から地元のレスリングクラブに通い始めた。小3で全国大会に優勝し、中2になるとJOCが才能ある各競技の若手を指導する「エリートアカデミー」に進んだ。あっという間にトップレベルに成長して、２０１７、18年の世界選手権を連覇。だが翌年、挫折感を経験した。

19年の世界選手権代表を決めるプレーオフ。世界レベルで戦うようになって以降、国内外で敗れたことのある唯一の選手、入江ゆき（自衛隊）の前にまたも苦杯を喫した。入江が世界選手権でメダルを取れば、東京五輪の代表は入江に決まるという状況となった。人生で一番のどん底を味わう。

それでも、わずかな可能性を信じて練習を再開した。入江が世界選手権でメダルを逃し、望みがつながった。19年12月、オリンピックの出場権をかけた全日本選手権で入江に雪辱し、大舞台への切符をつかんだ。

表彰式では五輪4連覇の伊調馨さんから花束を贈られた。「次も、その次も頑張ってね」と、レジェンドから励まされた。

「伸ばすべきところはある。もっと、もっと強くなりたい」と言う22歳。3年後のパリへ思いを強くした。

0120-4343-81

読売新聞　号外

須崎金

レスリング50キロ全戦圧勝

Tokyo 2020+

東京五輪は第16日の7日、レスリング女子50キロ級で、初出場の須崎優衣（22）（早大）が金メダルを獲得した。決勝で孫亜楠（中国）を10―0で破った。

レスリングは全日程を終了し日本のメダルは金5、銀1、銅1。1大会最多を更新している全競技での日本の金メダルは20個となった。

須崎は2016年リオデジャネイロ五輪48キロ級銀メダルのマリア・スタドニク（アゼルバイジャン）との準決勝など3試合を、すべてテクニカルフォールで勝ち上がった。決勝もリオ五輪48キロ級銅メダルの孫亜楠に、開始約1分半でテクニカルフォール勝ち。全試合無失点で頂点に立った。

須崎は千葉県出身。中学2年から高校まで、五輪などで活躍する選手育成を目的に日本オリンピック委員会が設立した「エリートアカデミー」に在籍。17年から世界選手権を連覇するなど、若手金メダル候補として、今大会の開会式の入場行進で旗手も務めた。

２０２１年8月7日付

●日本チーム――8月7日　野球

公開競技だった1984年ロサンゼルス大会以来の優勝。92年バルセロナ大会から正式競技となったが、これまでは96年アトランタ大会の「銀」が最高成績だった。野球・ソフトボールは、2012年ロンドン大会、16年リオデジャネイロ大会では五輪競技から外れ、東京大会で復活した。ただし次回パリ大会ではまた外れる。次々回のロサンゼルス大会での再復活が待たれる。

侍ジャパン、悲願の金

決勝で米国を2―0で振り切り、日本代表「侍ジャパン」の稲葉篤紀監督がコーチたちと抱き合った。「いいチームで、いい試合ができた」。胴上げで5度、宙に舞った。

野球が国民的スポーツである日本にとって、悲願の金メダルだった。00年シドニー大会からプロの参加が認められたが、毎回苦戦してきた。08年北京大会は故星野仙一監督の下、オールプロで臨んだが4位に終わった。

プロ野球界に課された、五輪で金メダルを取るという重い「宿題」。それを背負ったのが稲葉監督だった。

稲葉は、北京大会に選手として出場した。09年のワールド・ベースボール・クラシック（WBC）では世界一になったが、五輪での悔しさを忘れたことはなかった。そして、期待される結果が出なかった時、世間から浴びせられた厳しい批判も身に染みていた。

17年に日本代表監督への就任を打診される。当初は迷った。しかし「オリンピックの借りはオリンピックでしか返せない」と決意した。

選手の力を最大限に引き出そうと、風通しのいいチーム作りを目指した。

試合中は、打者とコーチがアイデアを出し合った。4番の鈴木誠也（広島）が粘って四球を選び、32歳のチームリーダー、坂本勇人（巨人）が自ら送りバントのサインを要求したこともあった。

決勝では21歳の大砲、村上宗隆（ヤクルト）が先制本塁打を放つ。23歳の先発投手、森下暢仁（まさと）（広島）が5回無失点と踏ん張り、最後は新人の栗林良吏（りょうじ）（広島）が締めた。

指揮官が足かけ5年をかけ、スター選手たちをワンチームにまとめ上げた。

球界のため、ファンのために戦った末、ようやく達成した悲願。日本勢27個目の金メダルは、日本の今大会最

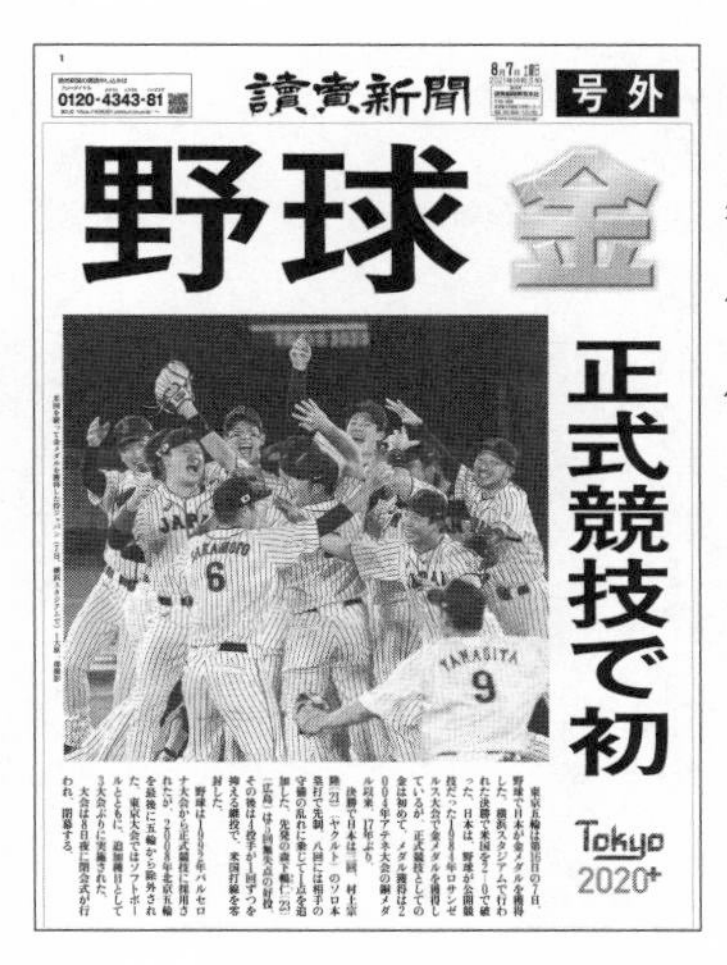

讀賣新聞　号外

野球　金

正式競技で初

Tokyo 2020+

東京五輪は第16日の7日、野球で日本が金メダルを獲得した。横浜スタジアムで行われた決勝で米国を2−0で破った。日本は、野球が公開競技だった1984年ロサンゼルス大会で金メダルを獲得しているが、正式競技としての金は初めて。メダル獲得は2004年アテネ大会の銅メダル以来、17年ぶり。

決勝で日本は三回、村上宗隆(21)（ヤクルト）のソロ本塁打で先制。八回には相手の守備の乱れに乗じて1点を追加した。先発の森下暢仁(23)（広島）は5回無失点の好投。その後は4投手が1回ずつを抑える継投で、米国打線を零封した。

野球は1992年バルセロナ大会から正式競技に採用されたが、2008年北京五輪を最後に五輪から除外された。東京大会ではソフトボールとともに、追加種目として3大会ぶりに実施された。

大会は8日夜に閉会式が行われ、閉幕する。

2021年8月7日付

後の「金」でもあった。それは金メダルラッシュに沸いた大会を象徴するように、歓喜と一体感にあふれる輝きを放っていた。

3　敗れざるオリンピアンたち

勝者だけでなく

自分の限界まで死力を尽くした者。体格とパワーでは到底かなわない相手に果敢に立ち向かった者。絶望のどん底にあってもくじけることなく驚きの復活を遂げた者――。多くのアスリートたちが、その姿を通じて、見る者に勇気と感動を与えてくれた。金メダルに輝いた選手だけが勝者ではないのだ。

○内村航平（うちむらこうへい）（所属／ジョイカル）――7月24日　体操男子個人種目別鉄棒

過去3大会で個人と団体を合わせて金3、銀4を獲得してきた王者。4大会目は鉄棒1種目に絞って出場したが、20位で予選敗退。2022年1月、引退を発表した。

まさかの落下、無念のラスト

H難度の「ブレトシュナイダー」など冒頭三つの手放し技はバーをつかんだ。しかし、3日前の練習でも失敗したひねり技で落下。再開して演技はやり終えたが、20位で予選敗退となった。

「準備してきたものを出せなかった。本当に悔しい」。失意の中、言葉を絞り出した。

16年リオデジャネイロ大会で個人総合2連覇を果たし、宿願だった団体での金メダルも獲得した。だが、翌年からはケガに泣かされる。19年の全日本選手権は両肩痛の影響で予選落ち。「オリンピックは夢物語」と弱気になるほどだった。思い悩んだ末に鉄棒だけに絞ると、不思議に肩の痛みが消えた。以降は強い決意で走ってきた。

コロナ禍でオリンピック開催への批判が強まっていた20年11月には、競技会のセレモニーで訴えた。「(五輪が)できないではなく、どうやったらできるかを考えてほしい」と。彼の言葉に勇気をもらったアスリートやスタッフは少なくなかったはずだ。

最後の舞台は悲しく、あっけなかった。しかし、「全部自分のせい。

キングまさか

鉄棒 予選敗退

4個目の金メダルを体操の種目別鉄棒で目指した内村航平選手(32)(ジョイカル)の東京五輪は、まさかの落下で幕を閉じた。無念の「キング」は最後まで後輩らに寄り添い、団体総合と、橋本大輝選手(19)(順大)の個人総合での予選トップ通過を見守った。(森田啓文)

「僕はもう主役じゃない」

落下後、再開した演技を終え、硬い表情で会場から離れた。だがすぐに戻り、マスク越しにもわかる笑顔で、団体チームのメンバーを鼓舞し続けた。「男子体操の主将の仕事をしなければ」。その一心だった。

自国開催の「特別な金メダル」を目標に歩んだ5年間で、試合中に気持ちが切れたことがある。両肩痛に悩んでいた2019年の全日本選手権。あん馬から落ち、平行棒も落下した。近くにいた16年リオデジャネイロ五輪のチームメート、加藤凌平選手(27)に「俺、ダメだわ」とこぼした。

1学年下の佐藤寛朗コーチ(32)に強く言われた。「恥ずかしくないですか。ちゃんとやらないなら、やめた方がいいですよ」

20年来の親友でもある佐藤コーチは「叱咤をせずともわかっている」と感じていたが、思わず口にしていた。その後、内村選手は、苦しいときも投げ出さないことを、日々の練習から徹底した。

金メダルへの夢がついえても、姿勢は変わらなかった。試合後のインタビューに、後輩たちの活躍をたたえながら答えた。

「彼らの演技を見て、もう本当に心配は要らないなと。五輪を2連覇したのは過去のこと。僕はもう主役じゃない」

鉄棒の演技途中で落下し、肩を落とす内村選手（24日、有明体操競技場で）＝三浦邦彦撮影

2021年7月25日付

言い訳はしない」と王者らしく、潔く現実を受け入れた。そして個人種目の代表権を争ってきた選手に対し、「土下座して謝りたい。本当に申し訳ない」とまで言った。指先、足先まで神経の行き届いた日本らしい「美しい体操」を目指し、誰よりも練習を重ねてきた王者は最後まで、体操に対して誠実だった。

個人総合の新王者、橋本大輝（順天堂大）ら後継者が育ちつつある。試合後、内村は「彼らの演技を見て、もう心配はいらないなと。僕はもう主役じゃない」と語った。だが、体操ニッポンを担う次の世代が生まれたのは、長きにわたり、美しい体操を体現してきた彼がいたからこそだろう。

○萩野公介（はぎのこうすけ）（所属／ブリヂストン）――7月30日　競泳男子200メートル個人メドレー

けがやスランプから立ち直り、出場した3度目の五輪。メダルには届かなかったが、「悔いはない」と笑顔でプールを去った。大会後の10月、現役引退を表明した。

悔いなし　笑顔のラストレース

天才と呼ばれた男の最後のレースは6位。決勝をともに泳いだライバル、瀬戸大也（TEAM　DAIYA）も4位に終わり、表彰台を逃した。でも、瀬戸が得意の平泳ぎで上位に浮上し、銅メダルまで0秒05と迫る意地を見せれば、萩野も背泳ぎでは、決勝8選手の最速をマークし、「らしさ」を発揮してみせた。

萩野が「水泳を続けて本当に良かった。大也と泳げて、それ以上の幸せはない」と言えば、瀬戸も、「公介と泳げる喜びが力になった」と語った。2人がそろって五輪、世界選手権の決勝で泳ぐのは2017年以来。小3から続いてきたライバルストーリーに終止符を打った2人の表情に涙はなく、笑みが浮かんでいた。

萩野は少年時代から圧倒的な速さを誇ってきた。高3で出場した12年ロンドン大会400メートル個人メドレーで銅メダルを獲得。競泳日本男子では、56年ぶりの高校生メダリストとなった。続くリオデジャネイロ大会では同種目で金、200メートル個人メドレーで銀、800メートルリレーで銅に輝き、どこまで成長するのかと期待された。

しかし、その後のキャリアは暗転した。けがに苦しみ、さらに意欲の低下から19年には3か月の休養も経験するなど、長いスランプに陥った。水泳をやめることすら考えた。

それでも戻ってきたのは「水泳が好きだ」という思いがあったから。「何があっても時は進み、明日はまた来る」と言い聞かせながら、大舞台への切符を手にした。

瀬戸・萩野　涙のち笑顔

4位・6位

ライバル「2人で泳げて幸せ」

2021年7月31日付

「全力を出し切った。今の僕に悔いはない」と最後のレースを総括した天才は、21年10月24日、現役を引退して、大学院で水泳やスポーツ全般について学ぶことを明らかにした。

○池江璃花子（いけえりかこ）（所属／ルネサンス）

――8月1日　競泳女子　400メートルメドレーリレーなど

2019年2月に白血病を公表して治療に専念した。東京大会出場は絶望的とみられたが、驚異的な回復で大舞台に出場。困難に挑み続けた姿はスポーツの枠を超えた感動を呼んだ。

「一度は諦めかけたオリンピック。すごい幸せ」

一緒に泳いだ仲間と抱き合い、プールサイドで号泣した。

8月1日、リレー3種目に出場した今大会の最後のレース、400メートルメドレーリレーの決勝が終わった。最下位の8位だったが、白血病を乗り越え、夢の舞台に再び立った喜びにあふれていた。

「一度は諦めかけたオリンピックなのに、また決勝で泳ぐことができた。すごい幸せだなって思います」

16歳で臨んだリオデジャネイロ大会でリレーを含む7種目に出場し、100メートルバタフライで入賞した。18年のアジア大会では日本の競泳史上最多の6冠を達成。東京五輪での活躍が期待されたのは当然である。

ところがアジア大会の半年後、池江は突然体調を崩し、検査の結果、耳を疑う診断が下された。白血病――。五輪どころではない。

つらい闘病生活を終え、退院したのは19年末。約3か月後にプールでの練習を再開する。筋肉はすっかり落ちてしまった。コロナ禍で東京大会は1年延期となったものの、池江が間に合うと思っていた人はほとんどいなかっただろう。現実的な目標は24年パリ大会だった。だが、復活のスピードは目を見張るほどだった。20年8月には1年7か月ぶりにレースに復帰し、絶望的とみられていた東京大会の出場権を勝ち取る。池江自身が「完全に想像を超えていた」と語るほど、驚異的なカムバックだった。

五輪のレースを泳ぎ切り、改めてこれまでを振り返った。

「すごいプレッシャーの中で決勝に残ることができた。（リオからの）5年間は本当に色んなことがあった。100メートルバタフライの決勝を見た時に、自分はこの舞台で活躍できるという自信が勝手に湧き上がってきた。自分に誇りを持てる。『池江がどんどん強くなってい

池江 やり切った

4レース出場「誇り持てる」

競泳

400㍍メドレーリレー決勝で、男子の日本（入江、武良、水沼、中村）は3分29秒91の日本新記録で6位に入った。女子の日本（小西、渡部、池江、五十嵐）は3分58秒12で8位だった。男子は米国が3分26秒78の世界新記録で制し、女子は豪州が3分51秒60で優勝。男子メドレーリレーで第3泳者を務めたケーレブ・ドレッセル（米）は50㍍自由形でも五輪新で金メダルを獲得し、5冠を達成した。女子50㍍自由形を制したエマ・マキオン（豪）は、今大会のメダルが金4を含む計7個となり、女子の1大会最多記録に並んだ。男子1500㍍自由形はロバート・フィンケ（米）が勝った。競泳は全種目を終え、日本は男女合わせて金2、銀1の計3個のメダルを獲得した。

一度は諦めた東京五輪の出番を400㍍メドレーリレーの決勝で終え、池江璃花子（ルネサンス）が泣いた。「ここまで戻ってくるのは大変だった」。白血病から復帰するまでの過程、五輪で味わった喜びと悔しさ、今後への高ぶる感情が涙に溶け込んでいた。

2019年2月に白血病を公表し、20年8月にレース復帰を果たし、池江は同年暮れに巨大の教室でペンを握っていた。目の前にあったのは人生の「充実度」を示す折れ線グラフと点数。病気を知った時が「マイナス100点」で、20年末が「0点」。24年パリ五輪の「100点」まで右肩上がりの直線を引いたが、21年7月時点の点数予想は「？」だった。半信半疑だった。

今大会はリレー3種目で4レースに出場した。400㍍メドレーリレー決勝はバタフライで第3泳者を任され、57秒92は8人中8位。「後れを取っていることが目に見えてわかった」と唇をかんだ。ただ、「自分に誇りを持てる。『池江がどんどん強くなっている』という姿を見せたい」とも言った。ぼやけていた未来がはっきりと見えてきた。（工藤圭太）

競泳女子400㍍メドレーリレー決勝で力泳する池江璃花子＝上甲鉄撮影

◇男子50㍍自由形◇

		秒
①ケーレブ・ドレッセル	（米国）	五21.07
②マナドゥ	（フランス）	21.55
③フラトゥス	（ブラジル）	21.57

◇男子1500㍍自由形◇

		分 秒
①ロバート・フィンケ	（米国）	14.39.65
②ロマンチュク	（ウクライナ）	14.40.66
③ウェルブロック	（ドイツ）	14.40.91

◇男子400㍍メドレーリレー◇

	分 秒
①米国（マーフィー、アンドルー、ドレッセル、アップル）	世3.26.78
②英国	3.27.51
③イタリア	3.29.17
⑥日本	日3.29.91

2021年8月2日付

る』という姿を(これからも)見せたい」
メダルには届かなかった。しかし、池江璃花子という人間の強さ、困難に向かっていく姿勢は世界中の人々に大きな勇気を与えてくれた。それは勝敗を超えて、オリンピックに人々が引きつけられる理由でもある。

○寺内健(てらうちけん)(所属/ミキハウス)――8月4日　水泳・男子板飛び込み

1996年アトランタ大会から数えて、通算6度の五輪出場。シンクロ板飛び込みと2種目に出場した今大会もメダルには届かなかったが、あくなき挑戦は世界から称賛された。

40歳、「彼こそレジェンド」

6度目の五輪出場となった寺内が演技を終えた。板飛び込み決勝では最下位の12位ながら、13年ぶりに決勝に進んだ姿に、会場から総立ちの拍手が送られた。必死に涙をこらえ、「感動しかない。メダルは取れなかったが、幸せな気持ちにさせてもらえた」と感謝した。
百戦錬磨でも決勝では余計な力が入った。「予選、準決勝を超えようと、欲が出た」。3本目は29点台と大失敗。これが響いて359・70にとどまった。
しかし、坂井丞(しょう)(ミキハウス)と出場したシンクロ板飛び込みでは5位に入賞し、衰えない競技力を見せた。

コロナ禍で大会が延期され、自身も昨夏、新型コロナウイルスに感染して入院を余儀なくされた。落ち込む中、病院の看護師から「(世間が)大変な中で活躍する姿を見られたら、元気がもらえる」と応援された。強化スケジュールは大きく狂ったが、本番に調子を合わせてきた。

兵庫県宝塚市出身。中国出身の馬淵崇英コーチに見いだされて、競泳から飛び込みに転向。猛練習を積み、15歳、高1でアトランタ大会に出場した。その後も3大会連続で出場したが、２００８年の北京大会後に一度は引退し、サラリーマンになった。

しかし、「まだメダルを取っていない」と2年で復帰し、ここ数年は中学生の新星、玉井陸斗（ＪＳＳ宝塚）ら、歳の離れた選手たちと練習を共にして東京大会を目指してきた。

試合後、国際水泳連盟の公式ツイッターには、プールに向かって一礼する寺内の写真とともに「ＬＥＧＥＮＤ」の文字が投稿された。8月7日には41歳となる男に、世界のダイバーから送られた最上級の称賛だった。

２０２１年８月４日付

寺内に総立ち拍手

6度目40歳 決勝で雄姿

6度目の五輪出場となった水泳・飛び込み男子の寺内健選手(40)（ミキハウス）が挑戦を終えた。板飛び込みで最下位の12位ながら、13年ぶりに決勝に進んだ雄姿には会場から総立ちの拍手が送られた。必死に涙をこらえた寺内選手は「感動しかない。メダルは取れなかったが、幸せな気持ちにさせてもらえた」と感謝した。（北谷圭）

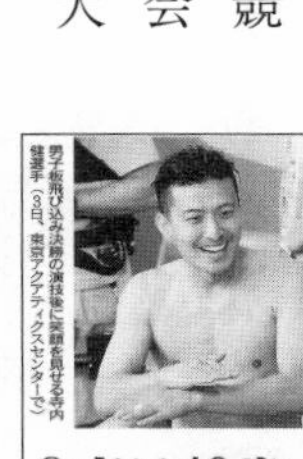

男子板飛び込み決勝の演技後に笑顔を見せる寺内健選手（3日、東京アクアティクスセンターで）

＊飛び込み

出場までには曲折があった。大会の1年延期に加えて、昨夏は新型コロナウイルスに感染して入院。ある看護師からは「（世間が）大変な中で活躍する姿を見られたら、元気がもらえる」と応援された。強化スケジュールは大きく狂ったが、本番には調子を合わせた。

兵庫県宝塚市出身で、大阪・此花学院（現・大阪偕星学園）高校1年で1996年アトランタ大会に出場した。「身体能力が高くない」といい、練習量でカバーした。座右の銘は「努力に勝る天才なし」。2008年の北京大会後に一度は引退し、現役復帰した後も

○大迫傑（おおさこすぐる）（所属／ナイキ）――8月8日　陸上男子マラソン

引退を表明して臨んだラストレース。最後まで諦めない走りで6位に入り、日本勢として2大会ぶりに入賞（8位以内）した。

あくなき挑戦、最後まで

最後の直線、大迫は痛みが走る脇腹を押さえて前進した。表彰台には41秒届かなかったが、ラストレースを終え、「100点満点の頑張りができたかな」と涙がこみ上げた。

30キロ過ぎだった。オリンピック2連覇を目指すエリウド・キプチョゲ（ケニア）がスパート。彼を追う集団に引き離され、8位に後退した。それでも「少しずつ、少しずつ、（前を）あまり意識しすぎずに走った」。

淡々とリズムを刻んだ35キロ過ぎに2人をかわすと、前を粘り強く追った。周囲に左右されない芯の強さが、最後まで際立っていた。

日本勢との差を年々広げる海外勢に対抗するため、早稲田大卒業後に入った実業団チームを1年で退部し、米国のプロチームに加入した。

独自の道を行く姿を「異端児」と見る向きもあった。

しかし、「新しいものを異端という言い方をすると、何か取り入れることを恐れるという認識になってしまう。先入観を持たず、どんどん取り入れたい」と挑戦を続けた。

走り込んで力をつける日本流と、米国で磨いたスピードを融合し、２０１８年のシカゴ・マラソンと20年の東京マラソンで２度、日本記録を更新した。

オリンピックでは退路を断った。

「次があるという言い訳を強制的になくしたくて、この大会をゴールにした。このレースで終わりと決めた今、全ての力が出し切れる気がしている」とレース10日前、ＳＮＳで引退の意向を表明した。メダルは逃したが、日本人トップでフィニッシュした走りの存在感は際立っていた。

「次の世代が頑張れば、絶対メダル争いに絡める。マラソン王国としてのプライドを持って戦ってほしい」

後輩たちにそうメッセージを残し、一度は競技生活を終えるつもりだった。しかしその後、「また走りたい」と現役復帰に意欲を見せている。

2021年8月9日付

大迫6位　有終の走り

粘って入賞「100点満点」

○日本チーム——8月8日　バスケットボール女子

決勝でバスケ大国の米国に敗れたものの、銀メダルを獲得。体格で劣る海外勢に速さと技術で対抗し、男女を通じて初のメダルをつかんだ。

磨いた3点シュート、歴史を塗り替える

決勝では、大会7連覇を達成した米国に屈した。しかし、独創性にあふれたプレーで快進撃を続けたチームは、日本女子バスケの歴史を塗り替え、新時代への扉を開けた。

フランスとの準決勝が今大会の日本を象徴していた。

第1クオーターこそ、14—22とリードを許した。しかし第2クオーターに入ると、司令塔・町田瑠唯（富士通）の鋭いドリブルから何度も好機を生み出した。中央に切り込み、マークを引きつけた瞬間、外側の選手にパスを送る。これを受けた宮沢夕貴（富士通）、林咲希（ENEOS）らが次々と3点シュートを決めて逆転した。

この一戦での3点シュート成功率は50％に達し、29％のフランスを圧倒。平均身長で9センチも高い相手に87—71で快勝し、初の4強入りを決めた勢いそのままに、銀メダル以上を確定させた。

前回リオデジャネイロ大会の準々決勝で敗れた後、欧米選手との体格差を補うため、日本は6メートル75離れたラインの外からゴールを狙う3点シュートに活路を見いだした。精度を高めようと、代表合宿では、全体練習後の疲れ切った状態で3点シュートを打ち続けた。相手のマークがシュートする選手から外れるよう、戦術も練った。宿舎の壁に各選手の動きや連係のパターンを書いた紙を貼り、全員が頭にたたき込んだ。

1メートル93の長身で大黒柱だった渡嘉敷来夢（らむ）（ENEOS）が2020年12月、右膝靱帯断裂の大けがを負い、代表を外れたことも、メンバーに腹をくくらせた。町田は「より速いバスケットを目指すようになった」と振り返る。

17年に就任し、チームに改革をもたらしたのは、米国出身のトム・ホーバス監督だ。日本人の妻を持つ指揮官が、滑らかな日本語で誇らしげに言った。「スーパースターはいないが、スーパーチームだ」

讀賣新聞
号外
バスケ女子　銀
日本男女通じ初
決勝　米に敗れる
Tokyo 2020

2021年8月8日付

4　オリンピック閉会式

再び「ARIGATO」の文字

２０２１年8月8日、東京２０２０大会のオリンピックが幕を閉じた。

午後8時から国立競技場で行われた閉会式は、17日間の熱戦を振り返る映像で始まった。昼過ぎまで降っていた雨は上がっていた。

各国・地域の旗手の入場時に流れたのは、１９６４年東京五輪開会式の入場行進に使われた古関裕而（こせきゆうじ）作曲の「オリンピック・マーチ」。日本の旗手は空手男子形の喜友名諒選手が務め、ギリシャとともに先頭で歩いた。

64年東京五輪の閉会式で日本の旗手が海外の選手らに担がれて行進して以来、閉会式では国内外の選手が入り交じって歩くスタイルが定着している。

今回は感染防止のため、２０５の国・地域と難民選手団の選手約４

東京五輪閉幕
コロナ禍　延期・無観客
メダル最多58個
Tokyo 2020
天気25面

2021年8月9日付

５００人がマスク姿で間隔を保って歩いた。日本選手団は約90人で、手を振ったり、スマートフォンで撮影したりする姿が目立った。選手村でのクラスター（感染集団）発生を防ぐため、選手らは原則として競技が終わった後、２日以内に出国している。このため閉会式に出ることができたのは、直前に競技が行われた選手たちだ。

この夜、日本の選手たちはＳＮＳでハッシュタグ「＃ａｒｉｇａｔｏ２０２０」をつけて感謝のメッセージを発信した。サッカー女子「なでしこジャパン」の岩渕真奈選手が発案したという。

岩渕選手は「オリンピックに関わってくれた全ての皆さんへ　ありがとうございました。パラリンピックも素晴らしい大会になる事を願ってます」とつづった。

バスケットボール３人制男子の落合知也選手は「閉会式に出ない自分はここで愛を込めます」と投稿。選手以外にも、同じハッシュタグで「始まれば夢中になってみていた」「パリではマスクなしで開催できますように」などと書き込む人が相次いだ。

午後10時過ぎ、聖火台にともっていた聖火が消え、競技場の上空に約１０００発の花火が上がった。大型スクリーンに映し出された文字は「ＡＲＩＧＡＴＯ」。57年ぶり2度目の東京五輪が終わった。

２０２１年８月９日付

全ての人に「ARIGATO」

■雨上がる

8日午後8時から国立競技場（東京都新宿区）で行われた閉会式は、17日間の熱戦を振り返る映像で始まった。昼過ぎまで降っていた雨は上がっていた。

各国・地域の旗手の入場時に流れたのは、1964年東京五輪開会式の入場行進に使われた古関裕而作曲の「オリンピック・マーチ」。日本は空手男子形の喜友名諒選手(31)が務め、ギリシャとともに先頭で歩いた。

（選手写真は敬称略）

乙黒拓斗

須崎優衣

■マスク姿で

前回の東京五輪では日本の旗手が海外の選手らに、みこしのように担がれて入場。国内外の選手が入り交

聖火が消え、閉会式の最後に表示された「ARIGATO」の文字（8日午後10時27分、国立競技場で）＝吉野拓也撮影

翌日朝刊の社説で大会を振り返ってみたい。

［社説］**東京五輪閉幕　輝き放った選手を称えたい　運営面での課題を次に生かせ**

57年ぶりの東京五輪が幕を閉じた。新型コロナウイルスの世界的な流行という困難を乗り越えて開催された異例の大会として、長く語り継がれることだろう。

今大会は、史上初めて開幕が1年延期され、大部分の会場が無観客になるなど、新型コロナの影響によって、当初計画から度重なる変更を余儀なくされてきた。

◆強化策が実を結んだ

17日間の会期中、感染力の強いデルタ株の広がりで東京都内の新規感染者数が急増し、一部に中止を求める声も上がった。

しかし、世界各国から集まった一流の選手たちが見せた力と技は多くの感動を与えてくれた。厳しい状況の中でも大会を開催した意義は大きかったと言える。

選手たちは、五輪の開催が危ぶまれる不安定な状態で練習を続けた。大会中も感染対策のために、行動制限を課せられた。

選手たちがひたむきに競技と向き合う姿に励まされた人は多かっただろう。全力を尽くして戦った選手たちを称（たた）えたい。

日本選手団は、金27、銀14、銅17の計58個に上るメダルを獲得した。金メダルは、過去最多だった1964年の東京大会と2004年のアテネ大会の16個を大きく上回った。メダルの総数も、最も多かった。

特に個人戦男女14階級のうち9階級を制した柔道や、2冠を達成した体操の橋本大輝選手、競泳の大橋悠依選手らの活躍は見事というほかない。新競技のスケートボードで10代選手が躍動するなど、話題も豊富だった。

悲願の金メダルに輝いた野球やソフトボール、卓球の混合ダブルスなど、日本ならではの「チーム力」も光った。

政府は、東京五輪の招致が決まった13年以降、選手の強化費を増やし、柔道などメダル獲得が有望視される競技に重点的に配分してきた。今回の好成績は、こうした対策が実を結んだと言えよう。

◆女子の活躍が目立った

一方、競泳はメダル獲得数が2000年のシドニー五輪以降で最も少ない3個にとどまった。若い世代の育成が課題だろう。

東京五輪は、「多様性と調和」を大きな理念の一つに掲げた。

開会式で日本選手団の旗手を務めたバスケットボー

東京五輪閉幕

社説

輝き放った選手を称えたい

運営面での課題を次に生かせ

2021年8月9日付

ルの八村塁選手や聖火リレーの最終ランナーだったテニスの大坂なおみ選手など、日本以外の国にルーツを持つ選手の存在もその象徴だ。

様々な事情で母国を逃れた選手による「難民選手団」や、性的少数者（ＬＧＢＴ）であることを明かした選手も参加している。

女性の活躍も目立った。５８３人の日本選手のうち、女子は史上最多の２７７人に上り、日本勢の金メダルの約半数を獲得した。

男女平等を進めるため、混合種目も増えた。多様性を認め合う社会へと変わる契機にしたい。

◆浮き彫りになった問題

今大会は、東日本大震災から10年という節目にあたり、「復興五輪」とも位置づけられてきた。コロナ禍で海外の人たちに復興の様子を見てもらうことはかなわなかったが、表彰式ではメダリストに被災地の花束が贈られ、選手村の食事には現地の食材が使われた。

来日した選手や関係者は数万人に上った。選手村などで大きな集団感染が起きなかったことが、成功の証しと言えるのではないか。多くのボランティアに支えられたことも忘れてはならない。

一方、現代の五輪が抱える課題も浮き彫りになった。

暑さが厳しい真夏に大会を開き、夜間に予選を行うなど、選手にとって厳しい競技日程になったのは、国際オリンピック委員会（ＩＯＣ）に巨額の放映権料を支払う米テレビ局の意向が優先された結果だとされている。

大会の延期に伴う追加経費や無観客で失われたチケット収入の補塡は、ほとんど東京都や国が負うことになる。放映権料を確保しているＩＯＣに比べ、開催都市のリスクが大きいとの指摘もある。

開会式の直前には、演出担当者らが過去の人権軽視の言動などを指摘され、次々と辞任や解任に追い込まれた。

大会組織委員会は、今回直面した課題を記録に残し、今後の五輪改革につなげるよう、ＩＯＣに提案することが必要だ。

24日からはパラリンピックが始まる。開会式は、再び緊急事態宣言が発令されている中での開催となる見通しだ。政府や組織委は、五輪で得た教訓をパラリンピックにも生かさなければならない。

（２０２１年８月９日付朝刊）

そして、世界はこの光景を、この東京オリンピックを、どう評価したのだろうか。

コロナ下「偉業」「政府と国民　溝」　東京五輪　世界の見方

【ニューヨーク＝寺口亮一、北京＝田川理恵】東京五輪の閉幕に際し、米国向け放映権を独占した米ＮＢＣのスポーツキャスター、マイク・ティリコ氏は、ＡＰ通信に対し「（新型コロナウイルス下で）大会が開催され、予定したイベントが全て行われたことは注目すべき偉業だ」と語った。

ドイツの有力紙フランクフルター・アルゲマイネ（電子版）は、大会が中止されていれば多くの選手が五輪出場の機会を失い「災難となっていた」として開催の意義を強調。大会前は反対意見が多かったことに触れ、「(今大会が)選手にとってどれほどの助けとなったかについて、日本人が誇らしく思えるようになるまでに数年を要するかもしれない」とも指摘した。

オーストラリア紙シドニー・モーニング・ヘラルド(電子版)は、選手らが国の垣根を越えてお互いを助け、声援を送り合っていたと紹介し、「メダルの数を超えた成果だ」と論じた。ブラジルのフォーリャ・デ・サンパウロ紙(電子版)も東京大会を「スポーツの力を祝福した」と評価した。

大会がほぼ無観客で開催されたことについては、各メディアで受け止めが分かれた。

米紙ニューヨーク・タイムズ(電子版)は「大会が社会から切り離され、窮屈で閉所恐怖症を引き起こしそうだった」と報じた。韓国の聯合ニュースは、大きな混乱がなかったとして「運営面では合格点に十分だった」と一定の評価をした一方、無観客開催によって「外国メディアから『葬式のようだ』との評が出るほど、感動を探すのが難しかった」と批判的に伝えた。

半年後に北京冬季五輪を控える中国の国営新華社通信は、五輪関係者の感染が「比較的低い水準に抑えられている」と分析。観客を入れていれば、インド由来の変異ウイルス「デルタ株」の流行で「防疫対策は全く制御できなくなっていた」として、無観客開催は「功績」だったと評価した。

2024年にパリ五輪を開催するフランスの主要紙ル・モンドは、大会期間中に拡大した新型コロナ感染に「政府の対応が追いついていない」と厳しい目を向けた。「東京五輪で明らかになったのは政府と国民の溝だろう」とも指摘した。

(2021年8月9日付朝刊)

日本国内の世論も、開催に批判的な声が多かった開幕前とは一変した。

読売新聞が8月7～9日に行った全国世論調査（電話方式）では、東京五輪が開催されてよかったと「思う」は64％に上り、「思わない」の28％を大きく上回った。

今回の五輪をどのように開催するのがよかったかについては、「中止した方がよかった」は25％にとどまった。前回（7月9～11日）調査（電話方式）では、「中止する」が41％に上っていた。日本選手の活躍などによって、厳しい見方が和らいだようだ。

ただ、菅首相が掲げてきた「安全・安心」な形での開催について聞くと、できたと「思う」は38％にとどまり、「思わない」の55％を大きく下回る結果となった。

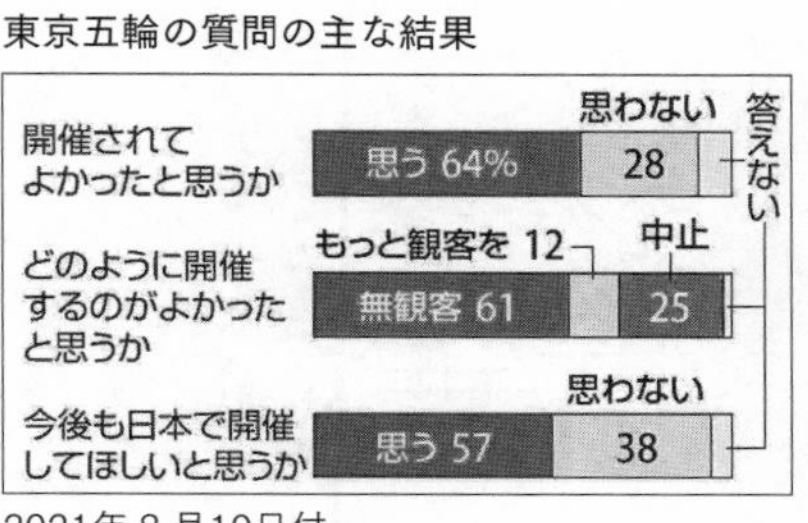

2021年８月10日付

読売新聞は五輪の閉会式に際しても、作家の重松清さんに特別寄稿を依頼している。この大会をいつか語り合おう、と説く文章は、やはり心に響く。改めて掲載したい。

［特別寄稿］**この祭り　いつか語り合おう**――作家　重松　清

祭りが終わる。

街に繰り出すことのない祭りだった。

熱狂はテレビやスマホの画面の中に封じられ、歓声の聞こえない街には、静かに（しかし、すさまじい勢いで）新型コロナウイルスが広がりつづけた。

その祭りが、終わる。

17日間。早かったのか。長かったのか。「ああ、もう終わってしまうのか」という寂しさは、個人的にはあんがい薄い。大会の終盤は、感染者数とカレンダーを交互に見つつ、「なんとか無事に終わってくれよ」と、むしろ時間を早送りしたい思いに駆られていた。

名残惜しさにひたりたくても、ひたれない。似たようなジレンマを会期中ずっと感じていた人は、決して少なくはないだろう。この五輪は、そういう祭りだったのだ。

スマホにニュース速報が入る。過去最多――メダルの数？　それとも新型コロナの感染者の数？

街という大きな舞台を得られなかった、いわば「街なき五輪」の閉会式は、残念ながら満天の星空の下ではおこなわれなかった。

東京は午後まで雨が降っていた。台風10号が関東沿岸を通過したのだ。嵐とともに幕を閉じる五輪――ちょっと出来過ぎか。

それでも、スタジアムに入ってきた選手たちは笑っていた。その笑顔に導かれて思いだしたのは、スケートボード女子パークで大技に失敗した岡本碧優（みすぐ）選手を、海外の選手たちが抱え上げてくれた場面だった。よかったなあ、あの光景。

ほかにも、選手同士が勝ち負けを超えて健闘を讃（たた）え合う姿を何度も見た。過去の大会よりもその数が多いような気がするのは……星の光が恋しいせいかな？

大会中に選手たちが発した言葉の中で最も印象深かったのは、柔道の大野将平選手が混合団体の決勝戦後に語った一言だった。

「金」を期待される中での敗退、しかも自身の出番が来る前に勝敗が決してしまった。その無念と悔しさをグッとこらえて、大野選手はまず勝者のフランスを「尊敬します」と讃え、さらに日本チームを「誇りに思います」……。

「街なき五輪」は「言葉なき五輪」でもあった。「復興」から「安全、安心」に至るまで、いくつもの言葉が声高に掲げられては、むなしく消えていった。一方で、SNSの言葉はとげとげしく荒れて、選手たちへの誹謗（ひぼう）中傷が相次いだ。

他者への「尊敬」と自身の「誇り」もまた、深く傷ついたあ

特別寄稿　作家　重松清さん
この祭り　いつか語り合おう

2021年8月9日付

げく、僕たちのもとから去りつつあった。その背中を、大野選手が力強く摑(つか)んで、引き戻してくれたのだ。

祭りが終わる。

子どもたちは、閉会式を見ているだろうか。

「街なき五輪」は、子どもたちのやわらかな記憶の中で、これから長い年月をかけて熟成していく。どんな味わいになるだろう。甘さだけではない。苦さも、酸っぱさも、きっとある。でも、そのぶん深い味になってくれたら、おとなとして、うれしい。

選手たちへの声援は、画面越しに届いただろうか。さまざまな困難の中、大会を支えた現場スタッフやボランティアの奮闘に、もっと思いを馳(は)せたかった。

心残りはあっても、パラリンピックに大切なものをつないでいこうか。

十代の選手、よくがんばったなあ。ベテランだってがんばった。40歳の飛び込み・寺内健選手への各国の選手たちのスタンディングオベーションには、目頭が熱くなった。そんな思い出の数々を胸に、子どもたちよ、いつか、この祭りについて語り合おう。

しげまつ・きよし　1963年生まれ。出版社勤務を経て、99年『エイジ』で山本周五郎賞、2001年『ビタミンF』で直木賞受賞。早大文化構想学部の教授も務める。

（2021年8月9日付朝刊）

5　未曽有の経験

歓声なきスタンド

多くの感動と興奮をもたらし、コロナ下においても成功を収めた東京五輪。しかし、数え切れないほどの困難を伴っていた。ほとんどはオリンピック史上、経験したことがない。

何よりもまず、スタンドに歓声がなかったことだ。

スポーツイベントは本来、アスリートと観衆が対になっているものだろう。魂のこもったプレーにファンが熱狂し、その熱が選手たちの背中を押す。しかし、今大会は大半の競技場が無観客となってしまった。

サッカー日本代表の吉田麻也主将が開幕前、テレビカメラの前で、無観客とすることに疑問の声を上げた。

「残り時間10分の苦しい時に、サポーターの思いは僕らの助けとなる。国民が見に行けないなら、誰のための、何のための五輪なのか」

少しでも観客を入れて欲しい、ということだ。五輪開催に反対する人からの批判を受けることも覚悟したうえでの発言だった。

無観客を理由に出場を取りやめたアスリートもいる。テニス男子のニック・キリオス選手（豪）は、１都3県での無観客開催が決まった翌日の7月9日、五輪への不参加を表明した。「国の代表として五輪でプレーすることはずっと夢だったし、機会は二度とないかもしれない。でも、無人のスタジアムでのプレーには、どうしても違和感がある」

コロナ禍の状況からすれば、無観客での開催はやむを得ない判断であった。しかし、自国開催の五輪を生で見る機会をほとんど失ったことに落胆した人も、当然多かった。札幌市で開催されたマラソンでは、「密」になるのを承知で沿道に多くの人々が集まった。

こうした中でも、子どもたちを対象にした「学校連携観戦プログラム」は宮城、茨城、静岡の3県で実施された。茨城では7月22～27日に県内21校の計３４００人がサッカーを観戦している。

新たな観戦スタイル

無観客開催の中でも人々はオンラインを通じ、様々な形で「観客」となった。通信の高速・大容量化、視聴機器の多様化によって生まれた、新しい観戦スタイルについての記事だ。

「金」の歓喜　ネット共有

レスリング女子62キロ級を制覇した川井友香子（ジャパンビバレッジ）が、無観客の会場に設置されたモニターに向けて金メダルを掲げ、笑顔でおじぎした。画面に映るのはネット回線でつながった両親だった。

「やっと金メダルを家族に見せることができた。今までサポートしてくれてありがとうございました、という気持ちで頭を下げました」

多くの競技会場に設けられたディスプレーセットは「アスリートの瞬間」と名付けられていた。選手は競技を終えた後や表彰式の後で、あらかじめ登録した最大5か所にいる人たちと喜びの瞬間を分かち合うことができる。もちろん、相手が世界中のどこにいても――。

3月に東京五輪は海外から観客を受け入れないと決まったことから、このシステムが導入された。長い距離と大きな時差を超えて、外国の選手と家族らがその場で祝福と感謝の言葉を交わす光景は、ひときわ感動を呼んだ。

◎

五輪期間中、大学や企業、自治体やテレビ局などで、多くの人をネットでつなげて一緒に観戦する動きが見られた。皮肉なことだが、コロナ禍でリモート会議やテレワークが普及していたことが、オンラインで集う観戦を容易にしたのだ。

もちろん、無観客より有観客の方がいい。もし満員のスタンドの中で東京五輪が開催されていたら、と思わずにはいられない。

しかし人々は、競技場に行けなくても新たな形で興奮と感動を共有した。

テレビやネットを通して届く映像にも、多くの最新技術が込められていた。観戦のあり方に様々な可能性を見いだした五輪でもあった。

（２０２１年８月12日付朝刊１面）

視聴機器、テレビ以外も

今大会は柔道や体操など、日本勢がメダルを量産した競技に限らず、ふだんは目にする機会がほとんどない競技も簡単に見ることができた。テレビだけでなく、スマートフォン、タブレット端末、パソコンと様々な機器で視聴できる環境が整った結果だ。

博報堂ＤＹメディアパートナーズのメディア環境研究所は毎年1～2月に東京都と大阪府で、メディア機器の使用状況などに関する定点調査を15～69歳の男女を対象に実施している。９６２人が回答した今年の調査結果によると、１日あたりのパソコンやタブレット端末、スマートフォンなどの利用時間は前年より36分増えていた。

理由としてはコロナ禍によって余儀なくされた「巣ごもり生活」が影響したとみられる。テレワークやオンライン学習などが普及した結果、多くの人がネットをつなぎっぱなしにしている「オンライン常態化」が生まれた。

同研究所の新美妙子上席研究員は、「新しいスタイルの視聴行動が広がっていた中で、東京五輪が開催された。自宅のリビングなどで、複数の機器を使用して、幾つもの競技を様々なスクリーンを通して観戦する人が多かったのではないか」と分析する。

テレビ各局が、視聴者の好みに合うサービスを提供したことも大きかった。

ＮＨＫは、地上波で放送した競技をスマートフォンなどで同時に見られるうえ、ＩＤ登録をすれば、見逃した競技も見られる配信サービス「ＮＨＫプラス」を展開した。閲覧・再生に利用した端末数は通常（４～６月）に比べ、開幕した週（７月19～25日）と翌週（７月26日～８月１日）は３倍近くに増えた。

民放各局のライブ配信サービス「gorin.jp」の利用も、前回のリオデジャネイロ大会や18年平昌冬季大会と比べて大きく伸びた。

また今大会で放送・マスコミ各社は、五輪の各競技を短くまとめた動画や写真をツイッターなどに上げた。新美上席研究員によると、個人のツイッターから、これらのコンテンツを見つけ、マスメディアのサイトを見る流れも生まれた。

ノンフィクション作家の髙橋秀実さんは、「配信での中継は解説がなく、現場の音声だけが聞こえて新鮮だった。フラットに競技を観戦できたし、スタッフたちの細かな動きも知ることができた」と評価する。

１９６４年の前回大会は、カラーテレビ普及のきっかけになった。今大会は視聴機器の多様化と同時に、生放送や見逃し再生、短いまとめ動画を雑多に見るような、新しい視聴行動が広まる契機になりそうだ。

◆動画やデータ、瞬時に

今回の五輪は高速・大容量通信規格「５Ｇ」の見本市と位置づけられていた。大半が無観客での開催となり、一般向けの公開はできなかったが、新たな観戦スタイルの確立に向け、複数の競技で実証実験が行われた。

セーリングでは、ＮＴＴなどが会場の岸壁からほど近い海上に平らな船を浮かべ、幅55メートル、高さ2メートルの大型ディスプレーを設置。専用の船とドローンで撮影した高解像度のレース動画を、人工知能（ＡＩ）を使って瞬時につなぎ合わせながら映した。

動画の送信に5Gを活用することで、ほぼ同時進行でレースの様子を中継できた。担当者は「これまでは、沖合のレースを双眼鏡で見るしかなかったが、洋上のクルーズ船の特等席から観戦しているような体験ができる」と話す。

競泳会場では、観戦した関係者ら約１４０人にＮＴＴドコモがゴーグルを配布。装着すると、拡張現実（ＡＲ）の技術により、プールの上に選手の紹介やレースの順位などが表示された。

公式計時を担ったスイスの高級時計メーカー、オメガは、選手の速度や加速、位置などのデータをリアルタイムで測定する技術を初めて導入し、テレビの生中継に提供した。

陸上競技では、加速度センサーなどを搭載した重さ約16グラムのタグを選手のナンバーカードに装着。速度や加速度、選手の位置など毎秒約２０００もの情報を会場内の受信機で集めた。選手の最高速度到達地点や選手間の差が記録され、勝負を分けたポイントなどが理解しやすくなったという。選手にセンサーが付けられない競泳では、会場の天井に4台のカメラを設置し、画像をＡＩで解析して選手の位置や秒速などを伝えた。

技術開発を担当する「オメガ・タイミング」のアラン・ゾブリスト最高経営責任者（ＣＥＯ）は「スポーツの中継に選手間の距離や速度の変化などの情報が加えられると、楽しめるだけでなく、競技へのより深い理解につながる。選手の競技力の向上にも生かしてほしい」と話した。

米インテルはテレビなどで臨場感が高まる映像技術を提供した。バスケットボールの中継では、会場全体に高解像度のカメラを設置してプレーを撮影した。選手の縦、横、奥行きを記録した立体データを処理し、３６０度の全方向で見えるリプレー映像などを実現した。肉眼では見極めが難しいプレーの判定の検証もできるという。

◆リモートで応援

コロナ禍で競技会場での観戦だけでなく、大人数が集まるパブリックビューイング（ＰＶ）も中止された。その代わりとして、盛んに行われたのがオンライン観戦だ。インターネットの会議システムを使い、一緒に応援することで臨場感を味わう。

競泳の池江璃花子（ルネサンス）の地元、東京都江戸川区では、オンラインでの観戦イベントに１８０世帯が参加。「ファイト」「頑張って」などと書いたボードを掲げ、声援を送った。

テレビ各局も、試合の中継にオンラインＰＶを組み合わせるなどして盛り上げた。ＮＨＫには参加者から「金メダルの瞬間に現地で立ち会えた気持ち。感動した」といった声が寄せられたという。

ネットを通じたエールは試合に臨む選手たちにも届けられた。競技会場のスクリーンには世界中から寄せられた応援動画が並べて映し出され、スタンドの向こうに大勢の〝観客〟がいることをアピールした。

（２０２１年８月12日付朝刊）

命にかかわる暑さ

大会期間中の酷暑についても触れなければならない。これはコロナ禍とは関係なく、予想できたことである。

マラソンと競歩は暑さ対策として会場を東京から札幌に移した。中東のカタールで行われた世界陸上のマラソンで途中棄権する選手が続出したため、ＩＯＣが急遽、札幌への移転を〝通告〟してきたことは第三章で記した。競技そのものを避暑させたのだから、究極の暑さ対策と言えるだろう。

しかし結果的には効果がなく、むしろ裏目に出た。皮肉なことに、7月後半から8月上旬のオリンピック期間中、札幌市は記録的な猛暑となったのである。

競歩は8月5日と6日に、マラソンは7日と8日に行われた。レースはもちろん過酷なものとなったが、さらに選手が翻弄されたのは7日に行われた女子マラソンだ。8月7日付の朝刊社会面に「6日は午後0時58分に35度を観測。最高気温が30度以上の『真夏日』は17日連続となり、観測史上最も長かった１９２４年の記録に並んだ」とある。女子マラソンは、連続真夏日の記録をほぼ１００年ぶりに更新する日と重なった。

こうした状況を受けて大会組織委は、７日の女子マラソンは開始時間を１時間早め、午前６時スタートとなることを前夜に決めた。すでに眠りに就いていた選手は、翌朝に予定より早く起こされて初めて知ったという。１年延期も含め、真夏のレースに向けて長い調整を続けてきた選手が、最も大事にする本番前夜からの睡眠を予定通りに取れないのでは、完全な体調で臨むことなど、できるはずもなかった。

もちろん、スタート時間の前倒しという措置自体は必要なことであった。また、医療関係者などスタッフの尽力により、レースは過酷だったものの、重大な事態に陥る選手が出なかったことは幸いというしかない。現場を担っていた医師が、読売新聞に当時の状況を語っている。

マラソン　6時に繰り上げ

女子スタート

東京五輪・パラリンピック大会組織委員会は6日、札幌市で7日に行われる女子マラソンの開始時間を1時間繰り上げ、午前6時にすると発表した。気温の上昇がアスリートの健康に与える影響を考慮したため。

6日の札幌の最高気温は35度を記録し、組織委は世界陸連の医療担当者の助言を踏まえ、国際オリンピック委員会（IOC）と協議して決めた。

札幌　記録的猛暑

17日連続真夏日　1924年以来

暑さ対策で東京五輪の競歩とマラソンの会場になった札幌市で、記録的な暑さが続いている。6日は午後0時58分に35度を観測。最高気温が30度以上の「真夏日」は17日連続となり、観測史上最も長かった1924年の記録に並んだ。

気象庁によると、大陸からチベット高気圧が東に張り出し、太平洋高気圧の上に重なる「2階建て」の状態が、北海道上空で生じている。例年は本州付近が二重の高気圧に覆われるが、上空の偏西風が日本付近で北に大きく蛇行した影響だ。地表付近で空気を圧縮する力が強まって気温が上がりやすくなり、雲ができにくいため日射量も増える。

同市の平年の気温は東京

２０２１年８月７日付

五輪マラソン　熱中症多数　札幌　想定上回る暑さ

札幌市で8月5～8日に開催された東京五輪のマラソン、競歩の計5種目で選手用医務の責任者だった松田整形外科記念病院（札幌市）の菅原誠・理事長（71）が読売新聞の取材に応じた。開催中、札幌では97年ぶりに連続真夏日を更新するなど高温が続き、レースの結果、多数の選手が熱中

症になったとし、「対策はしてきたが、想定を上回る暑さだった」と振り返った。（大前勇）

◆医務責任者　開始時刻の変更「妥当」

マラソン、競歩の会場が東京から札幌に変更になったのは2019年11月。同9～10月にカタール・ドーハで開かれた陸上世界選手権で酷暑によって棄権者が続出したことを受け、暑さ対策で変更された。早朝の競技スタート時に東京は気温が26度となることが想定されていたが、札幌では5度ぐらい低くなることが期待されていた。

ただ、札幌では女子マラソン開催日の8月7日に、最高気温が30度以上となる「真夏日」が18日連続となり、1924年の記録を更新。早朝のスタート時の平均気温は26度ほどもあった。「結果として東京で想定されていたのと同じような気候になった」とする。

暑さから女子マラソンは前日夜に開始時刻が急遽1時間繰り上がり、午前6時になった。当初は選手の随行に救急車2台、救護車2台が用意されていたが、コース付近に待機させる予定だった2台の救護車も加えた。「急な決定に批判もあったが、選手の体調を考えると妥当な判断だった。1時間遅かったら体への影響ははるかに大きくなった」とする。

暑さ対策で取り入れられたのが選手の体を冷ますアイスバス（氷風呂）。国際オリンピック委員会（IOC）や世界陸連（WA）のほか、各国選手団からも導入や増設を強く要望されたという。計5種目では意識障害や高体温になるなど重症の熱中症になった選手が複数いたが、アイスバスで体調を回復させることができた。

マラソン、競歩では医師や看護師など医療従事者延べ約400人が選手用の医務に携わった。東京五輪について、「関係者の協力のおかげで、無事に競技を終えることができた」と語った。

（2021年9月5日付朝刊）

マラソンと競歩だけではない。テニスやサッカーといったハードな屋外競技の選手は皆、危険を感じる暑さの中でプレーすることになった。この時期に東京で、いや北海道であっても、オリンピックを開催すること自体に無理があったと言わざるを得ない。なぜ、この時期なのか。記事は次のように伝えている。

酷暑「選手第一」に壁

7月28日午後。まだ太陽は高く、この日も「有明テニスの森」は酷暑に見舞われていた。気温32度、湿度79％。コート上は40度を超えていたと思われる。

テニス男子シングルスに出場していた世界ランク2位、ダニール・メドベージェフ（ロシア・オリンピック委員会＝ROC）があえぎながら審判に訴えた。

「これでは死ぬかもしれない。私が死んだら責任をとれるのか？」

コロナ禍の前は、暑さ対策が東京五輪の最大の難問だった。陸上のマラソンと競歩は札幌開催に変更された。だが、それ以外に暑さからアスリートを守る「選手ファースト」の方策はとられていたのだろうか。

テニスは選手たちの一致した要求を受けて、翌29日から第1試合の開始時刻は午前11時から午後3時に変更された。サッカー女子決勝も午前11時からの予定を午後9時に変更。暑さを避けて札幌に移したはずのマラソンも女子は前日に急遽スタート時間を午前6時まで早めた。

競技時間を柔軟に変更できたのは、観客に配慮する必要がなかったからだ。コロナ禍による無観客開催のおかげとは、皮肉と言うしかない。

直前の時間変更は選手を暑さからは少し救う一方、コンディション作りを難しくさせた。組織委員会メインオペレーションセンターの中村英正チーフは「もう少し早く（時間変更を）決断できなかったのか、真摯（しんし）に考える必要がある」と語った。

そもそもこの季節の開催自体、無理ではないか。

「他の時期では米国の人気スポーツのシーズンと重なり、放映権料が高く売れない。国際オリンピック委員会（ＩＯＣ）とすれば時期をずらすことはできない」（都幹部）とみられている。しかし、五輪閉幕後の9日、組織委の武藤敏郎事務総長は「7～8月の日本開催はやめた方がいいというのは、その通りだと思う」と率直に認めた。

（２０２１年8月11日付朝刊１面）

今大会では選手のメンタルヘルス（心の健康）も注目された。五輪前にテニスの大坂なおみ選手がうつ症状を告白。米国体操女子のエース、シモーン・バイルスはメンタルの状態を理由

に競技の一部を棄権した。東京２０２０大会は様々な面で、「選手をいかに守るか」という課題を突きつけられた。

クローズアップされたＬＧＢＴＱと難民選手団

五輪は、開催される時代の価値観を映し出す。世界中が最も注目するイベントだからだ。東京２０２０大会では特に、ＬＧＢＴＱ（性的少数者）と難民選手団がクローズアップされた。

ＬＧＢＴＱとは、Ｌはレズビアン（女性の同性愛者）、Ｇはゲイ（男性の同性愛者）、Ｂはバイセクシュアル（両性愛者）、Ｔはトランスジェンダー（自分が認識する性と出生時の性が異なる人）、Ｑはクエスチョニング（特定の性的指向に属さず、性自認が定まっていない人）を指す。

ヒロインの棄権　衝撃

世界から重圧「心のケア必要」

米女子体操・バイルス

コロナ下、家族らと離れるストレスも

入江決勝進出　男子200背

２０２１年７月29日付

ＬＧＢＴＱ　参加者急増　理解に道

ウェブメディア「アウトスポーツ」によると、東京五輪にＬＧＢＴＱ（性的少数者）を公表して参加した選手は少なくとも１８３人（12日時点）に上った。２０１２年ロンドン大会（23人）、16年リオデジャネイロ大会（56人）と比較すると、急増した。

重量挙げ女子87キロ超級には、男性から女性への性別変更を公表したローレル・ハバード（43）

（ニュージーランド）が出場した。ＩＯＣは女性に性別変更した選手に対し、筋肉量を増強するホルモン「テストステロン」の血中濃度が最低1年間、一定以下であることなどを条件に女子競技への出場を認めている。

一方でハバードに対し、「男性として育った選手は身体的に有利だ」とする声もある。何が有利になるかは各競技で異なる。もし、ハバードが射撃の選手だったら、同様の反対が起きただろうか。フェンシングの元女子日本代表で、現在は男性として生きる杉山文野さんは「スポーツと社会は密接に関わる。スポーツ界からの排除は、社会からの排除と同じ。ＩＯＣが人権に重きを置き、道をしっかり示したことは大切なことだった」と、その判断を評価する。

日本でのＬＧＢＴＱに対する理解はどうか。5月末、自民党総務会は超党派の議員立法で成立を目指していた「性的少数者に対する理解増進法案」の了承を見送った。性的指向による差別を禁じる五輪憲章に沿ったものだったが、「同性婚を認めることにつながる」などと保守系議員が反対し、提出を断念した。杉山さんは「理解より人権が先。制度を作ることから進めていくことが大切」と法整備を訴えている。

◆難民選手団　世界の厳しい現実　反映

世界中の国・地域からの参加という「多様性」は、五輪の価値の中核だ。しかしそこから漏れてしまう若者たちがいる。難民の急増が国際問題化した２０１５年、ＩＯＣは難民選手団の創設を表明した。16年リオデジャネイロ五輪に10選手が初参加し、東京五輪ではその3倍近い29選手が12競技に参加した。

選手数の増加は、リオから東京までの間に「世界の難民が約20％増え、約８０００万人近く」（ＩＯＣ）になったことと無縁ではない。シリアから逃れる道中、故障したボートを泳いで押して生き延びた体験を持つユスラ・マルディニ（23）は、２大会での競泳出場に感謝しつつ、「理想の世界なら難民選手団は必要ない。けれどこれが今の現実」と複雑さをのぞかせる。

選手たちの渡航の安全などを守るため、東京大会開催期間と前後７日間を対象に、国連総会では「休戦決議」も採択された。ＩＯＣの提唱で１９９４年大会から始まった、古代五輪の故事に倣う平和構築へのメッセージだ。

ただ、今大会期間中もシリアでは内戦が続き、アフガニスタンでは国連事務所への襲撃が起きるなど、ここでも現実の厳しさが浮き彫りになっている。

（２０２１年８月14日付朝刊）

コロナ感染が急拡大し、新聞の１面を二分した記事

７月下旬から８月上旬、五輪期間中の新聞１面は、トップが日本選手の活躍を報じる記事ならば準トップは感染拡大を報じる記事。あるいはその逆のどちらかであった。

例えば７月28日付朝刊１面は、ソフトボールの金メダルをトップで報じているが、その隣には「コロナ　都内感染　最多２８４８人　先週の倍　若年層目立つ」と大きな見出しがある。翌29日付朝刊１面も、体操男子個人総合で橋本大輝選手が金に輝いたという記事と「コロナ

全国感染　最多9582人　緊急事態　首都圏3県追加も」という見出しが並んでいる。

30日付朝刊1面は、柔道男子でウルフ・アロン選手、柔道女子で浜田尚里選手がともに金メダルを取ったにもかかわらず、トップは「緊急事態　首都圏3県・大阪　追加へ」という記事だ。大会終盤の8月7日付朝刊1面も、空手男子形で喜友名諒選手の金メダルと「コロナ感染　計100万人超」という記事で紙面を分けている。

採火式やリレーが一部中止に

8月8日にオリンピックが幕を閉じ、いよいよ次は24日開幕のパラリンピックという時を迎えても、新型コロナウイルスの感染状況は拡大し、収まる兆しがなかった。パラリンピックの採火式や聖火リレーが始まったと伝える記事も、コロナ禍による予定変更を合わせて報じている。

パラ　聖火も多様に　採火　各地で

東京パラリンピックの聖火の種火を採る行事が12日、全国各地で始ま

ソフト連覇

Tokyo 2020

北京以来 米破る

コロナ

都内感染 最多2848人

先週の倍 若年層目立つ

首相「強い警戒感」

2021年7月28日付

った。

パラの聖火は、ギリシャ・オリンピアで採られた火を使用する五輪と異なり、多様性を表現するため、地域の特性を生かした独自のやり方で採った火が種火となる。

東日本大震災で壊滅的な被害を受けた岩手県陸前高田市では12日午前、震災モニュメント「3・11希望の灯り（あかり）」から種火を採る行事が行われた。2011年12月に神戸市の「阪神淡路大震災1・17希望の灯り」から分けられた火で、近隣住民らが二つの大震災の犠牲者に祈りをささげている。

採火に参加した灯りを管理する地元の市民団体「箱根振興会」の藤原直美会長（77）は「犠牲者の鎮魂や復興への願いが込められた火であることを思いながら、聖火を見ていただきたい」と話した。

大会組織委員会によると、3月時点で47都道府県の880超の市区町村が採火の参加を表明していたが、新型コロナウイルス感染拡大で一部自治体が取りやめを決めている。

パラの聖火リレーは17日以降、競技会場のある静岡、千葉、埼玉、東京の4都県で行われる。20日夜には、都内で全国の火を一つに統合する「集火式」を行い、21～24日に統合された聖火を使ったリレーが都内で予定されている。ただ、コロナ禍ですでに東京、千葉、埼玉が公道走行の中止を決定。代わりに点火セレモニーなどが計画されている。

（2021年8月12日付夕刊1面）

感染者の急増を受けて政府は8月16日、東京など6都府県に発令中の緊急事態宣言について、茨城、栃木、群馬、静岡、京都、兵庫、福岡の7府県を追加する方針を固めた。期限は9月12日で、パラリンピック期間（9月5日まで）はすべて含まれる。同じ日、パラリンピックも五輪に続いて無観客で開催することが決まった。記事は次のように伝えている。

パラ　無観客決定　学校観戦は実施

東京五輪・パラリンピック大会組織委員会は16日、新型コロナウイルスの感染状況を踏まえ、24日に開幕するパラリンピックを原則無観客で開催することを決めた。政府、東京都、国際パラリンピック委員会（IPC）とのオンライン形式の4者会談で合意した。児童や生徒に観戦してもらう「学校連携観戦プログラム」は、パラの教育的価値を考慮して実施する。

パラは緊急事態宣言が発令中の東京、千葉、埼玉と、宣言の発令を要請している静岡の4都県21会場で、22競技が行われる。

組織委は学校連携観戦プログラムについて、自治体や学校設置者が希望する場合は実施できることにした。同プログラムは五輪でも宮城、茨城、静岡の3県で行われた。路上競技は沿道での観戦自粛を求める。感染状況に大きな変化が生じた場合は、速やかに4者会談で対応を検討するとしている。

（2021年8月17日付朝刊1面）

6　パラリンピック開会式

発祥から73年

五輪の興奮が冷めやらないなか、いよいよ東京２０２０大会の後半、パラリンピックが始まろうとしていた。

パラリンピックの起源は、その時から70年余り前に遡る。第２次世界大戦で脊髄を損傷した元兵士のリハビリテーションとして、医師のルートビッヒ・グットマン博士が１９４８年ロンドン五輪に合わせ、スポーツ大会を開催した。場所は英国のストーク・マンデビル病院。車いすの選手16人がアーチェリーで競う小さな大会だった。

52年にはオランダの元軍人が参加して国際大会に。発祥の病院にちなんで「第1回ストーク・マンデビル大会」と称し、次第に高いレベルで競い合うスポーツ大会の性格を強めていく。グットマン博士は「五輪の年は五輪開催地で実施したい」と呼びかけ、60年ローマ五輪後に同じローマでストーク・マンデビル大会が開かれた。当時はまだ「パラリンピック」とは呼ばれてはいなかったが、後にこれが第1回パラリンピックとされた。

これ以降、五輪同様に4年ごとに開かれるようになった。76年にはスウェーデンで第１回の冬季パラリンピックも開かれ、やはり4年に1度開催されている。

64年東京大会では、下半身まひを意味する英語「パラプレジア」とオリンピックを組み合わせた造語「パラリンピック」が生まれ、愛称として使用された。88年ソウル大会からはこれが正式な名称となり、「パラレル（もう一つ）の五輪」という意味で使われている。

東京にとっては、オリンピックだけでなく、パラリンピックもまた、57年ぶり2度目の開催であった。

全国各県で採火、１０００人以上リレー

8月24日、夜の開会式を前に、64年の東京パラリンピックで会場となった代々木公園陸上競技場（通称・織田フィールド）で聖火リレーの到着式が行われた。

パラの聖火は、47都道府県で共生社会の実現などの願いを込めて種火が採られた。リレーは17日に始まり、8日間かけて１０００人以上の走者が、競技会場のある静岡、千葉、埼玉、東京で炎をつないだ。

織田フィールドでの最終走者は、国際パラリンピック委員会特別親善大使でタレントの稲垣吾郎さん、草彅剛（くさなぎつよし）さん、香取慎吾さん。3人は並んでトラックを走った後、炎をランタンへと移す「納火」を行った。

東京都の小池知事は「この織田フィールドは、日本に障害者スポーツが普及するきっかけと

なった場所。コロナ禍でも数々の困難を乗り越えて世界中から東京に集結してくれた選手の努力に敬意を表し、誰もがいつでもどこでも、いつまでもスポーツを楽しめる社会を実現したい」とあいさつしている。

聖火はその後、国立競技場へと向かった。

午後８時に始まった開会式。その模様を読売新聞は、五輪と同様、翌日朝刊の１面と最終面を連結した「ワイド面」で報じた。

東京パラ開幕　コロナ下　４４００人参加　無観客

新型コロナウイルスの影響で史上初めて1年延期となった第16回夏季パラリンピック東京大会が24日、開幕した。障害のある選手による国際スポーツ大会で、東京・国立競技場での開会式で、天皇陛下が開会を宣言された。国際パラリンピック委員会（ＩＰＣ）によると過去２番目に多い１６１か国・地域と難民選手団が参加し、選手数４４０３人、女子１８５３人は史上最多。９月５日まで22競技５３９種目で争う。

日本での夏季パラは１９６４年大会以来２度目で、東京は夏季パラを２度開催する初の都市となる。開会式の入場行進は難民選手団を先頭に原則、各国・地域の日本語表記の50音順で進められ、日本選手団１９４

東京パラ開幕
Tokyo 2020
コロナ下
4400人参加
無観客

２０２１年８月25日付

人は最後に登場。ニュージーランドはウイルス感染予防を理由に開会式を辞退した。宣誓は日本の主将で車いすテニス男子の国枝慎吾（37）（ユニクロ）らが務めた。

参加国・地域数は、国内情勢の緊迫化で参加しないアフガニスタン〔編者注：のちに出場〕、東京五輪も不参加の北朝鮮を含め当初予定から21減ったが、２０１2年ロンドン大会の１６４に次ぐ規模となった。日本選手は過去最多で、今回の参加国・地域で最も多い２５４人が全競技に出場予定だ。

リオ大会に続いて編成された難民選手団には、４か国計６人が出場登録。組織的なドーピングへの制裁により、ロシア選手は「ロシア・パラリンピック委員会」（ＲＰＣ）に所属する個人資格の選手として出場する。

ウイルス感染対策で全21会場が原則無観客となり、自治体や学校設置者が希望する場合は「学校連携観戦プログラム」を実施。選手は毎日検査を受け、外部との接触を避けるなど厳格な感染対策を講じる。

（２０２１年８月25日付朝刊）

風を起こすパフォーマンス

式典の冒頭では全盲の国際的ピアニスト、辻井伸行さんが作曲したオリジナル曲をバックに、日本国旗が入場。生まれつき全盲のシンガー・ソングライター、佐藤ひらりさんが君が代を独唱する厳かな雰囲気の中、日の丸が掲げられた。

続いて、日本伝統の「からくり」をモチーフとし、「風」を起こすパフォーマンスがスタートする。パラリンピアンや障害者たちがパフォーマーとして、ねじやゼンマイなどの部品に扮(ふん)した衣装で登場した。

パラソルやフラフープを使った踊りで歯車の動きをイメージしたり、2本のロープを使う大縄跳びで動力を表現したりしながら中央のステージに集合し、からくり装置が「完成」。義足の少年が駆け出すと、プロジェクションマッピングで床面に映し出された巨大なプロペラが回転を始めた。

巻き起こった風に吸い寄せられるように、赤、青、緑のバルーンが3方向から1か所に集まり、パラリンピックのシンボルマーク「スリー・アギトス」が出現した。「アギト」にはラテン語で「私は動く」の意味があり、困難に挑戦する選手の躍動感を表現している。シンボルの完成を祝うように、同じ3色の花火が打ち上がり、式典を彩った。

テーマは「WE　HAVE　WINGS」

各国・地域選手団は難民選手団を先頭に、五輪同様、50音順で入場した。最後に登場した日本選手団は、男女1人ずつの旗

個性の花 咲く
障害者パフォーマー躍動
国枝 浦田ら

2021年8月25日付

手を卓球男子の岩渕幸洋(こうよう)選手とトライアスロン女子の谷真海選手が務めた。

ＩＰＣは東京大会の開催に合わせ、障害者の人権を考えるキャンペーン「Ｗｅ　Ｔｈｅ15」を展開していた。「15」とは世界人口の15％、約12億人が何らかの障害を持つということで、世界保健機関（ＷＨＯ）や国連の推定に基づく。スポーツ、政治、経済、芸術など多岐にわたる国際団体や組織と連携し、障害者が多様性を認め対等に共生できる社会を目指す取り組みである。開会式にも、共生社会の実現に向けたメッセージが盛り込まれた。

プラカードを掲げて各選手団を先導したのは全国から公募で集まった人たち。年齢層は幅広く、障害者スポーツに取り組んでいたり、パラアスリートを支援していたり、福祉や国際交流にかかわっていたりと、人物の背景も様々だ。また、パフォーマンスの出演者の衣装は直線と曲線の組み合わせで構成され、多様性の尊重を訴えた。

参加選手団計約３４００人の入場行進が終わると、会場の明かりが消えた。あちこちから風が巻き起こり、一つになっていく様子が色とりどりの光で表現されていく。パラリンピアンが大会を通じて作り出す「新しい風」だ。

セレモニーのテーマは「ＷＥ　ＨＡＶＥ　ＷＩＮＧＳ」。それぞれの生き方を貫きながら競技生活を送るパラリンピアンには、どんな逆風も力に変える「翼」が備わっていることを表現していた。

素晴らしいプログラムだった。開会式を見た記者のコラムである。

コラム［聖火］選手の起こす風　感じて

開会式では、片翼で空を飛べないと諦めていた飛行機（少女）が、障害という「違い」を生かして自由に動く仲間たちに光をもらい、滑走を始めるまでが描かれた。それはパラリンピアンたちが、障害の有無を超えて私たちに送ってくるメッセージでもある。人は皆、違いを抱え、障壁と向き合い生きている。ありのままの自分であっていい。ほら、あなたの心にも小さな翼が――と。

感染症が急拡大する中、なぜパラリンピックを開くのか。そこにその答えが見える気がする。不安や怒りは、気づかぬうちに私たちの人生観を萎縮させ、心を隔ててきた。でも選手たちは言うのだ。逆境の中でも、光は消えない。それはあなたの中にあるものだから。

「僕はがんで片脚を失い、出来ないと言われることに反発してスポーツを始めた。コロナ禍は国際社会が患うがんなのかもしれない。でも失意に負けて、挑み続ける勇気を捨てちゃいけないんだ。パラリンピアンたちは、皆その大切さを知っている」。パラリンピック陸上金メダリストで、日本代表のコーチも務めるハインリヒ・ポポフ氏（独）は言う。

1年半に及ぶ多くの困難と、感染症への不安を越えて東京大会への参加を果たした、史上最多の4403選手の数がそれを物語る。間接的でもいい、世界の選手たちの思いや生き方に触れてほしい。本来なら満席に近いはずの会場を、声なき声援で埋められるように。

車いすで活躍する知人が、人は「違いを認めると楽になれる」と語っていた。障害や老いを含む違いを受け入れることは、人を優しく豊かにする。自分にはまだ、心を広げる力があるのだと気づく。そんな変化が、小さな希望をくれるからだ。12日間の競技が始まる。選手たちが起こす風を、心の翼で受け止めてほしい。（編集委員　結城和香子）（２０２１年8月25日付朝刊）

聖火リレーの最終走者は、３人のパラアスリートが務めた。車いすテニス女子の上地結衣選手、ボッチャの内田峻介選手、パラパワーリフティング女子の森崎可林選手がそろって聖火台の元へ炎を運ぶ。球形の聖火台が花びらのように開くと、３人が一斉にトーチを掲げて点火した。

7　パラリンピック日本選手団の活躍

金メダルゼロから13個に

日本は過去最多の２５４人が全競技に出場し、２０１６年リオデジャネイロ大会でゼロだった金メダルを13個獲得した。銀15個、銅23個を加えた計51個は、04年アテネ大会の52個に次ぐ史上２番目の数となった。国・地域別では中国が金96個、総数２０７個でともに1位。日本は金、総数とも11位だった。

好成績の背景には、自国開催に向けた周到な準備があった。好例がバドミントンだ。今大会から採用されたバドミントンは、当然全員が初出場だったが、金３個を含め、計９個のメダルを量産し、世界にパラバドミントン強国・日本を知らしめた。

韓国出身の金正子（キムジョンジャ）日本代表ヘッドコーチ（ＨＣ）は「思った通りになった。フィジカル強化が勝因ではないか」と笑顔で総括した。

東京大会に向けて日本障がい者バドミントン連盟（現日本パラバドミントン連盟）は、不動産大手のヒューリックと10年間もの長期スポンサー契約を結び、同社が所有する東京都内の体育館を専用の練習拠点とした。昨年、コロナ禍で練習が制限されると、筋力トレーニングなど体力面を強化した。

大会直前の合宿では、健常者の全国大会を戦うレベルの選手に練習相手になってもらい、海外勢の多彩なショットへの対応力を磨いた。競技団体が一体となり、パラ未経験の選手のレベルアップを図った。

若手が台頭

有望な若手を見逃さなかったことも大きい。

バドミントン男子シングルス（車いすＷＨ２）で金メダルに輝いた19歳の梶原大暉（日本体育大）は高１の時に福岡市のクラブに加入してパラバドミントンを始めたが、すぐにクラブから連盟に対して「逸材がいる」と情報が上がった。高校時代から代表候補として強化し、競技を始めてわずか4年で金メダルをつかんだ。

他競技でも、初出場の若手の躍進が光った。競泳では、14歳の山田美幸（WS新潟）が銀メダル2個を獲得した。小1の夏休みに参加した水泳教室で、コーチに才能を見いだされたことがパラ出場につながった。競泳代表27人のうち、19人が初出場だった。

メダルに届いた選手は限られたが、日本パラ水泳連盟の上垣匠監督は「連盟として（若手の）発掘をやってきた中から、人材が出てきているのは間違いない」と強調する。

ボッチャは16年から、競技の普及を目的に特別支援学校の生徒らによる「全国ボッチャ選抜甲子園」を始めた。そこで活躍した江崎駿（法政大）が20歳で東京大会に出場した。

ゴールボール女子では、大会の1年延期に伴い、思い切って選手の見直しを行った。その結果、20歳の萩原紀佳（国立障害者リハビリテーションセンター）が代表入りした。長期合宿で「英才教育をしてきた」という市川喬一総監督の期待に応え、チームトップとなる大会計25得点の大活躍で銅メダル獲得に貢献した。

東京で経験を積んだ若手選手たちが各競技のエース級に成長していけば、3年後のパリ大会への期待も膨らむ。

「地の利」はパラでも

東京パラリンピックに向けた各競技団体の強化を大きく後押ししたのが、19年6月に完成した「味の素ナショナルトレーニングセンター（NTC）イースト」（東京都北区）だ。バリアフリー化された施設で、パラアスリートは過去の大会よりも充実した練習を積み、本番を迎えた。

「イースト」は、五輪選手の強化を目的に08年に開所したNTCの拡充棟として、約194億円を投じて完成。地上6階地下1階の建物は、障害の有無にかかわらず共同利用できるユニバーサルデザインだ。車いすでも使いやすいレストランやトレーニングジムを備え、今大会に向け、バドミントンや競泳、射撃など多くのパラアスリートが活用した。

ゴールボールは、東京大会の会場と同じ床材で整備された「イースト」のコートで、男女の日本代表が長期合宿を行った。練習場所の確保に苦労してきた日本代表の市川喬一総監督は、「めちゃくちゃ素晴らしい環境」と絶賛した。本番同様のコートで練習を重ねたことが女子の銅メダルにつながった。

大会が延期となり、施設を使える時間が増えたことも強化に幸いした。利用者はトップレベルの選手やスタッフに限定され、新型コロナ対策も徹底されていたため、感染した場合に重篤化の懸念を抱える選手にとっても、安心してトレーニングを積める環境は大きなメリットになった。

競泳の男子100メートルバタフライ（視覚障害S11）で悲願の金を手にした木村敬一（東京ガス）は20年春、感染が広がった米国の拠点から帰国し、「イースト」で練習を積んだ。「最新のプールやトレーニング場があり、食堂も併設されているのはありがたい。日常生活とトレーニングが密接につながっていて、安心して練習に集中できる」と感謝した。

五輪では、フェンシングや柔道、レスリングの日本代表が試合直前までＮＴＣで練習し、金メダルを獲得する活躍を見せた。パラリンピックでも、パラバドミントンの代表は大会後半に行われる試合に向け、直前まで施設をフル活用した。日本パラリンピック委員会の河合純一委員長（パラリンピック日本選手団長）は「地の利を生かせるのが自国開催の最大のメリット」と話す。

同じ練習拠点でトレーニングをすることでオリンピックとパラリンピックの選手交流も深まった。パラ射撃日本代表の佐々木大輔（モルガン・スタンレー・グループ）は、本番前に練習場でオリンピック射撃日本代表の岡田直也（ＡＬＳＯＫ）からアドバイスをもらった。「（五輪選手と）一緒に練習できる環境は最高」と佐々木。日本障害者スポーツ射撃連盟の田中辰美事務局長も「オリンピック選手から刺激を受け、学ばせてもらえる。オリンピックとパラリンピック、両方の発展にもつながる」と語った。

オリンピアンとパラリンピアンの〝バリアフリー〟は着実に進んでいる。

東京パラリンピック　金メダルへの道

読売新聞は、五輪と同様にパラリンピックでもすべてのメダルで号外を発行した。パラアスリートたちの金メダル物語は、五輪のメダル以上にまぶしい。

●鈴木孝幸（所属／ゴールドウィン）
――８月26日　競泳男子１００メートル自由形（運動機能障害Ｓ４）

前回大会はメダルを獲得できなかったが、今大会は日本勢第1号の「金」を始め、出場した5種目すべてでメダル（金１銀２銅２）を獲得した競泳陣の主将。

13年ぶりの「金」　進化を続ける34歳

残り20メートルを切り、隣のレーンで泳ぐ先頭のスピードが落ちてきたが、「自分のテンポを崩さない」と最後まで冷静だった。肘から先がない右腕、指が3本だけの左腕によるストロークと、付け根付近までしかない両脚によるキックをよどみなく続け、ゴール手前で逆転した。「よーしっ！」。順位を電光掲示板で確認し、雄たけびを上げた。決して諦めず、自分の人生に向き合ってきたパラスイマーが、３大会ぶりに頂点に立った。

高3で出場した2004年アテネ大会では、200メートルメドレーリレーで銀メダル。12年ロンドン大会までの3大会で金を含む5個のメダルを取った。だが前回のリオデジャネイロ大会では、初めてメダルを逃した。悔しさの中で、代表チームの専属トレーナー小泉圭介さんに尋ねた。「僕にまだ伸びしろはありますか」。返ってきたのは「腹筋を鍛えればいい」との助言だった。

腹部には、適度な脂肪があった方が浮力を得られるという思い込みを覆された。しかし、まだ進化出来ると知ったことが、今大会での復活につながった。

浜松市生まれ。幼い頃から四肢に障害があったが、特別視されるのを嫌った。小学校の階段をはって上り、他の子どもたちと一緒に逆立ちや縄跳び、サッカーにも挑戦した。左手の3本の指で器用に筆を握り、習字の全国コンクールで賞を取ったことも。障害を言い訳にせず、できることを増やし、磨いてきたことが今の彼を作り上げた。

大会招致のアンバサダーも務めるなど、「東京2020大会」への思いは深かった。その大舞台で過去最高の結果を残した。「進歩が実感できると励みになり、やる気にもなる。そういう積み重ねでここまで来た」

讀賣新聞 号外

鈴木金

日本勢「金」1号

男子100自

2021年8月26日付

進化はこれからも止まらない。

●佐藤友祈（所属／モリサワ）――8月27日　陸上男子400メートル（車いすT52）
――8月29日　陸上男子1500メートル（車いすT52）

400メートルも、1500メートルもパラ新記録をマークする強さを発揮して2冠に輝いた。

まくって良し、逃げて良し、自在の強さで頂点に

400メートルは予想通り、55秒13の世界記録を持つ佐藤と前回大会覇者のレーモンド・マーティン（米）の一騎打ちとなった。最終コーナーから直線に入ったところで佐藤が前を行くマーティンを追った。徐々に差を詰め、ラスト10メートルで前へ。劇的な逆転勝ちで金メダルをつかんだ。

インタビューでは「いやあ……」と話し始めたが、言葉は続かず、みるみるうちに目が赤くなった。「銀」だった2016年リオデジャネイロ大会の悔しさと、それからの日々がよみがえったのかもしれない。「5年……」と声を絞り出し、また言葉が途切れた。

21歳の時、脊髄炎が原因で車いす生活となり、「人生のどん底だった」。静岡県藤枝市の実家にひきこもり、ゲームとユーチューブで現実を忘れようとした。

転機は12年。テレビでロンドン大会を観戦し、衝撃を受けた。「社会的弱者と思っていた人が国を代表して走っている」。自然に感情が湧き出た。「自分もパラに出たい」

あっという間に国内の強豪となり、16年リオ大会に出場。2種目で銀メダルを獲得した。しかし、トップとの差も痛感し、より厳しく自分を追い込もうと、21年2月には勤務先を辞し、プロに転向した。同じ境遇の子どもたちに夢を与えたいと考えての決断だった。「結果を残すことがより強いメッセージになる」。覚悟を持って今大会に臨んでいた。

1500メートルでは、背後についたマーティンを抑え込んで金メダル。まくって良し、逃げて良しの強さを見せつけた。

ただ、「金」とともに目標だった両種目での世界記録更新はならなかった。

讀賣新聞 号外

0120-4343-81

佐藤 金

陸上男子400メートル

Tokyo 2020+

2021年8月27日付

讀賣新聞 号外

0120-4343-81

佐藤 金

1500メートル制し2冠

リード守りきる

Tokyo 2020+

2021年8月29日付

「次回パリ大会では（世界新を）必ず達成する」

王者はさらなる高みを目指す。

●山口尚秀（所属／四国ガス）――8月29日　競泳・男子100メートル平泳ぎ（知的障害）

競技歴わずか4年、20歳の新鋭が世界新で金メダルをつかむ快挙を達成した。

Qちゃんとゴジラを合わせ、最強の「尚秀」

1分3秒77。レース直後、偉業を告げる電光掲示板をじっと見つめた。自身が持つ世界記録を0秒23更新する圧巻の泳ぎで、金メダルをつかみ取った。

予選は大会新の1位で通過。決勝は豪州選手との激しい競り合いとなった。50メートルのターンは2位とわずか0秒10差のリードだったが、最後の20メートルでもう一段階ギアを上げ、差を広げてゴール板をたたいた。

本格的に競技を始めたのは2017年という新鋭。30センチの大きな足を生かしたキックを武器に、すぐに頭角を現した。19年の世界選手権100メートル平泳ぎを、当時の世界新記録で制し、競泳日本勢の東京パラ代表内定第1号となった。

3歳の頃、知的障害を伴う自閉症と診断された。競技者になってからも練習を逃げ出すことがあった。それでも世界一になったことで、追われる立場を実感し、アスリートとしての危機感が芽生えた。「世界一の努力をしないといけない」と肉体改造に着手。1日の食事を4食に増やし、ウェートトレーニングにも力を入れた。週6回、多い時は1日約6000メートルを泳ぎ込んだ。レース後半のスピードが向上し、本番での泳ぎに表れた。

地元の愛媛県今治市でテレビ観戦した母の由美さんは、「練習の成果が出せてよかった。できないことも多かった息子に居場所を作ってくれ、支えてくれた人たちに少しでも恩返しができたならうれしい」と喜んだ。

2000年生まれの20歳。この年に開催されたシドニー五輪の陸上女子マラソンを制した高橋尚子さんの「尚」と、巨人でプレーしていた強打者、松井秀喜さんの「秀」をもらって、「尚秀」と名付けられた。

最強の名前を持つ若者は「金メダルと世界新、二つの課題を達成できてよかった」と笑みを浮かべた。

読売新聞 号外

0120-4343-81

山口 金

男子100平 世界新

Tokyo 2020

東京パラリンピックは第6日の29日、競泳の男子100m平泳ぎ（知的障害）決勝で、初出場の山口尚秀（20）（四国ガス）が、1分3秒77の世界新記録で金メダルを獲得した。

今大会、日本競泳陣では、男子100m自由形（運動機能障害S4）の鈴木孝幸（34）（ゴールドウイン）に続く2個目の金メダルで、日本選手団全体では3個目の金となった。

山口は予選を1分4秒台の全体1位で通過。決勝では前半からトップに立ち、後半は英国選手との金メダル争いとなったが、最後までリードを守り、自身が今年5月にマークした1分4秒00の従来の世界記録を0秒23上回った。

山口は愛媛県今治市出身で、3歳の時に知的障害を伴う自閉症と診断された。2019年の世界選手権では、この種目で金メダルを獲得している。

2021年8月29日付

●杉浦佳子（所属／楽天ソシオビジネス）
――8月31日　自転車女子個人ロードタイムトライアル（運動機能障害C1〜C3）
――9月3日　自転車女子個人ロードレース（運動機能障害C1〜C3）

地元の静岡県で行われたレースで2種目を制覇。男女を通じ日本勢最年長となる50歳での金メダリストになった。

人生のベテラン　踏み続けた先の栄光

金メダルはズシリと重かった。励まし、支えてくれた仲間たちの数の50年分だ。

「一人で取ったメダルじゃないから、こんなに重いんだと思います」

8月31日のタイムトライアルは、富士スピードウェイを会場に8キロを2周する。1分ごとに1人ずつスタートする。前半から飛ばしてリードを作り、危なげなく逃げ切った。

9月3日のロードレースは13・2キロのコースを3周する長丁場だ。2周目に自身を含めて数人が抜け出した。ラスト1周。上りでペースを上げてライバルを揺さぶり、勝負所でさらにスパート。独走でフィニッシュした。

静岡県掛川市出身。薬剤師として働き、趣味でトライアスロンや自転車レースに打ち込んでいたが、２０１６年に自転車のレースで転倒。頭蓋骨骨折などの重傷を負い、高次脳機能障害と右半身にまひが残った。父親の顔や文字も忘れ、主治医に毎日、「初めまして」とあいさつした。

記憶や右半身のリハビリを続けながら、半年後にパラ自転車レースへの挑戦を始めた。持ち前のスタミナですぐに台頭し、18年には国際自転車競技連合主催のロード主要大会で８戦７勝。東京大会の有力候補に躍り出た。

50歳。年齢はもちろん気になる。だが、常に「昨日の自分より今日の自分」と言い聞かせ、練習一つとっても自己記録更新を目標に取り組んできた。

２冠を達成して感慨に浸った。「最高の出来だった。静岡で生まれて、静岡で死にかけて、静岡で生き返って、今日。運命みたいなものを感じます」

一生消えることのない鮮やかな記憶が、心に刻まれた。

讀賣新聞 号外

0120-4343-81

杉浦金

自転車ロードTT

50歳最年長「金」

Tokyo 2020+

２０２１年８月31日付

讀賣新聞 号外

0120-4343-81

杉浦金

自転車ロード2冠

Tokyo 2020+

２０２１年９月３日付

●杉村英孝（所属／伊豆介護センター）――9月1日　ボッチャ個人（脳性まひBC2）

ボッチャ個人種目で日本勢初のメダルが「金」。チーム（脳性まひ）でも銅メダルに輝き、この種目で前回大会の「銀」に続いて2大会連続メダルを獲得した。

正確無比、スギムライジング

精密機械のようなショットを連発し、金メダルを手にした。

準決勝で2012年ロンドン大会優勝のマシエル・サントス（ブラジル）に僅差で勝利した後、決勝の相手は前回リオデジャネイロ大会の覇者、ワトチャラポン・ウォンサ（タイ）。この大一番でも、会心の試合運びを見せた。

ボッチャは硬さの違うボールを双方が6球ずつ投じ、ジャックボール（目標球）に近い位置にボールを投げた方に得点が入る。

序盤から、投じたボールをコート上のボールにせり上がらせる得意技「スギムライジング」を駆使してリードを奪い、5―0で完勝した。

「ボッチャを始めて20年。素晴らしい舞台で優勝できた」。深々と頭を下げ、チームメートやスタッフがいるスタンドを見上げた。

静岡県伊東市出身。先天性の脳性まひで、小1から高校卒業まで、静岡市の肢体不自由児施設で暮らした。ボッチャと出会ったのは高3の時。2001年に初めて大会に出たが、小学生らのチームに敗れ、悔しさから競技に打ち込むようになった。

握力は10キロ以下だ。ボールを強くつかめないため、左手の指で挟むように握る。しかし、腕の振り幅で強弱をつけ、繊細なショットを放つ。

前回大会では、チームで銀メダルを獲得した。それを機に注目度が増し、選手強化などの支援体制が格段に改善された。パラでの日本勢の活躍が何よりの振興活動だと実感して臨んだ今大会だった。「（良い）結果を残し、さらにボッチャの知名度を上げたかった。うれしい」。めったに表情を崩さない男の目が赤くなり、涙がにじんだ。

ボッチャは今大会で計三つのメダルを獲得。21年の「ユーキャン新語・流行語大賞」で「スギムライジング」はトップ10に入った。

讀賣新聞 号外

0120-4343-81

杉村金

ボッチャ日本勢初

Tokyo 2020+

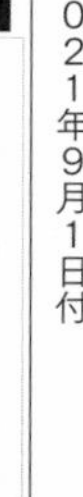
2021年9月1日付

●木村敬一（きむらけいいち）（所属／東京ガス）

――9月3日　競泳男子100メートルバタフライ（視覚障害S11）

2008年北京大会から4大会連続出場。過去2大会で銀3、銅3。あと一歩届かなかった金メダルをついに手にした。今大会は先に100メートル平泳ぎでも銀メダルを獲得している。

単身渡米し武者修行　やり抜いた自信で宿願果たす

あふれる涙を抑えられなかった。

「この日のために頑張ってきて……。本当にこの日が来るんだなって。すごい幸せです」。通算8個目となるメダルが、とうとう金色になった。

決勝は最初から飛ばした。50メートルをトップで折り返すと、後半も必死で前に進んだ。「泳ぎとしては全然いいものじゃなかったけど、もう何でもいいなって」。開き直って栄冠をつかんだ。

先天性の疾患により2歳で視力を失った。16年リオデ

0120-4343-81

読売新聞　号外

木村金

4大会目で初

男子100バタ

東京パラリンピックは第11日の3日、競泳の男子100メートルバタフライ（視覚障害S11）決勝で、4大会連続出場の木村敬一（30）（東京ガス）が1分2秒57で自身初の金メダルを獲得した。

木村は今大会、100メートル平泳ぎの銀に続き2個目のメダルで、通算8個目。日本選手団全体では今大会8個目の金。富田宇宙（32）（日体大大学院）が銀メダルで、日本勢のワンツーフィニッシュとなった。

木村は予選を1分2秒25の全体1位で通過。決勝では、スタート直後から上位を争い、50メートルをトップで折り返した。終盤は2位の富田以下を引き離して悲願の金メダルを手に入れた。

木村は滋賀県栗東市出身。先天性の目の病気で、2歳の時に視力を失った。パラリンピックは2008年の北京大会から出場。日本選手団の旗手を務めたロンドン大会では銀1個、銅1個のメダル、リオ大会では銀2個、銅2個を獲得していた。

Tokyo 2020+

2021年9月3日付

ジャネイロ大会では、複数種目で優勝候補に挙げられたが、結果は「銀」2、「銅」2。周囲から称賛されたものの、自分では金メダルに届かなかったことに落胆した。

「日本でこれ以上、何をすればいいかわからない」と18年春、単身で渡米した。語学学校に通いながら練習に励んだ。しかし、最初は英語が話せず、コーチの指示も聞き取れない。体力の限界まで、ひたすら泳いだこともあった。苦しくてもコロナ禍で帰国するまでの2年間、やり抜いた。

「(リオからの5年間で)一番強くなったのは心。厳しい状況で生活し、どんな状況でも自信を持ってスタート台に上がる精神力を育てられた」。そう言い切れるほど成長していた。

迎えた本番。疲労を考慮し、リオで「銀」を獲得した50メートル自由形へのエントリーを見送った。メダルの数より、本命であるバタフライでの「金」に照準を定めた。

「取れるなら、水泳じゃなくてもいい」と思ったほど欲しかった金メダルの色を、自分の目で確かめることはできない。でも、表彰式で流れた君が代が実感させてくれた。

「僕が唯一、金メダルを取ったと認識できる時間。(泣くのを)我慢しなくていいんだ」

号泣する木村の胸元で、燦然と輝くメダルが揺れていた。

●里見紗李奈（さとみさりな）（所属／NTT都市開発）

――9月4日　バドミントン女子シングルス（車いすWH1）

●里見紗李奈

●山崎悠麻（やまざきゆま）（所属／NTT都市開発）

――9月5日　バドミントン女子ダブルス（車いすWH）

今大会から正式採用された競技で、里見が日本勢初の金メダルを獲得した。里見は、シングルス（車いすWH2）で「銅」の山崎と組んだダブルスでも頂点に立った。

「車いすになってよかったと思える人生を」

女子シングルス（WH1）決勝、勝利が決まると、里見の目からあっという間に涙があふれた。「信じられないくらいうれしい。夢みたい。この日の、この瞬間のために頑張ってきた」

目標としてきたスジラット・プッカム（タイ）に正確なショットを前後に打たれ、第1ゲームを落とした。第2ゲームも9連続失点で15―18。しかし、ここで吹っ切れた。

「やるしかない。自分で自分に声をかけ、気持ちを盛り上げた」。気迫が前面に出るようになり、5連続得点などでゲームを奪う。最終ゲームもそのまま押し切った。

千葉県八街（やちまた）市で育った。高3だった2016年、交通事故で脊髄を損傷し、車いす生活になった。約9か月後に退院したが、人前に出ることをためらい、ふさぎ込んだ。「私も娘も現実を受け入れられなかった」と母の比奈子さんは振り返る。

翌年春、娘を元気づけようと、父の敦さんが千葉市の車いすバドミントンクラブに連れていった。主宰していたのは、今大会、男子ダブルス（車いすＷＨ）で銅メダルを獲得した村山浩（ＳＭＢＣグリーンサービス）。障害を持つ仲間とシャトルを打つ時間は楽しく、村山から「一緒にパラリンピックに行こう」と誘われ、気持ちが固まった。

中学時代はバドミントン部だったが、車いすに乗ってのバドミントンは勝手が違う。ベンチプレスや懸垂で上半身を鍛え、車いすの操作を徹底的に学んで、巧みなチェアワークを手に入れた。その様子に敦さんは「普通の女の子が自分に厳しいアスリートになった」と驚いた。19年の世界選手権でスジラットを破って初めて世界一に。そして、東京大会でも栄冠をつかんだ。

逆転勝ちした決勝戦をテレビで見守った比奈子さんは、

読売新聞 号外

里見 金

バド日本勢1号

女子単 車いす

Tokyo 2020+

2021年9月4日付

読売新聞 号外

里見・山崎組 金

バド女子複 車いす

Tokyo 2020+

2021年9月5日付

「(事故から) 本当に頑張った。世界一。誇らしい」とまな娘の姿に涙した。

「私が健常者の頃、想像できなかった場所にいる。将来、車いすになって良かったと思える人生を送りたいと願っていた。パラリンピックでの優勝は、そう思えることの一つになった」

金メダルを首にかけた、この種目の初代女王はメダルよりも輝く笑顔で言い切った。

「ゆまさり」10歳差の最強ペア

「金」から一夜明けた9月5日、里見は山崎と組んだダブルスでも優勝し、2冠を達成した。

山崎も小中学校でバドミントンに打ち込んでいたが、高1の時に交通事故に遭い、両脚に障害が残った。その後、就職や結婚、出産を経て、26歳だった14年、本格的にパラバドミントンを始めている。今大会はシングルス（車いすＷＨ２）にエントリーし、里見の「金」と同じ9月4日、銅メダルを獲得していた。

里見と山崎はペアを組んで3年になる。

大会前の5月に行われた強化合宿で、コーチを交え3人で2時間近く話し合い、自分たちの戦い方をより明確にした。23歳の里見と33歳の山崎という年齢差のある2人が、率直に意見を言い合える関係になっていた。

決勝の相手、中国ペアに対しては、強化合宿の時から詳細に対策を練ってきた。第1ゲームを落としたが、その時は会場の空調による風の影響でシャトルが飛ばない側のコートにいた。

「2ゲーム目からは私たちの番だね、と切り替えた」と里見。第2ゲームは13―13から5連続得点で突き放し、最終ゲームは圧倒した。

表彰台の中央で金メダルをお互いに掛け合った。2冠達成の里見が「一人よりも二人の方がいいなって思いました」と言えば、シングルスで銅メダルだった山崎は「私は真ん中に立てたことがうれしい」と笑った。

2人ともシングルス同様、ダブルスでもまだ発展途上だ。山崎は「パリに向かっていきたい」と早くも次のパラリンピックに目標を定めた。里見も「私も一緒。（2人の名前を合わせて）『ゆまさり』ペアでいきます」と高らかに連覇を目標に掲げた。

●国枝慎吾（くにえだしんご）（所属／ユニクロ）――9月4日　車いすテニス男子シングルス

2連覇した2012年ロンドン大会以来、2大会ぶり3個目の金メダルを獲得した。ダブルスを含めた通算メダル数は6個になった。

金奪還！　レジェンド健在、世界に示す

勝利が決まると、目頭を押さえた。

「本当に信じられない。この日のために全てを費やしてきた。報われてよかった」。37歳、最高峰の四大大会で通算30勝というレジェンドでも、パラリンピック、それも東京大会での栄冠は特別だった。涙が止まらなかった。

開始早々、いきなりブレイクされたが、表情は変わらない。ここから1ゲームも落とさず第1セットを6－1で片付けた。パワー勝負の若手海外勢に打ち勝つため、磨いてきたバックハンドが効果的だった。2セット目は6－2で制し、全5試合でストレート勝ち。天下無双の強さで王座を奪還した。

9歳の時、脊髄腫瘍のため両下肢まひとなった。11歳で車いすテニスを始め、次第に頭角を現す。パラリンピックは04年アテネ大会に初出場し、ダブルスで優勝。シングルスでは08年北京、12年ロンドンの両大会を連覇。四大大会でも勝利を重ねた。

しかし、挫折も味わってきた。16年リオデジャネイロ大会は右肘手術の影響もあり、シングルスで8強止まり。悔し涙を流し、「全てを見直す時期」と位置づけた。スイングを修正し、ラケットを変え、車いすも改良した。そして18年の全豪、全仏両オープンを制し、第一人者に返り咲いた。

とはいえ、若手の台頭も著しい。21年の四大大会はパ

読売新聞　号外

国枝金

2大会ぶり3個目

Tokyo 2020+

車いすテニス

東京パラリンピックは第12日の4日、車いすテニスの男子シングルスで、国枝慎吾（37）（ユニクロ）が金メダルを獲得した。決勝でトム・エフベリンク（オランダ）をストレートで破った。

国枝はシングルスで2大会ぶり3個目の金メダルで、ダブルスも含めると4個目の金。シングルス、ダブルスを合わせて5大会連続6個目のメダルとなった。

決勝で国枝は終始エフベリンクを圧倒。第1セットを6－1で奪うと、第2セットも主導権を渡さず6－2で制した。今大会は全5試合ともストレート勝ちで、2008年北京、12年ロンドン大会に続くシングルスの金メダルをつかみ取った。

国枝は千葉県柏市出身。四大大会のシングルスでは通算24回の優勝を誇り、現在の世界ランキングは1位。パラリンピックは04年アテネ大会から5大会連続出場。

2021年9月4日付

ラリンピックまで無冠が続き、眠れない日もあった。さらにパラリンピック日本選手団の主将も任された。大きな重圧の中で、ラケットに貼った言葉「俺は最強だ」を何度もつぶやき、自らを奮い立たせた。

金メダル獲得から一夜明けた9月5日、「僕の人生の中で、一番幸せな日だった」と改めて喜びを語った。３年後のパリ大会について問われて言った。

「日頃のツアーや四大大会の延長線上にパリがある。やれない距離感ではないと感じる」

伝説はなおも続く。

●**梶原大暉**（かじわらだいき）（所属／日本体育大）――9月5日　バドミントン男子シングルス（車いすＷＨ２）

競技歴わずか４年の19歳が世界王者を圧倒し、パラリンピックの王座に就いた。村山浩（ＳＭＢＣグリーンサービス）と組んだダブルスでも、銅メダルを獲得した。

パラスポーツを背負う新星誕生

19歳の底知れぬ勢いが、世界チャンピオンをのみ込んだ。

決勝の相手は世界選手権４連覇中の金正俊（キムジョンジュン）（韓国）。これまで一度も勝ったことがなかった。しかし、「チャレンジャーだし、失うものは何もない。せっかくもらえたチャンスなので思い切ってやろう」と、気持ちで負けることはなかった。

第1ゲームは7点リードから追い上げられ、7連続失点で逆転を許す。だが「簡単に勝てるわけがない」と焦りはなかった。終盤の4連続得点などで再逆転し、21－18で取ると、第2ゲームも競り合いを制した。今大会から正式種目になったため、パラリンピックでは初代の王者である。

かつては甲子園を夢見た野球少年だった。

全国大会常連の軟式野球チームの投手だった中2の夏、トラックにはねられて右脚を失う。見舞いに来た監督から、夏の大会後に受け継ぐはずだった背番号「1」を渡され、大泣きした。退院後にスコアラーとしてチームに復帰したが、「やっぱり自分でスポーツをやりたい」と高1の春、地元・福岡市の車いすバドミントンクラブの門をたたいた。

野球経験のあるクラブのコーチはすぐに素質を見抜いた。飛球を捕る要領でシャトルが落ちてくる地点を予測する能力が極めて高い。その情報は日本パラバドミントン連盟にも伝わり、平野一美理事長（東京大会日本代表監督）が梶原の通っていた高校と話し合って、授業と海

讀賣新聞　号外

0120-4343-81

梶原金

車いすバド男子単

世界1位破る

Tokyo 2020+

2021年9月5日付

外遠征などを両立するための環境を整えた。継続的な強化合宿で、素質に加えて、素早く巧みな車いす操作と正確なショットを身に付け、急成長で頂点に立った。

「楽しく元気にプレーしている姿を見せることが一番の恩返しと思ってきた。（車いすテニスの）国枝慎吾選手のような、顔である存在になりたい」

パラスポーツ界を背負っていくスター候補が誕生した。

●道下美里（みちしたみさと）（所属／三井住友海上）――9月5日　陸上女子マラソン（視覚障害T12）

このクラスの世界記録を持つ第一人者が実力を発揮し、3時間0分50秒で優勝。前回リオデジャネイロ大会の「銀」に続き、2大会連続でメダルを獲得した。

最速の女王　仲間とつかんだ悲願の金

勝負所を逃さなかった。

30キロ過ぎ、デッドヒートを繰り広げていたロシア・パラリンピック委員会の選手が一瞬、遅れた。レース後半の伴走者、志田淳の指示でスパートを仕掛け、一気に抜け出すと、そのままゴールの国立競技場まで笑顔で駆け抜けた。

「いつも走っている（福岡の）大濠公園をイメージして、終始リラックスして走りました。最高の伴走者と最強の仲間がいたので、ここにたどり着けました」。道下のチャーミングな笑顔に、仲間たちにも笑顔が広がった。

小4で角膜の病気を患い、中学時代に右目の視力を失った。その後、左目の視力も低下し、26歳で盲学校に入学した。

ダイエット目的で始めたランニングだったが、急速に力をつけていった。

2010年、視覚障害者のランニングをサポートする「大濠公園ブラインドランナーズクラブ」（福岡市）に加入すると、競技に対する真剣な姿勢から「チーム道下」が結成された。今では練習だけでなく、栄養面など様々なサポート態勢が整っている。

悔し涙を流したリオ大会から5年。練習にヨガを取り入れるなど、メンタル面も強化してきた。44歳という年齢による衰えも、トレーニングで克服した。20年12月には自らの世界記録を更新し、「精神的にも肉体的にも、力強い走りができるようになった」と自信を深めて今大会に臨んでいた。

優勝から一夜明けた記者会見で、改めて仲間たちに感謝の言葉を述べた。「まだ正直、夢心地。リオでの悔し

讀賣新聞　号外

0120-4343-81

道下　金

女子マラソン

視覚障害

パラきょう閉幕

Tokyo 2020+

2021年9月5日付

さを味わって、仲間と一緒に準備を重ねてきた。たくさんの人の支えや応援をいただいて、ここにたどり着けた。感無量です」

「チーム道下」が世界を制した。

8　敗れざるパラリンピアンたち

敗者はいない

「失われたものを数えるな。残されたものを最大限に生かせ」。それはパラリンピックの創始者、ルートビッヒ・グットマン博士の精神を伝える言葉という。

その意味するものを真正面で受け止め、立ち向かうパラアスリートたち。まさに、残されたものを最大限に生かして競う選手の姿は、私たちの心を揺さぶった。パラリンピックに敗者は1人としていない。

○山田美幸（やまだみゆき）（所属／WS新潟）――8月25日　競泳女子100メートル背泳ぎ（運動機能障害S2）

――9月2日　競泳女子50メートル背泳ぎ（運動機能障害S2）

背泳ぎ2種目で銀メダルを獲得した。中学3年、14歳でのメダルは夏冬を通じてパラ日本勢史上最年少。100メートルの「銀」は今大会の日本勢メダル第1号でもあった。

「ある」ものを徹底的に突き詰めて

両腕を使って豪快に進む世界記録保持者、イップ・ピンシュー（シンガポール）を懸命に追った。3位を大きく引き離しての「銀」に「とてもびっくりしています」と笑顔がはじけた。先天性の四肢欠損で両腕がなく、両脚の長さが違う。しかし、巧みにバランスを取り、1メートル40の体を存分に使って泳ぎ切った。

ぜんそくの治療のため、5歳から競泳を始めた。彼女にとって水の中は、他の子とあまり変わらずに動ける特別な世界だ。「静かな水の中にいると、心が落ち着く」

両腕がない分、エンジンとなる両脚を力強く使う泳ぎを磨いてきた。キック力の強化だけでなく、肩周辺の筋肉を巧みに旋回させる技術を習得。頭の向きを微妙にずらして体の傾きを修正し、進む方向を調整する能力も身につけた。「ない」ことを嘆くよりも「ある」ものを徹底的に突き詰めてきた。

読売新聞　号外

山田美　銀

14歳　最年少メダル

100㍍背泳ぎ

今大会1号

Tokyo 2020+

2021年8月25日付

2020年に障害の重いクラスに変更されたことも味方し、世界ランキング2位で臨んだ大舞台で見事にメダルを手にした。

表情には、あどけなさが残る。だが、内面にはアスリートとして確固たる信念を秘める。座右の銘は「無欲は怠惰の基である」という。

「願いを持っているのに、それに気づかないふりをしているのは苦手。無欲って、本気でやっていないからだと思う」と言い切る。

19年に父の一偉（かずい）さんをがんで亡くした。「パパは、ちっちゃい頃からカッパだったんだよ」と冗談を交えながら、応援してくれる優しい父だった。レース後、「お父さんに伝えたいことは？」と聞かれると、声を詰まらせて答えた。

「『頑張りました。私もカッパになりました』って伝えたい」

○**中西麻耶**（なかにしまや）（所属／阪急交通社）――8月28日　陸上女子走り幅跳び（義足T64）6位

パラアスリートとしての可能性を広げようと、フィールドの外でも戦ってきた世界選手権女王。今大会では6位に終わったが、パリへ向けて挑戦は続く。

「一番苦しい戦いだったけど、一番多くの方に応援してもらった」

跳躍のタイミングがなかなか合わず、6回のうち3回はファウルになった。記録は5メートル27。6位に沈んだ。

19年の世界選手権を制し、5メートル70の記録を持つだけに、自身には物足りない跳躍だっただろう。でも、口をついたのは感謝の言葉だった。「今までで一番苦しい戦いだったけれど、今までで一番多くの方に応援してもらった」

塗装会社で働いていた21歳の時、落下してきた鉄骨の下敷きになり、右膝から下を失った。リハビリのために始めた陸上ですぐに頭角を現した。2年後の08年北京大会に初出場すると、200メートルで4位、100メートルで6位に入賞した。

世界の選手に刺激を受け、翌年に単身渡米。1984年ロサンゼルス五輪の陸上男子三段跳び金メダリスト、アル・ジョイナーさんに師事し、走り幅跳びを始めた。だが、米国での暮らしは苦しかった。ホテル代がなく遠征先の公園のベンチで寝たこともあった。

活動費を工面しようと、12年ロンドン大会前には、セミヌードカレンダーを出版した。

「障害者でも引け目を感じなくてもいいし、義足の存在も知ってほしかった」

みんなと跳べた

Tokyo 2020

走り幅跳び 中西6位

みんなと一緒に跳んだ――。女子走り幅跳び（義足）の中西麻耶選手（36）（阪急交通社）は、自国開催の大会で6位に入った。世間からの批判を受けて一度は引退したが、今度は多くの人とつながりながら、4度目の舞台に立った。（松田祐哉）

メダルの色を意識し、金色に染めたドレッドヘアで競技場に姿を現した。6回の試技を終え、口をついたのは感謝の言葉。「今までで一番苦しい戦いだったけれど、今までで一番多くの方に応援してもらった」

塗装会社で働いていた21歳の時、落ちてきた鉄骨の下敷きになり、右膝から下を失った。リハビリの過程で勧められた陸上を始め、2年後の北京大会に初出場。200㍍で4位に入賞した。

「このままじゃダメだ」。本気で戦う世界の選手に

陸上女子走り幅跳びで6位になった中西麻耶選手（28日、国立競技場で）

「批判で挫折」越え 積極交流

2021年8月29日付

自身の体はモノクロで、義足だけをカラーにして浮き立たせた作品は話題を呼んだ。一方で「障害を売りにして金もうけをしている」と、強烈なバッシングにもさらされた。心身ともに疲れ果て、ロンドン大会後、一時は引退したが、「誰かの人生に影響を与えられる人は一握りだ。君はそうなれる」というジョイナーさんの言葉で1年後、フィールドに戻った。

コロナ禍で高齢の家族への感染を防ぐために、20年春、実家のある大分県を離れて関西に拠点を移した。「古里を捨てたと言われるのでは」とも思ったが、転居を公表すると、「離れていても応援しています」などと温かい声が寄せられた。

最後の跳躍前、コロナ禍で観客のいないスタンドに向かって手拍子を求めた。離れてはいても、多くの人に自分が支えられていることを実感できた大舞台だった。

○日本チーム――8月28日　車いすラグビー　準決勝　対英国　49―55
――8月29日　車いすラグビー　3位決定戦　対豪州　60―52

初の金メダルを目指し、予選リーグを3連勝。準決勝に進出したが、英国に敗れた。しかし3位決定戦では、豪州に快勝して2大会連続の銅メダルを獲得した。

「悔しい」銅は強さの証し

準決勝終了後、エースの池崎大輔（三菱商事）はしばらくその場から動けなかった。

「5年間、金メダルを目指してきた。努力が足りなかったのか、力不足だったのか――」

序盤から英国の厳しい防御に苦しめられた。23―25で第2ピリオドを終えると、第3ピリオドはパスミスなどから何度もボールを失い、一気に点差を広げられた。

日本は2018年の世界選手権を制し、英国にも翌年の国際大会で快勝した。勝てると自信を持っていた相手に準決勝でまさかの敗戦。ようやく立ち上がった池崎は、「相手が強かった。コロナ禍で国際試合がない中でも、すごく力をつけていた」と潔く完敗を認めた。

悔しさはチームが目指してきた高みが現実的だったからこそと言える。

車いすラグビーは「ラグ車」と呼ばれる専用の車いすのぶつけ合いもある激しい競技だ。球を持った選手がゴールラインを越えると1点が入り、1ピリオド8分を4回行う。男女混合で行われ、重度障害の0・5点から最も軽い3・5点まで0・5点刻みの「持ち点」がそれぞれの選手に与えられ、コート上4人の合計は8点以下と決まっている。

讀賣新聞　号外

車いすラグビー　銅

2大会連続メダル

3決　豪破る

東京パラリンピックは第6日の29日、車いすラグビーで日本が銅メダルを獲得した。3位決定戦で豪州を60―52で破った。日本は前回の2016年リオデジャネイロ大会も3位で、2大会連続2度目のメダルとなった。

日本は、1次リーグで勝っている豪州に対し、池透暢（日興アセットマネジメント）、池崎大輔（三菱商事）の両エースらを中心に主導権を握った。前半を30―25で折り返し、後半も攻守に隙を見せず、完勝した。

リオ大会後に就任した米国出身のケビン・オアー監督のもと、18年の世界選手権（豪州）でリオ・パラリンピック銀メダルの米国、同金メダルの豪州を破って初優勝を果たした。翌年には日本開催だった国際大会「ワールドチャレンジ」でも3位。5大会連続出場となった今大会は、目標の金には届かなかったが、メダルを確保した。

Tokyo 2020+

2021年8月29日付

世界屈指の力を持つ得点源の池崎や池透暢（ゆきのぶ）（日興アセットマネジメント）だけでなく、速さが強みの橋本勝也（三春町役場）、読みと外国勢にもひるまない闘志を持つ女性メンバー、倉橋香衣（かえ）（商船三井）ら、新戦力も加わった。多彩かつ個性的な陣容はパラリンピックを象徴するようなチームだった。

主将の池は「目標に届かなかった悔しさはある。現在地を知った大会だった」としながらも、「未来につながる一歩だと思う。さらに前進していきたい」と前向きに締めくくった。池崎は19歳の橋本にこう伝えた。

「この悔しさを忘れず、努力して俺たちを超えろ」

○谷真海（たにまみ）（所属／サントリー）――8月29日　トライアスロン女子（運動機能障害PTS5）

東京大会招致チームの一員として、出場に強い思いを抱いてきた8年。結婚、出産、競技の変更と大きな転機を経て戻ってきた4度目のパラは笑顔のフィナーレとなった。

家族で目指したパラ　みんなでたどり着いたゴール

スイム0・75キロ、バイク20キロ、そして最後のラン5キロを走り抜いてゴールイン。出場10選手のラストだった。でも表情には、笑顔が浮かんでいた。

「順位よりも、ここに来るまでがすごく重要で、戦えてすごく幸せに感じている。粘れない自分が悔しいが、前向きに受け止めたい。最高に楽しかった」

20歳の時、骨肉腫で右脚膝下を切断した。しかし、パラ陸上と出会い、自分の中に再び未来を見いだした。2004年アテネ大会から3大会連続で陸上の走り幅跳びに出場した。12年ロンドン大会の前年には、東日本大震災により、宮城・気仙沼の実家も被災した。だが、母校の小学校の校庭で後輩たちに語りかけた。

「悲しみは計り知れない。でも、前に進んでほしい」

東京大会の開催が決まった13年のIOCブエノスアイレス総会で、プレゼンターとして演説した佐藤真海である。そこで自身の体験を語り、震災からの復興途上にある日本での開催意義を訴える姿が人々を感動させた。

大会招致チームで知り合った谷昭輝さんと14年に結婚。翌年、長男の海杜（かいと）ちゃんを授かった。さらに1年後、トライアスロンに転向した。瞬発力よりも持久力を生かすためだ。

当初は勝利を重ねた。エントリーする障害のクラスは選手が少ないという理由で、東京大会では実施されないことになってしまった。しかし「（自分には不利になる）障害のより軽いクラスでの出場を認め

2021年8月30日付

招致の顔 万感ゴール

トライアスロン・谷

トライアスロン女子、笑顔でゴールした谷真海選手（29日、お台場海浜公園で）

トライアスロン女子（運動機能障害）で谷真海選手(39)（サントリー）が10位に入った。東京大会招致の立役者として歩んできたこの8年。出場を諦めかけたことが何度もあったが、最後は笑顔でゴールした。

「いやぁー、無理だわー」

大会の1年延期が決まった昨年3月、谷選手は自宅で天井を見上げてため息をついた。40歳に近づき、体は悲鳴を上げ、気持ちが切れかかっていた。

大学2年で骨肉腫を患い、右脚を切断して絶望の淵に沈んだ時、スポーツと出会って救われた――。2013年に東京大会招致の会合で行ったスピーチは、世界に感動を与えた。

16年、東京大会に出場するため走り幅跳びから、年齢を経ても持久力で勝負できるトライアスロンに転向した。しかし、18年、自身の障害クラスのレースが大会で実施されないことが決まり、障害のより軽い選手と競うことになった。心が折れかけたが、「少しでも可能性があるならチャレンジしなければ後悔する」と奮起した。

コロナ禍で五輪・パラの開催への批判が高まると、何度も訴えてきた「スポーツの力」を口にすることも、はばかられるようになった。

支えてくれたのは家族だった。14年に結婚した夫の昭輝さん(40)は早朝6時からのランニングを一緒に走り、遠征中は長男の海杜ちゃん(6)の世話をしてくれた。

この日、最下位でゴール後、笑顔で両手を上げた。「一時期はもうこの日は来ないと思っていた。4大会に出場してメダルには縁のないパラだったけれど、それ以上の大きな宝物をもらった」。支えてくれた家族や多くの人に感謝した。

てほしい」と国際連盟に直訴し、大舞台への切符をつかんだ。

38歳になった直後、大会の1年延期が決まった。体力的にも精神的にもきつかった。諦めようかとも思った。でも、家族が支えてくれた。昭輝さんは早朝6時からのランニングに付き合い、遠征中は海杜ちゃんの世話もしてくれた。「家族で目指してきたパラ。みんなでゴールを迎えたい」と頑張ってきた。

「メダルには縁がなかったけれど、それ以上の大きな宝物をもらった」

○日本チーム――9月5日　車いすバスケットボール男子　決勝　対米国　60―64

前回大会からの5年で豊富な運動量をベースにしたディフェンスと速攻を強化。決勝は連覇を果たした米国に惜敗したが、男子としては初のメダルを獲得した。

「リアル流川」、鳥海がMVPに　ベテランと若手がかみ合い快進撃

第4クオーター、残り6分。5点をリードした日本が「金」を視界に捉えていた。しかし、そこから3連続シュートを決められて逆転を許し、あと一歩及ばなかった。

前回は9位。高さがある海外勢に点の取り合いでは勝てないと守りを強化してきた。まず、40分間走り切るハードワークと組織的なプレスで相手をリングから遠ざける。ボールを持てば、

素早く攻撃に転じて数的優位を作り、着実に点を奪った。

得点力の高い37歳の藤本怜央（ＳＵＳ）や33歳の香西宏昭（ＮＯ　ＥＸＣＵＳＥ）らにも献身的な守備が求められた。「一日、何百本かわからないくらいシャトルランを続けた」と言う5大会連続出場の藤本は、「世界一の舞台で、世界一の相手に真っ向勝負で戦えた」と胸を張った。

前回、17歳で初出場した鳥海連志（ＷＯＷＯＷ）は若きエースに成長した。高さのある海外勢に対し、片方の車輪を浮き上がらせてシュートを放ったり、ブロックしたり攻守に存在感を見せる。チームが掲げる徹底したディフェンスでも貢献した。華のあるプレーに対し、ＳＮＳでは、人気バスケ漫画「ＳＬＡＭ　ＤＵＮＫ」に登場するクールな天才、流川楓に似ているとして、「リアル流川」と話題になった。

自身は「僕はもっと泥臭いタイプ」と否定するが、準決勝の英国戦では、チーム最多の20得点を挙げた。大会通算でも、1試合平均10・5得点、10・8リバウンド、7アシストで男子の最優秀選手に選ばれた。

5年間で急成長を遂げたチームを率いた主将の豊島

0120-4343-81
讀賣新聞
号外
車いすバスケ
銀
男子　初のメダル
米に惜敗
Tokyo 2020

2021年9月5日付

英（ＷＯＷＯＷ）は言う。「日本のバスケットは世界に通用する」。その視線は、さらなる高みを見つめていた。

メイド・イン・ジャパン、トップ企業が技術提供

東京パラリンピックでは、日本企業が開発した義足や車いすなどの用具が日本代表を支えたことも見逃せない。

トヨタ自動車は同社所属のアスリートをクルマ作りの技術でサポートした。車いすテニスに出場した三木拓也選手の車いすは、ふだんは乗用車のシートを開発している技術者が改良したものだ。三木選手から「既存製品では座面シートが軟らかすぎて、力強いショットが打てない」と相談を受けた技術者は、硬さや厚みの異なる約20種類のシート素材を入手し、一つずつ試した。素材のウレタンを手作業で削るなど細かな調整を行い、２年かけて完成させたのだった。

トレーニングにも自動車開発のノウハウを生かした。車いすマラソンなど陸上４種目に出場した鈴木朋樹選手をサポートするため、空気力学や人間工学を専門にする社員チームを結成。車体の空気抵抗を調べる「風洞実験設備」を活用して、走行時の姿勢や他選手との位置関係で抵抗がどう変化するかを分析し、疲労を最小限に抑える走法をアドバイスした。

ライバル企業のホンダも、F1レースの車体に使われる軽量・高強度の炭素繊維成形技術を生かし、2019年から競技用車いすを販売している。加速性能や走行時の安定性を高めており、東京大会では女子車いすマラソンの喜納翼選手らが使用した。

陸上男子400メートル（車いすT53）に出場した伊藤智也選手は競技用の車いす（レーサー）を、工業デザイン会社「RDS」（埼玉県）と組んで開発している。伊藤選手がテストドライバーとなり、F1の「スクーデリア・アルファタウリ・ホンダ」を支援してきたRDSのノウハウを投入。数年かけて軽量なフルカーボンや高い剛性を実現した。大会が1年延期となった間に車輪の角度などを調整し、完成度を高めた。同社の杉原行里（あんり）社長は「F1の最新技術が市販車に役立つのと同様、レーサーの開発を医療や福祉などの製品開発に生かしたい」と大会後の未来図を描いている。

ミズノは、陸上女子100メートルの高桑早生（さき）選手が着用する義足のブレード（板バネ）を、岐阜県の福祉機器メーカー「今仙（いません）技術研究所」と共同開発した。ブレードに穴を開けることで軽量化と空気抵抗の低減を両立させ、スピードアップを図った。

サングラスやスキーゴーグルなどを製造販売する山本光学（大阪府）は19年から、競泳の全盲クラスで選手が装着する専用の水泳ゴーグル「ブラックゴーグル」の公式サプライヤーに指定されている。完全に光を遮ることで公平性を保つ用具で、形状を工夫して水の抵抗を小さくしたり、着け心地を良くしたりしている。

ブリヂストンは、トライアスロンの秦由加子選手のために、義足のソール（接地部分）を開発した。ソールには瞬間的に大型車の走行時並みの圧力がかかるという。競技の特性に合わせてゴム素材や溝の形状に工夫を凝らし、耐久性とグリップ力を持たせた。

障害者スポーツの用具は、競技中に選手の体の一部となるため、性能が結果に直結する。ものづくり企業にとっては、用具開発で培った新たな知見を本業に反映できるというメリットもある。ソール開発を担当したブリヂストンの小平美帆氏は「技術を生かし、アスリートの挑戦を後押しできることに誇りを感じている」と語った。

町工場も力を結集

町工場も負けてはいなかった。東京都大田区では、町工場が共同で車いすバスケットボール日本代表選手らが使う競技用車いすの部品を改良した。

新たに設計・製造したのは、１台の車いすに3～4個取り付けられている小さな車輪「キャスター」の関連部品で、キャスターを支える金具の「フォーク」と「シャフト」と呼ばれる部品だ。駆動性の向上を目指し、素材を鉄からより軽量なアルミ合金に代え、デザインも工夫し、従来品の約半分の重さ（59グラム）にした。今大会では、代表選手の約半数が使用する岐阜県の車いすメーカーに約１１０個を納品した。

大田区の町工場は高い技術力を持つとともに、工場同士の横のつながりが強い。２０１８年の平昌冬季大会に向けて連携してボブスレーを製作するなど、世界を目指したものづくりを重ねてきた。

競技用車いすのプロジェクトは17年に始まった。都の「地域連携型障害者スポーツ用具開発促進事業」を受けての試みで、大田区産業振興協会が、トップ選手が利用する岐阜県の車いすメーカーと連携し、区内の町工場で部品の設計や試作を始めた。

翌年3月には部品を取り付けた車いすを「Ｏｔａ　Ｔｏｋｙｏ　Ｍｏｄｅｌ」としてお披露目した。19年度からは、車いすメーカーの要望でキャスター部分に特化して開発を進めてきた。大会の1年延期を受けて、さらにグラム単位の軽量化に取り組んだ。

設計を手がけた加世田光義さんは「フォーク部分の穴を増やし、金属を薄くする加工を施したのに加え、シャフト部分も中央を残してくりぬき、強度を保ちながら軽くなるように工夫した」と振り返る。

シャフト部分の加工を担当したのは、区内の金属加工会社。舟久保利和社長は「選手にとって最高のパフォーマンスを引き出す部品であってほしい」と話していた。

新型コロナウイルスの感染が拡大する中で、選手が試す様子を見に行くことができなかったが、区や協会には、「ターンが速かったり、出だしが良かったりするような気がした」（豊島英＝ＷＯＷＯＷ）、「軽くて強度もいい」（藤本怜央＝ＳＵＳ）といった代表選手の感想を収録したビデオメッセージが届いた。区も製作に携わる人たちの応援メッセージをまとめ、車いすメーカーを通じて選手に届けた。
町の技術者たちが精魂込めて作り上げた部品を装着した車いすを駆った選手たちは躍動した。車いすバスケ男子は、強豪を次々に倒して銀メダルを獲得した。

9　パラリンピック閉会式

多様性　踊って表現

9月5日午後8時から国立競技場で行われた東京パラリンピックの閉会式には、各国・地域と難民選手団の選手・役員約2000人と関係者約850人が参加した。

式は熱戦を振り返る映像で始まった。演出のテーマは「すべての違いが輝く街」。少年がパラアスリートの活躍を見たことで障害への考え方が変わり、変化が世界中に広がっていくというストーリーで、ダンスや音楽、映像で東京五輪・パラを通じた理念である「多様性と調和」を表現した。ショーには、様々な障害がある人たちも参加した。

各国・地域と難民選手団の旗手入場は、マスク姿で間隔を保ちながら行われた。アフガニスタンは、テコンドー女子のザキア・クダダディ選手らが笑顔で行進した。同国は、国内情勢の混乱で一度は不参加となったが、ＩＰＣなどの支援を受け、2人が試合に出場した。

日本は卓球男子の岩渕幸洋選手が旗手を務めた。選手らは皆、笑顔である。拍手をしたり、スマートフォンで撮影したりして楽しんでいた。

終盤、オレンジ色だった聖火が、紫色に変わった。紫色は障害者の社会的平等を求めるシンボルカラーである。ＩＰＣは東京大会に合わせ、世界の人口の約15%を占めるとされる障害者の人権を考えるキャンペーン「Ｗｅ　Ｔｈｅ　15」を展開している。それをアピールする演出だ。さらに会場全体が紫色にライトアップされた。

午後10時過ぎ、聖火が消え、57年ぶりに東京で開かれたパラリンピックが終わった。そして東京２０２０大会は、オリンピックとパラリンピックのすべてをやり遂げたのである。

閉会式に立ち会った記者は、次のように書いている。

コラム〔聖火〕**共生社会へ新たな一歩**

パラリンピックの聖火が、夏の終わりの闇夜に消えた。

五輪同様、緊急事態宣言下での開催となり、原則無観客は続いた。

しかし、多様な障害を持つ選手たちは、制約の多い異例の大会でも、最高峰のパフォーマンスを連日発揮してくれた。

東京パラ閉幕

コロナ 異例の大会完結

第16回夏季パラリンピック東京大会が5日、13日間の日程を終了し、新型コロナウイルスの影響で史上初めて1年延期され、原則無観客となった「東京五輪・パラリンピック2020大会」が閉幕した。国立競技場での閉会式では、五輪・パラ共通の理念「多様性と調和」をテーマに、障害の有無にかかわらず互いを認め合う共生社会の実現を訴えた。次回2024年大会はパリで開催される。

メダル51個

最終日

道下　女子マラソン

梶原　バド男子単

里見・山崎組　バド女子複

２０２１年９月６日付

まずは日本勢史上最年少メダリストとなった競泳女子の山田美幸。両腕がなく、下肢にも障害があるが、巧みなキックで二つの銀。笑顔の絶えない14歳の座右の銘が「無欲は怠惰の基である」と聞き、我を省みた人も少なくないだろう。

自転車女子の50歳、杉浦佳子は高次脳機能障害を抱えて金二つ。日本勢史上最年長金メダリストとなり、「最年少記録は二度と作れないけど、最年長記録はまた作れる」。たくましいユーモアも、痛快だった。

海外勢も多士済々。両腕のない卓球のハマト（エジプト）は口にくわえたラケットで強烈なスマッシュを放ち、ブラインドサッカーのアウベス（ブラジル）は卓抜したドリブルで守備網を切り裂き、片足義足のレーム（独）は陸上の走り幅跳びで8メートル台を連発した。

大会創設者に当たる、英国のグットマン博士は言った。「失ったものを数えるな。残されたものを最大限に生かせ」。その言葉を選手たちは体現し、障害の壁を乗り越える力で魅了した。

これで「東京2020」は終わる。ブエノスアイレスでの招致成功から8年。コロナ禍での1年延期、国民の賛否が分かれる中での開催、感染症対策、無観客。思ったかたちとかけ離れ、これほど困難を極めた大会はかつてない。

それでも、私たちは約束を守り抜き、世界からの感謝は絶えなかった。日本が国を挙げた事業で、これほど世界に広く支持され、感謝、信頼されたことがどれほどあったか。大会開催の意義の一つは、そこにある。

そして、パラアスリートの躍動は、苦難に粘り強く立ち向かい、多様な個性を認め合う、学びの契機にもなった。東京2020の終幕は、障壁のない共生社会への、新たなスタートでもある。

（編集委員　近藤雄二）　　（2021年9月6日付朝刊）

大会組織委員会の橋本聖子会長もまた、感慨を込めたあいさつで東京2020大会を締めくくった。

私たちの旅は、今、終わりを迎えようとしています。長い旅路の最後となった東京パラリンピックは、すべての会場が笑顔で溢れていました。

メダリストの笑顔に添えられたブーケは、東日本大震災の被災地で育てられた花から作られました。選手村では、被災地の食材を使った和食を楽しんでいただきました。ともに、困難を乗り越えた人たちの不屈の精神が込められているからこそ、この舞台で一層輝いたと思います。この輝きを、復興の道を照らす光として、さらに前へと進めてまいります。

ボランティアの皆さん、この大会に携わった日本の皆さん、そして、組織委員会のスタッフの皆さん。8年前、私たちが世界に約束した「おもてなし」の心は、すべてのアスリートに感じていただけたのではないでしょうか。厳しい状況の中にあっても、互いを尊重し、敬い、心を一つにした皆さんだからこそ、この大会を成し遂げることができました。この素晴らしいチームを私は誇りに思います。本当にありがとうございました。

パラリンピアンの皆さん。

皆さんの圧倒的なパフォーマンスに、心が震えました。確固たる信念と、強い覚悟という土台の上に、幾重にも努力を積み重ね、決して自らの限界を作らない姿を見ました。皆さんが歩んできた、長く険しい道は、まっすぐに、そして重く、私たちの心を揺さぶりました。パラリンピアンの躍動は、私たちに届けられたメッセージです。その姿に、多くの人が、ここから何かを始めようと思いました。私たちはたくさんの気づきと、自らを見つめ、未来を創造する力をいただきました。

変化は、気づきから始まります。互いの違いを認め、支えあい、いかなる差別も障壁もない、多様性と調和が実現した未来を必ずつくる、この決意が、社会の変革の契機となることを誓い、私たちは、さらに歩みを進めます。東京オリンピック・パラリンピック競技大会は、本日、そのすべての幕を下ろします。ＩＯＣ、ＩＰＣの皆さん、日本国政府、東京都、関係者の皆さん、東京大会に携わった全ての方々に、感謝申し上げます。本当にありがとうございました。

オリンピックとパラリンピックがあってよかった。私はその価値を信じます。

（東京２０２０パラリンピック閉会式・橋本聖子会長による挨拶文より）

第八章　総　括

1　2020大会の成果と課題

日本だからできた

「ありがとう東京。逆境の中、共にやり遂げました」

2021年9月5日の東京パラリンピック閉会式で、国際パラリンピック委員会（IPC）のアンドルー・パーソンズ会長は、新型コロナウイルス禍の困難を乗り越えて大会を完遂できたことに、謝意を示した。

大会期間中に来日した各国要人らからも、「日本だから開催できた」との言葉が多く伝えられた。次回24年のパリ大会を控えたフランスのロクサナ・マラシネアヌ・スポーツ担当相は、丸川珠代五輪相との会談で、「国としてどのようなことをしたのか教えていただき、ぜひ参考としたい」と要望している。

大会完遂は医療水準の高さや人的資源、国と東京都の財政力など日本の総力の結集と、試行錯誤の結果だ。

国際体操連盟は20年11月、東京で4か国参加の親善試合を開催した。海外の選手・関係者には毎日の検査を義務づけた。米欧で導入されていた「バブル方式」を採用し、外出禁止などで関係者と外部を遮断した。選手ら関係者の感染者はゼロに終わり、対策を徹底すれば国際大会は可能だと国内外にアピールした。また、21年5月には各競技のテスト大会など11イベントで選手の動線などを細かく見直し、対策を練り上げた。

開幕後は、多くの大会関係者やボランティア、政府や都の職員らが協力し、毎日の検査や陽性者の隔離、行動管理などを徹底。会場の床やボールをこまめに消毒し、表彰式でメダルは選手が自ら首にかける……。地道な作業を積み重ねたことで、選手らの感染爆発や、それによる競技不成立の続出などが起きることはなかった。

来日した関係者から市中への感染拡大も確認されていない。

世界最大のスポーツイベントの成功は、コロナと闘いつつ社会の営みを継続できることを証明し、コロナ克服への一里塚となったのである。

2021年9月6日付

パラ「他国では出来ず」

＊ＩＰＣ会長総括

コロナ対策
高く評価

国際パラリンピック委員会（ＩＰＣ）のアンドルー・パーソンズ会長は5日、東京都内で総括記者会見を開き、「コロナ禍を考えると、日本のような大会開催は諸外国ではできなかった」と東京パラに向けた準備や本番の運営を高く評価した。7月23日～8月8日の東京五輪も合わせて、感染防止策は徹底され、大会そのものに深刻な影響を与える問題は発生しなかった。

五輪・パラ東京大会は、今年2月にコロナ対策指針「プレーブック」が公表され、必要に応じて修正が加えられ、選手や関係者に順

おもてなし　世界に

東京五輪・パラリンピックは、新型コロナウイルス対策で、選手の行動が原則、宿舎と競技場に限定された。当初計画していたアスリートとの交流はほとんどできなかったが、知恵を絞ったおもてなしの心は確かに伝わったようだ。

「さあ、この時がやって来ました。いただきます」。五輪陸上女子のリンデン・ホール選手（豪）はＳＮＳに書き込み、選手村で評判になったギョーザの画像を投稿した。

大食堂には、多様な食文化や宗教に配慮し、約７００種の料理と、約50種の調味料が用意された。過去大会と比べ、味や見た目も質が高いと好評で、海外選手には、お好み焼き、ラーメンなどが人気だった。

選手らを癒やしたのはボランティア。コロナ禍で活動の場は減ったが、会場入りを拍手で出迎え、帰国する際は、空港で「ＡＲＩＧＡＴＯ」などと書いたカードを掲げて見送った。

パラ陸上男子走り幅跳びのマルクス・レーム選手（独）は3連覇を決めた後、こう語った。「（無観客で厳しいコロナ対策が敷かれる）東京は、顔のない大会になる。そんな報道も見たが、実際に来てみたら、ボランティアの笑顔の温かさ、選手村入り口で手を振る子どもたちなど、多くの歓迎の気持ちが伝わってきた」

競技場などで荷物のチェックを担った自衛隊員らの応対は丁寧で、道ですれ違う警察官が気さくにあいさつをするなど、ソフトさを前面に出した警備も高く評価された。

機転を利かせ、選手の窮状を救った大会スタッフも話題になった。

五輪陸上男子110メートル障害に出場したジャマイカのハンスル・パーチメント選手は、準決勝会場へのバスを乗り間違えた。女性スタッフに助けを求めたところ、手持ちのお金を渡してくれたため、タクシーで会場に向かうことができた。翌日の決勝で優勝し、感謝を伝える動画をSNSに投稿すると、世界中から称賛の声が寄せられた。

自由に外出できない選手に喜んでもらおうと、工夫する自治体も目立った。

ドイツ体操チームが合宿した新潟県上越市は、食品や雑貨を扱う移動販売車を練習場に横付けした。菓子や飲み物のほか、招き猫などの土産物が並べられ、販売員と選手が接触しないよう、会計はチームに同行した市職員を介して行った。

大会後、ホストタウンとなった多くの自治体が、競技を終えた選手を招いた。茨城県龍ケ崎市では、地元の子供らが米国の柔道選手と距離を取って綱引きするなど、感染対策を徹底して楽しんだ。オンラインで交流した自治体も多かった。

学校観戦

次世代を担う子供へのレガシー（遺産）として期待されたのが、学校教育との連携だ。五輪やパラリンピックは、スポーツの価値や共生社会への理解を深めるきっかけになり、子供が競技会場を訪れる「学校連携観戦プログラム」はその絶好の機会と言えた。

しかし新型コロナウイルスの感染拡大で、五輪は大半の会場が無観客、パラは全会場で原則無観客となってしまった。それでも、教育的な価値を重視し、学校観戦は認められた。五輪では競技が行われた宮城、茨城、静岡の3県、パラでは東京、埼玉、千葉の3都県で実施された。観戦した子供たちからは、意識の変化がうかがえた。

パラのバドミントン（車いす）を観戦した東京都渋谷区立原宿外苑中学校2年の女子生徒（13）は、今までパラの競技は選手があまり動けないものと思っていた。ところが、選手が背中を反らせてシャトルを打つ姿に「動きの幅が広くて驚いた。体の使えない部分を使える部分で補っていてすごい。『努力は必ず報われる』と教えられた気がする。自分も諦めないで努力しようと思った」と語る。都立南多摩中等教育学校（八王子市）2年の男子生徒はパラの陸上を観戦し「パラ以外に、障害者が活躍できる場がもっとあっていい」と思った。

五輪のサッカー・韓国─ニュージーランド戦を観戦した茨城県鹿嶋市の小学生は「海外の選手のプレーを生で見るのは初めて。とても興奮した」と、海外へ目を向ける機会になった。

ただ、パラの学校観戦を巡っては自治体は難しい判断を迫られた。

五輪期間中の7月末に新型コロナの新規感染者が全国で初めて1万人を突破するなど、感染が急拡大し、中止を決めた自治体も相次いだ。千葉市では引率した教諭2人の感染が判明し「保護者の不安を完全に払拭することは難しい」（神谷俊一市長）と断念を決めた。大会組織委員会によると、20年1月時点で同プログラムのチケットの購入希望枚数は五輪・パラで引率者含め計約128万枚だったが、観戦できた子供は五輪で約4700人、パラで約1万5330人にとどまった。

生で観戦できなかった地域では、テレビを通じて子供たちに思い出を残そうとする試みもみられた。

都教委はオンラインで学校同士を結び、テレビを見て交流を深める事業を用意した。パラの観戦を予定していた葛飾区立末広小学校では、20年末に体験教室を開いた車いすラグビーの初戦の日に学校ホームページに当時の写真を載せて応援を呼びかけ、夏休みに大会の感想を絵や言葉で表現する宿題を出した。

小学校長としてオリパラ教育に取り組んだ経験を持つ森富子・東京学芸大特命教授は「観戦できなくても、大会前に選手と交流した子供たちは多い。オリパラ教育は大会終了で終わりでない。義足や車いすなどの製作技術に興味を持つ子供がいれば、関係企業に講義してもらうなどして興味を伸ばしてあげるのが学校の仕事。それがレガシーとなる」と指摘した。

障害への意識改革

東京パラリンピック開幕前の2021年8月19日、東京スカイツリーなど世界約200か所のランドマークが紫にライトアップされた。ＩＰＣ主導で20の国際組織が連携し、世界人口の約15%にあたる障害のある人々への認識改革を訴える「We The 15」キャンペーンの幕開けだ。開催意義が問われた東京五輪に対し、パラリンピックではまず意義をぶつけ、レガシー（遺産）への期待を打ち出した。

12年ロンドン大会は英国パラ代表の迫力ある映像が現地で話題になり、「パラ選手は格好いい」との意識が広まった。「東京大会では一歩進み、違いが当たり前の社会への変化の起点としたい」とIPCのスペンス広報部長は話していた。

東京2020大会は、もともとソフト面のレガシー創出に軸足を置いてきた。日本社会の今後を見据え、生き方の豊かさの追求を意図してのことだ。特にパラリンピック開催による意識変革はカギとされた。

東京大会のパラリンピック競技を見て、引き込まれた人も多かったことだろう。ボッチャの戦略、車いすバスケットボールの連係。障害に合わせ、工夫し磨かれた技術。人々が選手を見る視点は、いつの間にか「障害者」ではなくなっていく。

「目に障害があっても、速く泳いでいてすごかった。私もいろんなことに挑戦したい」（競泳・石浦智美の母校、新潟県上越市立北諏訪小の児童）

選手たちの人間性が与えた気づきは、人々が自分自身や社会に対して持つ先入観をほどき、違いを受け入れる契機になる。

大会は原則無観客となるなど、コロナ禍で変容した。ただパラ教育や社会の認知度など、13

年の招致から8年間の過程で培われたものは小さくない。ヤマハ発動機スポーツ振興財団の調査では、パラ選手を起用したテレビCMは13年の5本から、16年に95本に急増した。

13年に東京招致を成功させた演説を行い、今大会トライアスロンに出場した谷真海選手は言う。「大事なのは意識変革を社会にどう生かすか。10年後、大会を開いたからこんな世の中になったと言えるようになったらいい」

活躍をたたえ合う仲間たち

新競技の選手の活躍によって、オリンピックに新しい風が吹き始めた。

その象徴的なシーンは、スケートボード女子パーク決勝だった。最終演技者として臨んだ岡本碧優（みすぐ）選手は、その時点で4位。最高の技を見せようと次々に技を決めていったが、最後で着地に失敗した。座り込んだ後、泣きながら引き揚げてきた彼女を迎えたのは演技を終えたライバル、いや仲間たちだった。皆で岡本選手を抱きしめ、肩車したのだ。岡本選手の涙顔が笑顔に変わっていった。

男子パークで銀メダルを獲得したペドロ・バロス選手（ブラジル）はこう語っている。

「スケートボードはただのスポーツじゃない。仲間たちとの絆であり、文化であり、ライフスタイルだ。競う相手が最高の結果を出すことを喜べるって、実社会に足りない部分かもしれない。スケートボードが何かを伝えられればいい」

スポンサー企業の苦慮

東京五輪・パラリンピックの開催自体への批判もあった中、スポンサー企業や所属選手を抱える日本企業は世論の動向に配慮した対応を迫られた。選手の支援には積極的な企業が目立った一方、多くのパラ競技団体はコロナ禍で収入が減り、厳しい運営を余儀なくされた。五輪には近年、開催費用が高額に上る「商業主義」への批判がつきまとう。だが、企業の資金拠出が大会を支えていることも事実だ。

大会組織委員会には、国内外のスポンサーからの収入が４０６０億円あり、予算の半分以上を占める。企業がスポンサーになると、大会に伴うＣＭ放送や広告を展開し、自社の商品やサービスをアピールできる。

しかし、開催への厳しい声を受け、企業の姿勢には変化が見られた。トヨタ自動車が開幕直前、国内で五輪関連のテレビＣＭの見送りを決定したのは象徴的だった。五輪開会式では、豊田章男社長ら関係者が欠席。他社にも影響を及ぼした。

「ＣＭ放送は『恐る恐る』だった」。あるサービス業の担当者は打ち明ける。視聴者からは「なぜＣＭを流しているのか」と批判的な意見ばかりで、「見返りはなかった。余計な出費が増えただけ」と嘆いた。各社は競技会場などで関連商品の販売も検討したが、ほとんどの会場が無観客となったことで機会は失われた。企業による「持ち出し」が大きすぎては次回以降、スポンサーになることのメリットに疑問符がつく。拠出金に見合った成果が得られなかったという苦い経験は、今後の動向に影響を及ぼす可能性がある。

そうした中でも積極的な選手支援を継続する企業は多い。ＮＴＴグループでは、バドミントン男子の桃田賢斗選手ら10人以上の所属選手が五輪・パラに出場した。「アスリートが様々な大会に参加したり、スポーツ教室を開いたりすることは、地域や会社の振興につながる」と今後も支援を続ける方針だ。

パラ選手を特別な社員とは位置づけずにキャリア形成を図る取り組みも目立つ。あいおいニッセイ同和損害保険では、競泳女子の小野智華子選手が社員の健康増進を図る部署に、車いすバスケットボール男子の秋田啓選手は保険金支払い部門に、それぞれ在籍している。「パラ選手は広告塔ではなく、会社を支える戦力」と位置づける。15年には競技を引退した後も継続雇用する制度を作った。

一方、パラ競技団体の運営は厳しくなっている。読売新聞が20年夏、26団体に行った調査では、コロナ禍や1年延期で収入に影響があったと答えた団体が73％（19団体）に上った。理由としては、スポンサー企業の離脱が21％（4団体）、協賛金減額が11％（2団体）だった。

日本の共生社会の歩みは、道半ばだ。経済協力開発機構（ＯＥＣＤ）の調査によると、日本の障害者などに対する公的支出が国内総生産（ＧＤＰ）に占める割合は、17年時点で１・１％。ＯＥＣＤ平均（２・０％）を大きく下回る。また、日本の民間企業に義務づける障害者の法定雇用率は2・3%で、フランス（6%）やドイツ（5%）と比べると低水準にとどまっている。

競技施設の活用

選手たちが熱戦を繰り広げた競技会場のうち、恒久施設は後世に引き継がれる。巨額の費用をかけて整備した施設をどのように活用し、維持するかが課題だ。

開閉会式や陸上競技が行われた「国立競技場」（東京都新宿区）の建設費は1569億円。大会後、陸上トラックを撤去し、球技専用にする計画だったが、政府は、世界陸連が世界選手権開催を提案したことなどを受け、トラックを残す方向で検討している。

今後、運営権は民間業者に売却される。年間維持費は24億円と試算され、旧国立競技場の年間収入が約6億~9億円だったことを思えば、採算を取るのは容易ではない。

東京都は競泳、ホッケー、カヌーなどの6施設を計1375億円で整備した。黒字が見込まれるのは、コンサートなどが開催できる「有明アリーナ」（江東区）だけ。残る5施設は、それぞれ年間1200万~6億円超の赤字になる見通しだ。都は広告獲得や施設の命名権売却などで、収益の向上に努める。担当者は「『負の遺産』にならないよう知恵を絞る」と話す。

一方、仮設施設の「有明アーバンスポーツパーク」（同）は、再整備される。メダルラッシュに沸いたスケートボード、スポーツクライミングなど、大会で初採用された都市型スポーツの「聖地」として生まれ変わる予定だ。

2　IOCと五輪の行方

欧米でも逆風

五輪開催への風当たりはこの数年欧米でも強まり、招致都市も減少傾向にある。

２０２４年にパリ五輪・パラリンピックを開催するフランスでは20年秋、閣僚経験者や作家ら数十人がパリ五輪開催反対の意見を仏紙ル・モンドで発表。「汚職やドーピングに悩まされてきた五輪開催以外に、フランスはやるべきことがある。巨額な資金を投じて巨大イベントを行うのは無責任だ」と主張した。

反対意見に共通するのはコストへの懸念だ。加えて近年は、SNSなどの普及で反対意見が拡大しやすくなり、五輪やIOCが、政府や企業と同じ「体制」側として、批判の対象になるようになった。東京工業大の笹原和俊准教授（計算社会科学）は東京大会について「個人の投稿が多数意見としてテレビなどで紹介され、それによってSNS上がさらに盛り上がった。SNSの拡散力がなければ、ここまで五輪反対論は広がらなかったかもしれない」と話す。

ロシアの組織的ドーピングなど不祥事や、開催の失敗例も、反対論の根拠となってきた。04年のアテネ五輪はギリシャに巨額の負債を残し、09年以降の経済危機の遠因となったとされる。

当初16億ドル（約1760億円）と試算していたコストは、建設計画の遅れと警備の増強で100億ドル（約1兆900億円）に膨れた。新設された多くの施設が、使用されず荒廃した姿をさらす。

3600万ユーロ（約46億6600万円）をかけて建設されたビーチバレー会場は今、至る所に落書きがあり、ヤシの木や雑草が生い茂る。周辺は広大な敷地に無人のビルが点在するのみだ。アテネ五輪の後、近くでカフェの経営を始めたものの期待を裏切られた男性（59）「ここは今や墓場だ。施設はその後1ユーロももたらしていない」と嘆く。

ギリシャ五輪委のスピロス・カプラロス会長は、「インフラ整備の恩恵は残り、五輪が経済危機を招いたとする見方は誤りだ」としながらも、「その後閉鎖され、荒廃したままの施設があるのは事実だ。建設が間に合わないという時間的制約もあり、大会後の運用計画を立てられなかった」と語っている。

広域開催容認

巨大化した五輪の持続可能性に直結するのが、コスト削減問題だ。東京五輪は、その「試行」の場でもあった。

東京大会の競技施設は、2013年の招致時から大きく配置が変わった。当初は「約85%の競技会場が選手村から8キロ以内」と、コンパクトさを強調していた。しかし14年末、IOC

がコスト削減を主眼の一つとする五輪改革を打ち出し、東京以外の地域も含めた既存施設の活用を促した。自転車は「伊豆ベロドローム」（静岡県）、セーリングは「江の島ヨットハーバー」（神奈川県）、馬術は「馬事公苑」（東京都世田谷区）と、既存施設の活用が決まった。「幕張メッセ」（千葉県）や「さいたまスーパーアリーナ」（埼玉県）なども会場となった。ＩＯＣは変更等により「約45億ドル（約４９００億円）が節約できた」（バッハ会長）と胸を張った。

夏季五輪でＩＯＣは、00年シドニー大会の成功例をモデルとして、歩いて移動できる範囲に競技施設が集まった「主会場」を設けることを長く推奨してきた。輸送や警備の効率、選手や観客の利便性や雰囲気を重視したからだ。続くアテネ、北京、ロンドン、リオデジャネイロ大会ではすべて、主会場とそれに近接する選手村が作られた。

しかし主会場構想は、多くの競技会場の新設を伴う。冬季五輪としては初めて主会場を設けた14年ソチ大会は、都市の再開発を含めたコストが約５兆円に上ったとされる。これは夏季大会を含めても最大の額で、欧米メディアの批判の的になった。招致の機運が減衰するなど、五輪にとって死活的な影響が出始めた。

これを受け、ＩＯＣは「五輪の形は都市のニーズに合わせてよい」「国をまたぐケースも含め、複数都市による共催も認める」と方針を転換した。「24年パリ大会は少なくとも85％が既存か仮設の施設になる。28年ロサンゼルス大会は新設の競技施設はゼロだ」とマーク・アダムス広報担当は言う。

東京大会で示すはずだった改革の成果は、コロナ禍で思惑が外れた。ただ、東京が感染症対策と延期に伴うコストを抑制するために徹底的に追求した「簡素化」は、今後への示唆となるかもしれない。開閉会式の簡素化、訪日する関係者の削減、滞在期間の短縮、可能な範囲でのサービスの抑制――。「コロナ禍は我々に、五輪で最も大切なことは何かを突き詰めて考えさせた。それは選手たちの競技と交流であり、それ以外は二次的なものだ」。東京大会の調整委員長を務めた、ＩＯＣのコーツ副会長の述懐だ。

3大会先まで決定

五輪の存続には当然、開催する都市が必要だ。

しかし近年、手を挙げる都市の数が大幅に減る傾向にある。特に財政負担など五輪開催の苦難を目の当たりにするたび、招致都市では反対の世論が伸長し、機運は減退してきた。

コロナ禍の中で開催を貫いた東京大会。選手の活躍など競技面では成功を収めたが、無観客となって未来世代の五輪体験を含めた多くのレガシーがしぼみ、延期によってコストが増加した。前例のない試練は、今後の五輪開催や招致にどんな影響を与えるのか。

閉会式で、3年後の開催地として五輪旗を引き継いだパリのアンヌ・イダルゴ市長は言う。「東京は困難な状況でも五輪は開けることを示し、道を作ってくれた。パリ大会はコロナ後の祝祭となることを願うが、予期しない事態は起こるもの。東京が見せた柔軟な適応力を学びたい」。パリは約50人の職員を東京大会の組織委に送り込んで経験を積ませてきた。

もう一つパリが痛感したのは、世論の支持の重要性だ。「パリ大会は多くの市民が参画する『人々の五輪』にしたい。地域の再開発など分かりやすいレガシーも示す」。開催意義を市民に実感してもらうことが、これまで以上に重要とみる。

他方、IOCは開催に苦労した東京大会の余波に加え、コロナ後の世界の不透明さを見据えて、非常に分かりやすい手を打った。11年先の五輪開催地まで決めたのだ。

東京大会開幕直前のIOC総会で、豪ブリスベンが2032年夏季五輪の開催地に決まった。従来は総会で複数の候補都市が得票を争っていたが、今回はIOCと各都市との直接対話で1都市に絞り、総会には賛否のみを諮った。事実上の「指名」だった。

IOCから見たコロナ禍前の東京は、五輪好きとされた国民の支持を背景に、史上最多のスポンサー企業を集める優等生だった。しかしコロナ禍で状況は暗転し、「何が起こるか分からない」という教訓を突きつけた。それでも東京だから何とか遂行できた、というのが実感だったろう。

IOCは17年の総会で24年パリと28年ロサンゼルスを一括で決定している。さらに32年大会まで決めた。

コロナ禍の後も、世界は不確実性を増し、世論の動きが見通せない。今のうちに安定性のある都市を押さえておきたい――。それがIOCの本音ではないか。

開催能力が高い都市を希求し続ければ、いずれ選択肢は限られる。その後はどうするのか。そこまではまだ、視野に入ってはいないらしい。

冬季大会の札幌招致

新型コロナや費用負担など東京大会が直面した課題は、30年に2回目の冬季五輪と初めてのパラ開催を目指す札幌市の招致活動にも影響を与えている。

19年11月に突然決まった東京五輪のマラソンと競歩の「札幌移転」は、同市にとってチャンスだった。市は花形競技を無事開催できれば、ＩＯＣの信頼を得られ、招致活動を有利に進められると考え、運営に全面協力してきた。

狙いはもう一つあった。ＩＯＣは近年、候補都市の辞退が相次いだことを受け、開催地選定で住民の支持を重視するようになった。札幌市は、マラソン、競歩で盛り上がった五輪閉幕直後に冬季大会の賛否を問う市民アンケートを行えば、高い支持を得られると計算した。

だが、思惑は外れた。コロナ禍で東京大会は1年延期になったうえ、マラソンも競歩も観戦自粛が呼びかけられ、盛り上がりは今ひとつに終わった。札幌を視察したＩＯＣのトーマス・バッハ会長は同市の運営能力を高く評価したが、五輪に否定的な世論が広がり、市はアンケートの実施を先送りせざるを得なかった。

費用負担も影を落とす。札幌市は２０００億から２２００億円と見積もる大会運営経費について、「チケット収入などで市の負担はゼロになる」と市民に説明してきた。ある市幹部は「今回のように何かあったとき、開催都市が負担するとなれば、市民から反対意見が出かねない」と懸念する。

1972年に開いた札幌冬季五輪では、観客輸送を理由に市営地下鉄が開通するなどした。ほぼ半世紀がたち、大会を機に整備されたインフラ（社会基盤）の老朽化が目立つ。高齢化も進み、バリアフリーへの対応も急務だ。同市は、冬季五輪・パラが、時代に合わせた再開発を後押しすると期待しつつも、難しいかじ取りを迫られている。

3　大会の決算

赤字をまぬがれる

東京2020オリンピック・パラリンピックの年が終わろうとしていた。1年延期の結果、時は2021年の暮れである。

12月22日、大会組織委員会が締めくくりの総括報告記者会見を行った。橋本会長をはじめ、会見の席に並んだ責任者たちはさすがに安堵の表情を見せていた。何より、収支決算が赤字をまぬがれたことが大きい。コロナ禍による無観客開催でチケット収入がほとんどなくなったため、赤字確実と見られていたが、いい方向に誤算が生じ、赤字分をどこが負担するかで頭を悩ませる必要はなくなった。会見内容を伝える記事だ。

五輪・パラ経費1兆4530億円　組織委見通し　予算から1910億円減

東京五輪・パラリンピック大会組織委員会は22日、最終的な大会開催経費は1兆4530億円となる見通しだと発表した。大会延期に伴う追加経費を盛り込んだ昨年12月の予算で1兆6440億円だったが、簡素化や無観客に伴う契約の見直しで1910億円の減額となった。懸念されていた国や東京都による公費の追加負担は生じない。組織委は同日に都内で開いた理事会で報告した。

経費の内訳は、仮設施設整備などの会場関係費が8640億円、輸送、警備、選手村運営などの大会関係費が5410億円。960億円を見込んでいた新型コロナウイルス対策費は、来日する大会関係者数を絞り込んだり、来場者の対策費が無観客により大幅に減額されたりして480億円に半減した。負担額は組織委が6343億円、東京都が6248億円、国が1939億円となった。

組織委の決算では、ほとんどの会場が無観客となり、900億円を見込んでいたチケット収入が4億円に激減し、収入は6343億円にとどまる見通し。簡素化で関係者の輸送費が圧縮され、国際オリンピ

2021年12月23日付

五輪・パラ経費1兆4530億円
組織委見通し　予算から1910億円減

東京五輪・パラリンピック大会組織委員会は22日、最終的な大会開催経費は1兆4530億円となる見通しだと発表した。大会延期に伴う追加経費を盛り込んだ昨年12月の予算で1兆6440億円だったが、簡素化や無観客に伴う契約の見直しで1910億円の減額となった。懸念されていた国や東京都による公費の追加負担は生じない。組織委は同日に都内で開いた理事会で報告した。

東京五輪・パラリンピックの大会開催経費

2019年12月―1兆3500億円
組織委 6030億円　東京都 5970　国 1500
20年12月―1兆6440億円
7210　7020　2210
21年12月―1兆4530億円
6343　6248　1939

経費の内訳は、仮設施設整備などの会場関係費が8640億円、輸送、警備、選手村運営などの大会関係費が5410億円。960億円を見込んでいた新型コロナウイルス対策費は、来日する大会関係者数を絞り込んだり、来場者の対策費が無観客により大幅に減額されたりして480億円に半減した。負担額は組織委が6343億円、東京都が6248億円、国が1939億円となった。

組織委の決算では、ほとんどの会場が無観客とな

ック委員会（ＩＯＣ）幹部の宿泊費も削減するなどして２３９億円を節減したが、支出は６９７１億円に上った。

収支差額の６２８億円については、都が安全対策に必要な「共同実施事業負担金」として支出することで組織委、国と合意した。組織委が支出を抑え、国はパラとコロナ対策の経費を負担していることや、都の予算の支出額の範囲内に収まることを考慮した。

組織委の武藤敏郎事務総長は理事会後の記者会見で、「厳しい状況の中、予算の範囲内で大会を運営できた。我々の取り組みが実ったと考えている」と述べた。

◆コロナ陽性０・03％　大会総括

組織委は理事会で大会を総括する報告も行った。コロナ対策では、指針の「プレーブック」が適用された７月１日からパラ選手村が閉村した９月８日まで計１０１万４１７０件のスクリーニング検査を行い、陽性者は２９９人で、陽性率は０・03％にとどまった。海外からの大会関係者の入院は６人で、組織委は「クラスター（感染集団）は発生せず、大会関係者が市中に感染を広げた事例の報告もなかった」とした。

橋本聖子会長は「厳しい状況でも大会を開催できたのは、日本の国際的な評価にとっても良いことだったと思う」と語った。

五輪・パラ　経費減　簡素化のモデル示す（解説）下山博之

東京五輪・パラリンピックは、簡素化しても感動的な大会を開催できると世界に示した点で大きな意味がある。大会延期に伴い、20年12月の予算ではコロナ対策費など2940億円の追加経費が盛り込まれ、組織委は大会簡素化の方針を打ち出した。着目したのは、選手を除く海外からの大会関係者の数だ。

当初は五輪だけで約14万人だったが、「大会運営に不可欠な人」に限り、3割以下の3万3000人に絞った。国際オリンピック委員会（IOC）関係者も3000人から1000人に減らした。輸送費や宿泊費を見直し、結果的にコロナ流行前の予算より約1000億円の増加で収まった。

スタッフの弁当計160万食の19%にあたる30万食が食べられなかった「食品ロス」や、医療消耗品が廃棄されていたから、さらに経費削減の余地はあったと言える。それでも、過去の五輪で「聖域」とされてきた部分に踏み込み、コロナ下で成功を収めた東京大会は、これから招致を目指す都市や国にとって一つのモデルになり得る。

（2021年12月23日付朝刊）

年が明けて2022年1月。大会組織委の発足以来8年間、事務総長を務めた武藤敏郎氏は、読売新聞に寄稿し、東京2020大会を次のように総括した。

寄稿［地球を読む］東京２０２０大会を終えて

――大会組織委員会事務総長　武藤敏郎

２０２０年東京五輪・パラリンピック競技大会は、新型コロナウイルスの感染拡大によって、１年延期された。開会が迫る21年夏になっても感染は収束せず、賛否両論が渦巻く中での開催となった。

コロナ禍という異例の状況で行われた大会を、どう総括すべきか。大会組織委員会事務総長を務めた私の考えを述べてみたい。

◆対策徹底　感染拡大防ぐ

東京大会の最大の特色は無観客の簡素な大会だったことである。もちろん観客がおられた方が望ましい。ただ、無観客を選択したことで、改めて多くのことを考えさせられた。

まず、大会開催の意義とは何か、ということだ。五輪・パラリンピックは、人種、宗教、文化などが異なる多様な人々が参加する。競技を通じてお互いを認め合い、尊敬し合い、感動を共有するのだ。そこから平和と人権を希求する人類共通の価値観が生まれる。

13年に東京大会の招致に成功した際、私たちは大会を通じて東京から世界に人類の平和共存を発信するとともに、日本社会の未来を変える契機にしようと決意したはずだ。

コロナで世界が分断されている状況だからこそ、万全のコロナ対策を講じた上で開催して、五輪・パラリンピックの価値と日本の文化、災害から復興する日本の姿を世界に発信する。さらに、多様性を受け入れる寛容さやジェンダー平等、持続可能性などのレガシー（遺産）を、日本の未来に残す。無観客だったからといって、この大会の開催意義は変わらない。

これらのレガシーがどう継承され日本社会を変革していくのかは、我々の今後の努力にかかっている。

人々がコロナに不安を覚えるのは当然だ。重要なのは、大会開催に向けて講じたコロナ対策が、十分機能したかどうかである。

国と東京都、組織委は、感染症の専門家も加えた会議で開催に必要なコロナ対策を検討し、結果を感染防止策の指針「プレーブック」として公表した。

要点は、①空港検査の徹底、②無症状のアスリート・大会関係者に対する原則毎日のスクリーニング検査、③陽性者の迅速な隔離と濃厚接触者の管理、④選手らと外部との接触を遮断する「バブル」の形成――などだ。

大会参加者の陽性率は、空港検査で0・1％、スクリーニング検査で0・03％にとどまった。大会期間中の入院者数はわずか6人、重症者はゼロだった。

一部の専門家やメディアは、「大会で感染が拡大する可能性がある」と強い懸念を示したが、ワクチン接種の進展もあり、むしろ期間中に感染拡大の勢いは減じ、専門家からは「大会は

地球を読む

東京五輪・パラ　対策徹底　感染拡大防ぐ

武藤 敏郎　東京五輪組織委事務総長

2022年1月16日付

安全に行われた」との評価を得た。

◆逆境で開催　支援の賜物

東京五輪・パラリンピックを巡る、もう一つの大きな関心事は、大会開催経費である。

2020年末に発表された大会関係予算は、延期の経費やコロナ対策費の増加を含め総額1兆6440億円に上った。その後、費用を見直し、21年末の決算見通しは、1年前の予算より1910億円少ない1兆4530億円となった。

無観客に伴い、チケットの売り上げを中心に大会組織委員会の収入は減少したが、東京都が安全安心な大会実施のために必要な「共同実施事業負担金」を、予算の範囲内で支出することになり、組織委の収支を均衡させることができた。

立候補時に発表した費用は約8000億円だった。ただこの金額はそもそも、開催に必要な経費の総額ではなかった。立候補都市間の経費を比較するため、国際オリンピック委員会（IOC）から基礎的な共通部分に限って提示を求められた金額だった。立候補した時点では大会の計画が細部まで固まっておらず、経費の総額を具体的に示すことが困難だった、という背景などがある。

施設の周辺工事や運営費を含めた開催経費全体の見積もりを初めて示したのは16年末で、1兆5000億円だった。今回の決算見通しでは、これより約500億円低い数字に抑えた。

新国立競技場や都が新設した恒久施設は、今後何十年にもわたり国民が利用できる。単なる経費ではなく、日本社会のレガシーへの投資という側面もある。こうした未来への投資を、これからどう生かしていくか、考えるべきだ。

それでも、お金がかかり過ぎたとの批判があることは承知している。我々も会場の見直しを中心に約4500億円の大会経費を削減し、延期に伴う簡素化などにも努めた。

将来的に五輪経費を抜本的に縮減するには、競技数や参加アスリート数など、大会規模や運営方法の見直しが不可避だ。招致計画の在り方も含め、IOCや大会関係者の徹底的な議論が必要となる。

次に、大会の前後で人々の評価がどう変わったか見てみよう。21年5月の読売新聞の世論調査は、「大会中止」が59％、「観客制限ないし無観客での開催」が39％だった。五輪終了後の8月の調査では「大会をやってよかった」が64％で、「そう思わない」が28％だった。IOCによると、世界で30億人を超える人が東京大会を視聴し、「東京大会は成功だった」と評価した人が65％に上った。また、ある調査では、大会に参加した約7万人のボランティアのうち、五輪で74％、パラリンピックで79％が、「自分の活動に満足」「大変良い経験になった」と答えたという。

IOCや国際パラリンピック委員会（IPC）だけでなく、海外メディアからも「東京でなければできなかった」「逆境に向かう勇気を示した」などの評価が聞かれた。

私は、無観客という苦渋の選択の末、東京大会開催の約束を果たしたことは、日本の国際的な信頼を高めたと考えている。

日本選手の奮闘も、特筆すべきことである。「お家芸」はもとより、新しい種目でも若者を中心に目覚ましい活躍を見せ、獲得したメダルは、期待を上回った。開会式や競技のテレビ視聴率は高く、多くの人が熱戦に声援を送った。特にパラリンピックは、人々に勇気と感動を与えた。

とはいえ、大会全体を振り返れば、様々な問題や不十分な点もあった。当初に採用した大会エンブレムを取り下げる事態になったことや、セレモニーの企画演出をめぐるトラブルなどは、反省しなければならない。物品の不適切な廃棄などへの批判も、真摯に受け止めている。

世界的なパンデミックの中での大会運営に苦労は尽きなかったが、東京大会が1年遅れながら開催することができ、内外から評価を得たのは、スポンサーを含め、大勢の関係者の協力・支援の賜物であると思っている。最終的には歴史の評価に委ねたい。

むとう・としろう　1943年生まれ。東大卒。財務次官を経て日本銀行副総裁、大和総研理事長。2014年1月、東京2020大会組織委員会事務総長に就任。

（2022年1月16日付朝刊）

終章　東京2020大会が残したもの

結城和香子

30年近く、オリンピックというものを取材してきた。夏と冬で2年に一度巡ってくる大会だけでなく、そこに至るまでの招致から開催までの葛藤と、ドーピングや招致疑惑、政治の影といった負の側面、スポーツが見せる人の輝きと、それが伝えるかけがえのない希望に至るまでだ。どちらの側面を見るかによって、オリンピックに対する評価は大きく振れる。でも一つ確実なのは、この世の多くの事象と同様、オリンピックにも光と影があり、存在し続けるための絶え間のない試練にさらされているということだろう。

その意味でオリンピックは、「生き物」に似ていると思うことがある。

よく、オリンピックの終焉（しゅうえん）は、政治による圧力かカネの切れ目だ、という論調を聞く。でも世界大戦で大会が中止になっても、ボイコットが吹き荒れても、大会運営が赤字になってその後の候補都市が激減しても、オリンピック運動は時間をかけ、やり方を変えて息を吹き返し、世界情勢が許す範囲で隆盛を見せてきた。それは今に至るまで人々が、世界がしがらみを超えて一堂に会し競い合うことに、人間性の理念を掲げたスポーツの祭典に、価値を感じて来たからにほかならない。曲がりなりにも120年以上続いてきた民間運動は、他に例を見ないのだ。もちろんオリンピックは、不死ではない。ただその終焉は、大会開催に対する物理的な制約というより、「心」が死ぬ時――スポーツとオリンピックの価値を、人々が信じなくなった時に訪れるのだと思う。光がなくなり、理念が感じられなくなった大会には、選手たちが全霊を懸けて目指す意味も、私たちの心を引き寄せる人間性への希望もなくなるからだ。

2020年の東京オリンピック・パラリンピックが史上初めて延期され、コロナ禍の危機感もあって、従来「オリンピック好き」で知られる日本人の間にスポーツは不要不急だという声や大会開催への批判が広がる中、私はオリンピックの「心」の灯がゆらぎ始めたように感じていた。それは、それまでの取材の経験値でも推し量れないほどの変異だった。

曲折の末に東京大会が開催され、ほぼ無観客という状況下でもオリンピック、パラリンピック選手たちが大会に「魂を吹き込み」――東京大会の完遂は、コロナ禍という試練にも、オリンピック・パラリンピックの持つ「光」が耐え得ることの証しとなった。逆境においてスポーツが持ち得る輝きの強さを、東京大会は世界に伝えた、とも言える。

それでも。国際オリンピック委員会（ＩＯＣ）のトーマス・バッハ会長は21年末、来し方を振り返り、「最も大変だったのは、東京大会開幕までの一日一日の全てだ。あれは前例のない体験だった」と語っている。その意味するところが、私にも分かる気がするのだ。

1　オリンピック・パラリンピックとは

開催国を映し出す鏡

オリンピック15大会、パラリンピック10大会を取材してきた過程で、一つの事実に気づかされた。大会開催は、競技を行う期間だけに留まらない、有形無形の影響を開催国に及ぼす。いずれの大会でも開幕前までは課題が残り、国内報道での批判が意外なほど多いのだが、「成功」とされる大会では、大会が伝えようとしたテーマと選手たちの輝きが重なって、人々の記憶に刻み込まれる感動を呼ぶ。それが時をかけて社会や人々を変える素地になるのだ。また大会開催は、その国と社会のありようが国際社会という「鏡」に映し出される機会ともなる。先進的な基準に照らして至らぬ部分を、大会開催を理由に改善していく契機にもなる。

東京2020大会は招致時、東日本大震災の後に見たスポーツの力を、逆境に直面する世界の人々に伝えたい、という主題を打ち出した。感謝を込めた国際社会への貢献で、日本の成熟度や復興を発信するという意味でもあったろう。コロナ禍による著しい大会変容で、予期した成果が減退してしまった部分も少なくないが、招致成功から開催まで8年の間に、日本の社会が多くの変化を遂げてきたことも事実だ。また、コロナ禍での大会完遂が、世界の人々の感動や共感を呼び、当初掲げた「スポーツの力」を、より深い形で伝えることにもなった。東京大会とは一体何で、それは何を残したのか。どう歴史に位置づけられるのか。視点を広げて、考えてみたい。

変化の狼煙

五輪関係者が以前、「戦争以外で、平和時に国力の結束が試されるような状況が生じ得るのは五輪ぐらいだろう」と語っていた。戦争と比べるのが適切かはともかく、長い目で見てみると、東京大会の招致、開催決定を契機に、大きな社会変化のうねりがもたらされていることが分かる。特徴は、スポーツを通じて社会や人々の生き方をどう豊かにするか、という視点が強く打ち出されたことだ。

変化の狼煙（のろし）となったのは、2度の招致の間となる、2011年のスポーツ基本法制定だ。日本という国でのスポーツの位置づけを転換する、半世紀ぶりの法改正だった。

「スポーツは、世界共通の人類の文化である」。こんな前文で始まる基本法は、画期的な要素を含んでいた。スポーツは、私たちの未来をより良くする力になると位置づけたことだ。青少年の人格形成や地域社会の再生、健康な長寿社会などを挙げ、「スポーツを通じて幸福で豊かな生活を営むことは、全ての人々の権利」だとした。トップ選手の活躍が、人々の心や社会経済に与える影響を重視し、国による支援も盛り込んだ。スポーツ庁創設検討も明記した。

スポーツ庁創設を政府が正式表明したのは、13年9月、ブエノスアイレスIOC総会で、20年東京大会の開催が決定した翌日だ。大会に向けた政府対応を一元的に進めるため、というのが理由で、菅官房長官は「五輪は文部科学省、パラリンピックは厚生労働省の所管になっており、一体として推進する必要がある」などと説明した。

スポーツや運動には、人々が違いを超えて出会い、楽しみ、その過程で心身に変化や気づきをもたらす力がある。医療介護から教育、地方再生まで、多くの分野で触媒としての期待も持たれている。関連分野の連携を図り、スポーツの影響力を日本の社会と未来に生かす役割を担うスポーツ庁の船出だった。

消えたパラリンピック

パラリンピックの開催は、ある意味でさらに劇的な変化をもたらした。

「だってそもそも、16年大会の招致の時は、『東京オリンピック招致』だった。パラリンピックは入ってなかったんです」

田口亜希さんが笑う。東京大会の開催が決まったことで、日本の社会はどれだけ変わったと思う？　と聞いた時のことだ。田口さんは12年ロンドンまでのパラリンピック3大会に射撃競技で出場した。柔らかい笑顔と、言うべきところはきっちり伝えるしなやかさを持つ元客船「飛鳥（あすか）」のパーサーだ。

問題は、その言葉の欠如が、一般社会の認識度を映していたと考えられることだ。「消えていた」パラリンピック。それが市民権を得たのは、20年東京大会の招致と開催決定からだったのだ。

東京は、史上初めての2度目のパラリンピック開催都市だ。１９６４年東京オリンピックの後、代々木公園隣の織田フィールドを舞台に、脊髄損傷の選手らを対象にした「ストーク・マンデビル大会」などが開かれ、パラリンピックという呼称が付けられた。パラレルから取られた現在の意味とは違い、麻痺（パラプレージック）の意とオリンピックをかけた造語で、ストーク・マンデビル大会創始者のルートビッヒ・グットマン博士は、その名を容認しなかったと伝えられる。

64年のこの大会は、日本社会の「障害」に対する見方に大きな衝撃を与えた。日本ではそれまで、「障害」は隠すべきものという意識が残り、保養所などで療養するのが一般的だった。しかし欧米から参加した選手の多くは、仕事と収入を持ち、車を呼んで渋谷に飲みに繰り出すなど、社会的に自立していたからだ。64年大会のドキュメンタリー映画には、日本選手たちの物語とともに、その衝撃が克明に記録されている。

「64年の時と比べて、２０２０年東京パラリンピックが、一体どれほど大きな社会変化を残せるのだろうと思いますね」

大会前、大分中村病院の中村太郎理事長が、私の取材にそんな疑問を呈したことを思い出す。

中村理事長は、1964年東京大会の実現に尽力し、日本の障害者スポーツの父といえる、中村裕（ゆたか）氏の長男だ。裕氏は60年代、英国でグットマン博士に師事し、スポーツを通じた障害者のリハビリと、仕事を通じた社会的自立を実践しようとした。

2度目のパラリンピック開催は、どんな変化を呼んだのか。その軌跡をたどってみたい。

心に届く

2013年9月に、20年の東京五輪・パラリンピック開催が決まった時、ブエノスアイレスのIOC総会でIOC委員の心を動かしたのは、ひとりのパラリンピアンのスピーチだった。12年ロンドンなど、パラリンピックで陸上の走り幅跳びに出場していた谷真海だ。

骨肉腫で突然脚の切断を余儀なくされた大学時代。スポーツに自分が救われたこと。東日本大震災で、故郷気仙沼の家族の安否が何日も分からず、脚を失うよりはるかに辛い苦しみがあると知ったこと。その後、子どもたちとの関わりなどを通じ、人々に前を向かせる力がスポーツにはあると感じたこと。

涙が出そうになった、そう述懐したIOC委員もいた。東京の勝因自体はもちろん複合的なのだが、この時に招致演説で打ち出した「東日本大震災で見たスポーツの力を、東京大会を通じ、感謝とともに世界に伝えたい」というメッセージが多くの心に届いたのは間違いない。パラリンピアンの言葉とともに。

スポーツへの変化

2013年、東京オリンピック・パラリンピックの開催決定を受けて政府がまず行ったのは、「障害者スポーツ」の管轄を、従来の厚生労働省から文部科学省に移管することだった。日本での障害者スポーツはもともと、リハビリの一環と捉えられ、厚生労働省のもと、「福祉」で担う建て付けだった。しかし14年から、トップ競技部分を文科省が、そして15年10月からはスポーツ庁が担うこととなった。選手強化という観点で、それは大きな変化を生むことになる。

一つは、それまでパラリンピック選手には、管轄省庁の違いも一因で使い勝手が悪かったナショナルトレーニングセンター（NTC）や国立スポーツ科学センター（JISS）の利用が推進されることになり、バリアフリー化のための施設改修の予算が下りたこと。また、パラリンピック選手の使用を想定した「第2トレセン」構想が動き出したことだ。

世論形成に影響を与えるメディア報道も変化した。新聞社でも、パラリンピック取材には社会部だけでなく運動部も軸足を置き、「スポーツ」としての報道が増え始めた。テレビのパラリンピック報道も顕著な増加を見せた。

社会の変化

この時期、もう一つの重要な社会変化への布石が、国際パラリンピック委員会（IPC）からもたらされていた。14年1月、組織委員会の発足を待って、IPCのパーソンズ副会長（のちの会長）ら実務担当者が来日し、「オリエンテーション」を行った。東京都や政府関係者ら300人近くが出席した会議の後、「日本側の参加者は、随分と衝撃を受けていたようだ」と、IPC関係者が語っていたのを覚えている。IPCが、パラリンピックの組織運営の範疇（はんちゅう）を超えて、日本社会の意識変革や、国際的に推奨されるアクセシビリティーガイドラインの適用、障害者のスポーツ参加や雇用推進といった、社会的レガシーの創出を求めたからだ。

なぜそこまで？　IPCは、「パラリンピック大会の開催を通じて社会を変える」ことを目指している。それは「障害」に対する意識変革や、開催国に社会変化のレガシーを残すことも意味する。この時も日本側に、パラリンピック選手への注目度を高め、メディア報道や企業スポンサーも動員した意識変革を創り出す重要性を伝えた。

日本側が特に「頭を抱えた」のはアクセシビリティーガイドラインだったろう。車椅子ですれ違えるような通路幅や、複数の車椅子で使えるようなエレベーターの容量の確保。競技会場での車椅子席の、総数や位置の選択肢の拡充。他の観客が興奮して立ち上がった時に、視線が遮られないこと。障害がある人の「権利」や「自主性」を重視したガイドラインは、それまでの日本の施策の考え方とは大きく異なるものだったからだ。新設会場はともかく、既存施設、あるいはホテルなど民間の施設では、導入は至難の業だった。

突きつけられた「考え方の違い」。でもそれは、単に欧米と日本の慣行の差ではない。IP

Cのフィリップ・クレーブン会長（当時）が言っていた。「東京を移動していて気づくのは、障害のある人が街に出ていないということだ。高齢化も進む日本の社会では、車椅子になっても旅行をするなど人生を楽しみたいと思う人は増えるだろう。社会の変化は、日本の未来のためにもなる」。街に出る人はどうせ少ないから、万一の状況に合わせた設備をつければいい、というバリアフリーでは、人々の行動も社会も変えられない。

クレーブン会長自身も、元車いすバスケットボールの英国代表のパラリンピアンだ。自分の意志で決め、自発的に動く生き方を貫いてきた。「もし誰かが、あなたは高齢の車椅子ユーザーで危険だから、映画を見に行くのはやめた方がいいと言ったとする。私は意地でも出かけるね。衰えるのは『心』からだと知っているからだ」

共生社会の意味

国や組織委は当初から、「パラリンピックの成功なくして東京大会の成功なし」と、その社会的意義を強調してきた。多様性を生かし合う、共生社会の実現。それは人口減、高齢化が進むこれからの日本社会に向けた、重要な意識変革になるとの思惑があったからだ。

「僕らは自分が障害者だとは感じていない。誰もが年を取ると視力が衰え、動きが衰え、不自由さと付き合いながら生きている。それと似ている」。パラリンピックの距離スキー（視覚障害）で計16個の金メダルを獲得したブライアン・マッキーバー（カナダ）は言う。心身の病なども含め、実は「障害」とは、私たち一人ひとりがいずれ直面する可能性が高いもの――。そんなメッセージが伝わってくる。

高齢化の進む日本社会。私たちが自分の変化も受け入れつつ、豊かに生きられるかが、そして違いをこえて互いの力を生かし合えるかが、国の今後を決めると言ってもいい。その意識啓発を、東京パラリンピック開催に託したということだ。選手たちの闘いがくれた「気づき」の重さを大切にしたい。

オリンピック・パラリンピック教育

オリンピック・パラリンピックは「教材の宝庫」だと言う。それはスポーツそのものが、人が生きる上での糧になるような、多くの示唆を内包しているからだ。あきらめないこと。信じて努力をすること。人とつながり、仲間で何かを目指すこと。敗北や挫折とどう向き合うのか――。スポーツを通じて生きる力や人間性を培うことは、オリンピック運動の「理念」そのものでもある。

実は日本は、オリンピック教育を世界に先駆けて始めた国の一つだ。日本初のＩＯＣ委員で、柔道の父として知られる嘉納治五郎(かのうじごろう)の教えが底流にある。

嘉納は、日中戦争の戦火に直面した１９４０年東京オリンピックのともしびを消すまいと奔走し、ＩＯＣ総会を説得しての帰路、船上で帰らぬ人となった。偶然同乗し、嘉納の最期を看取ったとされる外交官の平沢和重は、その縁で乞われて64年東京オリンピックの招致に参画。IOC総会でスピーチをした。その際に紹介したのが、すでに小学校で行われていたという「オリンピック教育」だった。オリンピック運動とその理念を世界に広めたいのなら、欧米以外の国々でも開催すべきだ——そんな主張は、当時のIOC委員たちの心を動かしたとされる。

64年東京大会開催が決まった後、文部省が作成したオリンピック教育の「読本」が残っている。驚くのは、スポーツを行うことが私たちの「体や心の土台を作る」という根本的な価値をすでにうたっていること。そして敗者や他国の選手もたたえる「フェアプレー精神」のすばらしさ等を書き込んでいることだ。当時の世相を想像させるような「教え」もある。外国人には道を丁寧に教えること。道路などにごみを捨てず、家の周りの環境美化に取り組むこと。立ち小便の禁止というものまである。世界を迎えるための基礎的なマナー徹底が、この時のオリンピック教育の主眼の一つであったらしい。海外からの訪問者から見た今の日本社会が、同道して道を教えてくれるほど親切で、公共空間でのごみの少なさに驚く——というような「美徳」を持っているのは、意外とこのオリンピック教育のたまものなのかもしれない。

98年長野冬季オリンピックの際には、「一校一国運動」というプロジェクトをオリンピック教育で展開した。学校ごとに応援する国を決めて、文化や言葉を学び、選手団の応援に生かす。大会時には予選などを組織的に観戦し、生徒たちの実体験につなげる。交流の中には大会終了後も継続して行われたものもあり、事例を通じ学んだ生徒の中には、実際に国際関係の仕事を目指した人もいた。一校一国運動の成功は、その後のオリンピック・パラリンピックにも影響を与えた。各開催国でも同様の試みが行われるようになり、日本発の「教育」の形が、国を超えたレガシーとなったからだ。

２０２０年東京大会に向けたオリンピック・パラリンピック教育では、もう一つの狙いが加わった。パラリンピックを触媒に使った意識変革だ。長野パラリンピック・アイススレッジスピードレース金メダリストで、ＩＰＣ公認教材「I'm POSSIBLE」（アイム・ポッシブル＝私はできる）の制作に携わったマセソン美季さんは、子どもたちにこう呼びかける。「『どうせ』自分には無理だから、と考えるのをやめよう」。自分を信じ、諦めずに試してみること。パラリンピアンたちは、その繰り返しでトップを目指すこと。それはきっと子どもたちにも、とても大切な意味を持つこと――。

パラリンピックがくれる気づきや教え。それを通じて子どもたちの、パラリンピック選手への見方や「障害」という違いに対する感じ方が変わる。社会の意識変革の、種をまくような小さな変化だ。

学校連携

50余年ぶりの夏季オリンピック・パラリンピックの地元開催という機運を使って、積み重ねられてきた多くの授業。ただ、集大成となるはずの、大会での選手との触れ合いや応援は、コロナ禍によって変容してしまった。

感染拡大前は、全国約128万人の児童生徒が「学校連携観戦プログラム」で観戦を行う予定だった。ところが開幕直前に一部を除く無観客開催が決まり、オリンピックで実際に観戦に行けたのは約4700人にとどまった。

これには多くの関係者から無念の声が上がり、パラリンピックでは学校連携観戦を予定通り実施できないかという模索が始まった。パラリンピック教育に力を入れてきた学校、そして逆風の中で準備を続けてきた組織委員会には、実際に選手たちの活躍を肌で感じる感動を、子どもたちに残したいとの思いが強かった。ただ、感染拡大の局面に、結局パラリンピックの観戦も、断念する自治体や学校が続出。最終的に観戦できたのは約1万5000人だった。

車いすラグビーの予選リーグ、日本対オーストラリア。会場には、用意されたバスなどで到着した都内の数校の児童・生徒たちが間隔をあけて着席していた。学校を訪問したらしい選手にあてた応援バナー。試合の合間に流れる曲に合わせて踊ったり、いいプレーに大きな拍手を送ったり。感染対策の中でも、楽しんでいるように見えた。子どもたちの観戦を得て、日本代表の選手たちは熱のこもったプレーを見せ、世界ランキング1位のオーストラリア代表を相手に、57対53という接戦をものにした。全力を懸けて挑む格好良さ、観客席に向けて「君たちの応援で勝てたよ」と伝えるように手を振る笑顔を、その場にいた子どもたちは忘れないだろう。

2　コロナ禍の影と光

無観客という影

学校連携観戦を含む、無観客開催で失われたもの。その中で見た選手たちの輝き。コロナ禍による大会の変容そのものがもたらした、影と光についてもふれておきたい。

「競技運営も選手の活躍もボランティアの応対も、本当に素晴らしかった。逆境のなかでの人間性の勝利だと思う。ただ、唯一無念だったのは、無観客開催になったことだ」。クレイグ・リーディーIOC委員の表情が、その時だけ曇った。彼は東京が招致に成功した時のIOC評価委員長だ。元英国五輪委会長として2012年ロンドン大会の招致や組織運営に深く関わったこともあり、東京大会にも心をかけて多くの助言をくれてきた。前の言葉は、閉幕前に私を呼んで、率直な感想を語ってくれたものだ。

「無観客開催になった東京大会は、魂の抜けた大会になると危惧していた。しかし、選手たちがその魂を吹き込んでくれた」。トーマス・バッハIOC会長も、閉会前の総括記者会見でこう語った。歴代IOC会長のオリンピック評としては異例の表現だった。

選手たちの多くは、競技への影響を否定した。ただ、そこには必ず「でも」があった。

競泳の記者会見では、オーストラリアの女子選手がこう言った。「私たちはそれ（無観客開催）を織り込み済みでここに来たから大丈夫。でも、コロナ禍の中で大変な努力をし、大会を開いてくれた日本の人々が、その祝祭の輪に加われないことが悲しい」

テニス会場のミックスゾーンで、錦織圭（にしこりけい）選手はこう言った。「（無観客だと）集中するのが少し難しいけれど、慣れれば大丈夫。でも、子どもたちにはじかに見てほしかったですね」

テニスのセンターコートでは、無人の観客席に、選手たちの打音と蟬（せみ）の大合唱が響いていた。自転車ＢＭＸやスケートボード会場のあった有明アーバンスポーツパークにも、盛り上がるファンの姿はなかった。代わりに会場を遠望できるゆりかもめの駅の高架ホームに、ひと目だけでもと人々が集まった。「いや、ほとんど見えなかったです。でも本当はチケットを持っていたので」。一人が言った。

オリンピックの魔法

テレビでも動画でも競技を見られる時代に、観客を入れることが、どうしてそんなに大切なのか。それは、競技会場での大観衆の熱狂と選手の呼応の中に、「オリンピックの魔法」と呼ばれる瞬間が生まれるからだ。

取材した過去大会でも、記憶に刻まれた忘れ得ない瞬間には、常に観客の大声援がそこにあった。万雷の拍手と、沸き上がる地響きのような大歓声が、人間性への純粋な称賛となって選手を包み込む。時が止まる。

例えば２０１６年リオデジャネイロ大会で、オリンピック史上最多の23個の金メダルを獲得した競泳のマイケル・フェルプス選手（米）が、五輪最後のレースを終えて観衆に手を挙げた時。パラリンピックの競泳で、３大会で金14個を獲得した地元ブラジルのダニエル・ディアス選手に、床を踏みならして大観衆が呼応した時。12年ロンドン大会の自転車競技で、現役最後のレースに臨んだ地元英国の女子選手が惜敗し、それでも自分を破った相手と手をつなぎ、ウイニングランを行った時。

「魔法」は、１９６４年東京大会の東洋の魔女のように、その大会の象徴として人々の共通の記憶となり、世代を超えて語り継がれる。そして報道とは、その観客と選手の共鳴から生まれる感動を、本来伝えていくものなのだ。読者や視聴者は、観客の熱狂に自らの思いを重ね、祝祭感を共有していく。

もちろん、今回無観客になったのはやむを得ぬ選択だし、コロナ禍にあっては仕方のないことだったろう。ただ、招致段階から取材を通して東京大会を見続ける中で、日本でも「魔法」が生まれるといい、それが人々の心に刻まれ、小さな変化につながればいいと願うようになってきた。開催国の人々に、その記憶が残せないとは――。東京大会の閉会式で、巨大な国立競技場の無人の観客席を見つめながら、寂寥感に似た思いに襲われたことを思い出す。

競う喜び

その一方で、コロナ禍の中での開催となったからこそ、輝いたものもある。心に最も響いたのは、選手たちの人間性だろう。東京大会では多くの選手たちが、大会が開かれ、競技に臨めることへの喜びを口にした。支えてくれた人々と、スポーツができること自体への感謝だ。そして多くの選手たちが、たとえ競技で結果を出せなくとも、ライバルや勝った相手をたたえていた。

コロナ禍で、多くの選手が満足な練習も調整も行えず、選考会の延期や中止に翻弄され、スポーツをしていていいのかと自問し、それでも何かを信じて東京を目指してきた。今大会「一番乗り」で事前合宿のため来日したオーストラリアのソフトボール代表たちは、チームの中で迷いや悩みを徹底的に話し合ったと言っていた。葛藤を経て、コロナ禍の状況の違いが競技に影響し得ることも覚悟して、それでも参加することに意義を見いだす。だから、勝っても負けても、同じような苦難を経て集い、全力を尽くした相手に対し、敬意を表すことが自然だったのだろう。多くの選手や関係者は、観客の代わりにスタンドに集まり、自分のチームだけでなく、ライバルの選手やチームにも拍手を送っていた。

勝敗を超えて、ともに競う喜びを分かち合う。東京大会はコロナ禍という逆境のために、スポーツの原点に近い祭典になったと言えるのかもしれない。

私たちも、コロナ禍の中の大会だったからこそ、選手たちに自分の思いを重ね、人とつながる温かさを、逆境に挑む果敢さを、心で受け止めることができたように思う。苦難に直面した人間は、分断を深めるだけではなく、ともに支え合い、立ち向かい、優しくもなれるのだと教わった。

そして世界の選手たちの背後には、その活躍を見つめる無数の世界の人々がいた。私たちは選手を通じて、世界の人々と思いを共有していたのかもしれない。ＩＯＣが民間委託で行った国際世論調査では、コロナ禍の中で行われた東京大会が「成功だった」と回答したのは65％。トンネルの先の希望の光になったと回答したのは59％だった。コロナ禍などで甚大な被害を出した国も少なくない。そんな人々の心にも、東京大会は何かを届ける手伝いができたのかもしれない。

世界の称賛

もう一つ、コロナ禍だから生まれた、と言えるものがある。大会「完遂」に対する称賛や、日本に対する好意だ。

次回２０２４年のパリ大会を担うトニー・エスタンゲ組織委員会会長は、閉会式前の記者会見や読売新聞のインタビューで、コロナ禍の中で完遂された東京大会を「金メダルに値する」とたたえた。その言葉をここに再掲したい。

専門性、責任感　称賛に値

2024年パリ大会組織委員会は、約50人のスタッフを東京組織委に配置し経験を積ませてきた。だから準備の推移をよく知る立場にある。率直な感想は、史上初の延期とコロナ禍に対処し、競技運営を完遂する「適応力」を示せた国が、日本以外にどれだけあったろうか、ということだ。

可能にした要因の一つは、コロナ禍の直撃を受ける前に、すでに大会を開く準備が整っていた点だ。組織委は様々な状況を予測し緻密な対策も立てていた。培われた専門性や責任感が、想定外の事態にも適応し、開催への道を見つける助けになったのだと思う。近くで見てきて、大会を延期した上にコロナ対策を構築するのがどれほど複雑な作業か痛感した。コロナ対策も、課題はあったろうが、安全を確保するという意味で実効性を上げた。これだけの質の高さで遂行できたこと自体が驚くべきことだ。金メダルに値する、と思う。

五輪開催は、リレーのようなものだ。パリは東京から、バトンとともに大きなエネルギーをもらった。コロナ禍のような状況でも、大会は開催し得る。そのことを東京大会は示し、我々に道を開いてくれたからだ。それはこの1年半、コロナ禍で苦難に直面してきた国際スポーツ界にも、今一番必要だった希望を与えた。スポーツは、どんな暗い状況下でも蘇(よみがえ)ることができるのだと、人々は再び感動を共有できるのだと、東京大会が証明したからだ。

まるで魔法のようだった。世界の人々は、何週間かの間、選手たちの活躍に心を寄せ、久しく感じなかった心の解放を感じた。それはスポーツにしかできないことだ。無観客等で東京大会の意義が損なわれたというが、逆境の中で輝いたスポーツの力は、かけがえのない遺産になる。

パリは「人々の大会」であることを目指す。競技や式典を街中で行うなど、とても独創的なものになるだろう。人々のスポーツ参画等を促し、社会の変化を体感してもらうことで、開催への支持も高めたい。もちろん、「何でも起こり得る」という現実を肝に銘じ、適応力も磨いていく。

ここまで多くの人と話をしたが、皆、選手たちの活躍が世界に与えたすばらしい影響に言及し、東京大会が開催されたことへの感謝を口にした。困難に直面しながら大会を遂行した、日本に対する好感度はとても高い。それ自体も、レガシーと言えるのではないか。

（21年9月7日付朝刊）

2021年9月7日付

専門性、責任感 称賛に値

パリ大会組織委　エスタンゲ会長

2024年パリ大会組織委員会は、約50人のスタッフを東京組織委に配置し経験を積ませてきた。だから準備の推移をよく知る立場にある。率直な感想は、史上初の延期とコロナ禍に対処し、競技運営を完遂する「適応力」を示せた国が、日本以外にどれだけあっただろうか、ということだ。

可能にした要因の一つは、コロナ禍の直撃を受ける前に、すでに大会を開く準備が整っていた点だ。組織委は様々な状況を予測し緻密な対策も立てていた。培われた専門性や責任感

だ、想定外の事態にも適応し、開催への道を見つける助けになったのだと思う。

近くで見てきて、大会を延期した上にコロナ対策を構築するのがどれほど複雑な作業か痛感した。コロナ対策も、課題はあっただろうが、安全を確保するという意味

トニー・エスタンゲ
Tony Estanguet
2024年パリ五輪・パラリンピック組織委員会会長。五輪３大会でのカヌー競技金メダリスト。元ＩＯＣ委員、元ＩＯＣ選手委員会副委員長。43歳。

オリンピアンのエスタンゲ会長は、招致活動時からパリ大会を率いてきた。フランス国内にあっても開催への懸念の声があり、だからこそ東京大会が「道を拓いてくれた」と感じたのだ。東京でのオリンピック閉会直前、ＩＯＣ総会の場で組織委の橋本会長が最終報告を行った時には、ＩＯＣ委員や関係者から、自然発生的にスタンディングオベーションが沸いた。過去に

見たことがないほどの、長い長い拍手だった。

ＩＰＣの涙

ＩＰＣのアンドルー・パーソンズ会長は、閉会式のスピーチで「日本の津々浦々で、全ての日本人に感謝の握手を求めたい」と言った。クレイグ・スペンス広報部長は、選手たちが苦難を突き破って東京大会に参加するという、開会式冒頭の映像に涙が止まらなくなったと語った。

今大会を通じて、ＩＰＣの幹部たちはいつになく感情的だった。パーソンズ会長もスペンス氏も、記者会見で涙に詰まる場面さえあった。史上初の延期が決まった２０２０年3月以降、山積する課題の中で大会開催を模索してきたＩＰＣ。感染症対策、進まない選手選考やクラス分け、各職員はオフィスに集えず、オンラインで仕事をし続けた。「仲間の中には、コロナに罹患した家族にオンラインで別れを告げた者もいた。自分が死線をさまよった者もいた」。それは、開幕直前に費用不足から中止を打診された16年リオデジャネイロ・パラリンピックの混乱さえ「児戯に思える」（スペンス氏）ほどの道のりだったという。彼らを支えたのは使命感だった。「もし東京パラリンピックが開催できなければ、夏季大会の間隔は8年も空いてしまう。世界中で触発を受け、スポーツを始める子どもたちや（選手の活躍を見て意識を変える）人々の、一世代を失うことになる」。多くの感染者を出したブラジルで、ほとんど自宅から出ずに過ごしたというパーソンズ会長の信念だ。

広がった共感

「日本は好かれているね」と言った外国の記者がいた。辛口の筆致で知られ、東京大会中止論の火付け役でもあったその人が、閉幕した時には「日本に同情こそあれ、批判はないだろうね」と好意的だった。同情こそあれ、という言葉は別の記者からも聞いた。「日本人は我慢強いね。僕の国だったら、何で自分たちで準備したオリンピックを見られないんだと、皆暴動を起こすよ」

2人はそれぞれ、異なる外国通信社のオリンピック記者だ。多くの大会を取材してきたベテランの視点は、閉幕後に世界に広がった感情への示唆に富む。

組織委員会の遠藤利明副会長（初代オリンピック・パラリンピック担当大臣）は閉幕後、各国大使がオンラインで集まる会議に出た際、参加者が口々に、東京大会の完遂への感謝や敬意を述べたと語った。世界の国々で、日本への信頼や好感度が増したことの証左だろう。

前出のクレイグ・リーディー元英国五輪委会長は言う。「12年ロンドン大会の後も、英国の在外公館は一斉に、各国での英国に対する評価やイメージがとても高まったと報告してきた。国への信頼や好感度といったソフトパワーは、得ようとして得られるものではない」。ソフトパワー、言い換えれば国の品格のようなものは、様々な影響を及ぼし得る。それはとても貴重なレガシーなのだ、と。

世界からの評価は、コロナ禍の中、前例のない形でオリンピック・パラリンピックの開催を模索し、競技面で成功させたことに対してだけではない。無観客など大会の形が大きく変容し、開催国の祝祭感や期待された波及効果がしぼんでも、選手たちの舞台を用意するという、世界との約束を貫いたことに対してなのだと思う。だから同情であり、敬意であり、そして日本の「無償の」貢献に対する感謝なのだ。

成熟した社会で開くオリンピック・パラリンピックには、発展途上の社会とは異なるレガシーの追求の仕方がある。東京2020大会も、多様性を受け入れる社会や、スポーツを通じた生き方の豊かさといった、無形（ソフト）のレガシーと呼ばれるものを大切にした。でも成熟した日本が目指すべきレガシーにはもう一つ、「世界に対してどんな貢献ができるか」という、国際社会に向けた視点があってもいいのだと思う。今の日本だからこそ、その責務を持つと思うからだ。

日本は、東京大会という舞台を守ることで、選手そしてスポーツを通じ、分断の時代の世界に、人間賛歌の贈りものをすることができた。それは逆境の中だったからこそ意味のある、貢献だったと言えるのかもしれない。

人は、誰かに必要とされていること、役に立てることを自分の存在意義だと感じる。それは日本という国であっても同じかもしれない。もし私たちがそんな気づきを得て、国際社会とつながる視座にできるなら、それはすばらしい未来への遺産となる。

3　歴史の中で

完璧な対策

東京２０２０オリンピック・パラリンピックの開催は、歴史の中でどう評価されるのだろう。その答えが見え始めたのは、東京大会に続く２０２２年北京冬季五輪・パラリンピックの取材をする中でだった。

北京大会はコロナ禍に加え、五輪ではロシアのフィギュアスケート選手のドーピング事件が関心を集め、パラリンピックではロシアのウクライナ侵攻の余波で、ロシアとそれを支援するベラルーシの選手団の参加が除外された。開幕前の中国人権問題への批判も含め、曲折と変容の大会だったとも言えるのだが、中国はそれを「安全で効率的ですばらしい大会」、「一起向未来（一緒に未来へ）」とうたいあげた。「延期された東京大会」に比べても、完璧な成功だったと強調した。

北京大会は、東京大会でのコロナ対策の試行錯誤を参考に、中国から見れば弱点だった選択や裁量の自由度を規制し、徹底した隔離を軸とした体制を作り上げた。興味深いのは、２大会目となったコロナ対策は、もはや大会の変容を呼ぶ想定外の難題ではなく、織り込み済みの既定路線とされていたことだ。隔離施設の環境の悪さなどが批判も呼んだが、選手や関係者の反応や行動も、毎日の検査を含むコロナ対策は「当たり前」という感覚だった。国際的にも、大会開催がコロナの「爆発的な感染拡大を呼ぶ」といった、センセーショナルな批判もなかった。

翻って東京大会は、議論や知見を集積して感染症対策を構築し、ぶっつけ本番で走りながら修正した。検証を経て、ようやく対策が「成功」だったとの評価を得た。ただ、コロナ禍の懸念や賛否がある中で、五輪・パラリンピックという規模の大会を開催可能だと証明し、道をひらいたことの意義は大きい。原則無観客とした決定など、痛みを伴う措置も取ったが、総じて「簡素化した形でも五輪・パラリンピックは開き得る」こと、そして「従来のあり方からは減じるが、それでも開催する意義やレガシーは生まれ得る」ことを示した——とも言えるだろう。それは、国際社会と五輪運動の今後に対しての、大切な貢献だと言えるように思う。

戦争の影

北京大会を特色づけた最大のできごとは2月24日、北京パラリンピック開幕前のロシアによるウクライナ侵攻の始まりだった。戦争の影は、「スポーツは平和な環境があって初めて開ける」という現実を痛感させ、東京大会が置かれていた状況の「ありがたさ」を見直させることにもなった。

2月28日、ＩＯＣは声明を出し、ロシアとベラルーシ選手団の国際大会からの排除を勧告した。異例の措置は、五輪休戦や反ドーピングなど、国際社会やスポーツ界が定めた「ルール」を踏みにじってきた行為に制裁を科すことに加え、大会開催と参加選手の安全を担保するのが目的だった。IPCは、当初ロシア選手らの個人参加を模索したが、各国パラリンピック委員会や選手団が対戦拒否や大会ボイコットを示唆したため、開幕前日に一転、両選手団の排除を決めた。

一方で勧告は、IOCなどが長年守ってきた、政治の分断を超えた参加の普遍性という「意義」を、自ら返上することも意味していた。トーマス・バッハIOC会長は、「ロシアの侵攻は世界を根本的に変え」、「歴史の転換点」になり得るからだと説明した。

IOCは30年近く、国連に働きかけて五輪停戦決議の枠組みを作るなど、政治の負の影響をけん制しつつ、参加国・地域を拡大してきた。しかしそれは、冷戦終結後に訪れた比較的平和な時代だから続いた隆盛だったのかもしれない。バッハ会長の懸念は、今後オリンピック・パラリンピックが、国際情勢の影響を受ける、政治的受難の時代に戻る可能性さえ示唆するかのようだ。東京大会は後世、コロナ禍はあれど比較的平和な時代に、純粋なスポーツの輝きを感じ、祝うことができた祭典――と位置づけられるのかもしれない。

自由と平和

北京大会では、ロシアとベラルーシ選手団の不在以外にも、国際情勢に起因する政治の影が落ちていた。中国の情報統制だ。ロシアへの批判を抑え、そのプロパガンダに沿った情報を国内で流してきた中国は、組織委員会の記者会見などで、ロシアの問題に触れず、困難の末に北京入りしたウクライナ選手団の活躍さえ、ほぼ黙殺する姿勢を取った。平和を訴えたＩＰＣ会長の開会式挨拶の核心部分を中国語に訳さず、ウクライナ選手団の発信の機会を抑制し、中国の報道機関からのロシアやウクライナ関連の質問は一度もない――日を追うに従い、その徹底ぶりは顕著になった。

統一された壮大な施設と桃源郷のごとく演出されたイルミネーション。うたいあげられる大会の成功。しかし、そこに隠された現実があり、体制の意図がスポーツの本質より優先されることに、参加する関係者の間では違和感が募っていった。

東京大会は、コロナ禍による延期、紆余曲折と賛否の世論の中で開催にこぎ着けた。でも異なる視点から見れば、批判も世論の揺れも、「自由」な社会の証しだったと言えるのかもしれない。50日ぶりに帰国した時、好き勝手に建物が林立する東京のスカイラインが、その雑然とした自由さゆえに美しいのだと、初めて感じたことを思い出す。

東京大会の開催が国際社会から評価や感謝を得たことに、それはもうひとつの洞察をくれた。世界から見てお世辞にもスマートとは言えない葛藤と困難の果てに、それでも東京は世界の選手たちが集う舞台を用意した。約束を果たすことを愚直に追求し、まごころや善意をつたえようとした。人間そのままの過程が、多くの共感を呼んだのではないか。

北京大会でも、選手たちが競い合い、失意を受け止め、違いを超えて友情を育む姿は、人のすばらしさ、ともにあることの純粋な美しさを思い起こさせてくれた。人間はまだ捨てたものではないのだという、私たち自身にとっての希望とともに。そんな人間性の輝きは、戦争行為とは対極にあるものだと言ってもいい。逆境を超え、人類に希望を残す手伝いが、オリンピック・パラリンピックにできるのだとしたら。それはこれからの時代、ますます深い意味を持つかもしれない。

「民族の記憶」

オリンピック・パラリンピックの開催は、開催国の人々が、ともに認識し、振り返ることのできる「民族の記憶」を残す、という。1964年東京大会は確かにそうだった。東洋の魔女。男子マラソンのアベベ・ビキラの白い靴。閉会式で国を超えて入場してきた世界の選手たち。

今回はどうだろう。コロナ禍で大きく変容した大会と、賛否に割れた世論――。でも唯一、私たちがともに見つめ、思いを寄せたものがある。選手たちの輝きだ。

ルールを決めて、競う。ただそれだけのスポーツという世界に、私たちはどれだけの人間性を見、自分の思いを託し、新たに開かれた心の扉に気づいて涙を流したろう。そこには選手たちひとりひとりが、敗れた者も勝った者も、重ねてきた年月の中で迷い、苦しみ、それでも小さな可能性を信じ、その一瞬に届けとぶつけた思いがあった。その選手たちを支え、たたえた、日本そして世界の人々の温かさがあった。

史上初の延期となり、コロナ禍の中で変容した大会にあって、そこに息を吹き込み、光をともし、魂を入れたもの。それは「人」が持ち続けた、何かを信じ、誰かのために生きようとする力――スポーツが浮き彫りにした人間性の輝きだった。それが、今回の私たちの「民族の記憶」になるといい、と思う。

ものごとには必ず、光と影がある。でもその光も、そして影も、私たちにとってはかけがえのない経験なのだ。コロナ禍の中で開催されたからこそ生まれた思いや感謝があったように、それは互いに複雑に絡み合う。

大会が終わった時、聖火は、新たな季節を待つつぼみのように灯を包み込み、閉じていった。終わりは、無ではない。そこから生まれる何かがきっとある、といいたげに。

おわりに

読売新聞のデータベースで過去の記事を検索してみる。打ち込むキーワードは「東京」と「五輪」の二つ。対象期間は２００５年４月から21年９月までだ。

検索期間の始まりは、日本オリンピック委員会（ＪＯＣ）が「２０２０年夏季五輪の日本招致をめざす」と表明した時、そして終わりは、東京２０２０大会が幕を閉じた時である。ヒットした記事の数は、全国版と地域版を合わせて７万本を超えた。もちろん、大きな記事もあれば小さな記事もある。

大きな記事の代表格は、13年９月、東京招致成功を報じる紙面だ。はばかることなく喜びを爆発させる日本招致団の写真が載った新聞を見ると、時間が一気に引き戻される。一方で、見出しが１段しかない、いわゆる「ベタ記事」のなかにも、振り返ると重要なニュースだったものが少なくない。そもそも、ＪＯＣの五輪招致挑戦を報じる記事がベタ記事であった。読売新聞のニュース判断が誤っていたとは思わない。当時は、２０２０年の夏季五輪を招致すると聞いても、まだ現実味が乏しかったということだろう。

本書をまとめる作業は、この膨大な記事の見出しに目を通し、オリンピック・パラリンピックをめぐる時代の空気に身を置くことから始まった。その場に集まったのは、対象となる長い期間の現場を知る、４人の編集委員である。

まず、結城和香子。最終章をはじめ各章で署名記事が登場しているので、その名はおなじみだろう。１９９４年のリレハンメル冬季大会から、五輪は夏冬15大会、パラリンピックは10大会を現地で見ている。国際オリンピック委員会（ＩＯＣ）の総会など重要な場面にもほとんど立ち会ってきた。ＩＯＣの記者会見では「ＷＡＫＡＫＯ」とファーストネームで指名されるほど知られた存在である。

川島健司。サッカー取材を専門とし、五輪とともにワールドカップや世界のサッカー・シーンを見てきた。国際サッカー連盟（ＦＩＦＡ）など国際競技団体の動きに精通し、２０１７年から読売新聞の「オリンピック・パラリンピック準備室長」として記者たちを束ねてきた。

太田朋男。プロ野球の担当が長く、日本球界の五輪に対する思いをよく知っている。開会式に長嶋茂雄、王貞治、松井秀喜の３氏が聖火トーチとともに登場した時、誰より感慨深かったはずだ。

私（保高）のみ運動畑ではないが、東京都の石原慎太郎知事の１期目４年間を、社会部の都庁キャップとして取材した。東京大会招致の動きも都政担当の論説委員として見てきたことから、本書のまとめ役になった。本書は石原さんにも届けて、どんな感想が聞けるか楽しみにしていたのだが、22年2月に他界され、かなわぬことになった。ご冥福をお祈りしたい。

書籍の形で報道記録を制作するにあたっては、中央公論新社の青沼隆彦氏から全般的な助言を得た。困難な編集作業を担ってくれたのは同社の山本啓子氏である。また、本書は多量の過去記事や紙面画像をもとに構成しているため、関わった記者の数はあまりにも多く、数え切れない。

同様に、本書が対象とした期間、どれほど多くの人が東京大会の招致と開催に関わってきたことだろう。東京２０２０オリンピック・パラリンピックを支えた人たちに賛辞を贈りたい。

読売新聞東京本社編集委員　保高芳昭

カバー
表：2021年７月23日付号外
　　2021年８月24日付号外
裏：2021年８月８日撮影

装幀・目次・口絵デザイン　山影麻奈
本文レイアウト・DTP　市川真樹子
編集協力　中央公論新社

報道記録
東京2020オリンピック・パラリンピック

2022年 6 月11日　初版発行

編　著　読売新聞取材班

編集人　南　　砂

発行人　山口寿一

発行所　読売新聞東京本社
〒100-8055 東京都千代田区大手町1-7-1
電話　03-3242-1111（代表）
URL　https://www.yomiuri.co.jp/

印刷・製本　図書印刷

Printed in Japan　ISBN978-4-643-22007-0　C0036

定価はカバーに表示してあります。落丁本・乱丁本はお手数ですが小社宛お送りください。送料小社負担にてお取り替えいたします。